海河流域农田增效减负与清洁生产技术研发与示范

张爱平　张晴雯　潘英华 等　著

·北京·

内 容 提 要

本书主要针对海河流域粮食增产稳产需求压力下带来的水环境问题，围绕海河南系平原河网区典型农田开展增效减负与清洁生产技术进行系统研究。本书在分析海河南系典型农田土壤基本理化性状、氮磷迁移转化特征和典型作物需肥规律的基础上，以精减肥料用量、丰富肥料类型、优化肥料结构及改进施肥方法为核心，对传统施肥模式进行改进；同时，以土壤碳氮关系为理论依据，以农业有机废弃物还田促进农田地力提升以及微生物氮磷活化为技术核心，通过秸秆还田，添加生物炭、有机肥以及微生物菌剂，扩大土壤库容，提升土壤缓冲性能，实现以碳调氮、培肥土壤、用养地相结合的目的；另外，综合考虑海河南系平原河网区土地盐碱化的地域特征，选择灌溉水源、灌溉方式，同时结合肥料运筹技术和土壤调理剂，辅以物理手段，实现水肥盐协同增效，节水保墒、抑盐增肥，促进农田提质增效，形成了基于氮磷盈余基准的肥料运筹技术、以碳调氮为核心的土壤库容扩增技术，以及水肥盐协同高效的农田增效减负技术等关键技术。

本书适合从事农田水利灌溉、农作物研究、农业工程领域的管理、科研、技术人员参考，也适合高等院校相关专业的师生参考。

图书在版编目（CIP）数据

海河流域农田增效减负与清洁生产技术研发与示范 / 张爱平等著. -- 北京 : 中国水利水电出版社, 2020.8
ISBN 978-7-5170-8805-9

Ⅰ. ①海… Ⅱ. ①张… Ⅲ. ①海河－流域－粮食增产－研究②海河－流域－粮食作物－栽培技术－无污染技术－研究 Ⅳ. ①F326.11②S51

中国版本图书馆CIP数据核字(2020)第157129号

书　名	海河流域农田增效减负与清洁生产技术研发与示范 HAI HE LIUYU NONGTIAN ZENGXIAO JIANFU YU QINGJIE SHENGCHAN JISHU YANFA YU SHIFAN
作　者	张爱平　张晴雯　潘英华　等 著
出版发行	中国水利水电出版社 (北京市海淀区玉渊潭南路1号D座　100038) 网址：www.waterpub.com.cn E-mail：sales@waterpub.com.cn 电话：(010) 68367658（营销中心）
经　售	北京科水图书销售中心（零售） 电话：(010) 88383994、63202643、68545874 全国各地新华书店和相关出版物销售网点
排　版	中国水利水电出版社微机排版中心
印　刷	清淞永业（天津）印刷有限公司
规　格	184mm×260mm　16开本　14.5印张　353千字
版　次	2020年8月第1版　2020年8月第1次印刷
印　数	0001—1000册
定　价	**78.00**元

本书撰写人员名单

主要撰写人员：张爱平　张晴雯　潘英华

其他参与撰写人员（按姓氏笔画排序）：

王乃江　石玉龙　朱　洁　刘　佳　刘　璐

刘小媛　刘杏认　刘宏元　杜　智　李　揚

李洪波　杨大明　杨永秦　张宇航　张英鹏

赵亚东　高佩玲　展晓莹　鲁金凤　谭丽丽

前言

FOREWORD

2020年中央一号文件是21世纪以来第17个指导“三农”工作的中央一号文件，提出加强农业资源保护和高效利用、加快农业环境突出问题治理以及推进农业高质量发展。海河流域是我国小麦和玉米主产区，也是我国第一大粮食产区。海河南系下游农业生产存在的主要问题包括：粮食刚性需求下化肥投入量高，缺乏清洁生产规范，农田潜在污染压力突出；农业清洁生产技术零散、集成整装度与模式适用性不足，缺乏区域统筹与流域示范等。因此，加强典型农田清洁生产技术研究，是促进农业绿色发展，加强农业面源污染防控的重要需求。

本书是对国家水体污染控制与治理科技重大专项“海河下游多水源灌排交互条件下农业排水污染控制技术集成与流域示范”、农业部公益行业专项“华北典型农田化肥增效减负与面源污染控制技术研究”及中国农业科学院“农业清洁流域”科技创新工程等多个项目研究成果的系统总结和梳理，主要针对海河流域粮食增产稳产需求压力下带来的水环境问题，围绕海河南系平原河网区典型农田开展增效减负与清洁生产技术进行系统研究。本书在分析海河南系典型农田土壤基本理化性状、氮磷迁移转化特征和典型作物需肥规律的基础上，以精减肥料用量、丰富肥料类型、优化肥料结构及改进施肥方法为核心，对传统施肥模式进行改进；同时，以土壤碳氮关系为理论依据，以农业有机废弃物还田促进农田地力提升以及微生物氮磷活化为技术核心，通过秸秆还田，添加生物炭、有机肥以及微生物菌剂，扩大土壤库容，提升土壤缓冲性能，实现以碳调氮、培肥土壤、用养地相结合的目的；另外，综合考虑海河南系平原河网区土地盐碱化的地域特征，选择灌溉水源、灌溉方式，同时结合肥料运筹技术和土壤调理剂，辅以物理手段，实现水肥盐协同增效，节水保墒、抑盐增肥，促进农田提质增效。形成了基于氮磷盈余基准的肥料运筹技术、以碳调氮为核心的土壤库容扩增技术，以及水肥盐协同高效的农田增效减负技术三大关键技术。

在以上三大技术的基础上，进一步综合考虑作物产量、土壤肥力、环境影响等多个目标指标，同时围绕作物产前、产中、产后整个生产过程，最大程度实现要素整合与优化，集成了海河南系麦玉轮作区农田清洁生产技术体系，围绕“全周期”“全要素”和“全过程”就农作物整个生产过程进行调控。“全周期”主要从作物整个生育期维持健康生理生化指标进行监控，保障高产优质；“全要素”综合碳、氮、水、盐等关键因子，针对水、土、气、生等生产要素进行整合和优化，实现减负增效；“全过程”围绕整个生产过程，促进产前投入品高品控化，产中管理高效化，以及产后废弃物资源化，实现清洁生产，构建了“机理＋产品＋技术”的“全链条”农田增效减负与清洁生产技术创新模式，并选择典型示范区开展规模化示范，以点带面，向整个流域辐射推广，为海河南系平原河网区典型农田清洁生产和农业面源污染防治提供了可落地的技术思路和运行模式。

本书构建的“全链条”农田增效减负与清洁生产技术模式综合考虑作物整个生产过程，确定了海河南系平原河网区典型作物小麦和玉米清洁种植的关键技术参数，形成了“同心圆”推广模式和“梯级”推广队伍，对实现农业生产提质增效，绿色发展，以及保障粮食和生态安全具有技术支撑作用。希望本书为推动农田清洁生产、农业绿色发展、农业农村生态环境治理及农业面源污染防治提供有益的参考和借鉴。

限于作者水平和时间，书中难免会有错误、纰漏，切盼广大读者批评指正。

作者

2020年5月

目录
CONTENTS

导　论

0.1　研究背景与意义

海河流域地处我国华北地区，域内河网密布，山地和高原占总面积的60%，平原占40%。地理位置优越，人口密集，大中城市众多，在我国政治、经济、文化和农业领域均占有重要地位（任宪韶，2008）。流域内有首都北京、直辖市天津，以及石家庄、唐山、秦皇岛、廊坊、张家口、承德、保定、邯郸、邢台、沧州、衡水、大同、朔州、忻州、阳泉、长治、安阳、新乡、焦作、鹤壁、濮阳、德州、聊城25座大中城市（水利部海河水利委员会，2003）。但海河流域也是我国水污染最严重的流域，“有河皆干，有水皆污”是海河流域水环境的真实写照。20世纪50—60年代，海河流域污水排放量较少，河流水质总体上还比较好。从20世纪70年代开始，山区大面积开荒，平原围湖造田，水土流失和湿地萎缩等生态环境问题出现，海河流域先后发生了3起闻名全国的水污染事件，即1971年官厅水库、1974年蓟运河、1975年白洋淀水污染事件。进入80年代以后，随着社会经济的迅速发展，废污水排放量猛增，处理措施滞后，水污染形势越发严峻，主要表现在四个方面：一是河道断流，湿地萎缩；二是地下水超采严重；三是水质恶化，多数河流、湖泊受到污染（图0-1）；四是水污染已由局部发展到全流域、农业面源污染逐渐占主要地位。

根据《海河流域水资源公报》数据计算，海河流域2001—2009年受污染（水质劣于Ⅲ类）河长平均占评价河长的63.5%，其中，受严重污染（水质劣于Ⅴ类）河长平均占评价河长的52.2%，即超过一半的河流受到严重污染。2007年污染程度最高，污染河长占评价河长的72.7%，水质没有改善的迹象。海河流域的大、中型水库是重要的水源地，也是流域水资源保护的重点。近年（2001—2009年）受污染（水质劣于Ⅲ类）水库数量平均占评价水库总数的14.5%。2006年污染程度最高，污染水库占评价水库的23.7%，水质没有改善的迹象。海河流域水库富营养化问题也较为严重。从2005年开始富营养水库数量急剧增加。2006年，富营养水库个数占参评水库总数的97%，2007年占98%，2008年占70%，比例有所下降，但是首次出现了一个重度富营养水库。根据《海河流域

(a)

(b)

图 0－1　海河流域南系下游污染状况（2011 年）

水资源公报》数据计算，2004—2008 年，海河流域受污染（水质劣于Ⅲ类）地下水面积平均占评价总面积的 48.3%，近一半地下水受到污染。2004 年和 2005 年污染程度最高，受污染面积分别占到评价面积的 50.7%和 63.3%。2007 年以后有所好转，接近第二次水资源评价的结果（水利部海河水利委员会，2001—2009）。

一方面，河流污染必然带来其灌溉农田的间接污染；另一方面，农业化肥农药的大量投入也使河流污染加重。海河流域是我国的粮食主产区，它在保障我国粮食安全方面起着举足轻重的作用。但是，在相当长一段时间内，农业生产以单纯追求粮食产量增加为基本目标，采用高投入粗放型发展模式，很少考虑环境问题；长期高度的外部物质性投入、集约化生产模式和粗放型管理导致该流域农业环境投入辅助能利用率下降，化肥农药等大量流失、污染物排放量增大，农业面源污染物受纳水体污染相当严重。因此，开展典型农田清洁生产技术研究，实现农业生产提质增效，对促进农业绿色发展，加强农业面源污染防控以及保障粮食和生态安全具有重要意义。

0.2　研究思路

针对海河流域粮食增产稳产需求带来的水环境问题，在分析典型农田土壤基本理化性状、氮磷迁移转化特征和典型作物需肥规律的基础上，以精减肥料用量、丰富肥料类型、优化肥料结构及改进施肥方法为核心，对传统施肥模式进行改进；同时以土壤碳氮关系为理论依据，以农业有机废弃物还田促进农田地力提升，以及微生物氮磷活化为技术核心，通过秸秆还田，添加生物炭、有机肥以及微生物菌剂，扩大土壤库容，提升土壤缓冲性能，实现以碳调氮、培肥土壤、用养地相结合的目的；另外，综合考虑海河南系平原河网区土地盐碱化的地域特征，选择灌溉水源、灌溉方式，同时结合肥料运筹技术和土壤调理剂，辅以物理手段，实现水肥盐协同增效，节水保墒、抑盐增肥，促进农田提质增效。围绕“全周期”“全要素”和“全过程”就农作物整个生产过程进行调控，“全周期”主要从作物整个生育期维持健康生理生化指标进行监控，保障高产优质；“全要素”综合碳、氮、水、盐等关键因子，针对水、土、气、生等生产要素进行整合和优化，实现减负增效；“全过程”围绕整个生产过程，促进产前投入绿色化、产中高效化以及产后资源化，实现清洁生产，构建“机理+产品+技术”的“全链条”农田增效减负与清洁生产技术创新模式（图0-2），在此基础上选择典型示范区开展规模化示范，以点带面，向整个流域辐射推广。

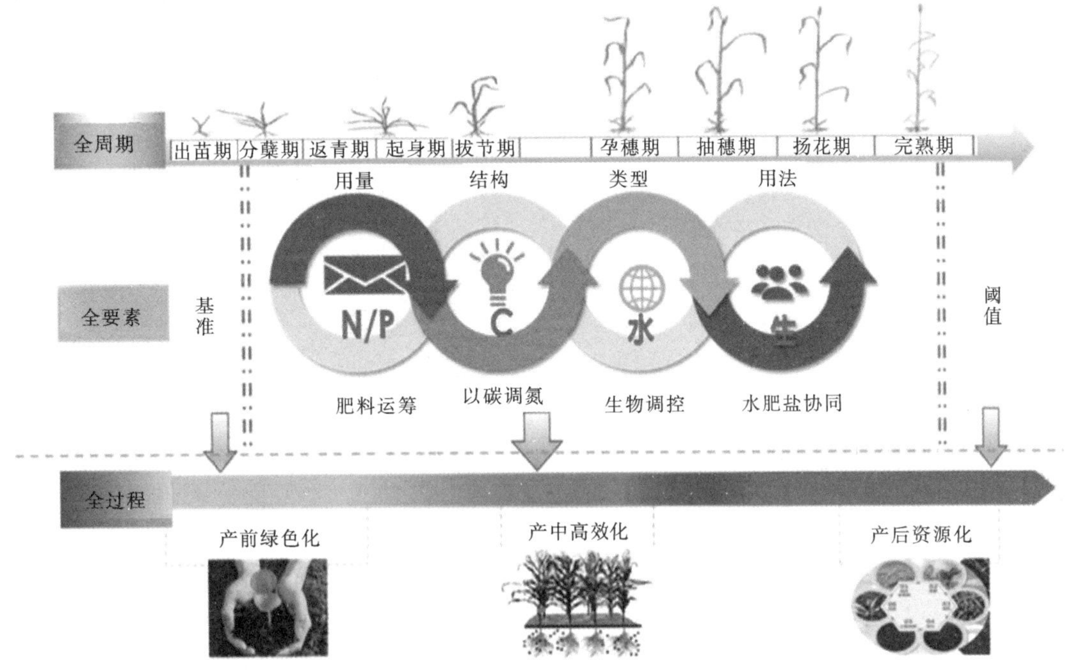

图0-2 “全链条”农田增效减负与清洁生产技术体系

第1章

海河流域概况

1.1 海河流域自然条件

1.1.1 气候状况

海河流域地处我国华北地区，位于35°～43°N，112°～120°E，西以山西高原与黄河流域接界，北以内蒙古高原与内陆河流域为邻，南界黄河，东临渤海。流域总面积为31.8×10⁴km²，占全国总面积的3.3%。海河流域属温带半干旱、半湿润季风气候区。流域年平均气温为1.5～14℃，流域南部为14℃左右，北部为0℃，同纬度西部比东部低2～5℃。最低气温多发生在1月，为−21～0℃，历史最低气温为−44.8℃；最高气温往往发生在7月，平均温度多为17.4～27.5℃，历史最高气温45.8℃。多年平均年降水量为548mm，是我国东部沿海降水量最少的地区。高原区由于蒸发量小，年相对湿度大于60%；山区湿度由于山脉阻挡而减小，年相对湿度在55%左右；平原地区由北到南相对湿度为60%～75%，逐步增大（《海河志》编纂委员会，1997；水利部海河水利委员会，2003；任宪韶等，2008；卢路等，2011）。

流域全年降水主要集中于夏季，7月、8月降水量占全年的一半以上。秋季降水仅次于夏季，降水量占全年的13%～23%。冬季是全年降水最少的季节，降水量仅占全年的2%左右。春季降水量只占全年的8%～16%，加之春季风速大、升温快，一般相对湿度为全年最小，蒸发量却是全年最大，而且降水变率大，因而春季常出现春旱。因此，该区具有夏季暴雨集中，冬春雨雪稀少，春旱、秋涝、晚秋又旱的特点。常有“春雨贵如油”“十年九春旱”之说（《海河志》编纂委员会，1997）。

流域降水年际变化大，变差系数为0.17～0.54，还存在着连丰或连枯，是全国年际降水量变化最大的地区之一。自20世纪初设置水文站记录水文变化至2018年的系列内，流域年平均最大降水量为798mm，而年平均降水量最小值仅358mm（《海河志》编纂委员会，1997；王利娜等，2012）。

1.1.2 河流水系

海河流域由滦河、海河、徒骇马颊河三大水系组成，以漳河的浊漳南源为源，全长

1031km，是典型的扇形流域，流域长度平均为450km，宽度平均为700km。河流众多，水系分散，源短流急，水量呈季节性变化显著。海河水系由五大干流组成，即南运河、北运河、大清河、子牙河和永定河，五条河在天津区三岔河口汇入海河，经海河流入渤海，流域面积$23.25\times10^4km^2$。海河南系主要由徒骇河、马颊河、德惠新河及潮河等平原河道组成，全长428km，流域面积$33012km^2$（水利部海河水利委员会，2003；任宪韶等，2007）。

1.1.3 社会经济概况

海河流域是我国社会经济发展最为活跃的地区之一，分布有2个直辖市、6个省（自治区）和64个地级行政区划单位，268个县级行政区划单位。流域人口约1.37亿人，其中城镇人口5800万人，城镇化率45%。流域面积占国土面积的3.3%，但人口占全国总人口的10%，GDP占全国GDP的12.9%（王超等，2015）。

海河流域是中国重要的工业基地和高新技术产业基地，在国家经济发展中占有重要地位。工业门类众多，技术水平高。20世纪90年代以来，以电子信息、生物技术、新能源、新材料为代表的高新技术产业发展迅速，在流域经济中比重逐年增大，形成了北京中关村、天津开发区等高新技术产业基地。海河流域具备了经济社会快速发展的技术、人才、资源、地理优势（水利部海河水利委员会，2003；任宪韶等，2008）。

随着经济社会的快速发展，流域水资源遭到了破坏性开发，水资源开发利用率高达95%以上。流域生态环境破坏严重，河湖干涸、湿地萎缩、水体污染、生物多样性减少等严重生态环境问题对流域饮用水安全、生态环境建设和国民经济可持续发展构成了严重威胁。

1.2 海河南系研究区农业生产状况

1.2.1 种植业

我国13个粮食主产区粮食产量占全国总产量的比重为75.4%，约95%的全国增产粮食来自这13个粮食主产区。海河流域是我国的小麦和玉米主产区，也是我国第一大粮食产区。2009年年末，海河流域常用耕地面积$1072\times10^4km^2$，农作物总播种面积$1571\times10^4km^2$。农业以种植粮食作物、蔬菜瓜类和棉花为主，三项合计占总播种面积的92.60%。主要粮食作物为玉米、小麦、大豆和水稻，分别占粮食作物总播种面积的45.46%、37.67%、2.79%和1.31%，四项合计占粮食作物总播种面积的87.23%。冬小麦—夏玉米轮作是海河流域典型的种植模式，一年两熟。海河流域蔬菜瓜类种植面积可观，亦是我国重要的棉产区，包括河北大部、山东全省及河南的北部地区。

海河南系下游农业生产存在的主要问题包括化肥农药利用率低、流失量大、养殖业排污量大，境内农业污染物排放缺乏科学有效的管理，既造成化肥农药的大量浪费，也使受纳水体和土壤遭到严重污染。根据全国第一次污染源普查数据，我国粮食主产区种植业源氮、磷流失量分别占全国农业污染源总排放量的40.5%和22.2%；其中，粮食和蔬菜生产大省氮磷流失量较大。海河流域山东省种植业源氮磷流失量最高，分别占全国农业源的9.6%和4.8%。

1.2.2　养殖业

海河流域的畜禽养殖业规模很大，特别是在一些大城市周围，为了保障城市居民的“菜篮子”，建立了大量畜禽养殖场。根据统计数据计算，2007 年，海河流域生猪出栏 5315 万头，牛存栏 1185 万头，羊存栏 3020 万头，家禽出栏 123267 万只。改革开放以来，海河流域的畜禽养殖业发展迅速，成为农业和农村农民经济收入的主要来源之一。但是，畜禽养殖总体上规模化和标准化水平低，很多畜禽养殖场小区没有粪便和污水处理设施，污水直接排入附近河道，对环境造成很大的影响。调查发现，规模化养殖厂虽然建有污水处理设施，但是由于运行成本高或其他原因，经常闲置不用，畜禽粪便干清后加工成有机肥出售或直接出售，污水则在养殖场院内沉淀，然后用于灌溉。许多养殖小区的布局不合理，建在河道旁边，长期的留置和排放，严重危害水体、土壤、大气等环境的安全，并进一步危害人类健康。

1.2.3　国内外农业清洁生产研究进展

农业清洁生产是清洁生产的一部分，其定义与工业相似。把使用清洁的农业用品和整体预防的环保策略贯穿到农业生产的各个过程（包括农业生产、农业产品设计和农副产品食用等过程），以此减少农业污染物的数量和毒性，增加农业生产与生态环境相容度，最终将农业生产对人类和环境的不良影响降至最低程度的整个过程称为农业清洁生产。其实只是在农业生产的整个过程中，通过利用对农业环境友好的绿色农用品，改良农业生产技术，减少农业污染，监控体系、管理与技术的调控，提高农产品在生产和消费过程中与环境的相容程度，降低整个农业生产活动给人类和环境带来的不良影响。

清洁生产一直被应用于工业生产活动中，在农业方面发展尚处初期。农业清洁生产概念起于 20 世纪 70 年代，德国是世界上第一个提出“绿色环境标志”的国家，紧随其后，日本和加拿大相继提出了“生态标志”和“环境选择”。清洁生产经过多年的发展，已为各国政府和企业所普遍认可。美国、加拿大、德国、法国、荷兰、丹麦、日本、韩国、泰国等国家纷纷出台有关清洁生产的法规和行动计划，实施了一大批清洁生产示范项目，建立了全球、区域、国家、地区多层次的组织与交流网络。联合国环境规划署自 1990 年起每两年召开一次清洁生产国际高级研讨会，在 1998 年第五次会议上推出了《国际清洁生产宣言》。到 20 世纪 90 年代末期，一部分企业接受了清洁生产的理念，并在技术和信息支持下开展了一些活动，在 2002 年第七次清洁生产国际高级研讨会上，联合国环境规划署建议各国进一步加强政府的政策制定，使清洁生产成为主流，尤其是提高国家清洁生产中心在政策、技术、管理及网络等方面的能力。

在推行清洁生产的过程中，世界各国都面临着不同的困难和阻力，并普遍呼唤促进清洁生产的新模式，各国也从各自的实际出发，采取了相应的措施和行动，许多发达国家正在开展推动清洁生产的基础工作。例如，德国于 1994 年颁布了《循环经济和废物管理法》；日本为适应其经济软着陆时期的发展需求，在 2000 年前后相继颁布了《促进建立循环社会基本法》《提高资源有效利用法修订》等一系列法律，来建立循环社会；美国和加拿大也建立了污染预防方面的法律制度，大力推进污染预防工作。目前，面对农业清洁生产实施过程中的不足，发达国家处理的主要手段是立法。美国实施农业清洁生产的主要措施有：立法保障，宏观调控，实施有力的资金支持，重视科技技术的教育、研究、推广，发展农业合作社，实施美国气候行动计划和净水行动计划等。德国在国内鼓励农民发展有机农业，推广农业清洁生产，其主要措施有：限制使用农药和化学肥料，控制地下水源污染，政策扶持，对农民进行普法培训，采用生态技术使用化肥和农药。荷兰在实施农业清洁生产的过程中采用的是分段实施的策略，来解决农业生产过程中过量的畜禽粪便环境污染问题。首先是粪便控制和处理阶段。在这一时期内，政府严格规定了畜禽粪便在生产过程之中的产生量以及能使用的数量，建立和完善了粪便生产法律制度以及粪肥使用许可证制度；其次是逐步减少粪便的产生量，对于能完善畜禽养殖场地、改良养殖饲料的配方、提高管理水平、使用先进的饲养技术的养殖户企业，政府可以提供资金扶持，使养殖业逐步向无害化方向推进；再次农业污染控制阶段，在以上两个步骤的基础上，通过制定新的更加严格的氨和粪便排放标准，把农业清洁生产作为农业发展的终极目标。

虽然，我国在2002年以前农产品清洁化的理念和内容已经在相关法律中得到了相应的阐述和规定，但农业清洁生产的定义的最早提出还是在《中华人民共和国清洁生产促进法》当中。由于农业清洁生产概念提出的较晚，对其相应的研究也处于初级阶段，因此在农业清洁生产的推广中存在着各种各样的阻碍，难以用来指导农民和政府部门实施农业清洁生产。

近年来，随着我国“绿色食品”浪潮的掀起，以及对农业面源污染问题的日益关注，农用化学品的不合理使用对生态环境和人类健康产生的不良影响日益被人们所重视，因此农业清洁生产开始引起一些学者与部门的思考与重视，并在局部地区进行了探索性研究。《中华人民共和国清洁生产促进法》中规定，农业生产者应当科学地使用化肥、农药、农用薄膜和饲料添加剂，改进种植和养殖技术，实现农产品的优质、无害和农业生产废物的资源化，防止农业环境污染，这是对农业清洁生产的基本要求。但我国的农业清洁生产总体上还处于“思考”阶段。从农业清洁生产的思想出发考虑现行的农业生产，目前只有江苏省立项开展了农业清洁生产技术体系的研发、管理体系与标准化的研究，以及农业清洁生产技术与管理的综合集成与试验示范，已形成多个技术规程或标准，并在全省建立了农业清洁生产示范基地江苏省科学技术学会等。另外，也有一些专家学者仅对自己从事的行业如畜牧业等进行了清洁生产的探讨，缺乏从大农业整体来研究。近年来，我国为推行农业清洁生产做了整体部署，在推行清洁生产方面做了大量工作，如开展清洁生产宣传培训、项目示范、国际交流与合作等。各地各部门把推行清洁生产作为重要内容予以考虑。全国成立了许多行业和地方清洁生产中心，出现了大量清洁生产的中介机构。全国绝大多数省、自治区、直辖市都先后开展了清洁生产的培训和试点工作，试点项目达700多个，通过实施清洁生产，普遍取得了良好的经济效益和环境效益。随着我国将农业清洁生产作为促进节能减排的重要手段，在增加环保投资、建设污染控制和制定污染物排放标准、推行环境立法实施和改善环境污染等方面都取得了一定进展。

在种植业清洁生产方面，随着经济的不断发展，由农业活动引起的土壤下水体等污染不断加重，开发建设和生产规模不断扩大，工业、生活污水排放量日益增长，导致农田灌溉污染，农业生态环境十分严峻。在我国农业发展过程中，农业化学品的数量急剧增长，人们为了提高作物产量，大量使用化肥和农药，不仅影响环境安全，造成资源浪费，还会影响农产品的安全性。农业面源污染作为农业生产的负面产物，对清洁农业生产和农业可持续发展有很大的影响。通过制定不同区域、不同作物施肥配方，大力推广测土配方施肥，有效控制化肥施用量，提高化学肥料利用率，减少化学污染。通过出台相关扶持政策，有效推动了废旧农膜回收利用工作。同时，生产领域的农业补贴政策也逐渐完善，主要体现为补贴与保护性耕作等的实施。

在畜牧业清洁生产方面，畜牧业作为农业的重要组成部分，提高其生产技术清洁也是农业清洁生产的重要环节之一。随着畜牧业的快速发展，畜牧业对环境的污染也愈加显著。在畜牧业清洁生产过程中，要不断减少畜牧建筑废弃物和畜牧污染物的生成和排放，促进畜牧业的整个生产过程、消费与生态环境的协调发展得以兼顾，以符合清洁生产的要求。当前，农户生产都还存在生产方式粗放、管理方式落后、管理制度不规范、政府监督不严格等问题，这些问题都给农业畜牧产品安全带来了危害。畜禽粪便的污染是清洁生产推广过程中面临的一个巨大挑战，同时也是一种有经济价值的宝贵资源，将其充分利用是污染防治的关键。实践证明，传统高投入、高消耗的粗放型的畜牧业增长方式和以末端控制、处理为主的集约饲养方式需要得以转变。我国必须全面推广畜牧业清洁生产，实现畜牧业生产。

从总体上看，我国的农业清洁生产无论从政策的运行机制、实施效果，还是引导作用和公众配合等方面，同发达国家相比都存在一定差距。我国农业清洁生产刚刚开始兴起，在发展过程存在的主要问题一是农业清洁生产还未被提到议事日程上来，对农业清洁生产的认识不足，宣传不够，缺乏对农业实施清洁生产的指导。二是缺乏配套政策措施。农业清洁生产还未被纳入到农业结构调整及农村环境整治中去，缺乏推进清洁生产的激励政策，企业或农民缺乏自觉开展清洁生产的动力和自觉性。三是缺少先进适用的技术，特别是对农业有重大影响和带动作用的共性、关键和配套的农业清洁生产技术，研究开发和示范不够。

1.2.4 存在问题

(1) 粮食刚性需求下化肥投入量高，缺乏清洁生产规范，农田潜在污染压力突出。为了保障国内生产和居民生活，我国于2008年制定并公布了《国家粮食安全中长期规划纲要（2008—2020年）》，规划中要求到2020年，耕地保有量不低于18亿亩，全国谷物播种面积稳定在12.6亿亩以上，其中稻谷稳定在4.5亿亩左右。到2020年，全国粮食综合生产能力达到5400亿kg以上，即在现有基础上需要增产500亿kg。

我国化肥消费的主要区域是黄淮海平原区、长江中下游区和东北区，这三个区的化肥消费总量占到了全国消费总量的2/3以上。海河流域的主体在黄淮海平原区，是我国化肥消费量最大的区域之一。根据统计数据计算，2007年，海河流域农作物总播种面积为$1571\times10^4km^2$，化肥施用量（纯量）为5567827t，平均每公顷播种面积化肥施用量（纯量）354kg。海河南系山东省化肥单位面积用量达到$466.54kg/hm^2$，远高于发达国家为防止化肥对水体造成污染而设置的$225kg/hm^2$的安全上限。

海河流域长期以来高施肥量投入使土壤和水环境承受着巨大的压力。化学肥料对作物产量增加功不可没，但由于化肥生产、供应、施用呈畸形发展，致使在施肥方面存在三个十分严重的问题：①在化肥使用结构上，重化肥轻有机肥；重氮、磷肥，轻钾肥，重大量元素肥，轻中、微量元素肥。理想的氮磷钾比例为1：0.4～0.5：0.4～0.5，我国平均水平为1∶0.31∶0.11，海河流域氮磷钾的施用结构分别为1∶0.35∶0.18，氮肥施用偏高。②在施肥品种上，长期以来比较单一，复合肥、新型肥料的品种及使用比例和发达国家相比较低，推广应用率不高，肥料种类以氮肥为主，新型肥料品种少且推广度低，致使化肥利用效率不高，氮肥的利用率为25%～30%，磷肥利用率为10%～20%，低于发达国家10～20个百分点。③施肥方法落后，不仅大量肥料白白浪费，还使环境污染风险加剧，出现增肥不增产，增产不增收的现象。总之，施用量高而利用率低导致农田氮磷负荷不断增高，流失风险日益加大，加上当地大部分农田仍在施肥后采用漫灌方式灌溉，直接导致尚未被作物利用的及过量施用的化肥，以气态、径流和淋溶的形式集中进入地表及地下水环境，农田退水造成的面源污染问题也不容忽视。

（2）批量畜禽养殖废弃物缺乏处理与循环利用，区域种养关系脱节，平衡体系远未形成。海河流域是肉类主产区，畜禽养殖业在给人们提供大量肉蛋奶的同时也产生大量的废弃物，如畜禽粪便、养殖污水等，由于大量规模化养殖场和密集养殖区出现，产生的废弃物没有得到有效的消纳，大量粪便污水肆意排放进而造成环境污染问题日趋严重，成为海河流域主要污染源之一。海河流域内的山东省作为我国畜禽养殖大省，污染物排放量较大。根据全国规模化畜禽养殖污染情况调查统计数据，山东省规模化畜禽养殖场的粪便产生量已相当于本地区工业固体废弃物的40%。畜禽养殖业源COD、氨氮、总磷排放量均为全国最大，分别占全国农业污染源总排放量的65.6%、23.2%和39.3%。山东省畜禽养殖业源的氮排放量低于种植业源，但畜禽养殖业磷排放量高于种植业。

改革开放以来，海河流域畜禽养殖业发展迅猛，因缺乏相应的粪污处理设施和配套的农田，养殖过程中产生的粪污随意堆放和四处排放，造成了严重的环境污染。缺乏经济适用的畜禽养殖技术和环境治理技术，随着海河流域养殖规模化程度的不断提高，畜禽养殖技术由传统的垫料养殖转变成了水冲粪和水泡粪，在“菜篮子”工程初期，大量的规模化猪场绝大多数采用了水泡粪清粪工艺，由于缺乏相应的粪污贮存设施和配套的农田及农田利用设备，大量的粪污无法得到有效处理和利用，造成了严重的环境污染；目前海河下游常用的畜禽养殖环境污染治理技术多借鉴工业污水处理技术和工艺，以猪场污水处理工程为例，处理工艺以厌氧+好氧为主，该处理工艺投资高、运行费用大，大多数养殖场无力承担，无法得到广泛推广应用。为了减少规模化养殖场（小区）畜禽养殖过程粪污产生，虽然海河下游正在大力推广干清粪工艺和垫料养殖技术（发酵床），但因缺乏配套农田和技术的适用范围，仍无法从根本上解决畜禽粪尿污染难题。

（3）农业清洁生产技术零散、集成整装度与模式适用性不足，缺乏区域统筹与流域示范。目前，海河流域农业生产生活还都是采用传统的方式进行，农田种植以人工种植为主，农民根据自身经验进行农田肥药施用，肥料、农药使用效率低，造成大量的肥料、农药随雨水径流入湖。因缺乏科学的技术指导，采用技术单一，无法准确判断农田肥料和农药使用量和使用时间，更没有建立土壤肥力信息系统。尽管已经提出了一些技术，但由于缺乏科学指导，缺乏技术的集成整装度、模式适用性、技术与工程及政策管理方面的衔接，农民不愿尝试新技术，限制了技术的推广和应用。因此，亟须针对海河流域农业生产特点和水质目标需求开展农业面源污染控制技术筛选、优化和系统集成，结合土地流转和农业合作组织，探索农业清洁流域构建的方法和推广模式，提炼成可移植、易推广、易被农民接受的污染治理技术模式和规程。

1.3 发展农业清洁生产的意义

1.3.1 典型农田发展清洁生产的技术需求

随着人口增长，社会经济的快速发展，我国农村环境问题日益突出，形势十分严峻，表现为农村生活污染治理基础设施薄弱，面源污染日益加重，农村工矿污染凸显，城市污染向农村转移的趋势加速，农业生态环境退化尚未得到有效遏制。《第一次全国污染源普查公报》指出，农业源排放的污染物对我国水环境有较大的影响。2007年，农业源排放化学需氧量1324.09×10^4t，占化学需氧量排放总量的43.7%；排放总氮270.46×10^4t，占总氮排放总量的57.2%；排放总磷28.47×10^4t，占总磷排放总量的67.4%（中新网，2010）。

海河流域分布着大量的农田，是我国化肥消费量最大的区域之一，集约化农区粮食生产中越来越依靠化肥的投入，长期以来高施肥量投入使土壤和水环境承受着巨大的压力。虽然化学肥料在提高海河流域作物产量中功不可没，但由于化肥生产、供应、施用呈畸形发展，致使化肥利用率低下、土壤质量下降，同时对周围环境亦造成不良影响。

另外，海河流域的山东省作为我国畜禽养殖大省，由于大量规模化养殖场和密集养殖区出现，产生的废弃物无法像传统散养畜禽粪便农田利用得到有效消纳。根据全国规模化畜禽养殖污染情况调查统计数据，山东省规模化畜禽养殖场的粪便产生量已相当于本地区工业固体废弃物的40%。畜禽养殖业源COD、氨氮、总磷排放量均为全国最大，分别占全国农业污染源总排放量的65.6%、23.2%和39.3%。大量粪便污水肆意排放造成的环境污染问题日趋严重，成为海河流域主要污染源之一。

总之，目前粮食刚性需求下化肥投入量高，清洁生产技术缺乏，技术集成度低，农田潜在污染压力突出；批量畜禽养殖废弃物缺乏处理与循环利用，区域种养关系脱节，平衡体系远未形成；因此，构建作物高产条件下农田肥料运筹、耕层土壤水库及养分库扩蓄增容、节水控肥抑盐增效减负一体的技术体系，集成集约化农区农业清洁生产模式，有效削减农田面源污染负荷，为海河流域水质改善提供支撑。

1.3.2 农田增效减负与清洁生产技术研究意义

（1）农田增效减负与清洁生产是实现典型作物优质高产，保障粮食安全的有效手段。农田增效减负与清洁生产技术首要任务是保障作物高产优质，围绕作物整个生育期相关生理生化指标进行监控，根据相关指标进行技术实时调节，促使作物正常生长发育，有效保障粮食安全。

（2）农田增效减负与清洁生产是优化各种生产要素，实现农业生产系统高效的重要途径。农田增效减负与清洁生产技术将围绕作物生产发育需要的各种营养元素、水、土、气、生等环境因子，根据目标产量、土壤养分库可持续生产及环境风险最小化的原则，进行要素整合优化，实现增效减负。

（3）农田增效减负与清洁生产是保护环境质量，实现农业绿色可持续发展的必由之路。农田增效减负与清洁生产技术围绕整个生产过程，促进产前投入绿色化，减少化肥用量，增加有机和生物型肥料投入，在生产过程中围绕作物、农机、农艺及产品和技术系统调节，提高生产效率，而对生产后的农业废弃物进行肥料化应用，减少对环境的污染。

总之，目前海河南系下游农业主产区清洁生产结构体系薄弱、种养平衡体系尚未形成，开展农田增效减负与清洁生产技术研究，可以满足海河南系下游粮食安全保障压力下水质改善的需求，为海河南系下游有效削减流域污染负荷、保障水质改善和粮食稳产增产提供技术支撑。

第2章

海河南系农田土壤理化性质及氮磷迁移转化特征

土壤质量与农业生产发展密切相关，关乎国计民生，是保障我国粮食产量的重要基础。然而，土壤侵蚀、土壤沙化、土壤次生盐渍化和土壤污染等土地退化问题逐年加重且愈演愈烈，土地退化直接导致土壤生产能力的急剧下降，进而影响粮食产量，阻碍经济发展。因此，防治土地退化，因地制宜地保护土地，提高土壤质量，是保证粮食安全的重要举措。

改善土壤质量的前提和首要任务是要深入了解土壤理化特性，而由于成土因素的差异必然导致土壤养分、有机质、容重、含水率、盐分、土壤质地等在空间上存在差异，即土壤特性空间变异性。对土壤特性的空间变异性进行定量化研究，有助于高效率的农耕活动和合理灌溉施肥，提高水肥利用效率。通过对土壤特性空间变异性的研究，可以获得土地退化区域各土壤参数量值，结合区域气象水文资料找出造成土地退化的原因，进而提出科学合理的土地退化防治措施，这对于土地荒漠化、土壤次生盐渍化、水土流失等生态脆弱区土壤质量的恢复与改善具有重要的现实意义。

土壤的物理性质包括土壤容重、含水率、质地和结构、空气和热量状况等方面，其对土壤的化学性质有重要影响。因此，本书的研究主要涉及农田土壤理化性质空间变异性。土壤理化性质空间变异性研究对评价土壤质量有重要意义，还可为地力恢复方法和措施的选择提供依据，同时有利于农业生产的规模化、集约化，有利于因地制宜地开展农业生产，并为现代农业合理布局提供参考。

2.1 农田土壤理化性质空间变异性

试验区位于山东省滨州市滨城区（37°29′N，118°02′E），农田面积为9.6hm^2，种植玉米和小冬麦。根据已有资料（山东省土壤肥料工作站，1994）并结合农田有零散盐斑出现的现象，初步判断研究区土壤为盐化潮土，由于其盐分含量较高，在一定程度上限制作物生长，甚至影响作物产量。样品采集时正值上一季玉米收获后，冬小麦种植前。采用栅格法布设样点，网格尺寸为50m×50m，同时布设两条样线A、B，利用差分GPS进行采样点定位并记录高程，共计 37 个采样点。采样点空间位置及高程见图 2-1。采集样品时均以样点为中心、0.5m 为半径，采集表层 0～10cm 土壤样品，样线上每个点按照不同层次 0～10cm、10～20cm、20～30cm 分层取若干土样，装入保鲜袋带回实验室，去除植物根系和生物体，自然风干后通过 1mm 标准土壤筛。

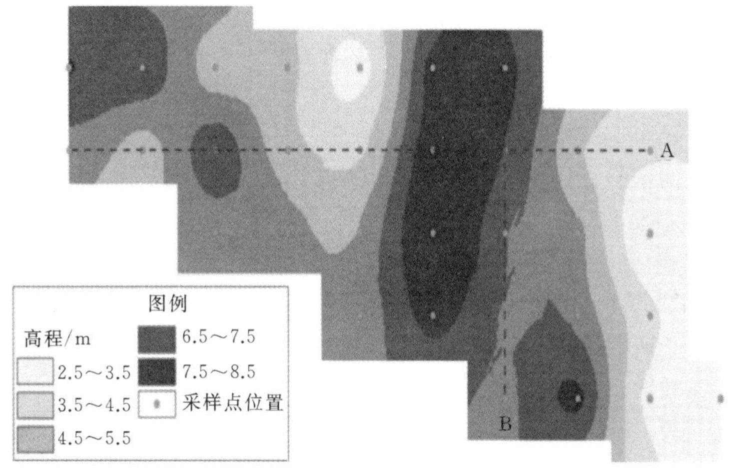

图 2-1 采样点空间位置及高程

根据采样方案，研究区各样点及剖面均测定土壤含水率、土壤容重、土壤机械组成、pH 值、电导率，并对样线上各点不同层次进行室内土壤水分入（吸）渗实验。其中，pH 值是土壤重要的化学性质，影响土壤肥力，而电导率是用来衡量土壤盐渍化程度的重要参数，也属于土壤化学性质范畴。考虑到二者对土壤物理性质具有一定影响，因此也对其进行空间变异性研究。各指标测定方法（鲍士旦等，2010）如下：

（1）土壤含水率——烘干法。利用土钻取 20g 左右土壤样品，装入铝盒（55mm×35mm），称重后利用恒温鼓风干燥箱在 105℃ 下烘干直至恒重，测得各采样点土壤含水率。

（2）土壤容重——环刀法。采样前给每个环刀（容积 $100cm^3$）编号并称重记录，根据采样方案，用环刀取原状土，密封后带回实验室，在干燥箱内恒温 105℃ 烘干直至恒重，计算得到各采样点的土壤容重。

（3）土壤机械组成——激光粒度仪法。利用 MS2000 型激光粒度仪测得各土壤样品的土壤机械组成，并按照国际制土壤粒径分类标准把土壤颗粒分成黏粒（<0.002mm）、粉粒（0.002～0.02mm）、砂粒（0.02～2mm）。

（4）土壤 pH 值——电位法。称取制备好的土壤样品 10g，置于 50mL 离心管中并注入 25mL 超纯水。将离心管密封后，在振荡机上剧烈振荡 5min 后放置 1～3h 后测得样品 pH 值。

（5）电导率——电导率仪法。按照水土比为 5∶1 来制备浸提液。称取制备好的土壤样品 8g 置于 50mL 离心管中，并加入 40mL 超纯水。将离心管密封，在振荡机上剧烈振荡 5min，静置澄清后测得样品上清液电导率值。

（6）土壤水分运动特性——垂直土柱入（吸）渗法。土壤水分运动特性包括入渗性能和吸渗性能即土壤毛管水运动性能两部分，主要是针对研究区 A、B 样线各点不同层次土壤的渗水实验。实验装置带有刻度的有机玻璃质圆形土柱和马氏瓶组成，以容重为 1.4g/cm^3，每 2cm 一层逐层填装土柱，总长 20cm。装好后放置 24h，使土壤剖面含水率均匀。实验过程中间隔 1min 记录 10 次、间隔 3min 记录 10 次、间隔 5min 记录直至实验结束，主要记录指标包括入渗（毛管水上升）时间、马氏瓶液面刻度、湿润锋运移距离，单个实验持续 120min。每组实验重复 3 次，以各项实验结果均值作为基础数据。

2.1.1 土壤理化性质指标描述性统计分析

运用极大值、极小值、平均值、标准差和变差系数（*CV*）以及 K－S 检验等统计量对土壤理化性质空间变异性进行统计分析。其中，标准差和变差系数用来衡量随机变量离散程度，变差系数的大小反映了土壤特性空间变异程度，可分为强变异（>100%）、中等变异（10%～100%）、弱变异（<10%）。

表 2－1 显示了土壤理化特性的描述性统计分析结果。含水率为 9%～19%，总体差异较大，主要是由于研究区内地势南高北低，坡度为 1/1000。容重为 0.96～1.67g/cm^3，总体差异明显。黏粒含量为 3.68%～6.74%，粉粒含量为 19.73%～29.89%，砂粒含量所占百分比最高，为 64.15%～76.58%，根据国际土壤质地分类标准，该区土壤符合壤土类砂质土壤。pH 值介于 6.93～8.34，但多数在 7.10～7.30 浮动。电导率为 0.12～0.89mS/cm，表明该区土壤含盐量差异较大。

表 2－1 土壤理化性质的描述性统计分析

指标	平均值	标准差	偏度	峰度	极小值	极大值	K－S 检验（*P* 值）	*CV*/%
含水率/%	13	2	0.48	−0.31	9	19	0.87	15
容重/(g/cm^3)	1.37	0.16	−0.82	0.98	0.96	1.67	0.6	12
黏粒/%	4.78	0.64	1.02	1.19	3.68	6.74	0.24	13
粉粒/%	24.74	2.32	0.26	−0.06	19.73	29.89	0.81	9
砂粒/%	70.48	2.84	−0.35	−0.07	64.15	76.58	0.86	4
pH 值	7.35	0.24	2.16	8.25	6.93	8.34	0.37	3
电导率/(mS/cm)	0.32	0.17	1.53	2.9	0.12	0.89	0.34	53

在整个研究区域内，土壤粉粒、砂粒和 pH 值的变差系数分别为 9%、4%和 3%，属于弱变异；含水率、容重、黏粒和电导率的变差系数分别为 15%、12%、13%和 53%，属于中等变异，其中电导率的中等变异程度较强。

偏度是表征概率分布密度曲线相对于平均值偏斜程度的特征值，直观看来就是曲线尾部的相对长度，而峰度则是表征概率密度分布曲线在平均值处峰值高低的特征值。从表 2－1 中可以看出，含水率、黏粒、粉粒、pH 值和电导率的偏度统计值为正值，可以判断其分布左偏且右侧拖尾，其中黏粒、pH 值和电导率的分布曲线比较陡峭，两端尾部较长，含水率和粉粒的分布曲线较平缓，两端的尾部较短；容重和砂粒的偏度统计特征值为负值，表明曲线分布右偏且左部拖尾，其中容重分布曲线较陡峭，两端尾部较长，砂粒的分布曲线较平缓，两端尾部较短。

K－S检验 P 值在0.24～0.87，结合峰度和偏度值表明，各土壤特性均符合或近似符合正态分布。

2.1.2 土壤理化性质空间结构分析

传统统计学方法是定性或定量描述土壤理化特性内在规律性的有效工具。然而，多半统计学方法因技术条件限制，无法考虑或监测到测点在空间上表现出来的差异。许多区域化变量如含水率、盐分、营养元素等在空间上并不是完全独立的，可能相互关联，这种空间相关性是土壤理化特性的空间特征。地统计学在传统统计学方法基础上充分考虑到了这一点，提供了变异函数理论和空间插值方法分析这些区域化随机变量的空间相关性及其分布特征，使分析结果更切合实际。

块金值（C_0）、基台值（C_0+C）、块基比$[C_0/(C_0+C)]$和变程（a）是变异函数的重要参数。块金值（C_0）代表土壤特性本身的变异程度，当变异函数值随着采样间隔距离的增加达到一个相对稳定的数值时，该数值称为基台值，基台值是系统或属性中最大的变异，变异函数达到基台值时的间隔距离称为变程。在变程以外，区域化变量的空间相关性消失。变程是变异函数中最重要的参数，设计采样间距大于变程时样本点变量属性在空间上完全独立，因此采样间距对于半变异函数非常重要，它也是准确判断半方差函数模型以及进行精准插值的关键。块金值/基台值代表区域化变量空间相关程度，可以分为强烈相关性（<25%），中等相关性（25%～75%）和弱相关性（>75%）。主要的半变异函数模型包括以下几种（张仁铎，2005）：

（1）高斯模型（Gaussian）：

$$\gamma(h)=C_0+h(C-C_0)\left[1-\exp\left(-\frac{h^2}{\lambda^2}\right)\right] \tag{2-1}$$

（2）球状模型（Spherical）：

$$\gamma(h)=\begin{cases}C_0+(C-C_0)\left[\dfrac{3}{2}\left(\dfrac{h}{a}\right)-\dfrac{1}{2}\left(\dfrac{h}{a}\right)^3\right], & 0\leqslant h\leqslant a\\ C &, h\geqslant a\end{cases} \tag{2-2}$$

（3）指数模型（Exponential）：

$$\gamma(h)=C_0+h(C-C_0)\left[1-\exp\left(-\frac{h}{\lambda}\right)\right] \tag{2-3}$$

（4）线性模型（Linear）：

$$\gamma(h)=C_0+Ch \tag{2-4}$$

对各项土壤特性指标数据序列进行模拟，得到土壤特性半变异函数模型参数见表2－2和图2－2。由表2－2可以看出，含水率和容重的 $C_0/(C_0+C)$ 为0.03～0.05，小于0.25，表明在整个研究区域范围内，含水率和容重具有强烈的空间相关性；pH值和电导率的 $C_0/(C_0+C)$ 为0.37～0.40，为中等相关性；土壤黏粒、粉粒和砂粒的 $C_0/(C_0+C)$ 均为1，说明在整个研究尺度内三者不具有空间相关性，即样本之间完全独立。

表 2-2 土壤特性半变异函数模型参数

特性指标	模型参数						
	块金值 C_0	基台值 C_0+C	块金/基台 $C_0/(C_0+C)$	变程 a/m	决定系数 R^2	残差平方和 RSS	最优模型
含水率/%	0.00002	0.00062	0.03226	95	0.55	7.15×10^{-9}	Spherical
容重/(g/cm³)	0.00099	0.02208	0.04484	118	0.88	4.52×10^{-6}	Spherical
黏粒/%	0.36272	0.36272	1.00000	212	0.97	4.05×10^{-3}	Linear
粉粒/%	5.00085	5.00085	1.00000	212	0.73	0.36	Linear
砂粒/%	7.37822	7.37822	1.00000	212	0.96	1.20	Linear
pH 值	0.00890	0.06230	0.14286	123	0.99	2.48×10^{-5}	Exponential
电导率/(mS/cm)	0.01286	0.03232	0.39790	203	0.96	3.31×10^{-6}	Spherical

半变异函数中最重要的参数是变程。一般认为，如果研究目的是了解区域化变量的空间变异性，那么在采样设计中，样点间隔距离应小于变异函数的变程，介于 1/4～1/2 变程之间为最佳采样间距（张仁铎，2005）。表 2-2 中，含水率、容重和 pH 值的变程分别为 95m、118m、123m，均为采样间距的 2 倍左右，电导率的变程为 203m，是采样间距的 4 倍，而黏粒、粉粒、砂粒的变程均为 212m，超出了最佳范围，这表明三者在空间上是独立的。由此可以看出，在整个研究区范围内，设置采样间距 50m，对于含水率、容重、pH 值和电导率来说基本是合理的。

从拟合最优半方差函数模型来看，含水率、容重和电导率均为球状模型最好，各粒级则是线性模型最优，pH 值为指数模型拟合最好。从拟合的 R^2 来看，除含水率和粉粒的 R^2 值较小，其余土壤特性决定系数均在 0.95 以上。

图 2-2 是土壤各理化特性半变异函数图。从图 2-2 中可以看出，含水率、容重和 pH 值半变异函数值在一定范围内随着间隔距离的增加而变大，当到达某一数值以后趋于稳定，这一数值即是基台值（C_0+C）；黏粒、粉粒和砂粒半变异函数值随着间隔距离的增加始终在同一个数值，表明三者在空间上不具有相关性；电导率的半变异函块金值（C_0）较高，且随着间隔距离的变大而增加缓慢，在较远距离才逐渐趋向平稳。

2.1.3 土壤理化性质指标空间分布

为了使农田土壤特性的空间分布状况更直观，根据最优半方差函数模型，选择克里金插值法，利用 GS+9.0 绘制了各土壤特性三维空间分布图和平面等值线图，见图 2-3。

图 2-3（a）显示，在整个研究区范围内，土壤含水率有 4 个高值区，分别为 17%、16%、19%、16%，6 个低值区含水率范围为 9%～11%，北部含水率等值线比较密集，差异较明显。

土壤容重为 1.01～1.67g/cm³［图 2-3（b）］。图中 3 个高值区分别为 1.55g/cm³、1.57g/cm³、1.67g/cm³，其中北部偏东出现高值区可能是由于受到大型机械压实作用影响，由于采集土壤样品时正值玉米收割后不久，该高值区为大型机械信道所在位置。研究区西部出现低值区，在采集样品时发现这一区域的土壤质地疏松多孔，含水率极低，未耕种任何作物。整体年，容重空间差异不大。

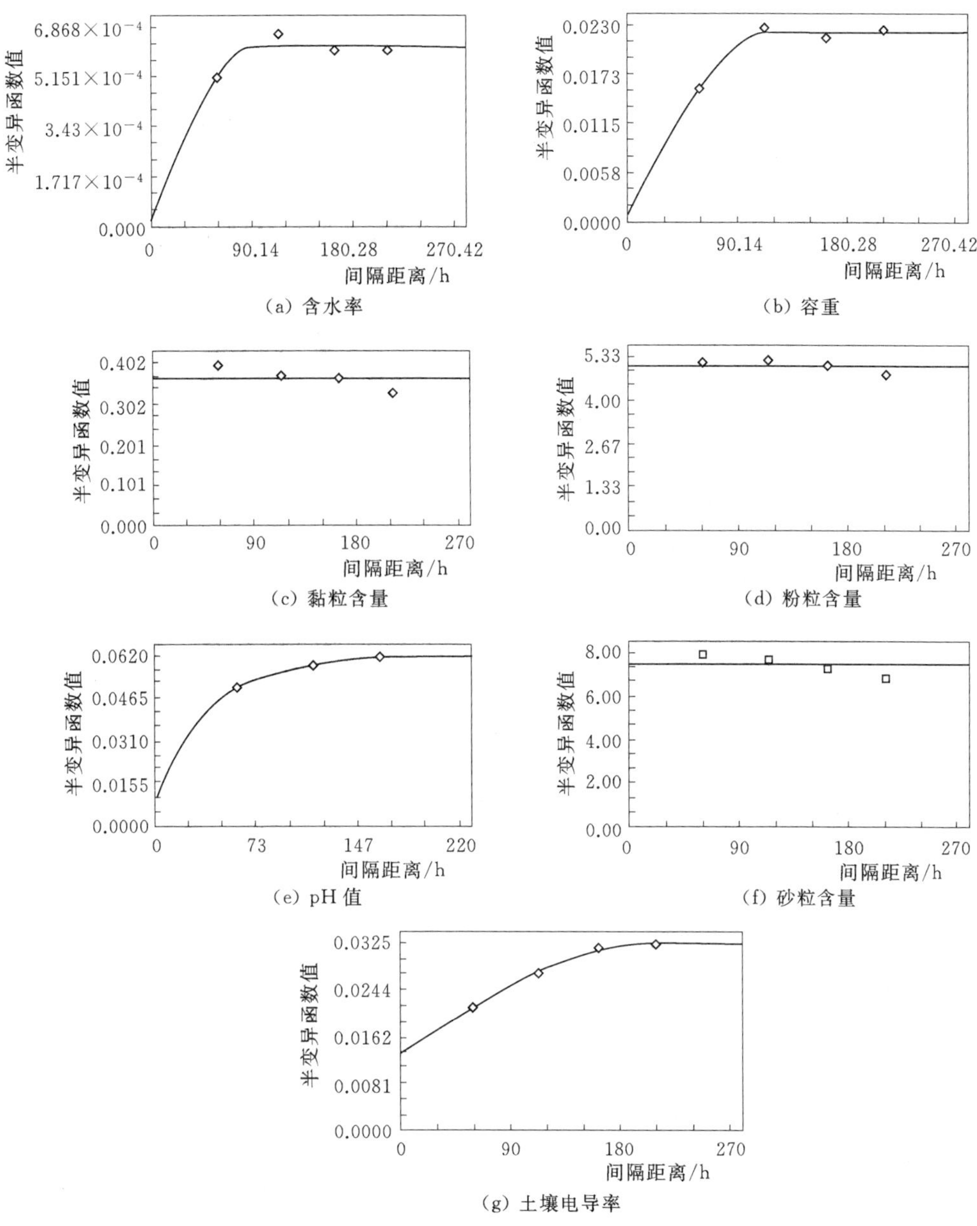

(a) 含水率

(b) 容重

(c) 黏粒含量

(d) 粉粒含量

(e) pH 值

(f) 砂粒含量

(g) 土壤电导率

图 2-2　土壤各物理特性半变异函数图

黏粒、粉粒和砂粒的空间分布较为复杂［图 2-3（c）～（e）］，从插值的等值线图来看，各粒级空间分布总体趋势特征比较明显。土壤黏粒、粉粒含量，东北部稍高，东南部和西部稍低，而土壤砂粒恰与之相反，即砂粒含量东北部较少，东南部和西部较多。除上述较为规律性的分布特征外，各粒级还呈现出不同含量值相间或镶嵌分布的特征。各级土粒呈现上述空间分布特征考虑是由施肥、灌溉、翻耕等人为因素导致的空间差异性。

在研究区范围内，土壤 pH 值为 6.93～8.34［图 2-3（f）］，呈中性至碱性。总体来说，pH 值空间分布差异较小，东部总体较高，西部较低。

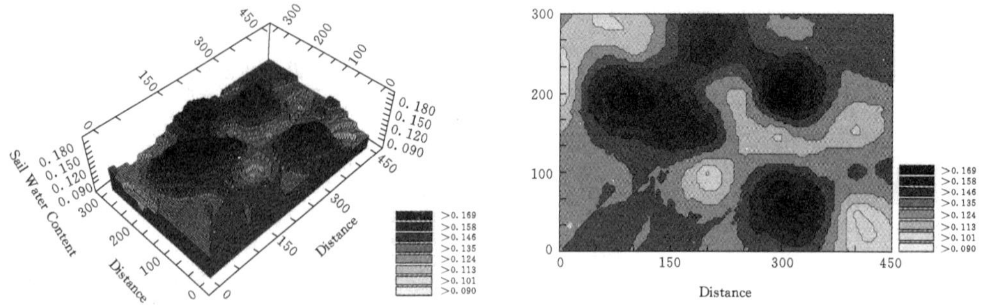

(a) 土壤含水率

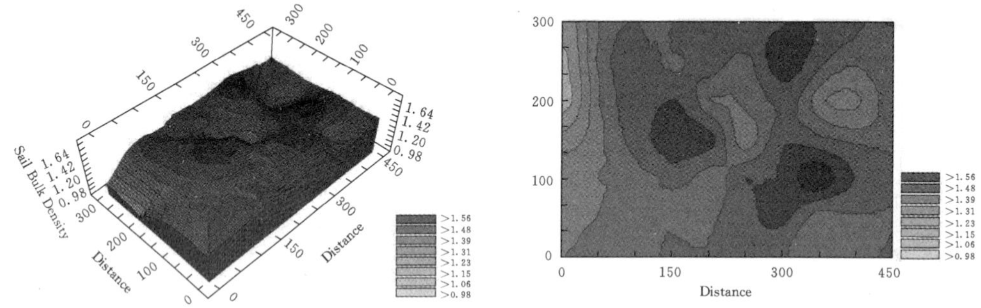

(b) 土壤容重

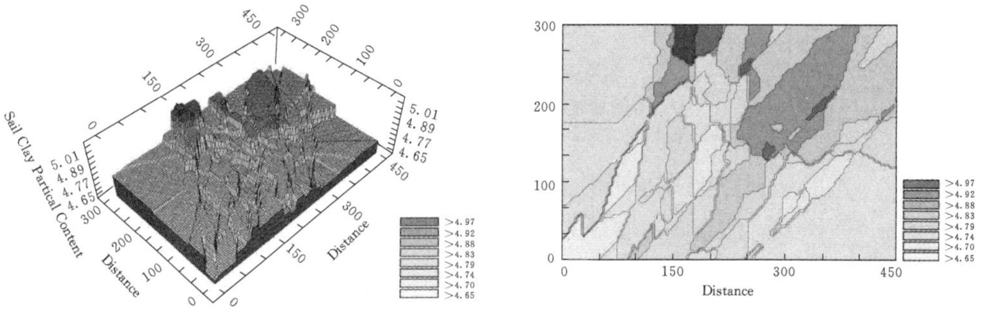

(c) 土壤黏粒含量

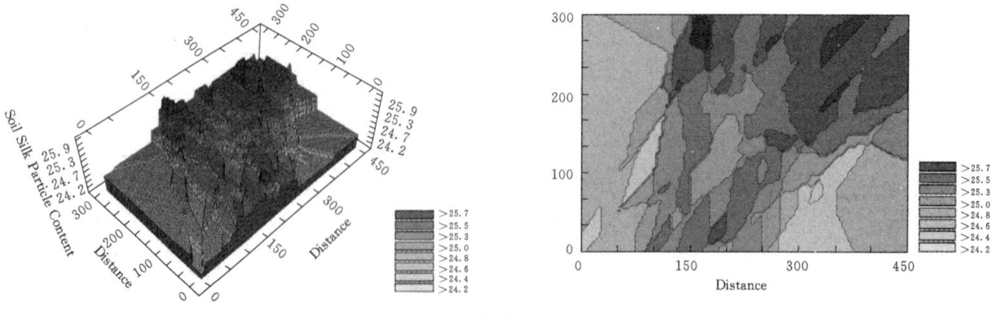

(d) 土壤粉粒含量

图 2-3（一） 土壤理化特性三维空间分布图（左）及等值线图（右）

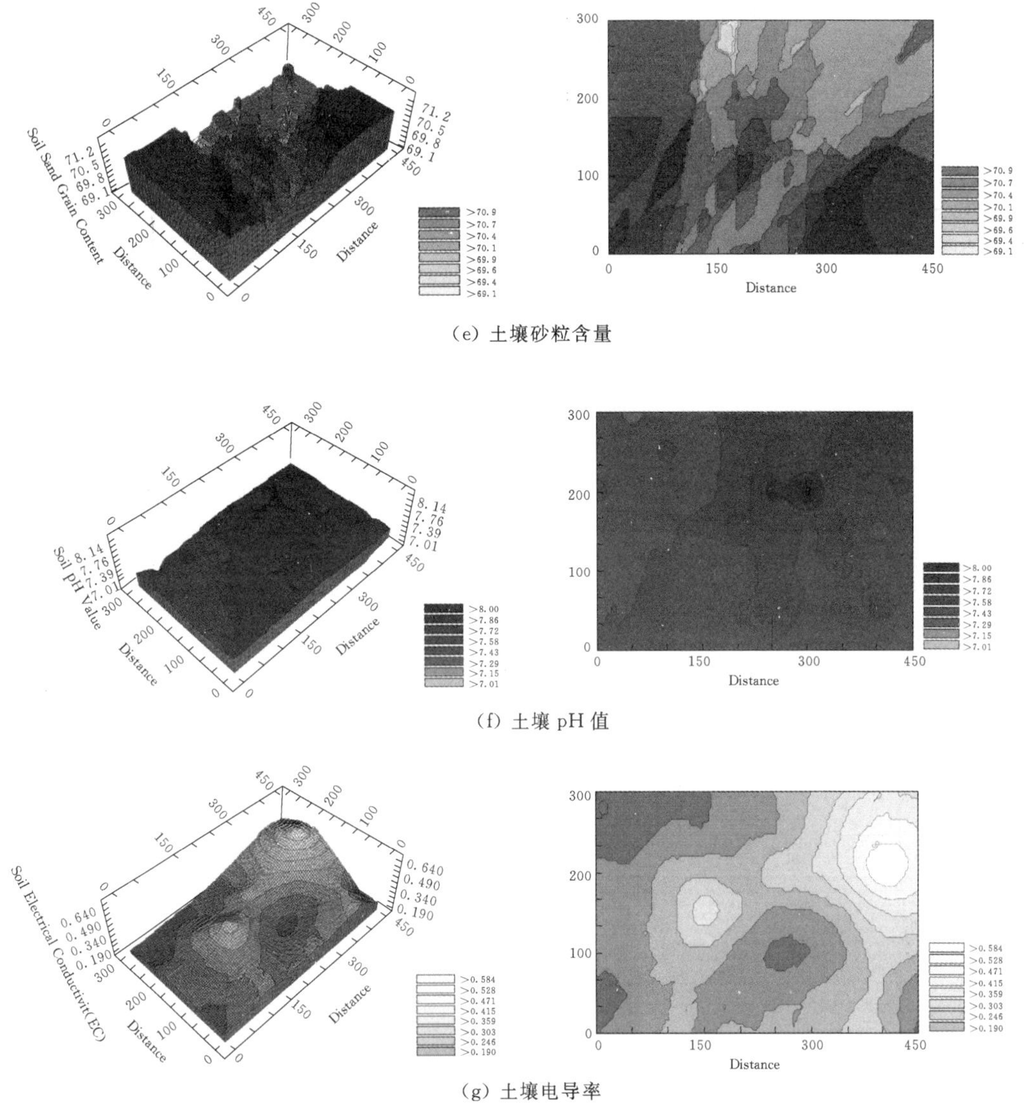

(e) 土壤砂粒含量

(f) 土壤 pH 值

(g) 土壤电导率

图 2-3（二） 土壤理化特性三维空间分布图（左）及等值线图（右）

土壤电导率三维空间分布图和等值线图显示［图 2-3（g）］，电导率呈斑块状和条带状镶嵌分布，东北部电导率差异较大且电导率较高，最高值为 0.89mS/cm，最低值为 0.12mS/cm。

2.1.4 土壤剖面理化性质描述性统计分析

土壤剖面不同层次土壤特性描述性统计特征值见表 2-3。由表 2-3 可见，土壤含水率均值自上而下呈增加趋势，主要由于玉米收割后，地表水分蒸发较快，水分运移至下层所致。土壤容重各层变化不大。土壤下层黏粒、粉粒含量高于上层，砂粒含量则呈现相反的变化趋势，出现这种变化规律的原因主要是受长期耕作和增施有机肥的影响，为使土壤有利于耕种以及保证作物健康生长，通过翻耕培肥来改善土壤团粒结构，增加其通气透水性能，从而减少耕作阻力，延长宜耕时间。各层次土壤 pH 值最小值为 7.10～7.40，最大值在 7.70 以上，表明土壤酸碱度为中性至碱性；电导率值自上而下逐渐降低，表明土壤盐分含量随着土壤深度的增加而减少，出现这种现象可能是由于秋季气候较为干旱，加之玉米收割后灌溉停止，土壤表层水分蒸发导致地表积盐所致。

表 2-3　　土壤剖面理化特性描述性统计分析

理化性质指标		平均值	标准差	偏度	峰度	极小值	极大值	K-S 检验（P 值）	CV/%
含水率/%	0～10cm	13	2	0.53	−0.08	10	17	0.27	16
	10～20cm	15	1	−0.42	1.38	12	17	0.71	8
	20～30cm	15	2	−0.94	0	10	18	0.47	16
容重/(g/cm³)	0～10cm	1.22	0.05	0.09	0.69	1.13	1.33	0.79	4
	10～20cm	1.23	0.09	−0.02	−0.32	1.11	1.39	0.86	7
	20～30cm	1.22	0.1	−0.47	−1.04	1.04	1.34	0.9	8
黏粒/%	0～10cm	4.84	0.59	0.15	−0.98	4.05	5.9	0.99	12
	10～20cm	4.85	0.53	0	−0.66	4	5.78	0.99	11
	20～30cm	5.32	0.55	−0.02	−0.96	4.46	6.13	0.99	10
粉粒/%	0～10cm	24.86	2.05	0.16	−1.19	22.09	28.16	0.97	8
	10～20cm	24.75	2.1	0.28	0.19	21.34	28.75	0.83	8
	20～30cm	26.67	2.25	0.52	−0.41	23.35	30.69	0.53	8
砂粒/%	0～10cm	70.3	2.5	−0.08	−1.09	66.43	73.73	0.99	4
	10～20cm	70.4	2.5	−0.26	0.4	65.47	74.59	0.77	4
	20～30cm	68.01	2.5	−0.83	−0.1	63.22	71.64	0.47	4
pH 值	0～10cm	7.31	0.15	1.6	3.54	7.14	7.7	0.88	2
	10～20cm	7.42	0.13	1.05	1.06	7.25	7.72	0.84	2
	20～30cm	7.5	0.13	0.78	−0.29	7.33	7.75	0.93	2
电导率/(mS/cm)	0～10cm	0.49	0.19	0.91	0.74	0.21	0.9	0.57	38
	10～20cm	0.35	0.11	1.23	1.09	0.22	0.57	0.54	30
	20～30cm	0.35	0.1	1.13	1.11	0.24	0.57	0.62	27

在 0～10cm 层和 20～30cm 层，土壤含水率的变异系数均为 16%，属于中等变异，10～20cm 层土壤含水率的变异系数为 8%，属于弱变异；各层次土壤容重变异系数自上而下分别为 4%、7%、8%，均属于弱变异，且自上而下变异强度呈现递增趋势；各层次黏粒变异强度均在 10%～100%为中等变异，且变异强度自上而下递减；各层次粉粒、砂粒和 pH 值变异系数相同，分别为 8%、4%、2%，属于弱变异程度；电导率变异系数自上而下依次为 38%、30%、27%，均属于中等变异程度，其中 0～10cm 层变异强度较强，20～30cm 层变异强度较弱。

偏度和峰度统计特征值显示，0～10cm 层含水率、黏粒、粉粒和 20～30cm 层粉粒、pH 值分布曲线均是左偏，右部有拖尾，曲线较平缓，两端尾部较短；10～20cm 层含水率和砂粒分布曲线较为陡峭，两端尾部较长，曲线向右偏斜且左部有拖尾；0～10cm 层土壤容重、pH 值和 10～20cm 层粉粒、pH 值以及各层次电导率均为分布左偏且右部有长尾，曲线较为陡峭，两端尾部较长；10～20cm 和 20～30cm 层土壤容重曲线分布均为右偏，左侧有长尾，曲线较为平缓且两端尾部较短；20～30cm 层含水率分布右偏且左侧有拖尾，峰度值为 0 表明完全符合正态分布；10～20cm 层黏粒分布曲线平缓且两端尾部较短，偏度值为 0 表明符合正态分布。

K－S 检验显示，不同层次各土壤特性指标数据均符合正态分布，无须进行转换。

2.1.5 土壤剖面理化性质空间结构分析

表 2－4 是土壤剖面理化特性指标的半变异函数模型参数，图 2－4 是土壤剖面理化特性指标的半变异函数曲线图。结合表 2－4 和图 2－4，土壤含水率（0～10cm、10～20cm）、容重（20～30cm）、粉粒（10～20cm、20～30cm）、砂粒（10～20cm、20～30cm）、pH 值（10～20cm）和电导率（10～20cm、20～30cm）的 $C_0/(C_0+C)$ 均为 1，说明这些土壤特性在空间上是完全独立的，没有任何空间相关性。此外，除 0～10cm 层粉粒和砂粒 $C_0/(C_0+C)$ 大于 0.25 属于空间相关性中等以外，其余特性不同层次 $C_0/(C_0+C)$ 均为 0.02～0.22，具有强烈空间相关性。20～30cm 层含水率 $C_0/(C_0+C)$ 为 0，具有极强空间相关性。

表 2－4　　土壤剖面理化特性指标的半变异函数模型参数

理化特性指标		模型参数						
		块金值 C_0	基台值 C_0+C	块金/基台 $C_0/(C_0+C)$	变程 a/m	决定系数 R^2	残差平方和 RSS	最优模型
含水率/%	0～10cm	0.00035	0.00035	1.00000	158	0.88	1.86×10^{-8}	Linear
	10～20cm	0.00017	0.00017	1.00000	158	0.93	5.93×10^{-9}	Linear
	20～30cm	0.00000	0.00051	0.00000	36	0.60	3.35×10^{-9}	Exponential
容重/(g/cm³)	0～10cm	0.00001	0.00346	0.00289	111	0.30	2.70×10^{-6}	Spherical
	10～20cm	0.00460	0.06450	0.07132	444	0.77	5.71×10^{-6}	Gaussian
	20～30cm	0.01002	0.01002	1.00000	158	0.00	3.65×10^{-5}	Linear
黏粒/%	0～10cm	0.10600	0.42500	0.24941	122	0.40	3.29×10^{-3}	Exponential
	10～20cm	0.04030	0.32160	0.12531	82	0.72	4.40×10^{-4}	Spherical
	20～30cm	0.01700	0.34400	0.04942	112	0.92	7.17×10^{-4}	Spherical
粉粒/%	0～10cm	2.91098	5.11970	0.56858	158	0.35	1.89	Linear
	10～20cm	5.22259	5.22259	1.00000	158	0.99	0.27	Linear
	20～30cm	4.95082	4.95082	1.00000	158	0.03	0.06	Linear
砂粒/%	0～10cm	4.12069	7.87398	0.52333	158	0.32	6.27	Linear
	10～20cm	7.37573	7.37573	1.00000	158	1.00	0.35	Linear
	20～30cm	5.79996	5.79996	1.00000	158	0.00	0.79	Linear

续表

理化特性指标		模型参数						
		块金值 C_0	基台值 C_0+C	块金/基台 $C_0/(C_0+C)$	变程 a/m	决定系数 R^2	残差平方和 RSS	最优模型
pH值	0～10cm	0.00602	0.02834	0.21242	55	0.00	2.67×10^{-5}	Spherical
	10～20cm	0.00282	0.02084	0.13532	109	0.20	1.03×10^{-4}	Spherical
	20～30cm	0.01652	0.01652	1.00000	158	0.82	2.24×10^{-5}	Linear
电导率/(mS/cm)	0～10cm	0.00240	0.03730	0.06434	96	0.17	2.13×10^{-4}	Spherical
	10～20cm	0.01204	0.01204	1.00000	158	0.30	6.50×10^{-5}	Linear
	20～30cm	0.01072	0.01072	1.00000	158	0.74	1.43×10^{-5}	Linear

从最优半方差函数模型来看，土壤含水率各层依次为线性模型、线性模型、指数模型，各层次土壤容重依次为球状模型、高斯模型、线性模型，各层次黏粒依次为指数模型、球状模型、球状模型，各层次粉粒、砂粒最优模型均为线性模型，各层次pH值依次为球状模型、球状模型、线性模型，各层次电导率依次为球状模型、线性模型、线性模型。个别拟合模型的决定系数为0，但并不代表相应最优模型拟合程度差，所列最优模型均是由决定系数和残差平方和共同决定，并且经过反复试验得出的结论。

从变程来看，含水率（20～30cm）变程为36m，小于采样间距（50m），土壤容重（10～20cm）变程为444m，约为采样间距（50m）的8倍，这不符合采样间距的基本要求。其余土壤特性各层次变程均为2～4倍的采样间距。

2.1.6 土壤剖面理化性质空间分布

为了更直观地表现不同层次土壤特性空间差异情况，绘制了三维空间分布图和平面分布图（除最优拟合模型为线性模型的土壤特性空间分布图，下同），不同深度土壤特性三维空间分布图（左）及等值线图（右）见图2－5。

图2－5（a）显示，20～30cm层的土壤含水率在10%～18%，西部较高，东部有两个低值区，含水率在10%～13%。

0～10cm层土壤容重［图2－5（b）］在1.13～1.33g/cm^3，高值区容重大于1.25g/cm^3，低值区容重为1.12～1.15g/cm^3，总体变化不大。10～20cm层土壤容重［图2－5（c）］介于1.11～1.39g/cm^3，呈条带状和斑块状分布，在中部位置有明显的高值区。

0～10cm层土壤黏粒含量［图2－5（d）］介于4.05%～5.89%，呈斑块状分布，高值区黏粒含量大于4.93%，低值区小于4.72%；10～20cm层黏粒含量［图2－5（e）］介于4.00%～5.77%，斑块状分布，高值区大于4.90%，低值区小于4.64%；20～30cm层黏粒含量最大值为6.13%，最小值为4.46%，呈现带状和斑块状分布，高值区大于5.28%，低值区小于5.02%。总体来说，20～30cm层黏粒含量［图2－5（f）］高于其余两层。各层次黏粒高值区均出现在样线十字交叉位置。

0～10cm层土壤pH值［图2－5（g）］最大值为7.70，最小值为7.14，呈斑块状或条带状分布，有两个高值区和两个低值区，其中高值区pH值范围在7.32～7.70，低值区pH值小于7.18。10～20cm层土壤pH值［图2－5（h）］在空间上分布特征明显，介于7.25～7.72，出现两个高值区，其中北部偏中位置pH值大于7.48且小于7.72，南

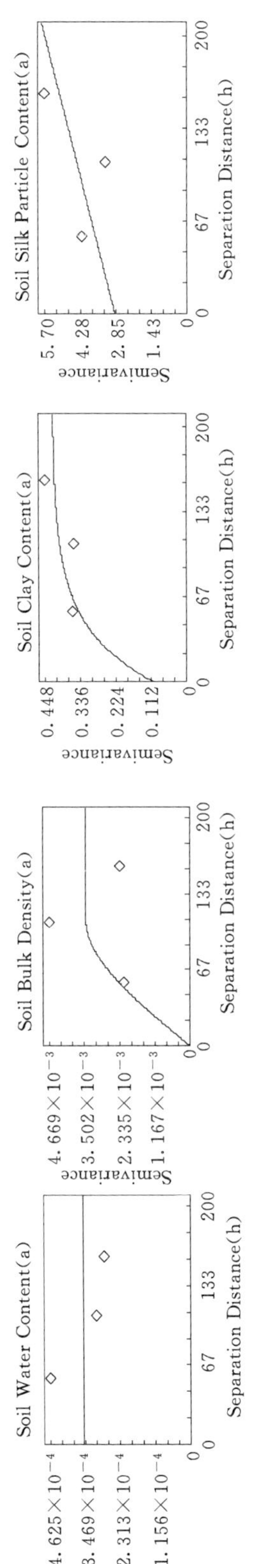

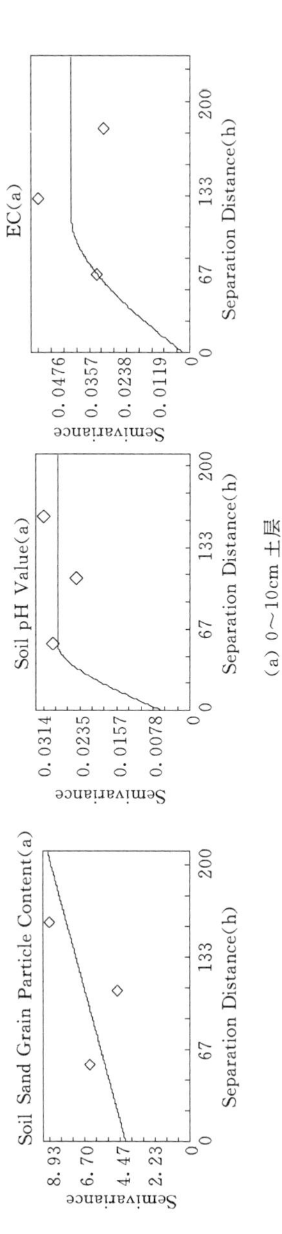

(a) 0~10cm 土层

图 2-4（一） 土壤剖面理化特性指标的半变异函数曲线图（逐层）

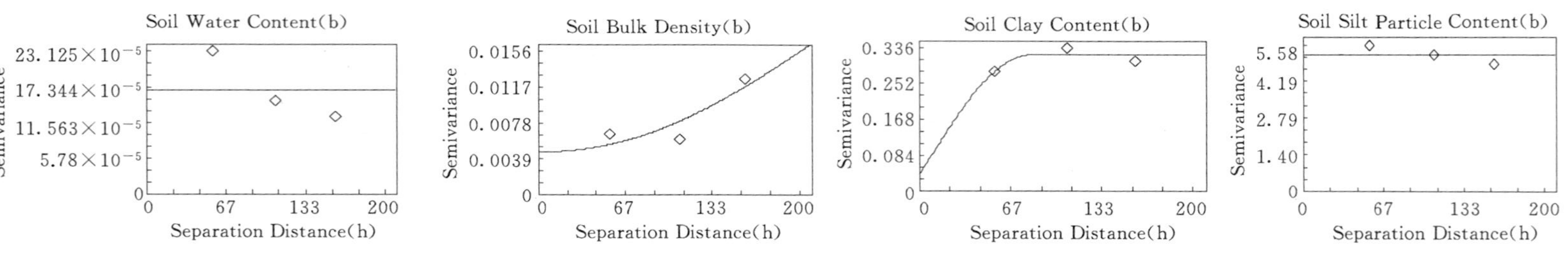

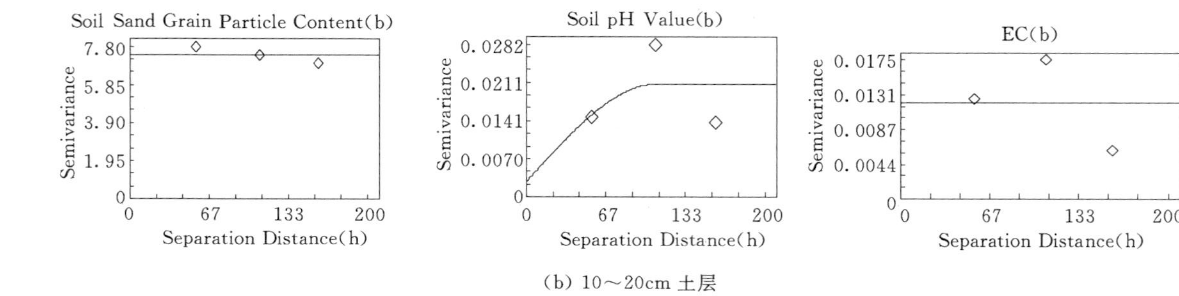

(b) 10～20cm 土层

图 2-4（二） 土壤剖面理化特性指标的半变异函数曲线图（逐层）

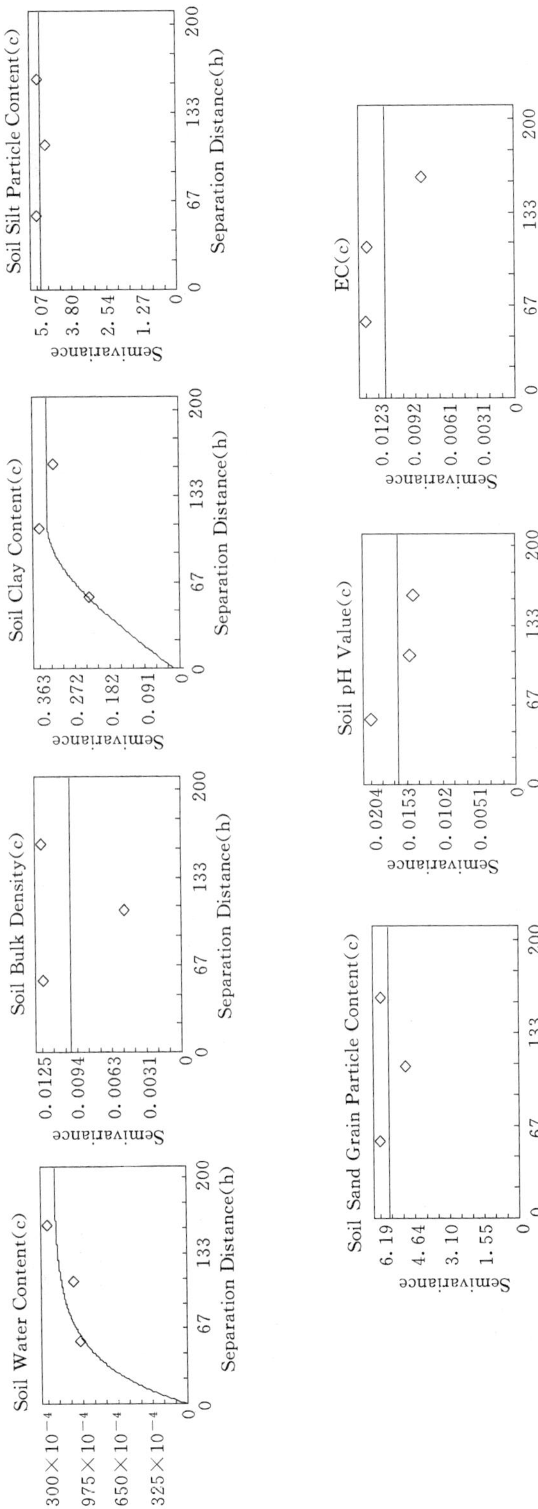

(c) 20～30cm 土层

图 2-4（三） 土壤剖面理化特性指标的半变异函数曲线图（逐层）

部偏东位置 pH 值在 7.48～7.61，四个次高值区 pH 值在 7.35～7.37，三个低值区 pH 值小于 7.28。从整体来看，0～10cm 层土壤 pH 值低于 10－20cm 层土壤 pH 值。

0～10cm 层电导率值［图 2－5（i）］介于 0.21～0.9mS/cm，呈斑块状和条带状分布，东北部出现高值区，北部偏中位置和东部大部分区域较低。电导率高值区大于 0.55mS/cm，低值区小于 0.45mS/cm。

由以上对农田土壤理化性质的空间变异性分析，研究区土壤整体水平方向及剖面土壤特性的空间变异性特点如下：

（1）土壤粉粒、砂粒和 pH 值在水平空间上为弱变异，土壤含水率、容重、黏粒和电

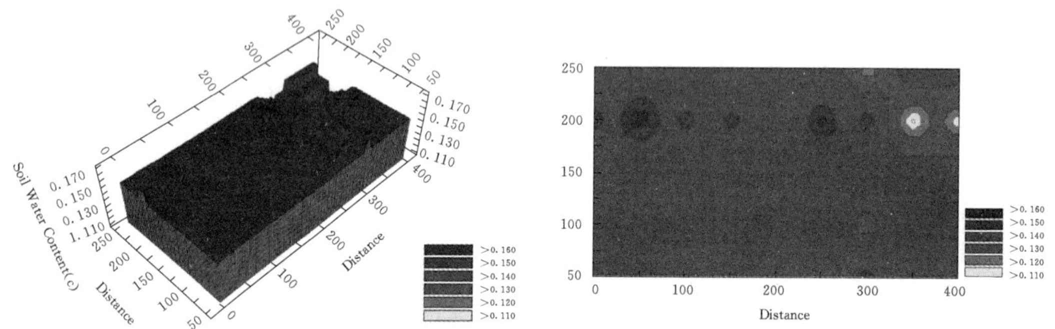

(a) 土壤含水率(20～30cm)

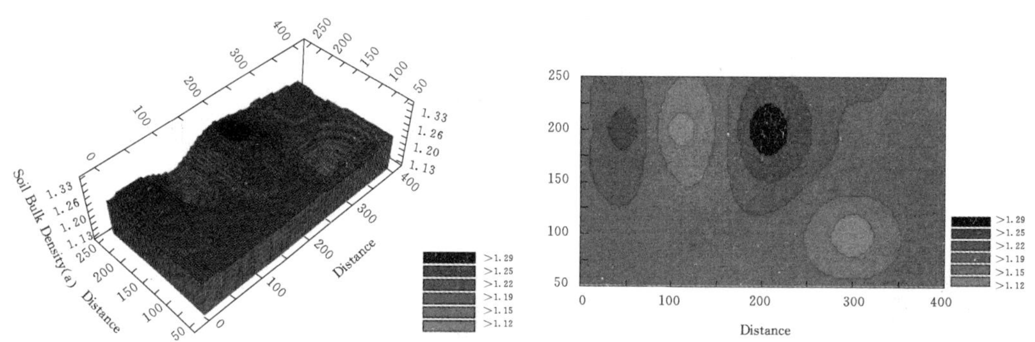

(b) 土壤容重(0～10cm)

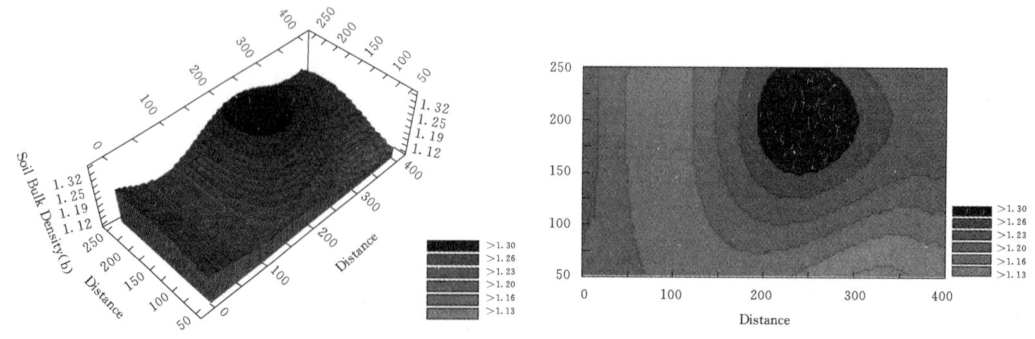

(c) 土壤容重(10～20cm)

图 2－5（一） 不同深度土壤特性三维空间分布图（左）及等值线图（右）

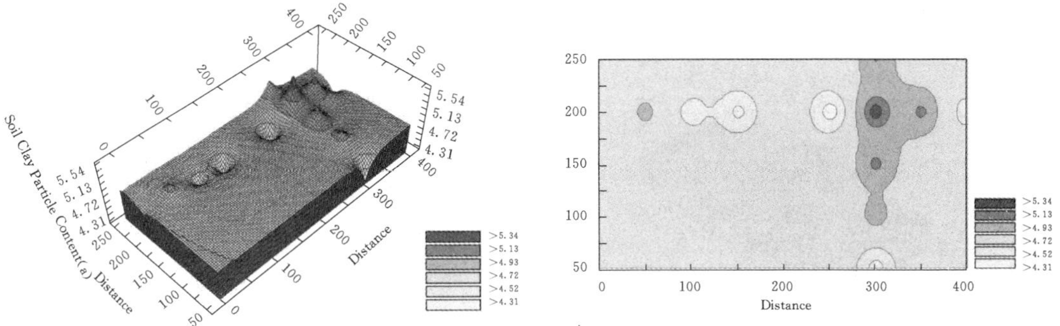

(d) 土壤黏粒含量(0～10cm)

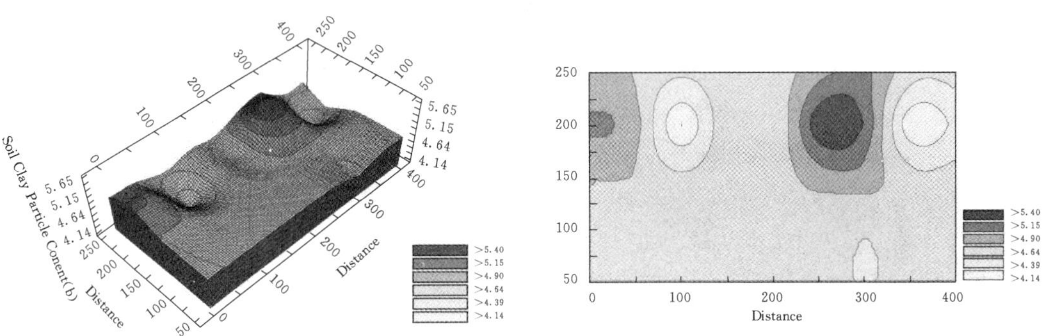

(e) 土壤黏粒含量(10～20cm)

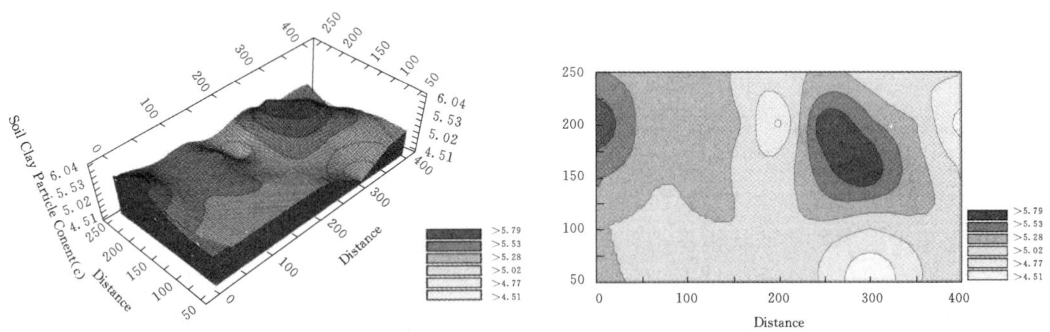

(f) 土壤黏粒含量(20～30cm)

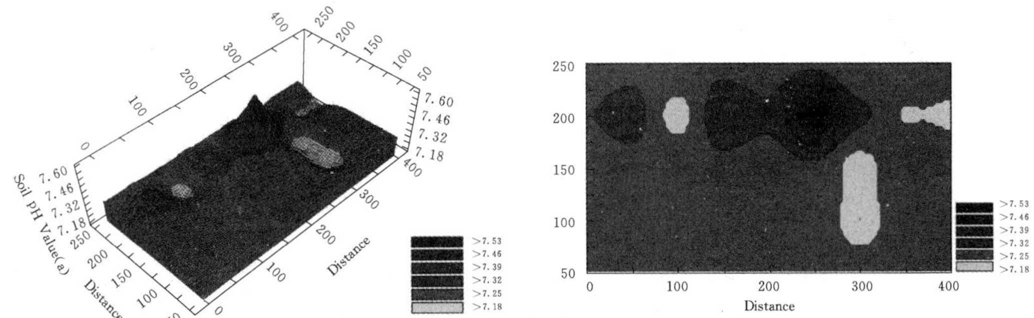

(g) 土壤 pH 值(0～10cm)

图 2-5（二）　不同深度土壤特性三维空间分布图（左）及等值线图（右）

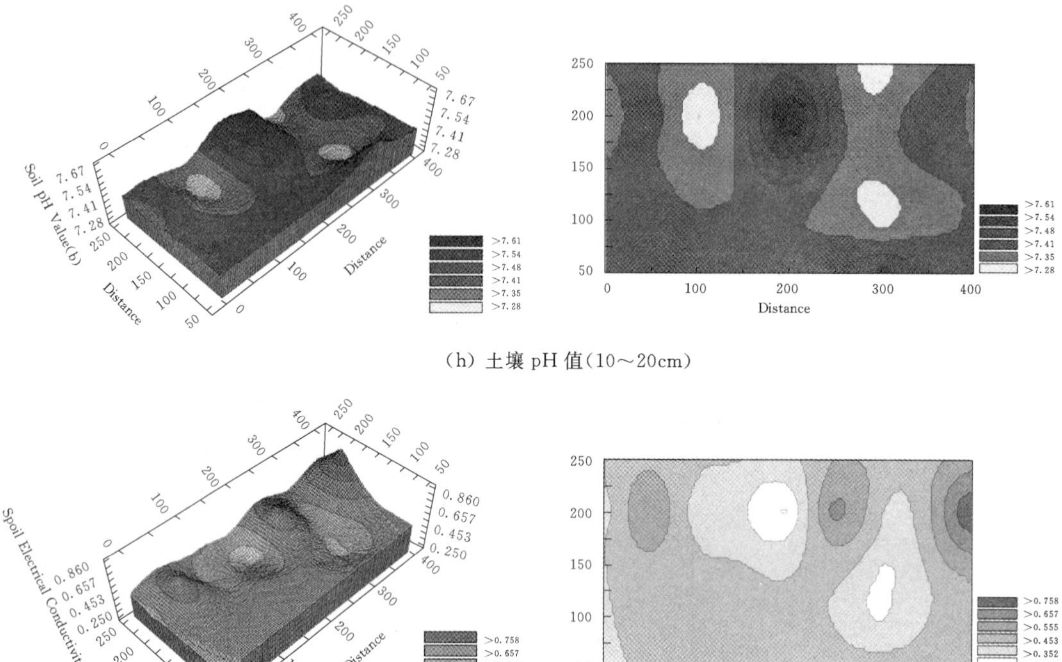

(h) 土壤 pH 值(10～20cm)

(i) 土壤电导率(20～30cm)

图 2-5(三) 不同深度土壤特性三维空间分布图(左)及等值线图(右)

导率属于中等变异。土壤含水率和容重具有强烈的空间相关性，pH 值和电导率空间相关性为中等，黏粒、粉粒和砂粒不具有空间相关性，在空间上完全独立。变程为 95～212m，表明采样间隔设计较为合理。pH 值和电导率分别是指数模型和球状模型拟合最好，容重和含水率均是球状模型拟合较好。由空间等值线图可以看到，土壤含水率在农田区域北部的等值线比较密集，含水率区域差异较明显；东北部土壤的容重值则较高，土壤容重区域差异不大；黏粒、粉粒、砂粒的空间分布较为复杂；土壤 pH 值的空间分布差异较小，东部总体较高，西部反之；电导率值东北部差异较大且为高值区。

(2) 剖面 0～10cm 层和 20～30cm 层土壤含水率变异程度中等，10～20cm 层含水率属于弱变异，土壤容重各层均属于弱变异，各土层黏粒的变异强度大小相当，都属于中等变异，粉粒、砂粒和 pH 值各层均属于弱变异，电导率各层均属于中等变异。

(3) 剖面 1～30cm 土层的土壤含水率自上而下(每 10cm 一层)的空间变异性强弱表现为无—无—极强，容重自上而下空间变异性强弱表现为强—强—无，黏粒自上而下空间变异性强弱表现为强—强—强，粉粒自上而下空间变异性强弱表现为中等—无—无，砂粒自上而下空间变异性强弱表现为中等—无—无，pH 值自上而下空间变异性强弱表现为强—强—无，电导率自上而下空间变异性强弱表现为强—无—无。各土壤特性不同层次拟合最优半方差函数模型包括线性模型、指数模型、高斯模型、球状模型。

(4) 比较剖面不同层次水平方向的土壤含水率土壤含水率(20～30cm)东北部较低；

土壤容重（0～10cm 和 10～20cm）北部偏中位置较高，其余位置差异不大；各层次黏粒含量北部偏东位置出现高值区；pH 值（0～10cm 和 10～20cm）北部偏中位置较高；电导率值（0～10cm）东北部出现高值区。

2.2　农田土壤水平方向水分入渗特征

2.2.1　土壤水分入渗模型优选

土壤入渗模型种类较多，且都有自身的适用范围，基于上述对入渗模型的认识，本研究运用 Matlab 软件对实测数据分别用 Phillip 模型和 Kostiakov 模型拟合（王全九等，2007）。

Phillip 模型表达式为

$$i(t)=\frac{1}{2}At^{-0.5}+i_c \tag{2-5}$$

式中：i 为入渗率；A 为吸渗率，cm/min$^{0.5}$；i_c 为稳渗率，cm/min。

Kostiakov 模型表达式为

$$i(t)=at^{-b} \tag{2-6}$$

式中：i 为入渗率；a、b 均为参数。

在运用 Phillip 模型拟合时，稳渗率（i_c）易出现负值，因此根据入渗实际情况选择入渗基本达到稳定时的入渗率作为模型中稳渗率（i_c）值，吸渗率（A）由拟合得到。为比较模型拟合效果，选择决定系数（R^2）和残差平方和（RSS）作为评价依据，拟合结果见表 2-5。表 2-5 显示，Phillip 模型拟合吸渗率（A）为 0.14～0.74，稳定入渗率（i_c）为 0.04～0.004cm/min，Kostiakov 模型参数 a 为 0.43～1.78，参数 b 为 0.44～0.94，Kostiakov 模型 R^2 值均大于 Phillip 模型且较高，RSS 值均小于 Phillip 模型且较小。

两种模型除整体上存在差异之外，各层次间也有较大差异。0～10cm 层土壤吸渗率（A）为 0.29～0.74，10～20cm 层吸渗率（A）为 0.16～0.65，稳渗率（i_c）最小值为 0.004cm/min，20～30cm 层吸渗率（A）为 0.14～0.57。各层次稳渗率（i_c）差别不大，基本都在 0.01cm/min 和 0.02cm/min 两个数值上波动。

由表 2-6 可以看出，吸渗率（A）为 0.07～0.43，稳渗率（i_c）为 0.004～0.03cm/min，Kostiakov 模型拟合的参数 a 和 b 几乎都为 0.53～1.43。从决定系数（R^2）来看，两种模型的平均值都在 0.80 以上，而从残差平方和（RSS）来看，则是 Kostiakov 模型优于 Phillip 模型。

同样的，各层次毛管水上升吸渗率（A）和稳渗率（i_c）也截然不同。0～10cm、10～20cm 层吸渗率（A）几乎都为 0.07～0.28，20～30cm 层为 0.13～0.43。0～10cm 层和 10～20cm 层稳渗率（i_c）最大值均为 0.02cm/min，最小值均为 0.004cm/min，20～30cm 层稳渗率（i_c）最大值为 0.03cm/min，最小值为 0.004cm/min。

基于以上分析，Kostiakov 模型在拟合精度上优于 Phillip 模型，但总体来说，二者拟合效果均较为理想。由于 Phillip 模型对模拟均质土壤短时入渗更贴近实际，因此选择 Phillip 模型两参数进行接下来的空间变异分析。

表 2-5 剖面各层次土壤不同模型拟合结果比较（入渗）

样点	土层深度	A /(cm/min$^{0.5}$)	Phillip 模型		i_c /(cm/min)	Kostiakov 模型			
			R^2	RSS		a	b	R^2	RSS
3	0～10cm	0.31	0.71	0.08	0.02	1.45	0.86	0.88	0.38
	10～20cm	0.38	0.80	0.45	0.02	1.13	0.69	0.87	0.27
	20～30cm	0.14	0.79	0.08	0.03	0.88	0.70	0.86	0.18
4	0～10cm	0.41	0.83	0.43	0.01	1.19	0.83	0.92	0.17
	10～20cm	0.26	0.83	0.16	0.004	0.51	0.65	0.85	0.07
	20～30cm	0.21	0.81	0.03	0.01	1.33	0.86	0.92	0.21
9	0～10cm	0.34	0.68	0.28	0.01	1.35	0.93	0.82	0.52
	10～20cm	0.39	0.87	0.36	0.01	0.97	0.69	0.91	0.15
	20～30cm	0.57	0.95	1.22	0.01	0.63	0.58	0.95	0.04
12	0～10cm	0.38	0.79	0.54	0.02	1.49	0.89	0.92	0.25
	10～20cm	0.41	0.90	0.29	0.02	1.34	0.74	0.96	1.03
	20～30cm	0.37	0.89	0.88	0.02	1.20	0.71	0.95	0.12
15	0～10cm	0.51	0.82	0.67	0.01	1.36	0.78	0.92	0.24
	10～20cm	0.36	0.84	0.34	0.02	1.17	0.72	0.90	0.23
	20～30cm	0.31	0.74	0.24	0.02	1.59	0.87	0.87	0.51
20	0～10cm	0.55	0.90	0.81	0.02	1.08	0.65	0.91	0.20
	10～20cm	0.39	0.82	0.26	0.01	1.27	0.91	0.95	0.11
	20～30cm	0.40	0.77	0.25	0.01	1.53	0.86	0.89	0.37
22	0～10cm	0.29	0.83	0.27	0.02	1.03	0.80	0.92	0.13
	10～20cm	0.16	0.78	0.05	0.02	1.25	0.80	0.88	0.29
	20～30cm	0.42	0.82	0.82	0.03	0.93	0.67	0.87	0.18
23	0～10cm	0.35	0.80	0.31	0.01	1.02	0.80	0.90	0.16
	10～20cm	0.49	0.84	0.26	0.01	0.71	0.65	0.88	0.11
	20～30cm	0.21	0.84	0.13	0.02	0.43	0.50	0.84	0.07
24	0～10cm	0.31	0.70	0.25	0.01	1.24	0.83	0.84	0.38
	10～20cm	0.33	0.83	0.32	0.02	1.15	0.82	0.92	0.16
	20～30cm	0.41	0.76	0.85	0.01	1.06	0.94	0.91	0.14
25	0～10cm	0.41	0.83	0.49	0.01	0.96	0.80	0.93	0.10
	10～20cm	0.27	0.83	0.16	0.01	0.96	0.80	0.93	0.10
	20～30cm	0.31	0.79	0.22	0.01	1.13	0.82	0.89	0.22
26	0～10cm	0.74	0.80	2.20	0.01	1.78	0.91	0.93	0.32
	10～20cm	0.65	0.89	1.81	0.02	1.46	0.78	0.96	0.12
	20～30cm	0.38	0.88	0.23	0.04	0.91	0.51	0.88	0.22

续表

样点	土层深度	A /(cm/min$^{0.5}$)	Phillip 模型		i_c /(cm/min)	Kostiakov 模型			
			R^2	RSS		a	b	R^2	RSS
30	0～10cm	0.31	0.88	0.20	0.02	1.15	0.76	0.95	0.10
	10～20cm	0.19	0.83	0.04	0.02	0.43	0.44	0.81	0.07
	20～30cm	0.55	0.79	0.52	0.02	0.59	0.54	0.79	0.15
31	0～10cm	0.71	0.96	1.94	0.02	1.00	0.65	0.98	0.04
	10～20cm	0.41	0.88	0.16	0.02	1.50	0.75	0.95	0.18
	20～30cm	0.48	0.91	0.45	0.025	1.52	0.73	0.96	0.14

表 2-6　　剖面各层次土壤不同模型拟合结果比较（毛管吸水）

样点	层次	Phillip 模型				Kostiakov 模型			
		A/(cm/min$^{0.5}$)	R^2	RSS	i_c/(cm/min)	a	b	R^2	RSS
3	0～10cm	0.11	0.81	0.01	0.01	0.71	0.74	0.88	0.10
	10～20cm	0.08	0.79	0.02	0.02	0.56	0.53	0.79	0.15
	20～30cm	0.15	0.89	0.01	0.01	0.86	0.82	0.89	0.13
4	0～10cm	0.18	0.71	0.02	0.004	0.97	0.98	0.86	0.19
	10～20cm	0.15	0.74	0.53	0.01	0.86	0.97	0.90	0.10
	20～30cm	0.15	0.77	0.49	0.03	0.72	0.77	0.82	0.18
9	0～10cm	0.09	0.79	0.00	0.01	0.88	0.82	0.91	0.12
	10～20cm	0.16	0.79	0.03	0.006	0.71	0.79	0.89	0.09
	20～30cm	0.21	0.77	0.06	0.01	0.96	0.90	0.91	0.12
12	0～10cm	0.23	0.77	0.09	0.02	0.90	0.76	0.83	0.25
	10～20cm	0.19	0.83	0.03	0.01	1.07	0.80	0.94	0.10
	20～30cm	0.30	0.82	0.08	0.02	1.41	0.79	0.91	0.28
15	0～10cm	0.07	0.58	0.00	0.02	1.29	1.43	0.78	0.41
	10～20cm	0.14	0.69	0.05	0.01	0.85	0.72	0.79	0.26
	20～30cm	0.16	0.90	0.01	0.01	0.77	0.70	0.93	0.07
20	0～10cm	0.18	0.74	0.02	0.01	1.01	0.80	0.83	0.31
	10～20cm	0.25	0.79	0.05	0.02	1.16	0.66	0.84	0.38
	20～30cm	0.18	0.78	0.01	0.004	0.70	0.72	0.81	0.20
22	0～10cm	0.28	0.86	0.09	0.02	0.74	0.75	0.94	0.06
	10～20cm	0.14	0.82	0.03	0.01	0.76	0.74	0.89	0.10
	20～30cm	0.14	0.81	0.06	0.02	0.70	0.77	0.86	0.12
23	0～10cm	0.23	0.80	0.02	0.01	0.86	0.82	0.89	0.14
	10～20cm	0.21	0.87	0.04	0.01	0.88	0.75	0.93	0.09
	20～30cm	0.13	0.81	0.02	0.02	0.56	0.57	0.82	0.12

续表

样点	层次	Phillip 模型				Kostiakov 模型			
		$A/(cm/min^{0.5})$	R^2	RSS	$i_c/(cm/min)$	a	b	R^2	RSS
24	0～10cm	0.20	0.76	0.05	0.01	1.06	0.92	0.91	0.15
	10～20cm	0.14	0.75	0.03	0.01	0.84	0.85	0.85	0.17
	20～30cm	0.14	0.80	0.03	0.01	0.67	0.84	0.89	0.09
25	0～10cm	0.12	0.76	0.01	0.008	0.75	0.90	0.89	0.10
	10～20cm	0.19	0.69	0.05	0.004	1.09	1.07	0.88	0.19
	20～30cm	0.19	0.82	0.05	0.006	0.74	0.79	0.91	0.08
26	0～10cm	0.26	0.93	0.07	0.01	1.05	0.74	0.97	0.05
	10～20cm	0.16	0.87	0.02	0.01	0.93	0.69	0.91	0.14
	20～30cm	0.23	0.87	0.05	0.02	0.88	0.65	0.89	0.15
30	0～10cm	0.12	0.79	0.02	0.01	0.67	0.76	0.86	0.10
	10～20cm	0.10	0.88	0.01	0.01	0.54	0.65	0.90	0.05
	20～30cm	0.21	0.83	0.08	0.02	1.18	0.81	0.94	0.14
31	0～10cm	0.27	0.90	0.05	0.02	1.19	0.75	0.96	0.08
	10～20cm	0.20	0.73	0.06	0.02	1.32	0.99	0.92	0.24
	20～30cm	0.43	0.83	0.48	0.02	1.43	0.82	0.93	0.20

2.2.2 模型参数确定

为了验证上述由实测值和经验获得的稳渗率的精度，以及了解土壤入渗率和毛管水上升速率随时间变化情况，以 15 号样点为例，利用样条插值、保形曲线和二次多项式对不同层次土壤入渗率和毛管水上升速率实测值进行模拟和预测，具体情况见图 2-6 和图 2-7。

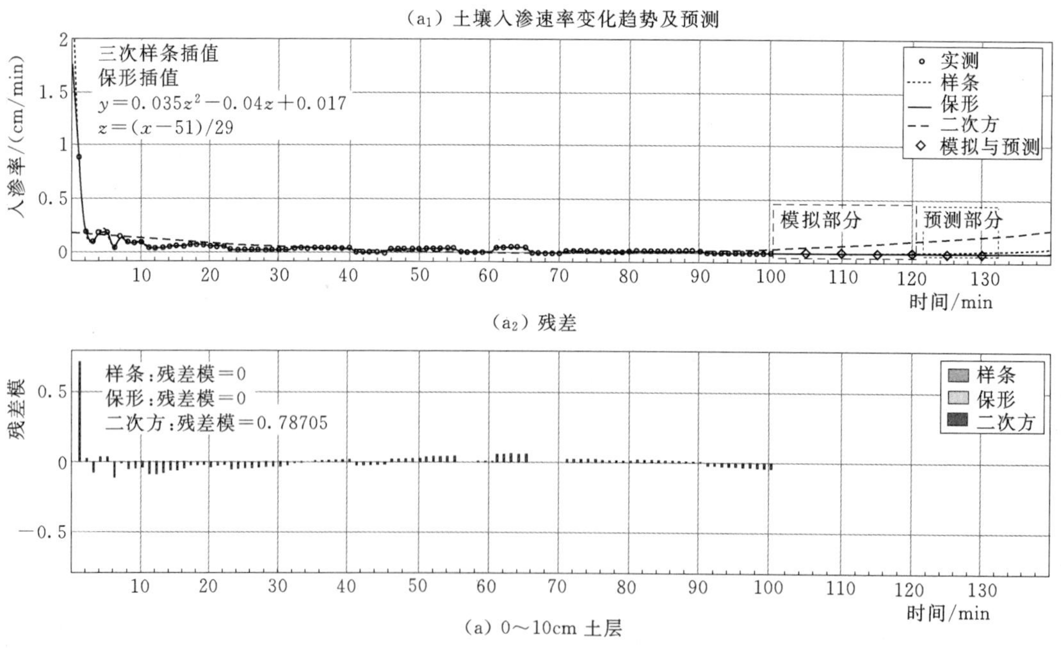

(a) 0～10cm 土层

图 2-6（一） 不同层次土壤入渗速率模拟及预测（Matlab 软件）

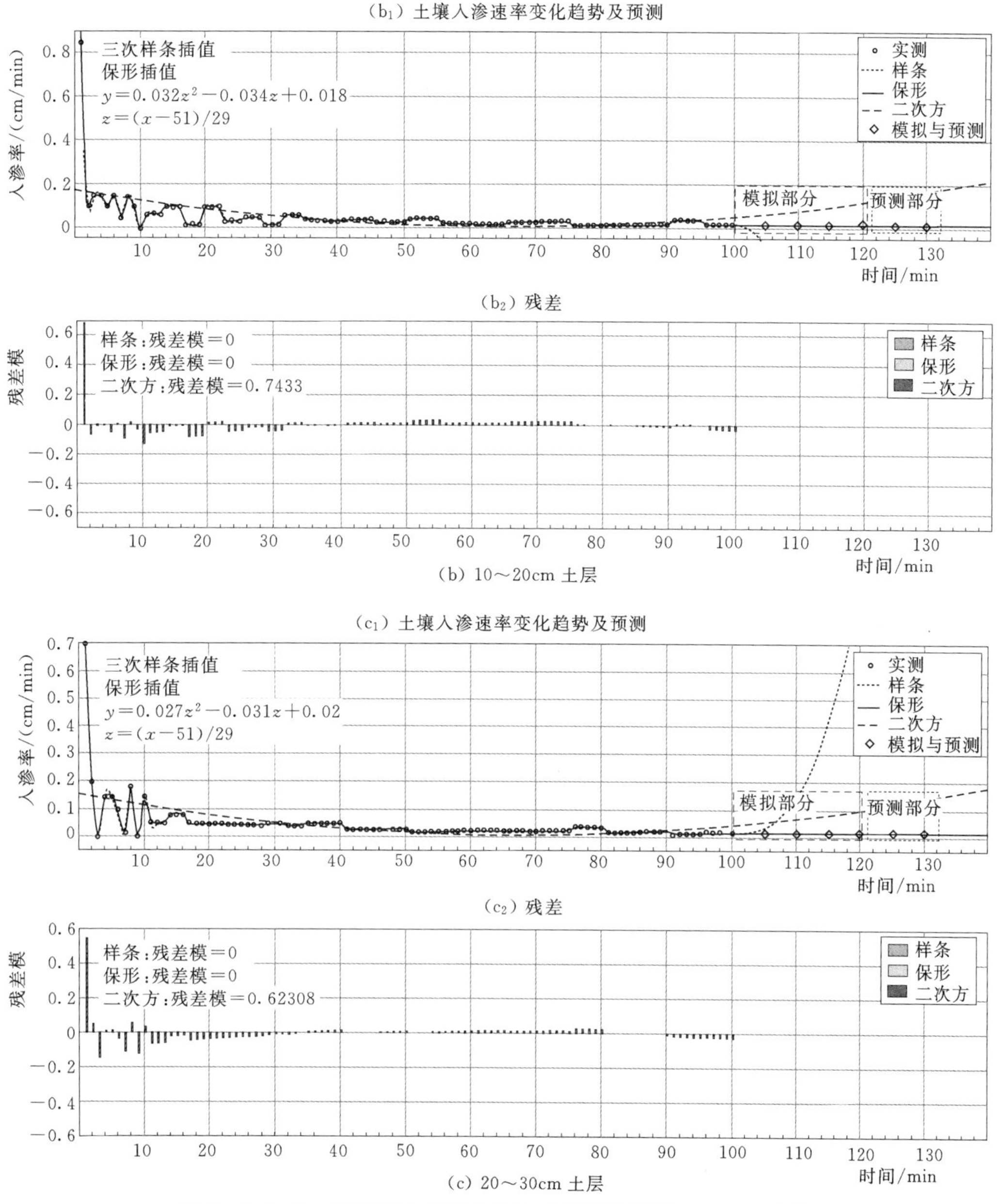

图 2-6（二） 不同层次土壤入渗速率模拟及预测（Matlab 软件）

拟合入渗率曲线时，使用标准化数据 $z=(x-\mu)/\delta$、$\mu=50.5$、$\delta=29.011$。经计算，0～10cm 层土壤［图 2-6（a）］入渗率曲线的保形插值和样条差值残差模均为 0，二次多项式为 $y=0.035z^2-0.04z+0.017$，残差模为 0.79；10～20cm 层土壤［图 2-6（b）］入渗率曲线保形插值和样条差值残差模均为 0，二次多项式为 $y=0.032z^2-0.034z+0.018$，残差模为 0.74；20～30cm 层土壤［图 2-6（c）］入渗率曲线保形插值和样条差值残差模均为 0，二次多项式为 $y=0.027z^2-0.031z+0.020$，残差模为 0.62。

从不同模型拟合曲线和残差模来看，样条插值和保形曲线残差模均为 0，表明拟合精度较高，但样条插值在模拟后期入渗率出现了偏离，而保形曲线与实测入渗率曲线更加吻合，二次多项式残差模为 0.6～0.8，拟合精度最差。

图 2-6 显示，在入渗初始阶段，各层次土壤入渗率较大且波动幅度大，随着入渗过程持续推进，入渗率趋于平缓，波动幅度减小，最终达到较稳定状态。此外，各层次土壤初始入渗率（入渗开始 1～2min）差异较大，0～10cm 和 20～30cm 层土壤入渗率在入渗 10min 内起伏较大，而 10～20cm 层土壤入渗率在入渗 30min 内波动很明显。

拟合毛管水上升速率曲线（图 2-7），经计算，0～10cm 层土壤［图 2-7（a）］毛

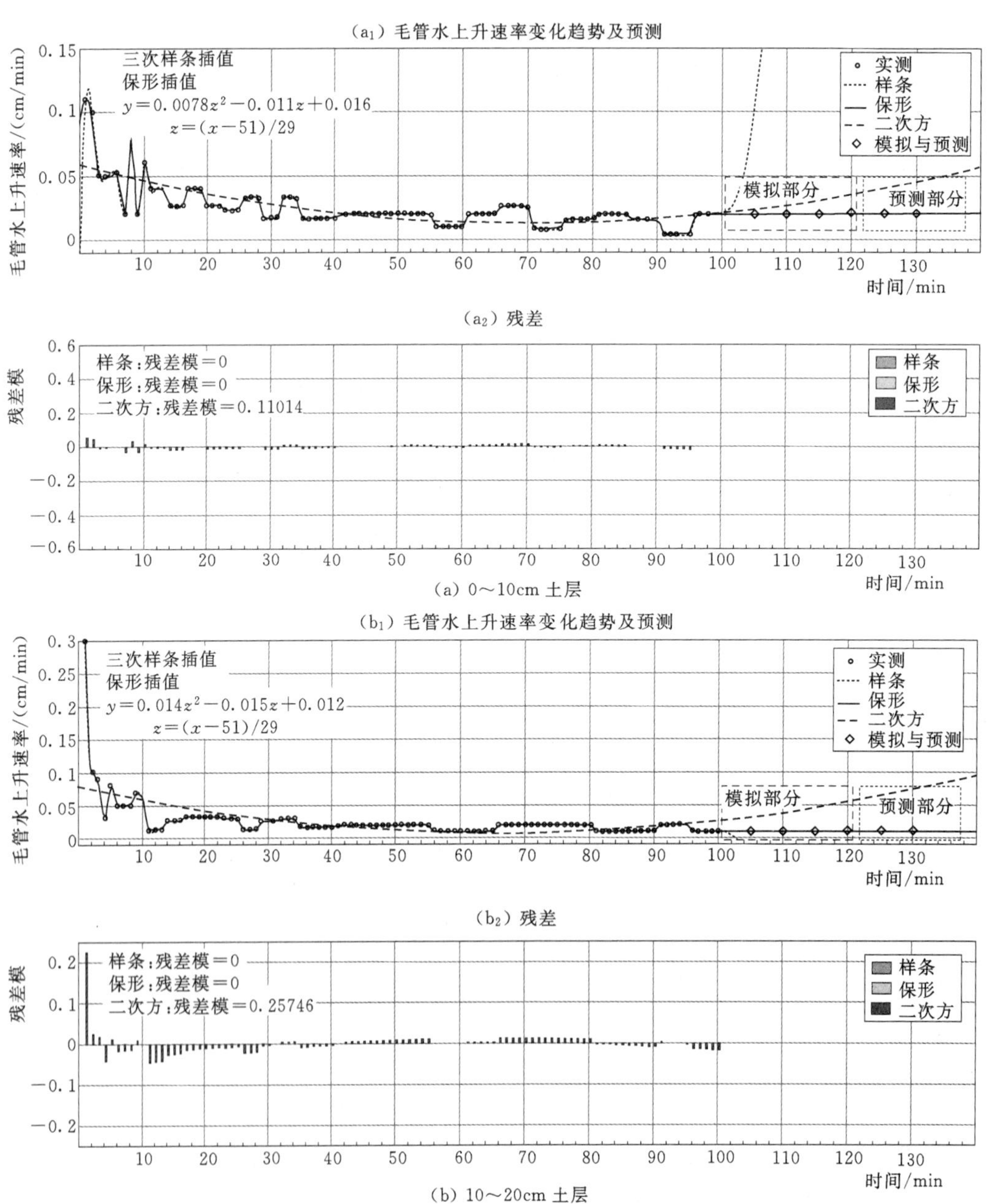

图 2-7（一）　毛管水上升速率模拟及预测（Matlab 软件）

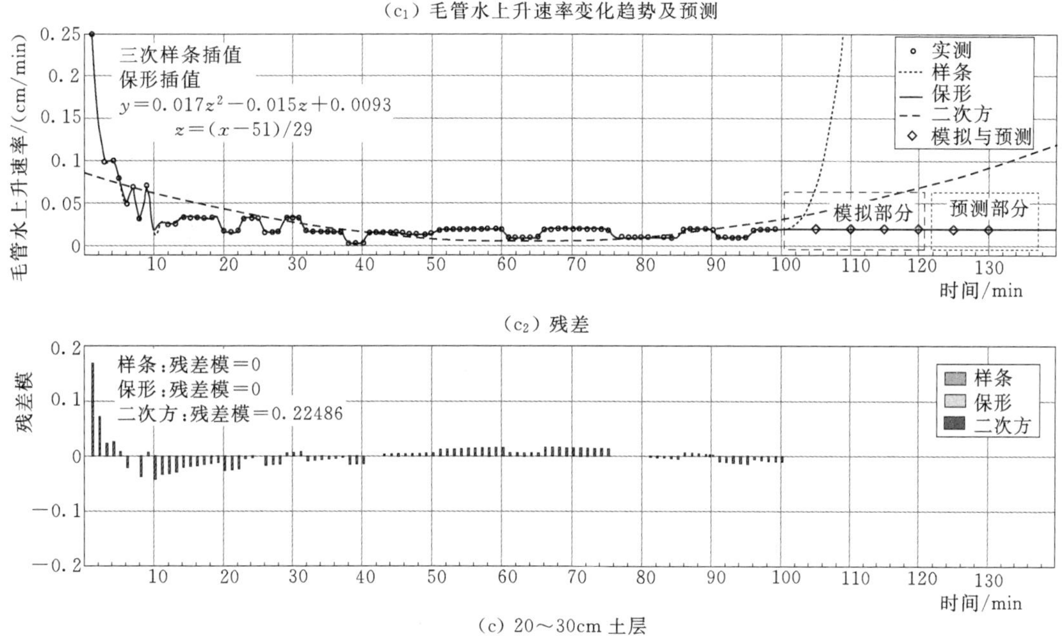

(c) 20～30cm 土层

图 2-7（二）　毛管水上升速率模拟及预测（Matlab 软件）

管水上升（吸渗）速率曲线的保形插值和样条插值残差模均为 0，二次多项式为 $y=0.008z^2-0.011z+0.016$，残差模为 0.11；10～20cm 层土壤［图 2-7（b）］毛管水上升速率曲线保形插值和样条差值残差模均为 0，二次多项式为 $y=0.014z^2-0.015z+0.012$，残差模为 0.26；20～30cm 层土壤［图 2-7（c）］毛管水上升速率曲线保形插值和样条插值残差模均为 0，二次多项式为 $y=0.017z^2-0.015z+0.009$，残差模为 0.22。

不同模型模拟预测毛管水上升速率曲线表明，保形曲线拟合效果最好，残差模为 0；二次多项式拟合效果最差，残差模为 0.1～0.2；虽然样条插值残差模亦为 0，但拟合曲线与实测毛管水上升速率曲线偏离很大。

图 2-7 显示了不同层次毛管水上升速率变化情况。从总体上来说，上升速率在入渗初始阶段较大，波动明显，随着时间的推进逐渐趋向稳定，但毛管水上升速率曲线与土壤入渗率曲线存在明显差异，即在入渗后期，各层次毛管水上升速率较土壤入渗率起伏明显，稳定性较差，进而影响稳定入渗率的精度。

为了更直观地表现样条插值、保形曲线和二次多项式对不同层次土壤入渗率、毛管水上升速率的模拟及预测精度，选择入渗后期入渗率接近平稳时不同时间模型模拟及预测情况，用以验证由实验获得的稳渗率的精确程度，见表 2-7 和表 2-8（仍以 15 号样点为例）。

由表 2-7 可见，保形曲线模拟各层土壤入渗率相对误差几乎为 0，虽个别误差较大，但基本满足稳定入渗率的要求。保形曲线预测各层次入渗稳渗率与由实验获得的稳渗率一致。样条插值模拟各层次土壤入渗率相对误差为 9%～22550%，平均相对误差为 4529%，二次多项式相对误差为 10%～1130%，平均相对误差为 470%。显然，保形曲线模拟预测效果优于样条插值和二次多项式。

表 2-7　　各层次土壤入渗稳渗率不同模型拟合及预测

土层深度	时间 /min	实测值 /(cm/min)	保形曲线 /(cm/min)	相对误差 ×100%	样条插值 /(cm/min)	相对误差 ×100%	二次多项式 /(cm/min)	相对误差 ×100%
0～10cm	105	0.06	0.01	0.83	0.01	0.83	0.07	0.10
	110	0.01	0.01	0.00	0.01	0.09	0.08	7.27
	115	0.02	0.01	0.50	0.01	0.37	0.10	4.10
	120	0.01	0.01	0.00	0.02	0.62	0.12	11.30
	125		0.01*		0.02*		0.15*	
	130		0.01*		0.03*		0.17*	
10～20cm	105	0.02	0.02	0.00	−0.08	5.13	0.07	2.46
	110	0.03	0.02	0.33	−0.63	21.83	0.09	1.84
	115	0.01	0.02	1.00	−1.97	198.00	0.10	9.30
	120	0.02	0.02	0.00	−4.49	225.50	0.12	5.15
	125		0.02*		−8.55*		0.15*	
	130		0.02*		−14.50*		0.17*	
20～30cm	105	0.02	0.02	0.00	0.04	1.03	0.06	1.89
	110	0.03	0.02	0.33	0.15	3.97	0.07	1.36
	115	0.01	0.02	0.50	0.42	40.90	0.09	7.57
	120	0.02	0.02	0.00	0.92	45.20	0.10	4.10
	125		0.02*		1.74*		0.12*	
	130		0.02*		2.93*		0.14*	

注　“*”代表预测值。

表 2-8　　剖面各层次土壤毛管水上升（吸渗）速率不同模型拟合及预测

土层深度	时间 /(min)	实测值 /(cm/min)	保形曲线 /(cm/min)	相对误差 ×100%	样条插值 /(cm/min)	相对误差 ×100%	二次多项式 /(cm/min)	相对误差 ×100%
0～10cm	105	0.01	0.02	1.00	0.10	9.20	0.02	1.36
	110	0.01	0.02	1.00	0.54	52.60	0.03	1.70
	115	0.02	0.02	0.00	1.61	79.50	0.03	0.54
	120	0.01	0.02	1.00	3.63	362.00	0.04	2.51
	125		0.02*		6.88*		0.04*	
	130		0.02*		11.60*		0.05*	
10～20cm	105	0.01	0.01	0.00	−0.04	5.13	0.03	2.22
	110	0.01	0.01	0.00	−0.31	32.20	0.04	2.89
	115	0.02	0.01	0.50	−0.99	50.35	0.05	1.31
	120	0.01	0.01	0.00	−2.25	226.00	0.05	4.45
	125		0.01*		−4.28*		0.06*	
	130		0.01*		−7.26*		0.07*	

续表

土层深度	时间/(min)	实测值/(cm/min)	保形曲线/(cm/min)	相对误差×100%	样条插值/(cm/min)	相对误差×100%	二次多项式/(cm/min)	相对误差×100%
20～30cm	105	0.02	0.02	0.00	0.07	2.57	0.04	0.96
	110	0.01	0.02	1.00	0.34	33.20	0.05	3.77
	115	0.016	0.02	0.25	1.02	62.75	0.06	2.58
	120	0.014	0.02	0.43	2.28	161.86	0.07	3.84
	125		0.02*		4.31*		0.08*	
	130		0.02*		7.29*		0.09*	

注 “*”代表预测值。

表2-8是不同模型对各层次土壤毛管水上升速率的模拟及预测结果，结果显示，保形曲线拟合相对误差最大值为100%，最小值为0；样条插值拟合相对误差为257%～36200%，平均相对误差为8978%；二次多项式拟合相对误差为54%～445%，平均相对误差为234%。保形曲线预测各层次毛管水上升稳渗率与由实验获得的稳渗率相一致。由此可以看出，保形曲线模拟效果最佳，此外，保形曲线对0～10cm层土壤毛管水上升速率模拟精度优于其余各层。

综上所述，对于短时入渗，保形曲线模拟预测土壤入渗率和毛管水上升速率优于样条插值和二次多项式，模拟预测精度高，并且保形曲线预测入渗结束后的入渗率与由实验获得的稳渗率基本一致，也就是说，在入渗结束后一段时间内，入渗率没有大的起伏波动，基本稳定在稳渗率值。由此可以确定，利用由实验获得的稳渗率值进行Phillip模型拟合以获得吸渗率（A）是可行的。

2.2.3 土壤水分运动参数的空间变异性

1. 土壤水分入渗参数描述性统计分析

利用SPSS20.0对不同层次土壤入渗Phillip模型吸渗率（A）和稳渗率（i_c）进行描述性统计分析，结果见表2-9。由表2-9可见，10～20cm和20～30cm层稳渗率（i_c）均值均为0.02cm/min。从变异系数来看，各层吸渗率（A）变异程度中等，均在35%左右。0～10cm层和10～20cm层稳渗率（i_c）的变异系数分别为3%和4%，变异程度很弱，20～30cm层稳渗率（i_c）的变异系数为50%，属于中等变异。K-S检验表明，$P>0.05$，各层次数据均符合正态分布，无须转换。

表2-9 剖面不同层次土壤水分入渗参数描述性统计特征

入渗参数		平均值	标准差	偏度	峰度	极小值	极大值	K-S检验	CV/%
A /(cm/min$^{0.5}$)	0～10cm	0.43	0.15	1.21	0.34	0.29	0.74	0.39	35
	10～20cm	0.36	0.13	0.56	1.20	0.16	0.65	0.70	36
	20～30cm	0.37	0.13	−0.14	−0.54	0.14	0.57	0.98	35
i_c /(cm/min)	0～10cm	0.01	0.005	0.18	−2.36	0.10	0.20	0.08	3
	10～20cm	0.02	0.006	−0.82	−0.97	0.004	0.20	0.07	4
	20～30cm	0.02	0.01	0.70	−0.16	0.01	0.04	0.52	50

2. 土壤毛管水上升参数描述性统计分析

表2-10是不同层次土壤毛管水上升参数描述性统计特征值。由表2-10可以得出，各层次稳渗率（i_c）平均值均为0.01cm/min。各层吸渗率（A）平均值分别为0.18、0.16和0.20。变异系数表明，稳渗率（i_c）和吸渗率（A）均属于中等变异。K-S检验P值均大于0.05，表明数据符合正态分布，因此，以下空间结构分析仍使用原数据。

表2-10　　剖面不同层次土壤毛管水上升参数描述性统计特征值

项目/层次		平均值	标准差	偏度	峰度	极小值	极大值	K-S检验	变异系数/%
A /(cm/min$^{0.5}$)	0～10cm	0.18	0.07	-0.08	-1.46	0.07	0.28	0.78	39
	10～20cm	0.16	0.04	0.04	0.10	0.08	0.25	0.90	25
	20～30cm	0.20	0.08	2.00	4.37	0.13	0.43	0.50	40
i_c /(cm/min)	0～10cm	0.01	0.005	0.55	-1.08	0.004	0.02	0.06	42
	10～20cm	0.01	0.005	0.85	-0.16	0.004	0.02	0.07	45
	20～30cm	0.01	0.008	0.18	-0.60	0.004	0.03	0.30	53

3. 土壤水分入渗参数空间结构分析

对不同层次土壤水分入渗参数进行半变异函数分析，并选择最优拟合模型，拟合参数见表2-11，半方差函数拟合最优模型图见图2-8。由$C_0/(C_0+C)$可以看出，0～10cm层和10～20cm层吸渗率（A）具有强烈的空间相关性，20～30cm层吸渗率（A）在空间上完全独立。0～10cm层和10～20cm层稳渗率（i_c）的$C_0/(C_0+C)$均为100%，表明在空间上不具有相关性，20～30cm层稳渗率（i_c）空间相关性极强。

从最优拟合模型来看，0～10cm层吸渗率（A）和20～30cm层稳渗率（i_c）分别为球状模型和指数模型，其余均为线性模型，其中0～10cm层吸渗率（A）、10～20cm和20～30cm层稳渗率（i_c）决定系数都在95%以上，拟合效果较好。

表2-11　　不同层次土壤水分入渗参数半变异函数模型参数

项目/层次		块金值 C_0	基台值 C_0+C	块基/基台 $C_0/(C_0+C)$	变程 A_0/m	决定系数 R^2	残差平方和 RSS	最优模型
A /(cm/min$^{0.5}$)	0～10cm	0.00239	0.01158	0.20639	145	0.99	1.62×10^{-8}	Spherical
	10～20cm	0.01341	0.01751	0.19010	158	0.11	2.93×10^{-5}	Linear
	20～30cm	0.01285	0.01285	1.00000	158	0.79	2.08×10^{-5}	Linear
i_c /(cm/min)	0～10cm	0.00002	0.00002	1.00000	158	0.12	1.28×10^{-11}	Linear
	10～20cm	0.00004	0.00004	1.00000	158	0.94	5.81×10^{-11}	Linear
	20～30cm	0.00005	0.00016	0.08537	507	0.99	9.35×10^{-12}	Exponential

为了更直观地表现不同深度土壤入渗参数空间变化情况，依据最优半方差函数模型绘制了入渗参数空间分布图，见图2-9。从图2-9中可以看出，0～10cm层吸渗率（A）西北部和东部较低而东北部和北部偏中位置略高，最高值出现在东南位置。20～30cm层稳渗率（i_c）在空间有明显的两块低值区和三块高值区。

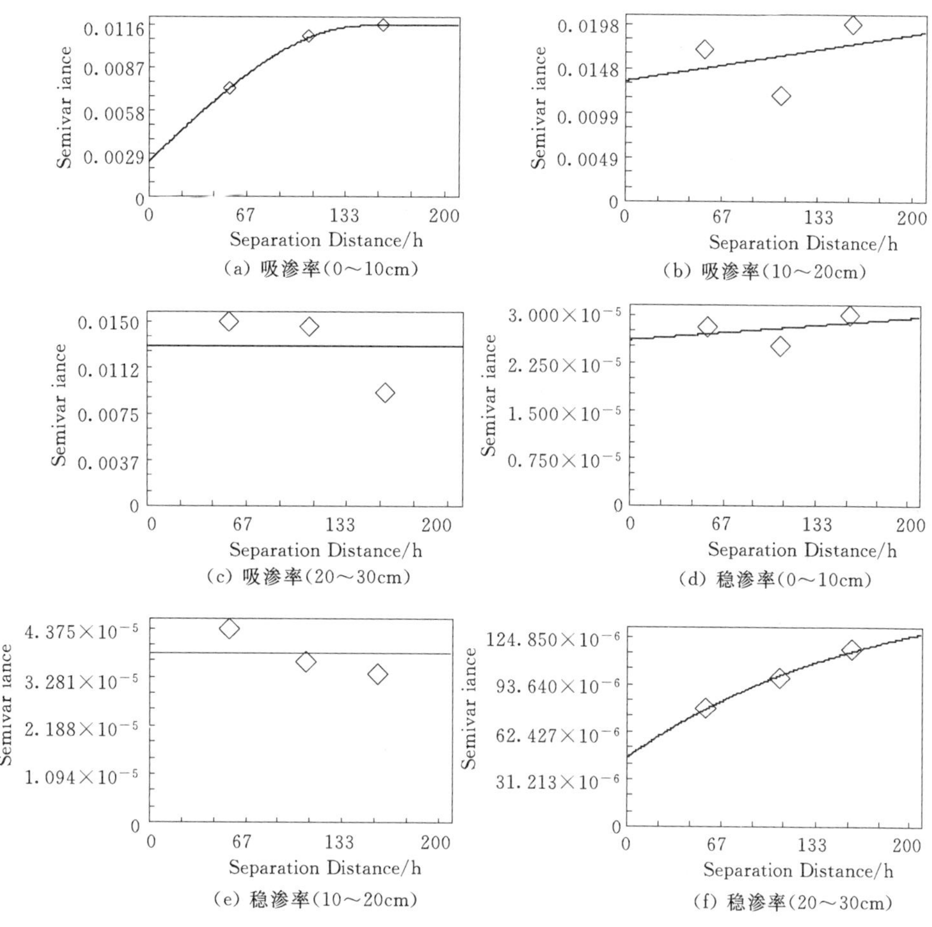

图 2-8 剖面不同深度土壤入渗参数半变异函数曲线

4. 土壤毛管水上升参数空间结构分析

利用 GS+9.0 对不同层次土壤毛管水上升参数进行半变异函数拟合，拟合结果见表 2-12 和图 2-10。块金值/基台值显示，0～10cm 和 10～20cm 层吸渗率（A）为 1，表明二者不具有空间相关性，20～30cm 层吸渗率（A）为 0.1%，表明具有强烈空间相关性；0～10cm 层稳渗率（i_c）块基比为 40%，属于中等空间相关性，其余两层分别为 0.2% 和 20%，表明二者空间相关性很强。从决定系数来看，10～20cm 和 20～30cm 层吸渗率（A）在 0.8 以上，最优拟合模型分别为线性模型和高斯模型，0～10cm 层稳渗率（i_c）决定系数更是达到了 1，其最优拟合模型为高斯模型。

不同深度土壤毛管水参数空间分布情况见图 2-11。图 2-11 中显示，20～30cm 层吸渗率（A）分布特征明显，高低值相间分布。从稳渗率（i_c）的空间分布情况来看，0～10cm 层呈条带状和斑块状镶嵌分布，低值区占大部分，而高值区仅分布在东北部的狭小区域，10～20cm 层明显分布着两个低值区和一个高值区，空间分布与 0～10cm 层差异显著。

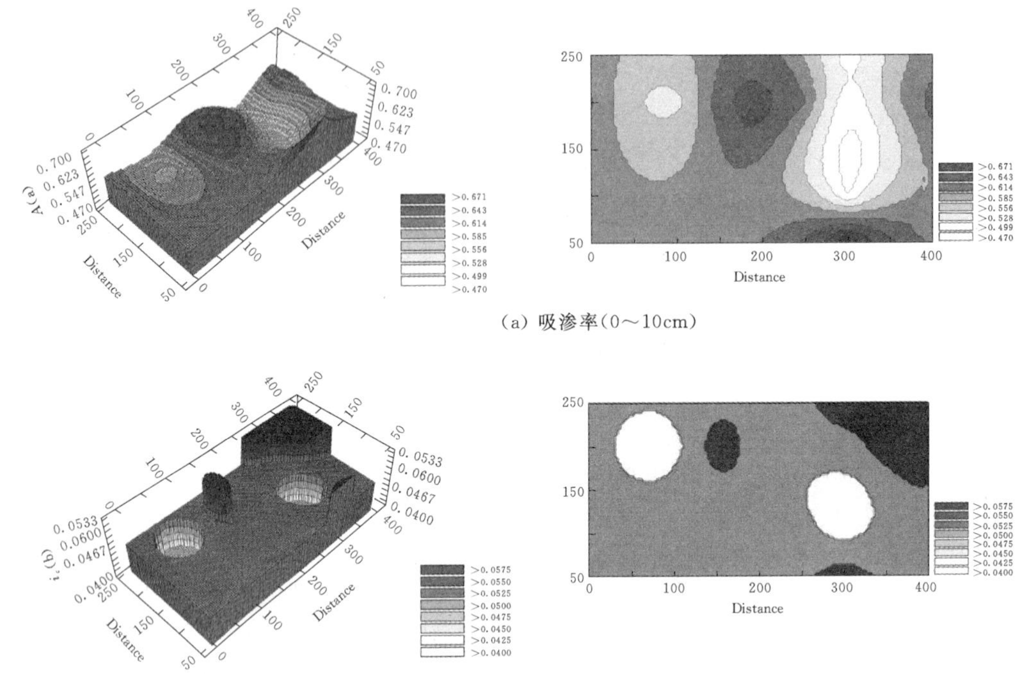

(b) 稳渗率(20～30cm)

图 2-9 剖面不同层次土壤入渗参数的空间分布

表 2-12 剖面不同层次土壤毛管水上升参数半变异函数统计特征值

水分运动参数		块金值 C_0	基台值 C_0+C	块基/基台 $C_0/(C_0+C)$	变程 A_0/m	决定系数 R^2	残差平方和 RSS	最优模型
A /(cm/min$^{0.5}$)	0～10cm	0.00494	0.00494	1.00000	158	0.23	9.01×10^{-7}	Linear
	10～20cm	0.00199	0.00199	1.00000	158	0.84	6.50×10^{-7}	Linear
	20～30cm	0.00001	0.00932	0.00107	119	0.80	6.20×10^{-6}	Gaussian
i_c /(cm/min)	0～10cm	0.00002	0.00005	0.40000	192	1.00	3.57×10^{-15}	Gaussian
	10～20cm	0.000001	0.000342	0.002924	103	0.11	3.70×10^{-10}	Spherical
	20～30cm	0.000060	0.000060	0.204444	158	0.17	2.43×10^{-10}	Linear

2.2.4 入渗性能参数与土壤特性相关性分析

为了解影响剖面不同层次土壤入渗性能和毛管水上升性能的各项因子，分析了入渗1h累积入渗量（毛管水累积上升量）、1h入渗率（毛管水上升速率）、稳定入渗率与pH值、电导率、黏粒、粉粒、砂粒之间的相关性以及各土壤特性之间的相关性，结果见表2-13～表2-18。

0～10cm层土壤入渗性能指标与土壤各特性之间相关分析矩阵显示（表2-13），黏粒与累积入渗量（1h）呈显著负相关，相关系数为−0.665，其余各土壤特性与入渗性能指标互不相关。

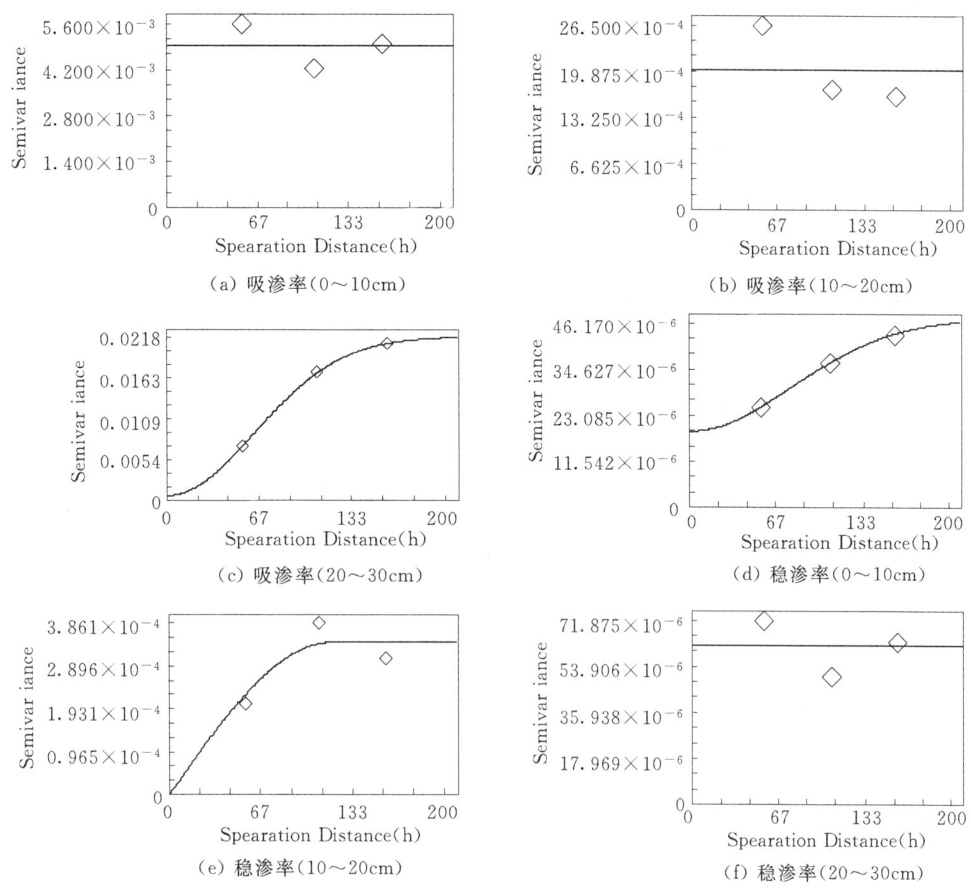

(a) 吸渗率(0～10cm)
(b) 吸渗率(10～20cm)
(c) 吸渗率(20～30cm)
(d) 稳渗率(0～10cm)
(e) 稳渗率(10～20cm)
(f) 稳渗率(20～30cm)

图 2-10 剖面不同深度毛管水上升参数半变异函数曲线图

表 2-13 入渗性能参数与土壤特性相关关系 (0～10cm)

土壤理化特性指标	累积入渗量(1h)	入渗率(1h)	稳渗率	pH 值	电导率	黏粒	粉粒
入渗率（1h）	0.339						
稳渗率	0.215	−0.172					
pH 值	0.401	−0.475	0.311				
电导率	0.543	0.006	0.422	0.273			
黏粒	−0.665*	−0.175	−0.271	−0.383	−0.258		
粉粒	−0.279	−0.145	−0.011	−0.381	0.072	0.709**	
砂粒	0.384	0.160	0.073	0.402	0.001	−0.816**	−0.986**

注 "*"代表在 0.05 水平（双侧）上显着相关；"**"代表在 0.01 水平（双侧）上显着相关。

对 10～20cm 层土壤入渗能力指标与土壤各特性进行相关分析表明（表 2-14），入渗率（1h）与电导率呈现负相关关系，相关系数为−0.576，其余各土壤特性与入渗能力指标之间不具有相关性，粉粒与电导率具有正相关关系，相关系数为 0.565。

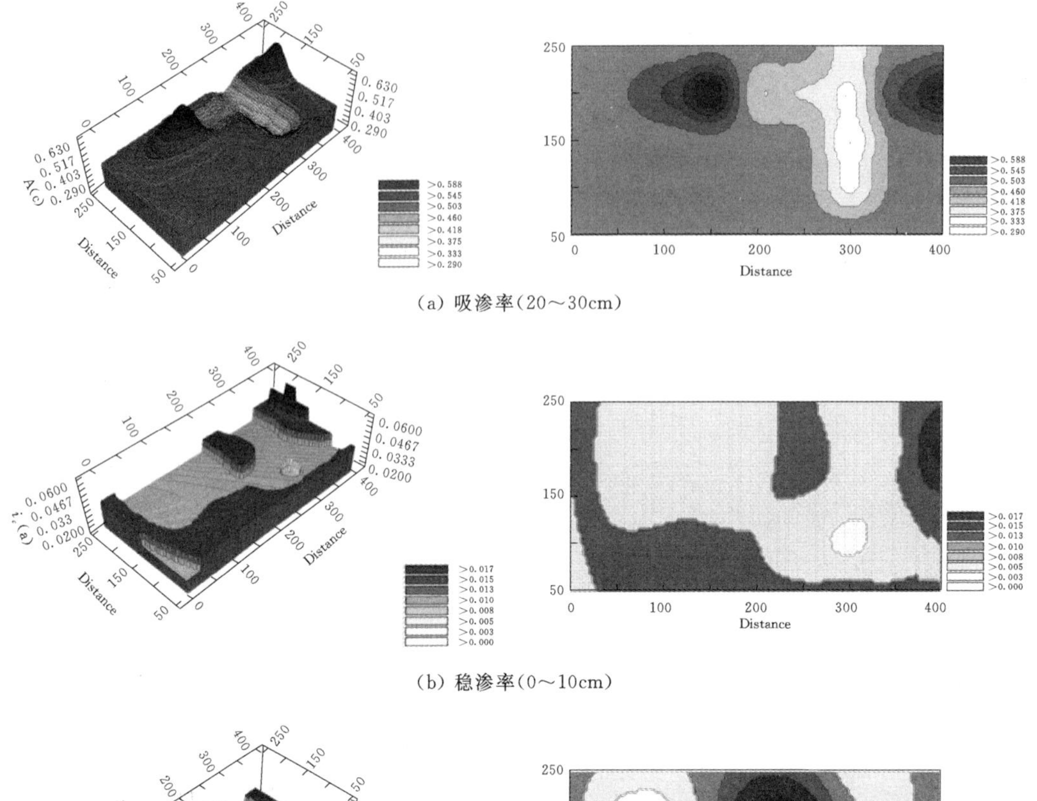

(a) 吸渗率(20～30cm)

(b) 稳渗率(0～10cm)

(c) 稳渗率(10～20cm)

图 2-11　剖面不同深度土壤毛管水上升参数空间分布

表 2-14　　入渗性能参数与土壤特性相关关系（10～20cm）

土壤理化特性指标	累积入渗量(1h)	入渗率(1h)	稳渗率	pH 值	电导率	黏粒	粉粒
入渗率（1h）	−0.014						
稳渗率	0.306	0.287					
pH 值	0.104	−0.177	0.336				
电导率	−0.317	−0.576*	−0.172	−0.049			
黏粒	−0.218	−0.237	−0.211	−0.119	0.183		
粉粒	−0.381	−0.308	0.138	0.070	0.565*	0.706**	
砂粒	0.366	0.308	−0.072	−0.034	−0.513	−0.804**	−0.989**

注　“*”代表在 0.05 水平（双侧）上显着相关；“**”代表在 0.01 水平（双侧）上显着相关。

20～30cm 层土壤入渗能力参数与各土壤特性之间相关性关系见表 2-15，粉粒与入渗率（1h）显现出负相关（相关系数为－0.556），其余各入渗性能参数与土壤特性之间并没有相关性，各土壤性质之间也无相关性。

表 2-15　入渗性能参数与土壤理化特性相关关系（20～30cm）

土壤理化特性指标	累积入渗量（1h）	入渗率（1h）	稳渗率	pH 值	电导率	黏粒	粉粒
入渗率（1h）	0.288						
稳渗率	－0.029	0.069					
pH 值	0.214	0.123	0.176				
电导率	0.030	－0.254	－0.143	0.228			
黏粒	0.111	－0.123	－0.469	0.490	0.115		
粉粒	－0.095	－0.556*	0.333	0.261	0.533	0.13	
砂粒	0.089	0.536	－0.271	－0.288	－0.479	－0.23	－0.99**

注　“*”代表在 0.05 水平（双侧）上显着相关；“**”代表在 0.01 水平（双侧）上显着相关。

由 0～10cm 层土壤毛管水上升性能指标与各土壤特性之间的相关关系（表 2-16）可以看出，毛管水上升速率（1h）与毛管水累积上升量（1h）之间呈现出极为明显的正相关性，其相关系数是 0.786，稳渗率与毛管水累积上升量（1h）之间存在正相关性，其相关系数是 0.576，电导率和毛管水累积上升量（1h）之间也存在正相关性，其相关系数是 0.601。

表 2-16　毛管水上升性能参数与土壤特性相关关系（0～10cm）

土壤理化特性指标	毛管水累积上升量（1h）	毛管水上升速率（1h）	稳渗率	pH 值	电导率	黏粒	粉粒
毛管水上升速率（1h）	0.786**						
稳渗率	0.576*	0.403					
pH 值	0.024	－0.342	－0.011				
电导率	0.601*	0.503	－0.026	0.273			
黏粒	－0.323	－0.095	－0.218	－0.383	－0.258		
粉粒	0.020	0.099	0.153	－0.381	0.072	0.709**	
砂粒	0.059	－0.059	－0.075	0.402	0.001	－0.816**	－0.986**

注　“*”代表在 0.05 水平（双侧）上显着相关；“**”代表在 0.01 水平（双侧）上显着相关。

10～20cm 层土壤毛管水上升能力指标与各土壤特性相关性矩阵见表 2-17，稳渗率与毛管水累积上升量（1h）之间属于正相关性，相关系数是 0.623，毛管水累积上升量（1h）与电导率和粉粒与之间存在显着正相关，其相关系数分别是 0.729 和 0.679，砂粒和毛管水累积上升量（1h）之间具有负相关性，相关系数是－0.661，稳渗率分别与电导率、粉粒之间存在明显的正相关性，相关系数各自是 0.664、0.605，稳渗率和砂粒具有负相关关系，其相关系数是－0.595。

表 2-17　　毛管水上升性能参数与土壤特性相关关系（10～20cm）

土壤理化特性指标	毛管水累积上升量（1h）	毛管水上升速率（1h）	稳渗率	pH值	电导率	黏粒	粉粒
毛管水上升速率（1h）	0.162						
稳渗率	0.623*	0.111					
pH值	0.047	−0.001	0.073				
电导率	0.729**	0.262	0.664*	−0.049			
黏粒	0.430	−0.182	0.412	−0.119	0.183		
粉粒	0.679*	0.170	0.605*	0.070	0.565*	0.706**	
砂粒	−0.661*	−0.104	−0.595*	−0.034	−0.513	−0.804**	−0.989**

注　“*”代表在0.05水平（双侧）上显着相关；“**”代表在0.01水平（双侧）上显着相关。

20～30cm层土壤毛管水上升性能指标与各土壤特性之间的相关性分析表明（表2-18），毛管水上升速率（1h）与毛管水累积上升量（1h）存在正相关关系，其相关系数是0.634，粉粒和电导率之间有正相关性，相关系数是0.565，其余各入渗性能指标和土壤特性之间并没有相关性。

表 2-18　　毛管水上升性能参数与土壤特性相关关系（20～30cm）

土壤理化特性指标	毛管水累积上升量（1h）	毛管水上升速率（1h）	稳渗率	pH值	电导率	黏粒	粉粒
毛管水上升速率（1h）	0.634*						
稳渗率	0.393	0.205					
pH值	0.204	0.036	0.180				
电导率	0.472	0.418	0.126	−0.049			
黏粒	−0.378	−0.242	−0.115	−0.119	0.183		
粉粒	0.015	0.188	−0.043	0.070	0.565*	0.706**	
砂粒	0.067	−0.106	0.061	−0.034	−0.513	−0.804**	−0.989**

注　“*”代表在0.05水平（双侧）上显着相关；“**”代表在0.01水平（双侧）上显着相关。

由上述分析可见，影响该农田均质土壤渗水性能的因素主要包括黏粒含量、粉粒含量、砂粒含量以及电导率。具体表现为：

（1）黏粒含量越高，累积入渗量越小。可能是由于黏粒含量高的土壤孔隙小，土壤通气透水性受到限制，从而导致入渗能力下降。这一结论与李卓的实验结果相一致，他研究了黏粒含量对积水入渗性能的影响，结果表明稳渗率、累积入渗量（90min）与黏粒呈负相关关系（李卓等，2009）。

（2）入渗率随电导率增加而减小。这可能与土壤盐分含量有关，电导率值高的土壤盐分相对较多，而盐分对入渗性能具有阻碍作用。任长江等就研究了土壤初始含盐量对入渗性能的影响，结果表明，土壤初始含盐量与累积入渗量、入渗率、湿润锋呈负相关（任长江等，2014）。

（3）砂粒含量越高，毛管水累积上升量越少、稳渗率越低。这主要是由于土壤中砂粒含量过多，毛管孔隙增大，而毛管力与毛管孔隙呈反比，因而毛管水上升量减少（史文娟等，2004）。

（4）对于此研究中毛管水累积上升量和稳渗率随电导率增加而增大，以及毛管水累积上升量和稳渗率随粉粒含量增多而增加的现象还需进一步探究。

2.3 海河南系典型农田氮磷迁移转化特征

2.3.1 典型农田氮素去向

（1）试验设计。当地常规种植条件下，施加^{15}N标记的尿素处理，施用量（N）分别为小麦季315kg/hm^2，玉米季255kg/hm^2；磷肥为过磷酸钙，施用量（P_2O_5）分别为小麦季270kg/hm^2，玉米季45kg/hm^2；钾肥为氧化钾（K_2O），仅在玉米季施用，施用量为120kg/hm^2。

（2）试验方案。在不扰动土层的情况下，每一个小区打入直径为100cm的不锈钢管，打入土中90cm，高出土面10cm，隔板距田埂1.5m。每处理重复3次。氮肥用^{15}N标记的尿素（丰度为99.5%），磷、钾肥种类、施肥方式及施肥量与大田小区相同。植株种植密度与小区一致，农田管理与大田试验同步进行。

（3）样品采集。在作物收获期取样。采集植株样品：将微区内的所有作物整株取回，将样品放置70℃烘箱内烘至恒重，磨细过筛，分籽粒、茎秆、根3部分测定产量、全氮和^{15}N丰度。

土壤样品采集深度为0～80cm，每20cm一层。采样时避免^{15}N的交叉污染。土壤分层取出后称重，并分成两部分，一部分测定土壤含水量；另一部分自然风干，用于测定全氮。

（4）试验结果。不同土壤^{15}N自然丰度的变异，是在一定的环境生态条件下土壤中进行的氮素转化迁移过程的一种标记，在一定程度上可反映系统中氮素循环的特征。土壤氮素的转化和迁移过程中存在不同程度的氮同位素分馏效应，会引起土壤中氮同位素自然丰度的变异。试验测定的华北农田空白小区0～80cm土壤剖面^{15}N丰度值，进而计算氮肥残留率（表2-19）。由表2-19可见，小麦季土壤氮肥残留率在0～20cm、20～40cm、40～60cm和60～80cm分别为13.23%、6.82%、5.76%和5.88%；玉米季土壤氮肥残留率在0～20cm、20～40cm、40～60cm和60～80cm分别为12.98%、8.85%、6.49%和6.13%。氮素残留整体随着土层深度增加而降低。

表2-19　^{15}N 去 向　%

样品	作物氮肥回收率	氮肥残留率	损失率
小麦			
20cm土层	—	13.23	—
40cm土层	—	6.82	—
60cm土层	—	5.76	—
80cm土层	—	5.88	—

续表

样品	作物氮肥回收率	氮肥残留率	损失率
小麦根系	1.30	—	—
小麦秸秆	4.94	—	—
小麦籽粒	9.63	—	—
总和	15.87	31.68	52.45
玉米			
20cm 土层	—	12.98	—
40cm 土层	—	8.85	—
60cm 土层	—	6.49	—
80cm 土层	—	6.13	—
玉米秆	14.51	—	—
玉米棒	4.26	—	—
玉米粒	12.65	—	—
玉米根	3.40	—	—
总和	34.82	34.45	30.73

植物获取氮的途径主要有两种：植物本身的固氮作用和从土壤中吸收氮。植物的氮源包括对土壤 N 的吸收、农用化肥中 N 的吸收、大气 N_2 的固定、大气干湿沉降 N 的吸收、捕食昆虫等，植物对氮素的吸收利用受其种类本身、生长环境、氮素形态等多种因素的影响。试验分别测定了小麦的根、秸秆和籽粒以及玉米的根、秸秆、棒和籽粒。小麦的根、秸秆和籽粒吸收肥料氮的比例为 1.3%、4.94%和 9.63%；玉米的根、秸秆、棒和籽粒吸收肥料氮的比例为 3.4%、14.51%、4.26%和 12.65%。氮素被吸收利用比例大小为籽粒>秸秆/棒>根系。

化肥进入土壤-作物体系后，主要有 3 种去向：被作物吸收、在土壤中残留、以各种途径损失，在华北农田主要是通过淋溶和气态损失。2017 年试验 ^{15}N 微区试验结果表明：常规施肥条件下，小米季土壤氮残留率为 31.68%，作物土壤系统氮素回收率为 47.55%，损失为 52.45%。玉米季土壤残留率为 34.45%，作物土壤系统氮素回收率为 69.27%，氮损失率为 30.73%。

2.3.2 典型作物需肥规律

氮素通过降雨、灌溉和施肥进入农田系统，施入农田的氮素除被作物吸收和土壤存留一部分外，还有相当部分经各种途径损失。而作物对所施氮素的吸收量直接决定了氮肥利用率的高低。监测冬小麦和夏玉米不同生育期的吸氮速率、吸氮量动态变化特征以及一些生理生化指标，绘制各指标动态变化过程，见图 2-12。由图 2-12 可见，冬小麦的拔节期到抽穗期和玉米的拔节期到吐丝期是作物用肥速率较高的时期，冬小麦氮素累积速率最快时期出现在拔节期至抽穗期。夏玉米氮素累积速率最快时期出现在拔节期至吐丝期。具体表现为小麦季和玉米季一年总需肥量约为 360kg/hm^2，其中小麦季和玉米季各约 180kg/hm^2，小麦季出苗到分蘖、返青到拔节分别需肥 20kg/hm^2 和 70kg/hm^2，后期需肥 90kg/hm²，玉米季苗期到三叶期、三叶期到 10 叶期分别需肥 20kg/hm² 和 70kg/hm²，后期需肥 90kg/hm²，为后期环保型施肥技术研发提供基础支持。

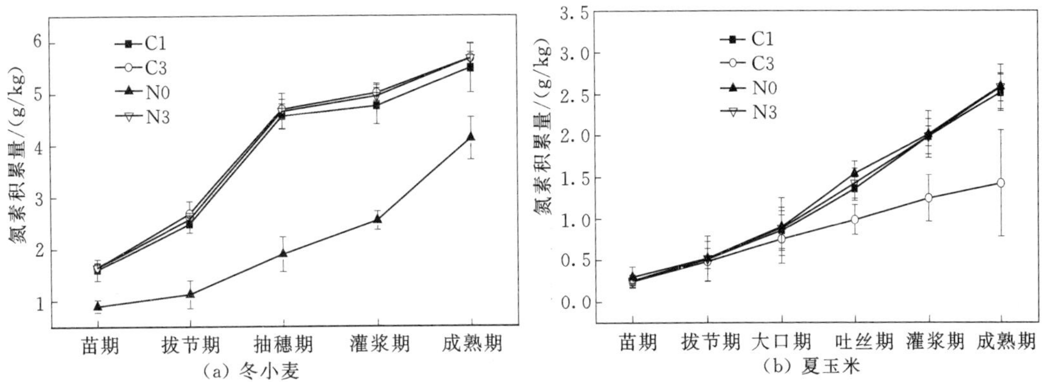

图 2-12　冬小麦、夏玉米氮累积特征

2.3.3　典型农田氮素流失特征

施入土壤中的氮素，除被作物吸收以外，还有相当部分会滞留在土壤系统。滞留在土壤中的氮一部分会被下季作物吸收利用，还有部分可能在土壤复水期间流失。对作物收获期土壤剖面氮素累积变化情况进行监测（图 2-13～图 2-16），确定氮素施入小麦-玉米轮作系统后在土壤中的累积规律，可以进一步研究肥料对下茬作物的后效，为后期施肥提供依据。

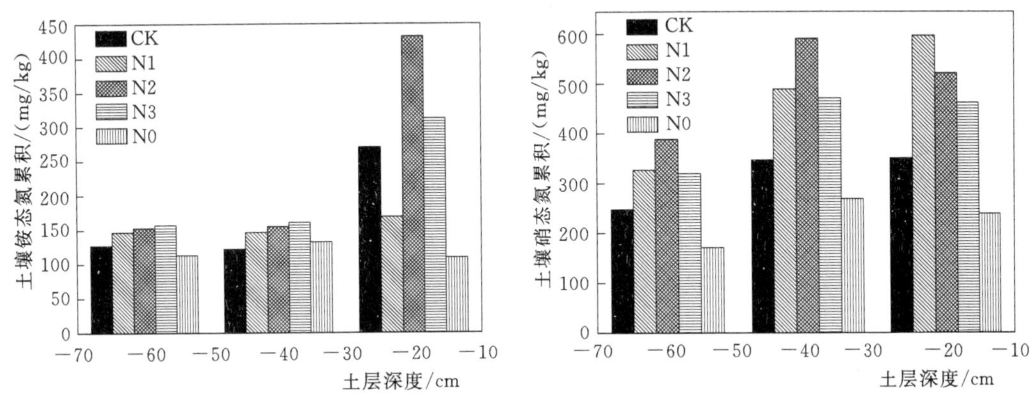

图 2-13　土壤铵态氮和硝态氮累积特征

对小麦和玉米不同生育期氨挥发，以及氮素淋洗量进行监测，发现在整个冬小麦-夏玉米轮作周期中，氨挥发和淋洗是氮素损失的主要途径，两项输出项占其总氮素输出的 31.60%。另外，小麦季氮素损失量大于玉米季，其中小麦季氨挥发、排放以及氮素淋洗量分别为 55.26kgN/(hm²·a)、5.68kgN/(hm²·a) 和 59.43kgN/(hm²·a)，总损失量为 120.37kgN/(hm²·a)；玉米季中氨挥发、N_2O 排放以及氮素淋洗量分别为 41.45kgN/(hm²·a)、4.26kgN/(hm²·a) 和 44.57kgN/(hm²·a)，总损失量为 90.28kgN/(hm²·a)；土壤 NH_3 的排放量较高，主要集中在每年 5 月初到 8 月底。NH_3

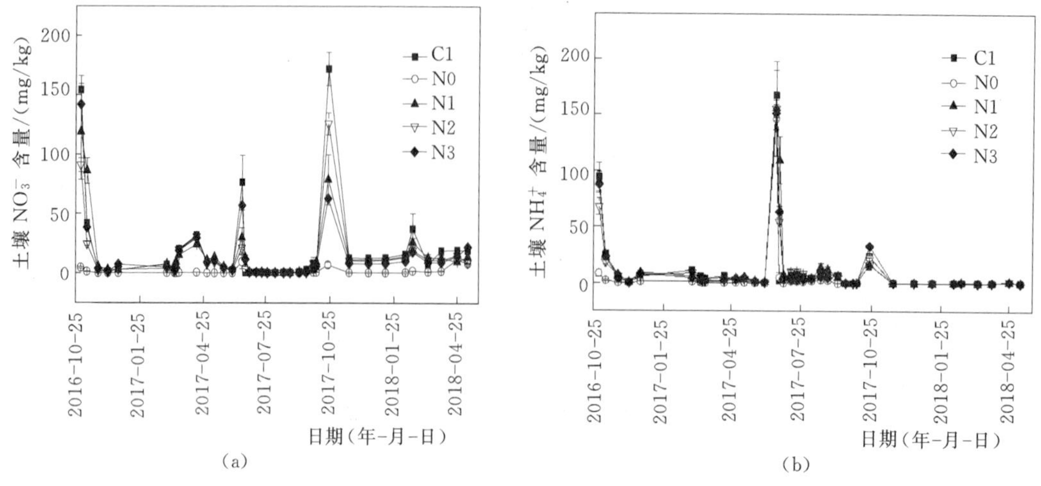

图2-14 土壤硝态氮和铵态氮含量变化

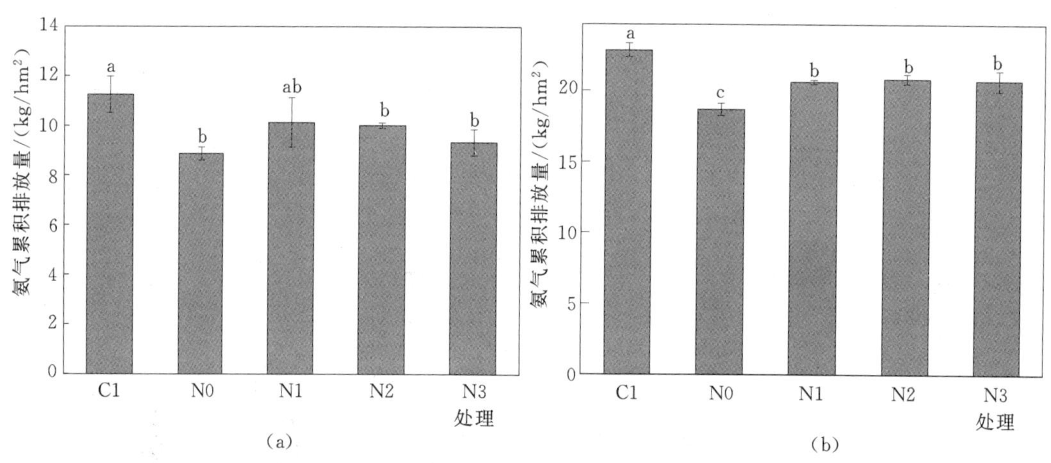

图2-15 氨气累积排放量

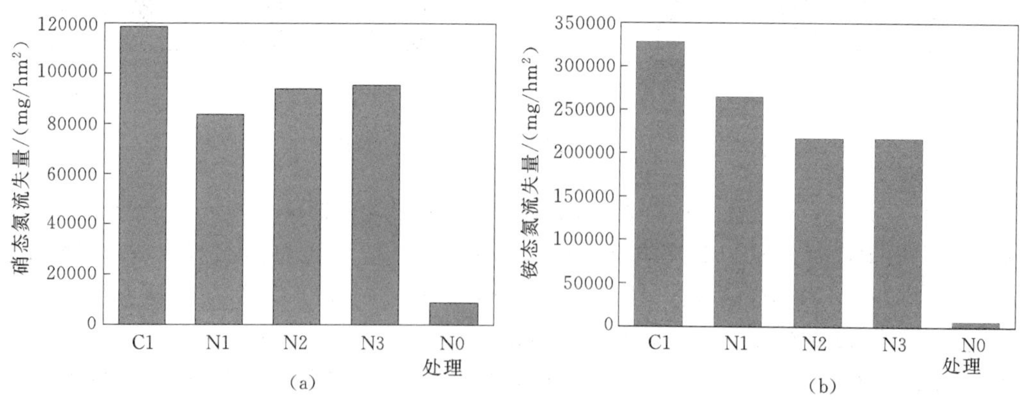

图2-16 硝态氮和铵态氮流失量

排放量远高于 N_2O，是氮素气体损失的主要途径；施肥后和拔节期是土壤 N_2O 排放的主要时期，玉米季时间虽短，但排放量占到全年排放的 44.41%～76.64%。因此，在实际生产中更应加强玉米季氮素损失的管理，同时在有效降低氨挥发和减少氮素淋洗方面更应注意。

第3章

海河南系典型农田肥料运筹技术

自从化肥出现以后，为了能在短时间内提高土壤肥力进而获得更高的产量，农业生产中的有机肥使用量大大降低，化肥使用量逐年增高。据农业部《新中国农业60年统计资料》及农业统计资料，我国农业化肥使用量（折纯）从1952年至2015年呈现出持续增长的趋势，1952年的使用量仅为7.8×10^4t，2015年为6022.6×10^4t，2017年为5859.41×10^4t；氮磷钾肥使用量从1979年的825.9×10^4t、223.5×10^4t、31.6×10^4t增长到2015年的2361.6×10^4t、843.1×10^4t、642.3×10^4t，其后用量有所下降。2017年，3种肥料使用量分别为2221.82×10^4t、797.59×10^4t、619.74×10^4t。

肥料是农作物的“粮食”，缺少肥料或肥料过多都会造成农作物的生长发育不良，影响其最终产量。施用化肥一方面使农作物产量快速提高，而另一方面也带来了一系列环境问题，如土壤板结、肥力下降、土壤和水环境污染等。因此，在维持农田生态系统肥料输入输出平衡，保障作物产量的情况下，最大限度地减少向环境的排放。同时，通过土壤碳氮关系，调节C/N，扩大土壤氮磷库容，是维持土壤养分库的可持续生产的重要基础。

3.1 化肥科学减量技术

化肥减量增效是保障我国粮食安全和农业可持续发展必经之路。为实现化肥用量零增长，农业部下发《到2020年化肥使用量零增长行动方案》。华北平原是我国集约化农业生产的主产区之一，在创造粮食高产的同时也造成了氮肥资源的低效利用和环境污染。冬小麦—夏玉米是华北平原的主要粮食作物，氮肥是其获得稳产、高产的重要限制因素，故而氮利用效率受到高度关注。而氮肥利用效率并不总是随其用量增加而提升，随氮肥用量的持续增加，农田已出现氮肥报酬递减现象，粮食增产速率和氮肥利用效率逐渐下降（巨晓棠等，2014）。据估测，世界氮肥的平均利用率为40%～60%，我国仅为30%～35%。氮素大量损失，已经引起了严重的环境问题，如水体富营养化、温室气体排放、土壤退化等（Cui等，2014）。陈新平等通过对我国三大粮食作物主产区实施的153个田间试验研究表明，在化肥用量不变情况下，我国水稻、小麦、玉米至少还有30%～50%的增产潜力（Chen 等，2014）。因此，如何实施氮肥合理减量，挖掘作物产量潜力和养分资源利用效率，降低环境成本，是当前国际上确保全球粮食安全和农业可持续发展的研究热点，也是农业面临的巨大挑战（张福锁等，2008；Foley 等，2011；Tilman 等，2011）。

适宜的氮肥减量是保障作物高产稳产，维持土壤肥力和减少农业面源污染的关键。大量研究表明，氮肥适宜减量可以保证水稻、玉米、小麦、蔬菜等的产量（Richter 等，2000；刘学军等，2004；赵士诚等，2010；邹晓锦等，2011；赵冬等，2011；王道中等，2012），提高黄瓜产量和果实品质（汪峰等，2017），降低温室气体排放（李新华等，2016；韩雪等，2016；陈浩等，2017）。减量施氮还可以降低作物病害，Ruan 等（2013）研究表明，与习惯施氮相比，减量施氮提高了蔬菜土壤线虫群落结构，降低了根瘤病的丰度。孙震等（2014）研究发现，当施氮量减少 20%（即降低到 240kg/hm^2）时，土壤线虫总量有明显的提高，而随着施氮量的进一步降低，线虫总数并没有进一步的变化。云鹏等（2010）研究表明，与习惯施氮相比，氮肥减施 25%和 40%未影响根际土壤微生物量碳、氮含量，反而增加了非根际土壤微生物量碳、氮水平。还有研究表明，减少氮肥施用后，植株抗病虫害能力相对提高（Peng 等，2010）。可见，适当的氮素减量对作物产量及氮素吸收不会引起显著变化，而且还可能通过作物间方式、适时适地施肥、改变施肥比例等方式促进作物产量提高，提高肥料利用效率，降低氮肥损失以及植株的抗病虫能力。

3.1.1 氮肥减量对冬小麦和夏玉米根系形态及产量构成因子的影响

作物根系分布特征对农业生产至关重要。根系是土壤养分的直接利用者和供应者，其形态和生理特征与地上部生长发育和产量形成密切相关。氮素是作物生长发育最重要的元素之一，作物体内氮素主要由根系从土壤中吸收。有效的根系形态对培育氮吸收高效的玉米基因型、减少氮淋失非常重要（Mackay 等，1986）；增加根系体积，包括根干重、根长和根密度，可以提高玉米氮吸收能力和籽粒产量（Coque 等，2008；Mu 等，2015）。玉米的根系形态受土壤有效氮含量的强烈影响，植株通过改变根系形态更有效地从土壤中获取氮素营养。在低氮条件下，玉米的节根数目减少、总根长增加，而在氮充足的土壤侧根易发生和伸长（Lynch，2013；Saengwilai 等，2014）。

施用氮肥可以促进小麦的生长发育，增加根质量、扩大根群，增强根系功能（严六零等，1992），提高籽粒产量。适宜的施氮量不仅会增加植株的地上部生长量，也会促进小麦地下根系的生长。冬小麦成熟收获时根系主要分布在 90cm 以上土层，其中 0～45cm 土层根量多，根长密度大（武荣等，2013）。但过分庞大的根系会影响地上部的生物学产量和经济产量，出现根系冗余（张大勇等，1995），并且产量增长并不随氮肥用量的增加而同步增长，因此，有必要研究作物高产的最适施氮量。

根据考察情况，当地农民习惯施肥量为：冬小麦，N 315kg/hm^2，P_2O_5 270kg/hm^2，其中氮肥按照基肥和追肥 1∶1 的比例施入；夏玉米，N 255kg/hm^2，P_2O_5 45kg/hm^2，K_2O 60kg/hm^2，其中氮肥按照基肥和追肥 6∶4 的比例施入，其他肥料底施。肥料品种：尿素（46%），重过磷酸钙（43%）和硫酸钾（50%）。根据当地实际情况，本研究设置在常规施肥（CK）条件下，减量 10%（N1）、20%（N2）和 30%（N3）3 个额度，设置处理情况见表 3-1。

表3-1 试验设计

处理	减氮比例	小麦季/(kg/hm²)	玉米季/(kg/hm²)
CK（常规施氮）	0	315	255
N1	−10%	284	230
N2	−20%	221	204
N3	−30%	110	179
N0	不施氮	0	0

冬小麦拔节期，在小区中间部位随机选取生长均匀一致的植株，在麦行间用平板利铲挖3个土块（长×宽×高=20cm×20cm×20cm），根系样品用清水洗净，每个土块选择3株完整根系。按照根系生长发育部位分为初生根和次生根两部分。

夏玉米季灌浆后期，在每小区中间部位随机选取5株生长均匀一致的玉米，割掉地上部分，在距玉米根区10cm处四周挖断层面，然后沿每株主根方向垂直向下挖20cm深完整根块。根系样品用清水洗净，然后按照初生根、地下节根和地上节根分成三类。

应用Epson数字化扫描仪对各类根系进行扫描后，按照细根分级标记顺序，用滤纸包好，在65℃下烘干（48h）至恒重，用电子天平（±0.0001g）称质量。采用根系分析软件WinRHIZO（Pro2005c，Regentinstruments Inc，Canada）对各样地的图片中的各等级细根的直径、根长、表面积等指标的分析。

1. 氮肥减量对冬小麦和夏玉米根系形态的影响

（1）冬小麦根系形态。冬小麦拔节期根系形态指标见表3-2。根据生长发育部位和功能把冬小麦根系分为初生根和次生根。从表3-2中可以看出，与次生根相比，初生根形态对氮肥减量表现更为敏感，其中总根长、根体积和分支数均显著降低，而次生根仅总根长显著降低。初生根和次生根二者的直径均显著增加。说明氮肥减量显著降低冬小麦根系的冗余生长，延长根系寿命，使其功能增强。

表3-2 冬小麦拔节期根系形态指标

根系类型	处理	总根长/cm	表面积/cm²	直径/mm	体积/cm³	生物量/g	根尖数/个	分支数/个
初生根	CK	576.46a	62.64a	0.23c	0.37a	0.032a	3267a	4537a
	N1	326.22b	34.00b	0.28ab	0.22b	0.023c	2007abc	1960b
	N2	332.48b	28.87b	0.24bc	0.18c	0.026b	2970ab	1702b
	N3	294.80b	21.05c	0.30a	0.17c	0.022cd	1378bc	1028c
	N0	547.14a	15.76c	0.27abc	0.11d	0.019d	658c	426d
次生根	CK	769.73a	47.93a	0.33c	0.40b	0.08c	3145a	1599a
	N1	436.72c	46.59ab	0.44ab	0.52a	0.12a	2008ab	1262a
	N2	457.12c	36.01b	0.40b	0.37b	0.08c	1957ab	1212a
	N3	391.81c	40.38b	0.46a	0.46ab	0.10b	1888b	1194a
	N0	553.79b	40.27b	0.46a	0.45ab	0.06d	2170ab	1424a

注 a、b和c代表不同处理间的差异显著（$P<0.05$）。

（2）夏玉米根系形态。表 3－3 是氮肥减量情况下夏玉米根系状况。由表 3－3 可知，如果不考虑根系类型，灌浆后期，氮肥减量处理的总根长、表面积、体积和生物量高于对照，直径低于对照。在夏玉米灌浆后期，N2 处理的初生根表面积显著高于对照；氮肥减量处理的地上节根总根长显著高于对照，N2 和 N3 处理的根表面积和生物量显著高于对照，而 N1 和 N2 处理根系直径显著低于对照；而地下节根的各个形态指标和生物量与对照均达到显著水平。以上分析说明，减氮 20％处理（N2）显著提高了夏玉米灌浆后期初生根和地上节根的吸收能力。

表 3－3　氮肥减量对夏玉米根系形态和生物量的影响

根系类型	处理	总根长/cm	表面积/cm^2	体积/cm^3	直径/mm	生物量/g
初生根	CK	724.31ab	35.64b	0.58ab	0.64a	0.17ab
	N1	496.63b	25.35b	0.45b	0.65a	0.12b
	N2	928.34a	60.13a	0.85a	0.64a	0.22a
	N3	906.49a	37.31b	0.50b	0.52a	0.17ab
地下节根	CK	1465.62a	146.08a	3.52a	0.96a	1.06a
	N1	1544.77a	172.84a	4.12a	0.85ab	1.35a
	N2	1720.11a	182.48a	3.24a	0.63b	1.04a
	N3	1578.81a	180.12a	3.89a	0.74ab	1.13a
地上节根	CK	7444.29b	994.65b	29.85a	1.33a	6.69b
	N1	14532.87a	1376.36ab	31.80a	1.03b	8.00ab
	N2	14521.96a	1881.27a	38.41a	0.96b	10.83a
	N3	13679.04a	1936.53a	44.57a	1.15ab	10.72a
总量	CK	9634.22b	1176.37b	33.95b	0.98a	7.93b
	N1	16574.27a	1574.55ab	36.37ab	0.84ab	9.47ab
	N2	17170.41a	2123.88a	42.51ab	0.74b	12.08a
	N3	16164.35a	2153.95a	48.95a	0.80b	12.02a

注　a、b 和 c 代表不同处理间的差异显著（$P<0.05$）。

2. 氮肥减量对夏玉米产量构成因子的影响

表 3－4 是氮肥减量情况下的夏玉米产量及其构成因素。由表 3－4 可知，与对照相比，氮肥减量 10％～30％对夏玉米百粒重、穗粒数和产量影响均不显著。夏玉米有效穗数在氮肥减量 10％处理有降低趋势，反而在氮肥减量 20％～30％两处理中有增加趋势，均与对照处理差异不明显。可见，在华北地区氮肥减量达 30％时夏玉米产量无明显变化。

表 3－4　氮肥减量对夏玉米产量及构成因素的影响

处理	百粒重/g	穗粒数/颗	有效穗数/($\times 10^4/hm^2$)	产量/(kg/hm^2)
CK	29.47±0.40a	588.00±8.49a	7.33±0.31ab	6654.69±149.65a
N1	27.95±1.72a	693.00±12.73a	7.04±0.16b	6240.73±858.99a
N2	30.20±0.52a	608.00±28.99a	7.81±0.31a	6985.71±75.87a
N3	31.11±1.71a	666.33±13.44a	7.67±0.31a	6606.51±380.90a

注　a、b 和 c 代表不同处理间的差异显著（$P<0.05$）。

3.1.2 氮肥减量对夏玉米根内生真菌多样性的影响

作为一种主要的土壤生态功能提供者，真菌为可持续农业系统中促进植物生长、降低生产资料投入提供了一种生物学选择，并且在农田生态系统功能性和可持续发展中扮演重要角色。丛枝菌根真菌是一种普遍存在的内生共生真菌，能与80%以上的陆生植物形成共生体（李少朋等，2013）。据报道，施用氮肥能促进真菌类群的生长（Klaubauf 等，2010），降低活性真菌的多样性（Allison 等，2007；Paungfoolonhienne 等，2015），降低了丛枝菌根菌的多样性（Wright 等，2009）和丰富度（Wang 等，2012b）。据报道，丛枝菌根真菌多样性的降低导致植物多样性和农田生态系统的生产力降低（Mâcek 等，2011）。长期适量的无机肥配施能通过植物- AMF 共生系统的自律性来推动 AMF 中一些冗余个体牺牲，从而使 AMF 菌群达到稳定有利于农田土壤生态系统平衡（Lin 等，2012）。可见，丛枝菌根真菌对氮素耐性较低（Xue 等，2004）。由于丛枝菌根真菌能够增加植物-真菌之间的交互作用，可在减少外源施肥的情况下，促进植物生长（Reid 等，2012），为减量施氮提供了可能。

通过 IlluminaMiSeq 平台进行 Paired - end 测序，下机数据经过 QIIME（V1.8.0）软件过滤、拼接、去除嵌合体，再调用 Uclust 德尔方法对优质序列按相似度≥97%进行 OTU 的聚类，选取每个类最长的序列为代表序列。然后调用 RDP - classifier（Version2.2，http：//sourceforge.net/projects/rdp - classifier/）数据库对 OTU 代表序列进行物种注释分析，最终得到每个 OTU 分类学信息。对于不符合以上标准的 OTU 归为“未鉴定生物类群”。根据物种注释结果，选取在门（Phylum）分类水平上各物种相对丰度分布做柱形图。利用 Mothur 软件（Version1.31.2）计算内生真菌 α 多样性指数，其中：

Chao 1 丰富度指数计算公式为

$$S_{\text{Chao 1}}=S_{\text{obs}}+\frac{N_1^2}{2(N_2+1)}-\frac{N_1N_2}{2(N_2+1)^2} \tag{3-1}$$

式中：S_{obs}为检测到的所有 OTU 总数；N_1为只有一条序列的 OTU 数目；N_2为只有两条序列的 OTU 数目。

Shannon 多样性指数计算公式为

$$S_{\text{Shannon}}=-\frac{\sum n_i}{N}\ln\left(\frac{n_i}{N}\right) \tag{3-2}$$

式中：n_i为各分类单元中包含的序列数；N 为所有数列之和。

相似性系数采用 Sorenson 指数公式：

$$C_s=2j/(a+b) \tag{3-3}$$

式中：j 为两个群落共有 OTU 数目；a、b 分别为群落 A、B 的 OTU 总数。

1. 氮肥减量对夏玉米根内生真菌群落多样性的影响

不同处理根内生真菌多样性对氮肥减量的响应见表 3 - 5。由表 3 - 5 可知，不同类型根内生真菌多样性对氮肥减量的响应不同。群落丰富度越大，说明群落丰富度 Chao 1 指数越高。对照、N1 和 N3 处理的 Chao 1 指数表现为地下节根＞地上节根＞初生根，N2 处理的 Chao 1 指数表现为地上节根＞地下节根＞初生根。Shannon 指数越大，说明群落多样性越高。对照处理地下节根>初生根>地上节根，N1 和 N2 处理的 Shannon 指数表现为地上节根>地下节根>初生根，N3 处理的 Shannon 指数表现为初生根>地下节根>地上节根。

表 3-5　　不同处理根内生真菌多样性指数

处理	初生根		地下节根		地上节根	
	Chao 1	Shannon	Chao 1	Shannon	Chao 1	Shannon
CK	162.12±11.79a	3.29±0.10b	246.18±9.77a	4.28±0.03a	189.09±31.68ab	2.83±0.27c
N1	162.12±7.91a	2.62±0.08c	217.82±12.27ab	3.68±0.02b	192.41±9.86ab	3.87±0.10a
N2	169.08±13.77a	3.28±0.06b	191.27±29.42bc	3.67±0.04b	216.43±6.48a	3.81±0.07a
N3	136.70±9.84b	3.82±0.05a	177.20±12.85c	3.39±0.16c	159.06±7.85b	3.18±0.20b

注　a、b 和 c 代表不同处理间的差异显著（$P<0.05$）。

对于初生根，N2 处理的 Chao 1 指数最大，N3 处理的 Chao 1 指数最小。与对照相比，N3 处理的 Chao 1 指数显著降低 15.68%，N1 和 N2 处理差异不显著。与对照相比，N1 处理的 Shannon 指数最小，显著降低 20.36%，N2 处理差异不显著，N3 处理的 Shannon 指数最大，显著提高 16.11%。对地下节根，氮肥减量降低了 Chao 1 和 Shannon 指数，其中 N2 和 N3 处理的 Chao 1 指数分别显著降低 22.30%和 28.02%，N1、N2 和 N3 处理的 Shannon 指数显著降低 14.02%、14.25%和 20.79%。对地上节根，氮肥减量对 Chao 1 指数影响不显著，显著增加 Shannon 指数，其中 N1、N2 和 N3 处理分别增加 36.75%、34.63%和 12.37%。

图 3-1 为不同处理根内生真菌门、纲和目水平（子囊菌门的常见纲和目）丰度情况。由图 3-1（a）可知，在门分布水平，构成夏玉米成熟期初生根内的优势真菌群落为子囊菌门（*Ascomycota*），丰度占 81.96%～91.64%；其次为担子菌门（*Basidiomycota*），丰度占 0.56%～11.11%；其他为接合菌门（*Zygomycota*）、壶菌门（*Chytridiomycota*）和球囊菌门（*Glomeromycota*），各菌丰度均小于 2%。在纲水平，CK 处理优势菌纲散囊菌纲（*Eurotiomycetes*），丰度 39.24%，N1、N2 和 N3 处理优势菌纲粪壳菌纲（*Sordariomycetes*），丰度分别为 73.26%、32.95%和 42.25%。在目水平，CK、N1、N2 和 N3 处理的优势菌目分别是刺盾炱目（*Chaetothyriales*），肉座菌目（*Hypocreales*），假球壳目（*Pleosporales*）和粪壳菌目（*Sordariales*），丰度分别为 39.19%、17.98%、25.31%和 18.39%。氮肥减量显著增加子囊菌门和担子菌门丰度，其中 N1 处理显著提高粪壳菌纲丰度，N2 处理显著提高座囊菌纲（*Dothideomycetes*）和壶菌门丰度，N3 处理显著提高座囊菌纲丰度。氮肥减量显著降低散囊菌纲和未鉴定菌门丰度，其中 N2 和 N3 显著降低壶菌门丰度。在 OTU 水平［图 3.2（a）］，在初生根所有处理中共计发现 278OTUs，共有 107OTUs，占总 OTUs 比例为 38.49%。CK、N1、N2 和 N3 中分别有 211、200、213 和 163OTUs，独有 OTUs 分别有 13、5、9 和 14，其中 N1、N2 和 N3 与对照的相似系数分别是 81.27%、80.19%和 67.91%。

由图 3-1（b）可知，CK、N1、N2 和 N3 处理地下节根中内生真菌分别有 5、5、5 和 4 门。优势菌为子囊菌门（丰度 91.62%～99.10%）；其次为担子菌门（丰度 0.35%～

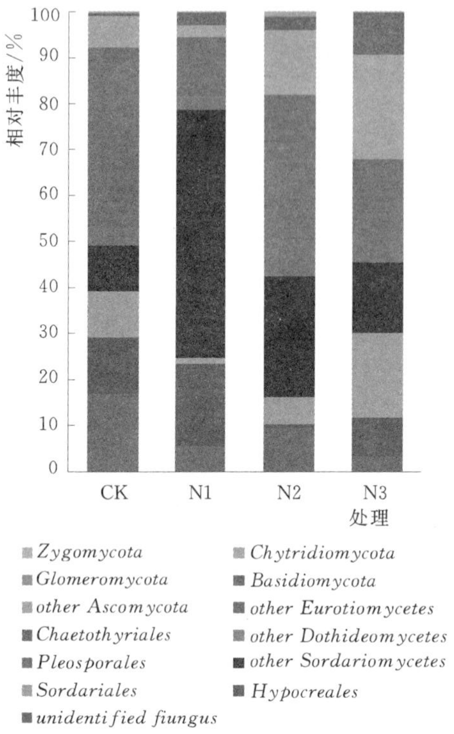

(a) 初生根

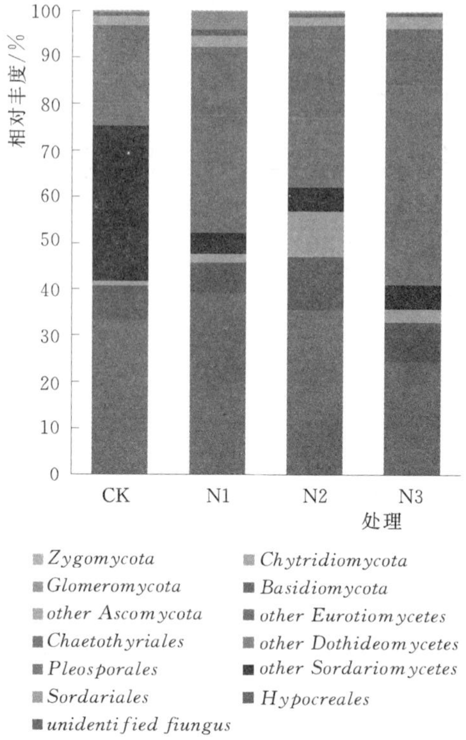

(b) 地上节根

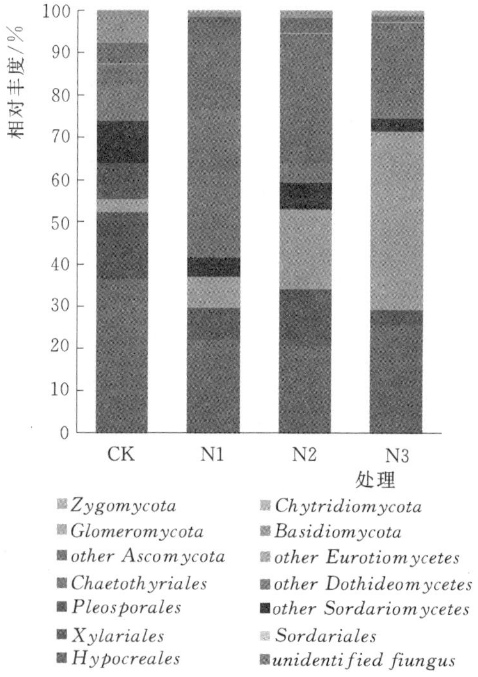

(c) 地下节根

图3-1 不同处理根内生真菌门、纲和目水平（子囊菌门的常见纲和目）丰度

8.17%），其他 3 菌门丰度均小于 2%。在纲水平，CK、N2 和 N3 处理优势菌均为粪壳菌纲，丰度分别是 37.48%、38.56% 和 48.93%；N1 处理优势菌纲是座囊菌纲（丰度 34.90%）。在目水平，CK、N1、N2 和 N3 处理优势菌分别为肉座菌目（15.83%）、假球壳目（34.82%）、刺盾炱目（30.67%）和粪壳菌目（42.30%）。氮肥减量显著提高子囊菌门和散囊菌纲丰度，其中 N1 处理显著提高座囊菌纲、球囊菌门和壶菌门丰度，N3 处理显著增加粪壳菌纲和球囊菌门丰度。氮肥减量显著降低担子菌门和未鉴定菌门丰度，其中 N1 处理显著降低粪壳菌纲和接合菌门丰度，N2 处理显著降低座囊菌纲和接合菌门丰度，N3 处理显著降低座囊菌纲丰度，壶菌门真菌消失。在 OTU 水平［图 3-2（b）］，所有处理在地下节根中共计发现 427OTUs，共有 140OTUs，占总 OTUs 比例为 32.79%。CK、N1、N2 和 N3 中分别有 394、268、247 和 257OTUs，独有 OTUs 分别有 56、18、13 和 39。与对照相比，N1、N2 和 N3 的相似系数分别是 64.05%、57.72% 和 54.38%。

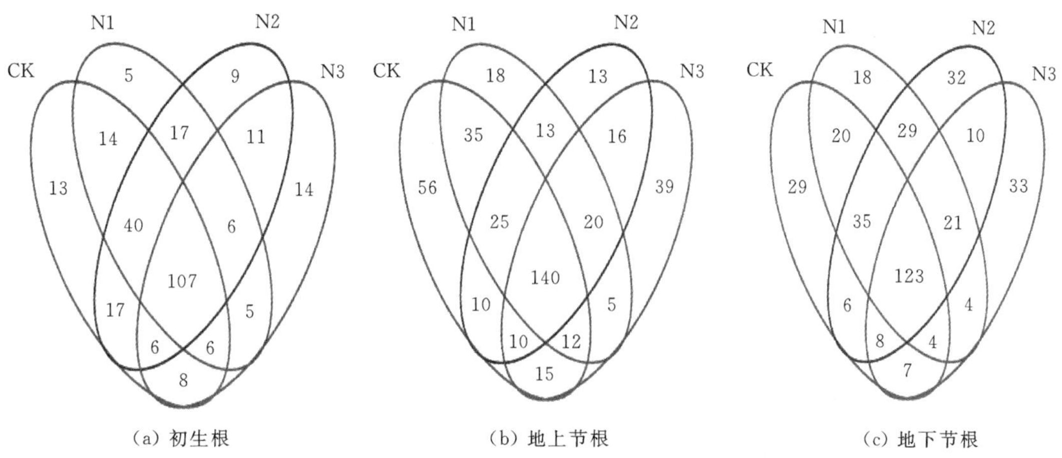

图 3-2 不同处理根内生真菌特有和共有 OTUs 韦恩图

由图 3-1（c）可知，CK、N1、N2 和 N3 处理地下节根中内生真菌分别有 5、5、5 和 4 门，其中优势菌门为子囊菌门（丰度 54.15%～78.38%），其他 4 菌门丰度均小于 4%。在纲水平，CK 和 N2 处理优势菌纲是粪壳菌纲，丰度分别为 41.96% 和 26.45%；N1 和 N3 处理优势菌纲是座囊菌纲，丰度分别为 25.48% 和 43.19%。在目水平，CK、N1、N2 和 N3 处理中优势菌目分别是刺盾炱目（16.67%）、假球壳目（25.37%）、刺盾炱目（19.88%）和假球壳目（43.09%）。氮肥减量显著提高座囊菌纲丰度，其中 N1 处理显著提高球囊菌门和壶菌门丰度，N3 处理显著提高子囊菌门丰度；氮肥减量显著降低粪壳菌纲丰度，其中 N1 处理显著显著降低子囊菌门和散囊菌纲丰度，N3 处理显著降低散囊菌纲和未鉴定菌门丰度，壶菌门真菌消失。在 OTU 水平［图 3-2（c）］，所有处理在地上节根中共计发现 379 OTUs，共有 123 OTUs，占总 OTUs 比例为 32.45%。其中，CK、N1、N2 和 N3 中分别有 232、254、264 和 210 OTUs，独有 OTUs 分别有 29、18、32 和 33。与对照相比，N1、N2 和 N3 的相似系数分别是 74.90%、69.35% 和 64.25%。

2. 氮肥减量对夏玉米根系形态影响的微生物机制

冗余分析表明（图 3－3），初生根内生真菌群落组成对同类根形态和生物量变异的解释量为 31.26%。经蒙特卡罗 999 次检验发现，壶菌门、粪壳菌纲和座囊菌纲丰度有显著影响，解释比例分别为 19.18%、6.60%和 0.39%。地下节根内生真菌群落组成对同类根形态和生物量变异的解释量为 72.83%。经蒙特卡罗 999 次检验发现，担子菌门、球囊菌门和伞菌纲丰度有显著影响，解释比例分别为 9.67%、2.01%和 17.76%。地上节根内生真菌群落组成对同类根形态和生物量变异的解释量为 51.81%。经蒙特卡罗 999 次检验发现，未分类杂菌、子囊菌门和球囊菌门丰度有显著影响，解释比例分别为 0.48%、1.60%和 7.27%。

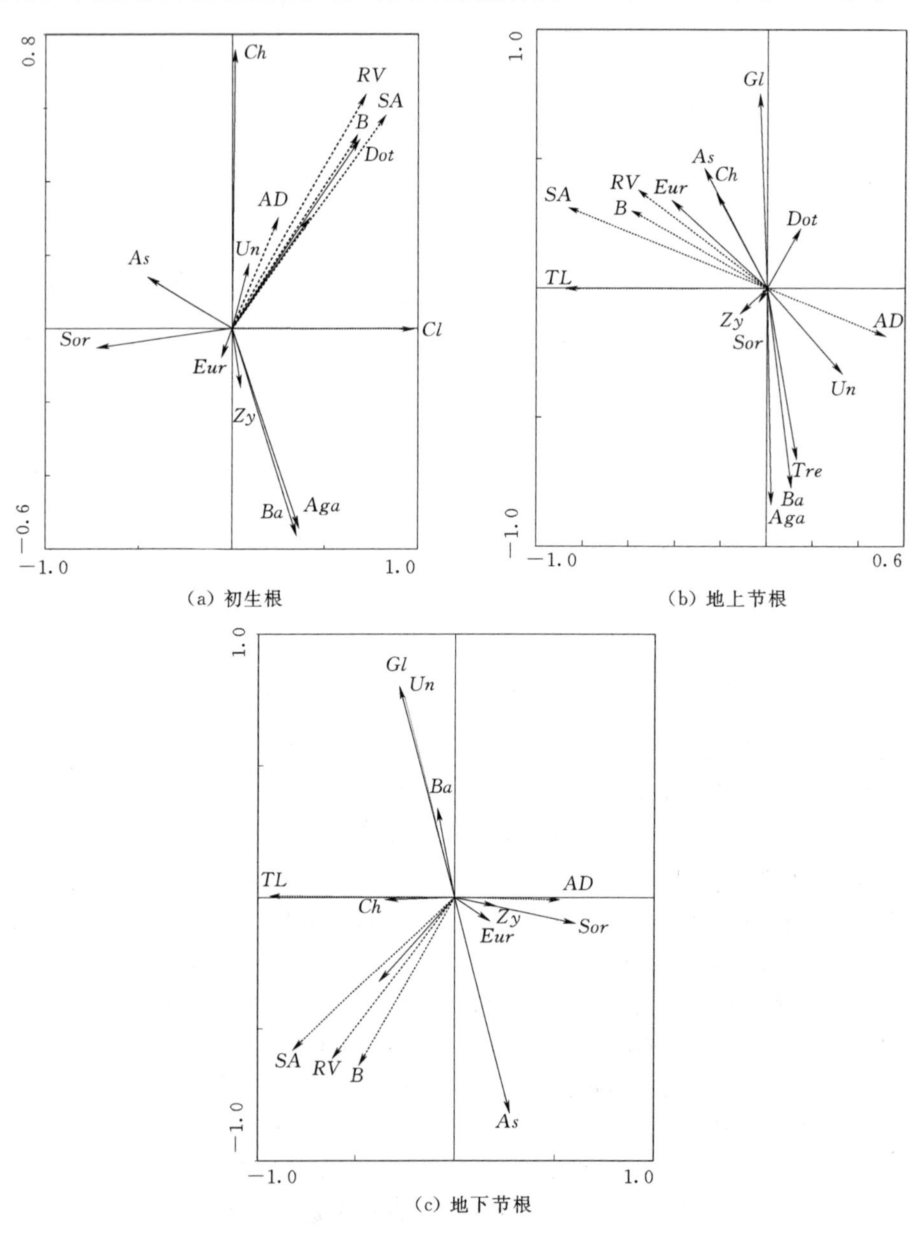

图 3－3 不同类型根内生真菌群落组成的 RDA 分析

通过对氮肥减量情况下根内生真菌多样性的研究可以看到，当氮肥减量20%（N2）时显著降低其初生根内生真菌群落Shannon指数，氮肥减量30%（N3）时显著降低初生根Chao 1指数和OTU数目；明显提高地上节根内生真菌群落Shannon指数，提高N1和N2处理OTU数目，对Chao 1指数影响不明显；明显降低地下节根内生真菌群落Shannon、Chao 1指数和OTU数目。以上结果说明，内生真菌多样性Shannon－Wiener指数较丰富度Chao 1指数敏感，氮肥减量缩小了两类节根之间的差距。这可能是由于玉米灌浆期的上层节根中非结构性碳水化合物含量高于下层节根（刘胜群等，2010），有利于地上节根内生真菌的侵染，导致地上节根内生真菌多样性Shannon－Wiener指数提高。内生真菌对感染植株的氮代谢和氮积累有显著影响（Lyons等，1990），促进植株对氮素的吸收和高效利用。并有研究表明，在玉米生育后期，提高玉米的上层根系质量，维持其较高、较长的活力是促使玉米获得高产的关键（鄂玉江等，1988；管建慧等，2007）。可见，氮肥减量提高夏玉米灌浆后期的地上节根内生真菌多样性，将有利于玉米获得高产。

根部是内生菌进入植物体内的主要位点，由于根系与土壤接触，其定殖的内生真菌主要来自土壤微生物的侵染。玉米整个生长期内，根的内生真菌定殖率呈上升趋势。在灌浆后期，氮肥减量显著增加初生根内子囊菌门和担子菌门丰度，显著降低散囊菌纲和未鉴定菌门丰度。氮肥减量显著提高地上节根内格孢菌目丰度；显著提高地下节根内粪壳菌目和刺盾炱目丰度却显著降低肉座菌目和炭角菌目丰度。可见，氮肥减量并未显著改变节根内生真菌群落组成，但不同程度地改变了内生真菌类群的丰度，特别是改变丛枝菌的丰度。在减氮10%处理中地上和地下节根内球囊菌门丰度以及减氮30%处理中地下节根内球囊菌门丰度显著高于对照。球囊菌门真菌提高节根的根系活力，促进玉米生长发育，有利于提高玉米产量（薛璟花等，2004）。因此，节根内球囊菌门真菌丰度有可能作为氮肥合理减量的指示菌。

随氮肥减量比例增加，3类根内生真菌群落与对照间相似性系数逐渐降低，但总体相似性较高（>0.50）。这可能与根系组织内生理条件、组织结构和营养物质等因素不同，从而影响内生真菌的侵染过程，使内生真菌的分布表现出组织偏好性或专一性（Aly等，2011）。夏玉米灌浆后期地下节根开始老化，Sun等（2008）研究发现，较老的植物组织由于发生表皮降解等变化，有利于内生真菌侵染过程的实现。相关分析表明，地上节根内格孢菌目和地下节根内球囊菌门真菌有利于穗粒数形成，而地下节根内肉座菌目真菌却抑制穗粒形成。地下节根内粪壳菌目真菌促进有效穗数的形成。

以上研究仅关注了氮肥减量条件下根系内生真菌群落组成对根系形态的影响，而根内生真菌还有很多未分类或是未确定种属的物种，它们也受到氮肥减量的影响，但其功能和特点尚不清楚，还有待通过深度测序或利用其他先进手段对微生物进行更细致的分类研究，并结合根系生长（银敏华等，2016）和根际土壤相关指标进行深入探索。适宜的氮肥减量是保障作物高产稳产，维持土壤肥力和减少农业面源污染的关键。近年来大量研究表明，在农民习惯施氮水平下，减氮20%～30%对水稻、小麦和玉米产量影响不明显，但均是短期结果。因此，尚需对田间定位试验进行跟踪研究，最终确定适宜的减氮比例。

3.1.3 氮肥减量情况下的冬小麦—夏玉米全周期氮磷盈余

1. 冬小麦—夏玉米全周期的氮磷盈余

氮素盈余量=氮输入总量－氮输出总量，氮素每年在土壤中的氮素盈余量用 A 表示，输入总量用 I_{Total} 表示，输出总量用 O_{Total} 表示，三者单位均为 kg/(hm² · a)，计算公式为

$$A=I_{Total}-O_{Total} \tag{3-4}$$

$$I_{Total}=I_f+I_{st}+I_{se}+I_i+I_a \tag{3-5}$$

式中：I_{Total} 为各输入项之和；I_f 为氮肥输入氮量；I_{st} 为秸秆还田输入氮量；I_{se} 为种子输入氮量；I_i 为灌溉水输入氮量；I_a 为大气沉降输入氮量；O_{Total} 为各损失项之和，计算公式为

$$O_{Total}=O_g+O_{st}+O_r \tag{3-6}$$

式中：O_g 为小麦玉米籽粒吸氮量；O_{st} 为小麦玉米秸秆吸氮量；O_r 为损失氮量。

上述 10 项参数的单位均为 kg/(hm · a)。

关于磷素平衡，磷素盈余量=磷输入总量－磷输出总量，磷素每年在土壤中的氮素盈余量用 A' 表示，输入总量用 I'_{Total} 表示，输出总量用 O'_{Total} 表示，三者的单位均为 kg/(hm² · a)，计算公式为

$$A'=I'_{Total}-O'_{Total} \tag{3-7}$$

$$I'_{Total}=I'_f+I'_{st}+I'_{se}+I'_i+I'_a \tag{3-8}$$

式中：I'_{Total} 为各输入项之和；I'_f 为磷肥输入磷量；I'_{st} 为秸秆还田输入磷量，I'_{se} 为种子输入磷量；I'_i 为灌溉水输入磷量；I'_a 为大气沉降输入磷量；O'_{Total} 为各损失项之和，计算公式为

$$O'_{Total}=O'_g+O'_{st}+O'_r \tag{3-9}$$

式中：O'_g 为小麦玉米籽粒吸磷量；O'_{st} 为小麦玉米秸秆吸磷量；O'_r 为损失磷量。上述参数的单位均为 kg/(hm² · a)。

(1) 氮输入项和输出项数据具体来源和算法。

1) 氮输入项包括氮肥施用量、秸秆还田带入量、灌溉带入量、种子带入量以及干湿沉降量。其中：氮肥施用量为田间实际施用量；秸秆还田带入氮=秸秆产量×秸秆还田率×秸秆氮含量；秸秆产量为田间实测产量；灌溉带入氮=整个轮作周期灌溉量×灌溉水氮含量；种子带入氮=播种量×作物籽粒氮含量；干湿沉降来自文献荟萃结果。

2) 氮输出项：籽粒移出氮=作物籽粒产量×籽粒携出氮量；秸秆移出氮=秸秆产量×秸秆氮含量；损失氮包括地表径流、淋洗、氨挥发和 N_2O 排放，其数据为田间实测数据。

本试验条件下，输入项中的干湿沉降数据是根据 2010—2017 年已发表的关于华北地区冬小麦—夏玉米轮作体系下沉降的文章荟萃分析的结果；非共生固氮数据参考地区相关文献；种子含氮量为田间实际播种量乘以种子含氮量；灌溉水中氮含量为灌溉水量并乘以其含氮量（采集水样分析测定其氮含量）。输出项中的作物吸收氮量和氨挥发、N_2O 排放以及淋洗、径流等损失氮量均为田间实测数据。作物收获时每个监测点收获 2m×3m=6m² 的样方进行籽粒和秸秆测产，利用 $H_2SO_4-H_2O_2$ 消煮、蒸馏定氮方法测定籽粒和秸秆含氮量；氨挥发的测定采用通气法进行捕获，采集的海绵样品用 1mol/L 的 KCL 溶液浸提，利用流动化学分析仪（Auto analyzer3）测定其 NH_4^+-N 含量，进而计算 NH_3 挥发量；采用静态箱法采集 N_2O，利用气相色谱（Agilent7890，USA）对气样进行测定；

收集淋洗和径流的水样并测定水量和水样含氮量进而计算淋洗和径流氮素损失量。

（2）磷输入项和输出项数据具体来源和算法。

1）磷输入项：磷肥施用量的数据为课题组在试验田实际施用量；秸秆还田带入磷＝秸秆产量×秸秆还田率×秸秆磷含量；秸秆产量为田间实测产量；灌溉带入磷＝整个轮作周期灌溉量×灌溉水磷含量；种子带入磷＝播种量×作物籽粒磷含量；干湿沉降来自文献荟萃结果。

2）磷输出项：籽粒移出磷＝作物籽粒产量×籽粒携出磷量；秸秆移出磷＝秸秆产量×秸秆磷含量；损失磷包括地表径流、淋洗，其数据为田间实测数据。

在本试验条件下，输入项中的干湿沉降数据是根据2010—2017年已发表的关于华北地区冬小麦—夏玉米轮作体系下沉降的文章荟萃分析的结果；种子含磷量为田间实际播种量乘以种子含磷量；灌溉水中磷含量为灌溉水量并乘以其含磷量（采集水样分析测定其磷含量）。输出项中，作物吸收磷量以及淋洗、径流等损失磷量均为田间实测数据。作物收获时每个监测点收获 $2m \times 3m = 6m^2$ 的样方进行子粒和秸秆测产，采集样品利用钒钼黄吸光光度法测定籽粒和秸秆含磷量；收集淋洗和径流的水样并测定水量和水样含磷量进而计算淋洗和径流磷素损失量。

2. 冬小麦—夏玉米的氮磷盈余

（1）小麦季。冬小麦季的氮素平衡情况见表3-6。从表3-6中可以看出，各处理的化肥氮投入量基本满足作物所需。除化肥氮的投入外，还有干湿沉降、非共生固氮、秸秆还田等其他氮素投入方式，因此造成了土壤氮素盈余，加大了环境污染的风险。

表3-6　　冬小麦季氮素盈余量　　单位：$kg/(hm^2 \cdot a)$

处理		CK	N0	N1	N2	N3
氮素输入项	化肥氮	315	0	284	252	221
	干湿沉降氮	9.00	9.00	9.00	9.00	9.00
	非共生固氮	11.00	11.00	11.00	11.00	11.00
	种子	5.00	5.00	5.00	5.00	5.00
	玉米秸秆	145.93	112.22	162.67	168.17	153.3
	灌溉	7.50	7.50	7.50	7.50	7.50
	总输入	493.43	144.72	479.17	452.67	406.80
氮素输出项	籽粒吸收	82.39	57.45	86.14	79.95	87.03
	秸秆吸收	179.60	129.97	227.2	225.51	168.80
	氨挥发	55.26	31.13	45.91	51.75	82.79
	N_2O 排放	5.68	0.64	4.57	2.86	1.71
	氮素淋洗	59.43	4.57	49.14	29.14	13.14
	总输出	382.36	233.76	412.96	389.21	353.47
氮素盈余量		111.07	−79.04	66.21	63.46	53.33
氮素损失量		120.37	36.34	99.62	83.75	97.64
氮肥有效率/%		61.79	—	64.92	66.77	55.82

小麦季磷素平衡情况见表3-7。从数据反映的情况可以看到，各处理的化肥磷投入量已满足作物生长籽粒和秸秆所需。化肥磷投入，加上干湿沉降、及秸秆还田等磷素投入，产生了土壤磷的盈余。

表3-7　　小麦季磷素盈余量　　单位：kg/(hm²·a)

处理		CK	N0	N1	N2	N3
磷素输入项	化肥磷	117.90	117.90	117.90	117.90	117.90
	干湿沉降磷	0.30	0.30	0.30	0.30	0.30
	种子	0.13	0.13	0.13	0.13	0.13
	玉米秸秆	42.97	41.92	44.30	45.56	41.06
	灌溉	0.30	0.30	0.30	0.30	0.30
	总输入	161.60	160.55	162.93	164.19	159.69
磷素输出项	籽粒吸收	21.48	20.96	22.15	22.78	20.53
	秸秆吸收	23.63	23.06	24.37	25.06	22.58
	淋洗、径流	0.05	0.05	0.06	0.04	0.05
	总输出	45.16	44.07	46.58	47.88	43.16
磷素盈余量		116.45	116.48	116.35	116.31	116.53

(2) 玉米季。玉米季的氮素平衡情况结果展示见表3-8。与小麦季相同，在玉米季各处理的化肥氮投入量基本满足作物生长籽粒和秸秆所需。由于既有化肥氮的投入，又有干湿沉降、非共生固氮、秸秆还田等其他氮素投入方式，也出现了土壤氮素盈余，环境污染风险仍然存在。

表3-8　　玉米季氮素盈余量　　单位：kg/(hm²·a)

处理		CK	N0	N1	N2	N3
氮素输入项	化肥氮	255.00	0.00	230.00	204.00	179.00
	干湿沉降氮	19.00	19.00	19.00	19.00	19.00
	非共生固氮	4.00	4.00	4.00	4.00	4.00
	种子	2.10	2.10	2.10	2.10	2.10
	玉米秸秆	179.60	129.97	227.20	225.51	168.80
	灌溉	7.50	7.50	7.50	7.50	7.50
	总输入	467.20	162.57	489.80	462.11	380.40
氮素输出项	籽粒吸收	145.22	66.22	158.58	158.29	166.10
	秸秆吸收	145.93	112.22	162.67	168.17	153.30
	氨挥发	41.45	23.35	34.43	38.81	32.10
	N_2O排放	4.26	0.42	3.58	2.48	1.38
	氮素淋洗	44.57	3.12	36.42	20.47	12.77
	总输出	381.43	205.33	395.68	388.19	365.65
氮素盈余量		85.77	−104.74	93.83	72.84	17.75
氮素损失量		90.28	26.89	74.43	61.73	46.25
氮肥有效率/%		64.60	—	67.64	69.74	74.16

玉米季的磷素平衡情况结果展示见表 3－9。与小麦季不同的是，在玉米季各处理的化肥磷投入量较低，不能满足作物生长籽粒和秸秆所需。虽然有化肥磷的投入，还有干湿沉降、秸秆还田等其他磷素投入方式，但依然不能满足作物所需，表现为土壤消耗磷素，出现磷亏缺现象。

表 3－9　　玉米季磷素盈余量　　单位：kg/(hm^2·a)

处理		CK	N0	N1	N2	N3
磷素输入项	化肥磷	20.60	20.60	20.60	20.60	20.60
	干湿沉降磷	0.50	0.50	0.50	0.50	0.50
	种子	0.27	0.27	0.27	0.27	0.27
	玉米秸秆	23.63	23.06	24.37	25.06	22.58
	灌溉	0.30	0.30	0.30	0.30	0.30
	总输入	45.30	44.73	46.04	46.73	44.25
磷素输出项	籽粒吸收	26.86	26.20	27.69	28.47	25.66
	秸秆吸收	42.97	41.92	44.30	45.56	41.06
	淋洗、径流	0.06	0.06	0.08	0.06	0.07
	总输出	69.89	68.18	72.07	74.09	66.79
磷素盈余量		－24.59	－23.45	－26.03	－27.36	－22.54

（3）全年。冬小麦—夏玉米典型轮作氮素盈余见表 3－10。在整个冬小麦—夏玉米轮作周期中，由于秸秆还田，秸秆氮素输入和输出项相等，因此，表 3－10 中省略了输入项中的秸秆输入氮量和输出项中的秸秆吸收氮量。从结果中可以看出，冬小麦—夏玉米轮作农田氮素输入主要来源于化肥投入；而氨挥发和氮素淋洗是重要的氮素损失去向。通过降低化肥施用量，均不同程度地降低了氮素损失量。过量的氮肥施用是对资源的一种浪费，未来要合理引导农户适当施肥，以此实现在保证不减产的情况下优化施肥的目标。而在输出项中，氨挥发和淋洗是氮素损失的主要途径，尤其 CK 处理，两项输出项占其总氮素输出的 31.60%。因此，如何有效降低氨挥发和减少氮素淋洗是该地氮素管理的重要难题。

小麦—玉米典型轮作磷素盈余见表 3－11。在整个冬小麦—夏玉米轮作周期中，由于秸秆还田，秸秆磷素输入和输出项相等，因此，表 3－11 中省略了输入项中的秸秆输入磷量和输出项中的秸秆吸收磷量。从结果中可以看出，冬小麦—夏玉米轮作农田磷素输入主要来源于化肥投入；而磷素淋洗是重要的氮素损失去向。虽然在玉米季磷素表现为土壤消耗磷素的状态，但是在整个轮作周期内，土壤磷素仍表现为磷素过量。

表 3－10　　冬小麦—夏玉米轮作体系下氮素盈余量　　单位：kg/(hm^2·a)

处理		CK	N0	N1	N2	N3
氮素输入项	化肥氮	570.00	0.00	514.00	456.00	400.00
	干湿沉降氮	28.00	28.00	28.00	28.00	28.00
	非共生固氮	15.00	15.00	15.00	15.00	15.00
	种子	7.10	7.10	7.10	7.10	7.10
	灌溉	15.00	15.00	15.00	15.00	15.00
	总输入	635.10	65.10	579.10	521.10	465.10

续表

处理		CK	N0	N1	N2	N3
氮素输出项	籽粒吸收	227.61	123.67	244.72	238.24	253.13
	氨挥发	96.71	54.48	80.34	90.56	114.89
	N_2O 排放	9.94	1.06	8.15	5.31	3.09
	氮素淋洗	104	7.69	85.56	49.61	25.91
	总输出	438.26	186.90	418.77	383.72	397.02
氮素盈余量		196.84	−121.80	160.33	137.38	68.08
氮素损失量		210.65	63.23	174.05	145.48	143.89
氮肥有效率/%		63.04	—	66.14	68.10	64.03

表 3-11　冬小麦—夏玉米轮作体系下磷素盈余量　单位：kg/(hm^2 · a)

处理		CK	N0	N1	N2	N3
磷素输入项	化肥磷	138.5	138.5	138.5	138.5	138.5
	干湿沉降磷	0.8	0.8	0.8	0.8	0.8
	种子	0.8	0.8	0.8	0.8	0.8
	灌溉	0.6	0.6	0.6	0.6	0.6
	总输入	140.7	140.7	140.7	140.7	140.7
磷素输出项	作物吸收	48.34	47.16	49.84	51.25	46.19
	淋洗、径流	0.105	0.112	0.134	0.098	0.127
	总输出	48.445	47.272	49.974	51.348	46.317
磷素盈余量		92.255	93.428	90.726	89.352	94.383

综合以上分析，基于 8000kg/hm^2 的目标产量，在 400kg/hm^2（氮肥减量 30%）的氮素和 315kg/hm^2 的磷素用量下，氮素和磷素的盈余量分别为 68.08kg/hm^2 和 94.383kg/hm^2，理论上盈余量越接近零，各种输入和输出越接近平衡，此时不消耗土壤养分库，可以实现土壤可持续生产。而在目标产量情况下作物的吸收量和外界输入量接近相同，对外损失量为零，是理想的氮磷投入量。但在实际中，对外损失基本不可能为零，如果仅以作物吸收量来投入相应的氮磷养分，就会导致土壤养分库的损耗，可能短期内不会对作物的生长发育造成影响，但是不可持续的，土壤养分库的持续损耗，必将影响作物产量和品质。因此，在本研究条件下，400kg/hm^2 的施氮量和 138.5kg/hm^2 施磷量略高，减量 30% 仍然可以保障该区域可持续生产。

氮在土壤中的盈余状况，也是植物氮肥利用和有效性的体现。表 3-12 是冬小麦—夏玉米全周期内土壤氮素的累积状况。从表 3-12 中可以看出，随着氮肥减量额度的增加，籽粒和秸秆的氮吸收量出现先增加后降低的趋势，而氮利用效率却逐渐增加。与对照相比，N3 处理的冬小麦和夏玉米籽粒氮吸收量最高，分别增加 5.63% 和 8.51%；N1 和 N2 处理的秸秆氮吸收量最高，分别增加 26.50% 和 15.24%。

表 3-12　　冬小麦—夏玉米单株氮累积特征　　%

处理	小　麦　季		玉　米　季	
	氮肥利用率	氮肥有效率	氮肥利用率	氮肥有效率
CK	23.67	61.79	44.20	64.60
N0	—	—	—	—
N1	44.34	64.92	62.09	67.64
N2	46.84	66.77	72.56	69.74
N3	30.95	55.82↓	78.75	74.16

表 3-13 是氮肥减量处理情况下的冬小麦—夏玉米产量状况，从表 3-13 中可以看到，与对照相比，氮肥减量 10%～20%（N1 和 N2）时，冬小麦—夏玉米产量和产量构成要素与常规处理在数值上有差异，但是统计分析结果显示差异不显著。N3 处理的 2017 玉米季和 2018 小麦季产量则降低明显。

表 3-13　　不同技术模式下作物产量　　单位：kg/hm²

生长季	处　理			
	CK	N1	N2	N3
2017 玉米季	7660±213.43a	7874±576.32a	7416±191.51a	7136±175.29b
2017 冬小麦季	7145±218.57a	6780±280.00a	6780±215.17a	7150±50.01a
2018 玉米季	7125±254.45a	6587±456.13a	6703±156.45a	6982±286.12a
2018 冬小麦季	7683±185.46a	7423±142.46a	7401±122.25a	7104±101.75b

注　小写字母 a、b 和 c 代表不同处理间的差异性。字母相同表示差异不显著（$\alpha=0.05$）。

3. 化肥减量氮磷径流削减情况

根据式（3-10）计算各技术模式下氮磷流失量，根据式（3-11）计算各技术模式下氮磷的削减量，结果见表 3-14 和表 3-15。

$$流失量=\sum 单次浓度值\times 单次排水量 \tag{3-10}$$

$$氮磷削减量=\frac{对照区总负荷-示范区总负荷}{对照区总负荷} \tag{3-11}$$

表 3-14　　不同技术模式下排水水量及氮磷浓度

处理	监测项目	日期（年-月-日）						
		2017-06-10	2017-07-28	2017-08-22	2018-05-25	2018-06-11	2018-08-08	2018-08-27
CK	水量/(L/hm²)	65806	24134	5846	2398	48867	15140	6746
	硝氮/(mg/L)	2.41	3.67	6.67	6.5	4.21	5.14	7.22
	氨氮/(mg/L)	4.25	3.1	1.23	1.22	4.68	3.43	1.23
	全磷/(mg/L)	0.21	0.17	0.08	0.57	0.25	0.17	0.12
	硝氮/(mg/hm²)	158592.46	88571.78	38992.82	15587	205730.07	77819.6	48706.12
	氨氮/(mg/hm²)	279675.5	74815.4	7190.58	2925.56	228697.56	51930.2	8297.58
	全磷/(mg/hm²)	13819.26	4102.78	467.68	1366.86	12216.75	2573.8	809.52

续表

处理	监测项目	日期（年-月-日）						
		2017-06-10	2017-07-28	2017-08-22	2018-05-25	2018-06-11	2018-08-08	2018-08-27
N1	水量/(L/hm²)	54863	12442	3748	2548	56063	18588	5546
	硝氮/(mg/L)	0.72	2.75	5.24	4.06	3.27	6.69	7.05
	氨氮/(mg/L)	4.01	3.53	1.23	1.11	3.97	1.33	1.42
	全磷/(mg/L)	0.23	0.18	0.12	0.45	0.24	0.14	0.16
	硝氮/(mg/hm²)	39501.36	34215.5	19639.52	10344.88	183326.01	124353.7	39099.3
	氨氮/(mg/hm²)	220000.63	43920.26	4610.04	2828.28	222570.11	24722.04	7875.32
	全磷/(mg/hm²)	12618.49	2239.56	449.76	1146.6	13455.12	2602.32	887.36
	硝氮减少量/%	75.09	61.37	49.63	33.63	10.89	−59.80	19.72
	氨氮减少量/%	21.34	41.30	35.89	3.33	2.68	52.39	5.09
	全磷减少量/%	8.69	45.41	3.83	16.11	−10.14	−1.11	−9.62
N2	水量/(L/hm²)	51566	16489	4947	2249	49317	14540	4047
	硝氮/(mg/L)	1.41	6.31	5.36	5.12	3.65	5.57	7.35
	氨氮/(mg/L)	3.52	3.01	1.42	0.45	3.42	1.42	1.1
	全磷/(mg/L)	0.25	0.17	0.17	0.46	0.21	0.09	0.12
	硝氮/(mg/hm²)	72708.06	104045.59	26515.92	11514.88	180007.05	80987.8	29745.45
	氨氮/(mg/hm²)	181512.32	49631.89	7024.74	1012.05	168664.14	20646.8	4451.7
	全磷/(mg/hm²)	12891.5	2803.13	840.99	1034.54	10356.57	1308.6	485.64
	硝氮减少量/%	54.15	−17.47	32.00	26.13	12.50	−4.07	38.93
	氨氮减少量/%	35.10	33.66	2.31	65.41	26.25	60.24	46.35
	全磷减少量/%	6.71	31.68	−79.82	24.31	15.23	49.16	40.01
N3	水量/(L/hm²)	56662	8544	3448	3148	54114	18138	4347
	硝氮/(mg/L)	1.38	8.15	5.25	4.82	3.28	5.99	6.8
	氨氮/(mg/L)	3.02	3.51	1.83	0.23	3.62	1.23	1.57
	全磷/(mg/L)	0.26	0.14	0.14	0.39	0.29	0.11	0.08
	硝氮/(mg/hm²)	78193.56	69633.6	18102	15173.36	177493.92	108646.6	29559.6
	氨氮/(mg/hm²)	171119.24	29989.44	6309.84	724.04	195892.68	22309.74	6824.79
	全磷/(mg/hm²)	14732.12	1196.16	482.72	1227.72	15693.06	1995.18	347.76
	硝氮减少量/%	50.70	21.38	53.58	2.65	13.72	−39.61	39.31
	氨氮减少量/%	38.82	59.92	12.25	75.25	14.34	57.04	17.75
	全磷减少量/%	−6.61	70.85	−3.22	10.18	−28.46	22.48	57.04

由表3-14和表3-15可见，化肥减量可以显著降低农田氮磷流失量（径流+淋溶）。玉米季氮肥减量10%～30%，氮磷平均流失量减少17%～23%；小麦季氮磷平均流失量减少17%～29%。而整个小麦玉米轮作周期下，硝态氮流失量可减少19%～29%，铵态氮流失量可减少19%～33%，氮磷平均流失量减少17%～23%。

表 3-15 不同技术模式下氮磷流失削减率

处理	硝氮流失量 /(mg/hm²)	减少率 /%	氨氮流失量 /(mg/hm²)	减少率 /%	总磷流失量 /(mg/hm²)	减少率 /%	氮磷平均减少率 /%
玉米季							
CK	103068.81	—	325303.41	—	16994.9	—	—
N1	73355.90	28.83	261849.2	19.51	16126.31	5.11	17.82
N2	82334.98	20.12	215965.8	33.61	14343.22	15.60	23.11
N3	80271.55	22.12	216222.87	33.53	17223.5	−1.35	18.10
小麦季							
CK	15587.00	—	2925.56	—	1366.86	—	—
N1	10344.88	33.63	2828.28	3.33	1146.6	16.11	17.69
N2	11514.88	26.13	1012.05	65.41	1034.54	24.31	38.61
N3	15173.36	2.65	724.04	75.25	1227.72	10.18	29.36
全年							
CK	59237.90	—	328228.97	—	18361.76	—	—
N1	41850.39	29.46	264677.48	19.36	17272.91	5.93	18.25
N2	46924.93	20.91	216977.85	33.89	15377.76	16.25	23.68
N3	47722.46	19.56	216946.91	33.90	18451.22	−0.49	17.66

注 "—"表示未采集到水样。

3.2 肥料结构优化

作物生长需要氮、磷、钾肥的合理配比，但是，实际施肥时，农民对氮磷肥重视程度较高，钾肥考虑得较少。因此，本研究针对当地农民习惯施肥氮磷多无钾的现象，优化氮磷钾的比例，降低氮肥用量，提高氮肥利用效率，实现在冬小麦—夏玉米种植模式下氮磷用量优化的减污增效。

试验共设置 6 个处理，小麦季：习惯对照（$N-P_2O_5-K_2O$=315－270－0）、优化施肥 1（270－270－90）、优化施肥 2（270－225－90）、优化施肥 3（270－180－90）、优化施肥 4（270－135－90）和优化施肥 5（270－90－90），玉米季：农民习惯（255－45－60）、优化施肥 1（225－45－60）、优化施肥 2（195－45－90）、优化施肥 3（165－45－120）、优化施肥 4（195－75－60）和优化施肥 5（165－105－60），每个小区面积为 90m²，各设 3 个重复。

3.2.1 不同施肥处理对冬小麦和夏玉米产量的影响

图 3－4 是优化施肥处理情况下的冬小麦和夏玉米产量状况。由图 3－4（a）可知，与农民习惯相比，优化施肥 1、3、4 处理冬小麦产量略有升高，但未达到显著增产水平；所有处理都未达到显著差异。因此，在氮肥用量减少 14.3%水平下，保持冬小麦产量略有增加或持平是可能的，同时综合考虑山东其他地区冬小麦施氮量的水平，在本实验条件下，氮磷用量都仍有一定的下调空间。

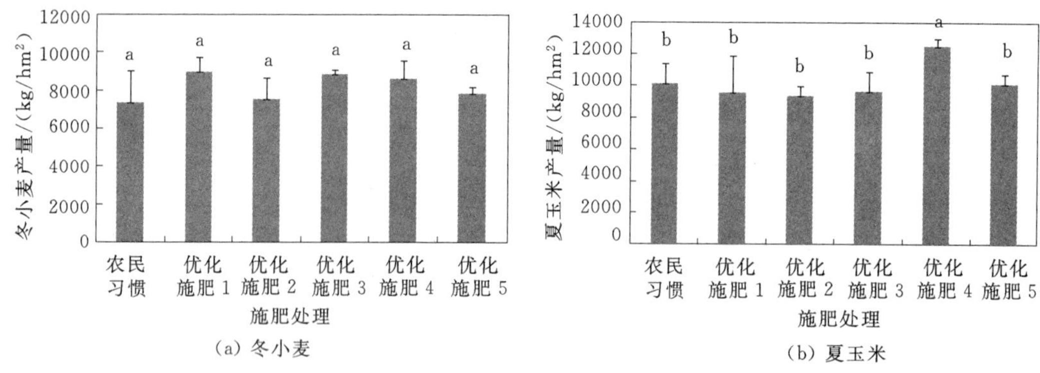

(a) 冬小麦

(b) 夏玉米

图 3-4 不同优化施肥处理对冬小麦产量的影响

图 3-4 (b) 是优化施肥处理情况下的夏玉米产量状况。由图 3-4 可知，各优化施肥处理的夏玉米产量均保持持平或略有增长的趋势，其中，优化施肥 4 处理增产达到显著水平，增产 8.9%，其他处理差异不显著。可见，在本试验条件下，减少一定量的氮肥不会降低夏玉米产量，而适当增加夏玉米季磷肥量可提高夏玉米产量。

3.2.2 不同施肥处理对冬小麦和夏玉米氮、磷投入与产出的影响

表 3-16 是不同优化施肥对情况下的冬小麦氮、磷养分投入与产出情况。由表 3-16 可知，在冬小麦季，各施肥处理的氮磷养分投入量明显超过了收获冬小麦带走的输出量，氮磷均出现显著盈余；尤其以农民习惯最为明显，优化施肥 2 和优化施肥 5 处理氮盈余量较高，与冬小麦产量有关；磷盈余量的变化与磷肥施用量的多少有关，成正相关关系。和农民习惯相比，氮磷施用量的减少并没有减少产量，说明氮磷肥用量都有一定的下调空间。

表 3-16　不同优化施肥情况下的冬小麦氮磷投入与产出　单位：kg/(hm² · a)

处理	肥料投入		收获植株		养分平衡	
	N	P_2O_5	N	P_2O_5	N	P_2O_5
农民习惯	315	270	170.5	56.0	144.5	214.0
优化施肥 1	270	270	191.0	59.6	79.0	210.4
优化施肥 2	270	225	165.7	51.9	104.3	173.1
优化施肥 3	270	185	183.6	61.1	86.4	123.9
优化施肥 4	270	135	185.6	58.3	84.4	76.7
优化施肥 5	270	90	163.7	55.7	106.3	34.3

3.2.3 不同施肥处理对冬小麦生育期氮、磷迁移的影响

1. 不同优化施肥处理对冬小麦生育期氮迁移的影响

优化施肥对冬小麦拔节期不同土层土壤硝态氮含量的影响见图 3-5 (a)。随土层深度增大，所有处理的土壤硝态氮含量呈现先增加后显著降低的趋势，在 20～40cm 土层出现峰值，而优化施肥 4 的峰值出现在 20～60cm 之间。表层土硝态氮含量介于 28～38mg/kg，淋溶层 80～100cm 土壤硝态氮含量介于 15～25mg/kg。

在冬小麦孕穗期［图 3-5（b）］，优化施肥 1、优化施肥 3 和优化施肥 5 处理的土壤硝态氮随土层加深先略有升高，而后逐渐降低；优化施肥 2 保持相对稳定；而农民习惯和优化施肥 4 的土壤硝态氮含量则随土层深入先明显升高而后显著下降，土壤硝态氮峰值出现在 20～40cm 土层。表层土硝态氮含量介于 20～30mg/kg，与拔节期比，淋溶层（80～100cm）硝态氮量变化不大。

在冬小麦收获后［图 3-5（c）］，各处理不同土层土壤硝态氮含量差异明显。随土层深入，硝态氮含量呈现“S”形曲线；在 20～40cm 土层有个低峰值，在 40～60cm 土层有个高峰值；说明此条件下硝态氮主要淋至 40～60cm 土层。淋溶层 80～100cm 硝态氮含量为 6～17mg/kg 之间，和孕穗期比硝态氮含量有所降低，可见硝态氮进行了向下迁移。

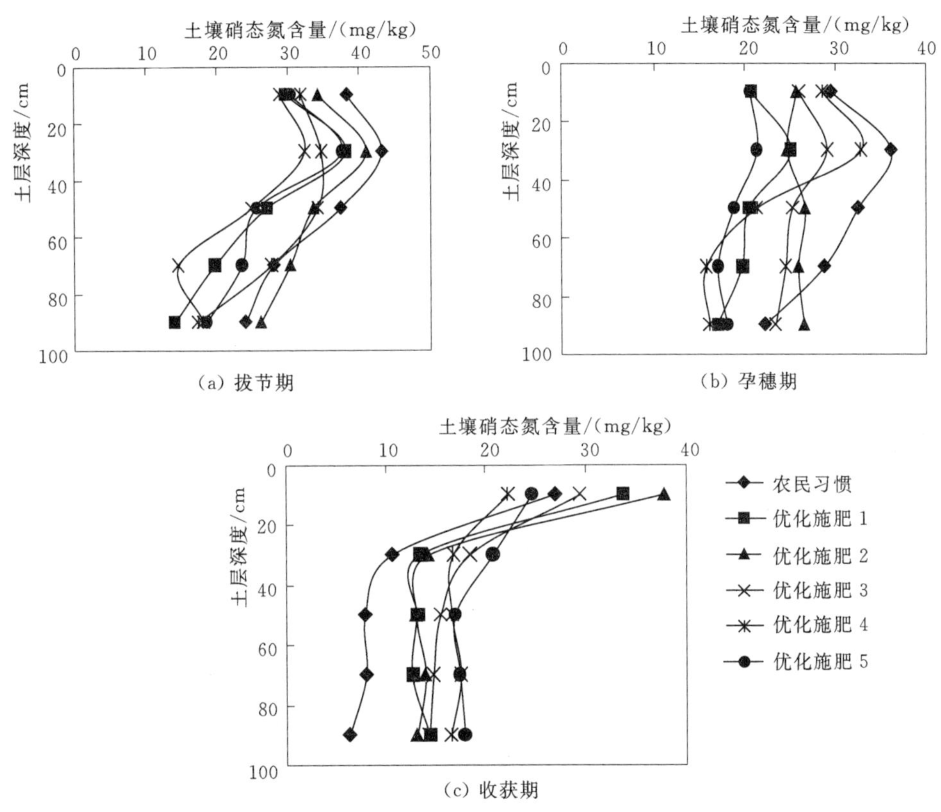

图 3-5 优化施肥对冬小麦各生育期土壤硝态氮含量的影响

2. 不同优化施肥处理对冬小麦生育期磷迁移的影响

在冬小麦拔节期［图 3-6（a）］，各处理在 0～40cm 之间直线下降，从 35～45mg/kg 降至 5～11mg/kg，再随着土层深入，土壤有效磷含量保持稳定。但从 20～100cm 土层，不同处理间存在一定差异。在此生育期，施磷量越低而有效磷含量相对越高。

在冬小麦孕穗期［图 3-6（b）］，随土层深入，土壤有效磷含量的变化趋势和拔节期相同，且各处理间除表层外有效磷含量差异不大。表层土有效磷含量位于 25～35mg/kg，和拔节期相比，在冬小麦吸收利用下有效磷含量降低。20～100cm 土层中，优化施肥 1 和优

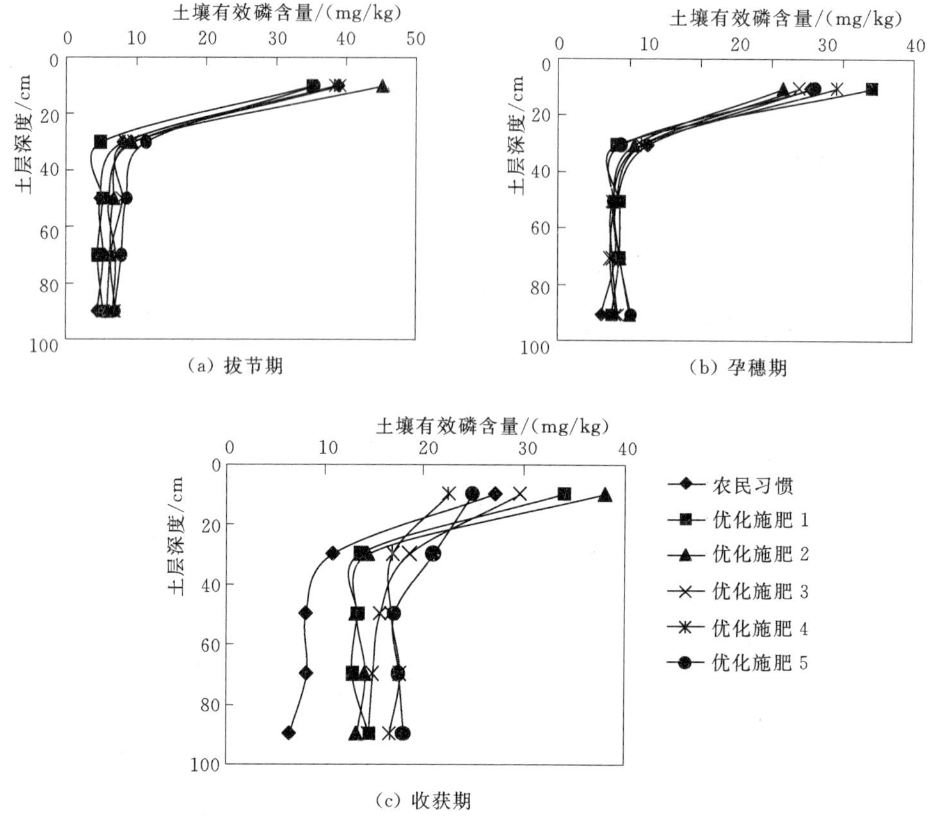

图 3-6 优化施肥对冬小麦各生育期土壤有效磷含量的影响

化施肥 5 处理的有效磷基本没有变化，其他处理的有效磷含量在 20～40cm 土层略高于下层。此生育期，各个土层有效磷含量的大小和施磷量之间没有非常明显的关系。

在冬小麦收获后［图 3-6（c）］，优化施肥 4 和优化施肥 5 处理随土层深入，土壤有效磷含量呈现先下降后稳定不变的趋势，而其他处理表现出先直线下降后稳定的趋势；优化施肥 4 和优化施肥 5 表层有效磷含量低于其他处理，而下层高于其他处理，位于 16～20mg/kg；和前几个生育期相比，下层有效磷含量明显升高，说明在经历一定的时间或一定的条件下有效磷会较多地迁移至下层土壤。冬小麦收获期，各处理在下层土壤仍然表现出施磷量越低有效磷含量越高的趋势；因此，淋溶量和施磷量之间不存在正相关关系。

3.2.4 优化施肥处理对氮径流和氨挥发损失的影响

优化施肥情况下小麦季和玉米季的氮径流损失情况见表 3-17。由表 3-17 可知，在本实验条件下，各种形态的氮损失量均较小，可忽略不计；不同处理间径流量大小差异和水量存在很大关系。因此，尽量避免大水漫灌的浇灌方式。

优化施肥情况下小麦季和玉米季的氨挥发损失情况见表 3-18。由表 3-18 可知，小麦季和玉米季氨挥发量均较大，其变化范围为 24.85～46.84kg/hm^2。小麦季中，农民习惯和优化施肥 2 处理的氨挥发量最大；通过氮盈余量数据发现，土壤中氮盈余量越多，氨挥发量越大。玉米季中，以农民习惯和优化施肥 1 处理氨挥发量最大，可见氨挥发和施氮量呈正比。

表 3-17　　　　优化施肥情况下小麦玉米两季氮径流损失

处理	NO_3-N/(kg/hm²)	NH_4-N/(kg/hm²)
农民习惯	0.111	0.010
优化施肥 1	0.069	0.019
优化施肥 2	0.352	0.120
优化施肥 3	0.052	0.008
优化施肥 4	0.171	0.055
优化施肥 5	0.067	0.024

表 3-18　　　　优化施肥情况下小麦玉米两季氨挥发损失

处理	小麦季氨挥发量/(kg/hm²)	玉米季氨挥发量/(kg/hm²)
农民习惯	41.46	46.40
优化施肥 1	32.95	46.84
优化施肥 2	44.24	35.90
优化施肥 3	30.55	32.90
优化施肥 4	37.15	30.74
优化施肥 5	24.85	29.02

研究通过调整氮磷钾比例，筛选出适合冬小麦和夏玉米的肥料结构，适合冬小麦的施肥结构是 $N-P_2O_5-K_2O$=270-135-90，氮肥投入降低 14%，磷肥投入降低 50%，产量增加 16.9%，氮素流失减少 63%；适合夏玉米的施肥结构是优化施肥：$N-P_2O_5-K_2O$=195-75-60，氮肥投入降低 23%，产量不变。

3.3 新型肥料替代技术

化肥的主要作用特点是快速、方便，易于被群众接受。化肥一面市，有机肥就受到了很大冲击，很快被挤出农田。但是，长期施用化肥后人们发现，化肥的肥效短，在作物生长期间，要按时追施，一个生长季甚至要进行几次追肥。而且，土壤也变得越来越差。没有化肥，土地上几乎不能生长出正常的农作物，产量也受到很大影响。因此，因地制宜地研发新型控型肥料是解决传统型化肥肥效短、环境外部性强的重要途径。

本项研究共设置 7 个处理。小麦季：农民习惯施肥为对照（$N-P_2O_5-K_2O$=315-270-0）、缓控释肥 A（270-150-120）、缓控释肥 B（270-150-120）、缓控释肥 C（270-150-120）、缓控释肥 D（270-150-120）、微生物肥料（270-150-120）（功能性土壤调理剂，用量 600kg/hm²，中农绿康）和稳定性肥料（270-150-120）（常规肥料配施硝化抑制剂，双氰胺用量为尿素用量的 8%，市场购买）。玉米季：农民习惯施肥为对照（255-45-60）、缓控释肥 A（225-45-60）、缓控释肥 B（225-45-60）、缓控释肥 C（225-45-60）、缓控释肥 D（225-45-60）、微生物肥料（225-45-60）和稳定性肥料（225-45-60）。每个小区面积为 90m²，各设 3 个重复。（注：缓控释肥 A 为金正大生产的小麦专用控释肥，缓控释肥 B、C 和 D 为山东农科院资环所自制产品。）

3.3.1 缓控释肥替代技术

1. 不同肥料对冬小麦和夏玉米产量的影响

施用不同肥料情况下的冬小麦产量见图 3－7（a）。从图 3－7（a）中可以看出，与农民习惯相比，控释肥 A 略增产，但增产不显著；微生物肥处理的产量有所降低，但未达到显著性差异水平；控释肥 B、C、D 和稳定性肥料处理产量基本与农民习惯处理持平。说明在减氮 14.3%的水平下，各处理未明显降低冬小麦产量，控释肥 A 且略有增加小麦产量。

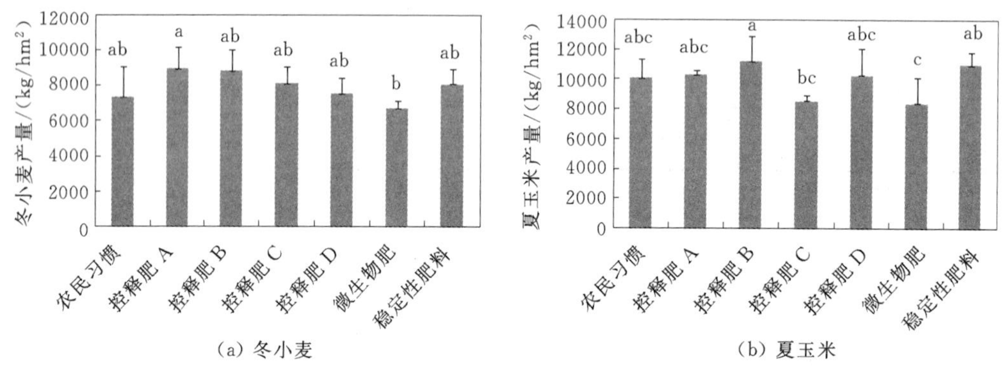

图 3－7　新型肥料对作物产量的影响

不同新型肥料对夏玉米产量的影响见图 3－7（b）。与农民习惯相比，控释肥 B 和稳定性肥料处理的夏玉米产量略有升高，增产幅度在 8.8%～11.0%；而控释肥 C 和微生物肥处理的产量比农民习惯略有下降，但差异都不显著；控释肥 A 和控释肥 D 与农民习惯产量持平。与农民习惯相比，以新型肥料减氮投入 11.8%替代常规氮肥，对夏玉米产量影响不显著。

2. 施肥处理对冬小麦 N、P 养分投入与产出的影响

小麦季不同施肥处理的养分平衡情况见表 3－19。由表 3－19 可见，农民习惯处理的氮磷肥投入量最高，但其收获植株带走量并非最高；控释肥 A 带走的氮量最高，其次是控释肥 B，且控释肥 B 带走磷量最高；这与作物产量有一定的关系。研究结果显示，氮磷盈余最高的都是农民习惯施肥处理，其次是微生物肥料，这与农民习惯性施肥带入的氮磷量最多和微生物肥料处理的作物产量较低有关。可见，在农业生产中，农民习惯性的氮磷肥施用量可适当减少。

表 3－19　小麦季不同施肥处理的养分平衡情况　单位：kg/hm^2

处理	肥料投入		收获植株		养分平衡	
	N	P_2O_5	N	P_2O_5	N	P_2O_5
农民习惯	315	270	170.5	56.0	144.5	214.0
控释肥 A	270	150	189.6	56.7	80.4	93.3
控释肥 B	270	150	188.5	61.6	81.5	88.4
控释肥 C	270	150	182.5	55.7	87.5	94.3
控释肥 D	270	150	160.8	58.7	109.2	91.3
微生物肥	270	150	156.3	51.4	113.7	98.6
稳定性肥料	270	150	174.9	54.3	95.1	95.7

3. 不同处理对冬小麦生育期氮累积运移的影响

在冬小麦拔节期［图 3－8（a）］，各处理的硝态氮含量具有明显不同的变化趋势。随土层深入，农民习惯和稳定性肥料处理的硝态氮含量先略有上升而后直线下降；控释肥A、控释肥B和控释肥C呈稳定下降趋势，但控释肥B硝态氮含量总体值较高；控释肥D和稳定性肥料呈直线下降趋势。表层土的硝态氮含量为22.8～43.7mg/kg，淋溶层（80～100cm）除控释肥B外硝态氮含量变化范围为8.3～27.1mg/kg。

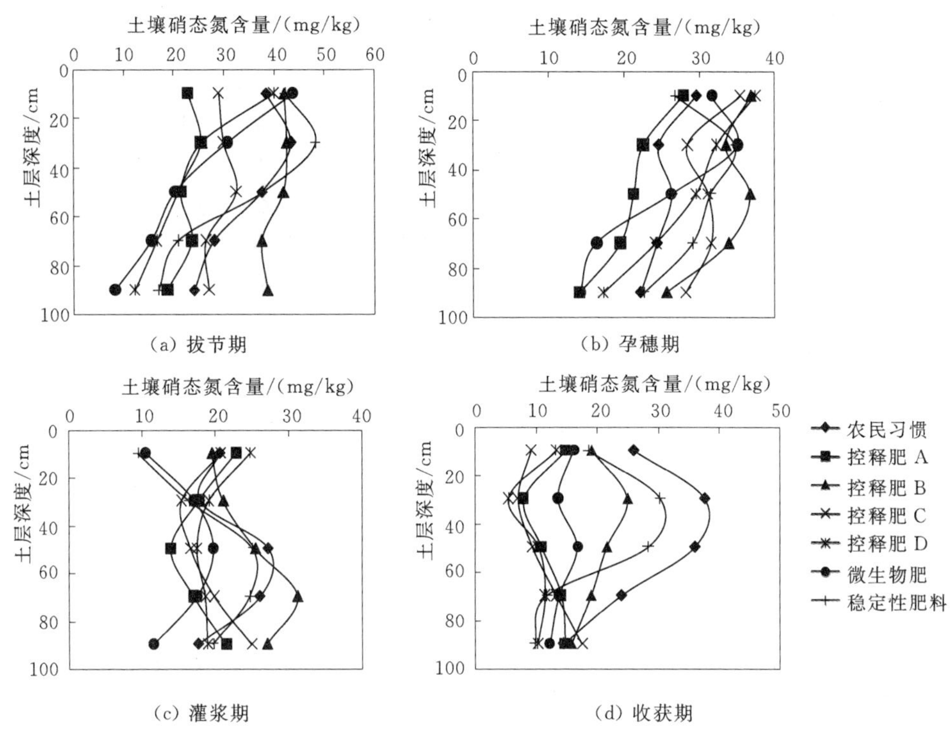

图 3－8 冬小麦各生育期土壤剖面硝态氮的含量情况

在冬小麦孕穗期，各处理不同土层土壤硝态氮变化不同［图 3－8（b）］。微生物肥和稳定性肥料处理随土层深入硝态氮含量先增加，40～100cm土层的硝态氮含量下降；而其他处理随土层深入，硝态氮呈一个弯度较小的“S”形曲线，即先降低后略有增加到淋溶层时再次降低；这种变化与后期冬小麦对硝态氮较快的吸收利用有关。与拔节期相比，除控释肥A和控释肥C略有增加外，其余处理的硝态氮在冬小麦的生长利用下含量降低，这可能还与肥料的分解速度有关；淋溶层（80～100cm）的硝态氮含量变化不是很大。

4. 不同处理对冬小麦生育期磷累积运移的影响

在冬小麦拔节期［图 3－9（a）］，各处理的土壤有效磷含量在表层（0～20cm）最高，表层向下的土壤有效磷含量明显下降；20～100cm土层且有效磷含量略有下降变化不大；在表层土中，习惯施肥、稳定性肥料和微生物肥处理的有效磷含量相对较高，控释肥处理的有效磷含量相对较小，含量小于30mg/kg，这与控释肥释放养分较慢有关。

在冬小麦孕穗期［图 3－9（b）］，不同肥料处理的土壤有效磷随土层深入先明显下

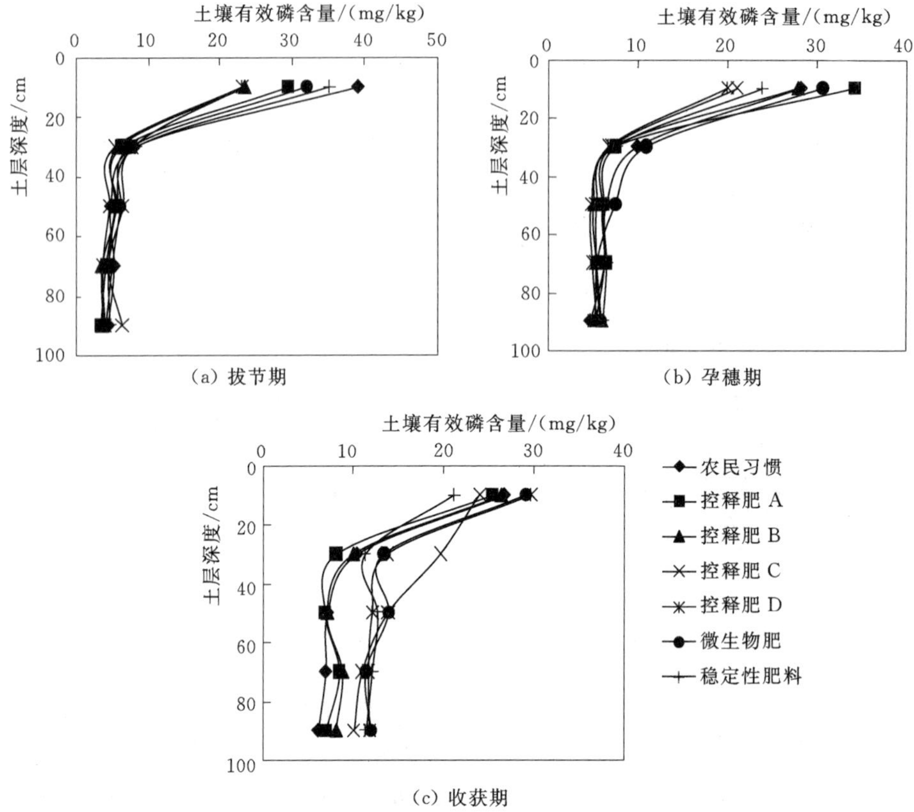

图 3-9　小麦季土壤剖面有效磷含量变化情况

降后相对稳定。控释肥 A 表层土的有效磷含量最高，其次是微生物肥；在 20～60cm 土层，农民习惯和微生物肥处理的有效磷含量高于其他处理；各处理 60～100cm 的有效磷含量相差不大。可见，有效磷以淋溶方式流失的途径损失不多，且随生育期变化不是很多，磷肥更多或许以稳定性磷储蓄于土壤中。

由图 3-9（c）可知，收获期时，表层土有效磷含量仍较高，但在冬小麦吸收利用下低于前几个生育期，微生物肥和控释肥 D 处理的有效磷含量最高。各处理 20～100cm 土层的土壤有效磷含量变化有明显差异，农民习惯、控释肥 A 和 B 处理的含量稳定且较低；其余处理含量相对较高，达到 10mg/kg 以上。

5. 不同处理对氮径流和氨挥发损失的影响

施用新型肥料情况下的小麦玉米两季氮养分径流损失情况见表 3-20。由表 3-20 可知，各施肥处理的氮径流损失量均较低，氮的流失主要以硝态氮和铵态氮为主。另外，控释肥处理的氮径流损失明显小于其他处理，而微生物肥和稳定性肥料处理的氮径流高于其他处理。

不同新型肥料对冬小麦和夏玉米氨挥发损失的影响见表 3-21。由表 3-21 可知，小麦季的氨挥发以农民习惯处理损失量最大，达到 41.46kg/hm^2；微生物肥和稳定性肥料氨挥发损失相对较小。在玉米季，除稳定性肥料处理中氨挥发损失量较小外，其他处理氨挥发损失量均较大，且高于小麦季，这可能与玉米季温湿环境有助于氨挥发有关。

表 3-20　　施用新型肥料情况下的小麦玉米两季氮养分径流损失量

处理	NO_3^--N/(kg/hm²)	NH_4^+-N/(kg/hm²)
农民习惯	0.111	0.010
缓控释肥 B	0.094	0.009
缓控释肥 C	0.061	0.005
缓控释肥 D	0.036	0.003
微生物肥料	0.265	0.026
稳定性肥料	0.189	0.033

表 3-21　　施用新型肥料情况下冬小麦和夏玉米氨挥发损失量

处理	小麦季氨挥发量/(kg/hm²)	玉米季氨挥发量/(kg/hm²)
农民习惯	41.46	46.40
缓控释肥 A	39.05	54.72
缓控释肥 B	33.52	34.87
缓控释肥 C	35.77	41.46
缓控释肥 D	24.24	41.85
微生物肥料	27.19	51.71
稳定性肥料	23.83	21.90

由以上对新型肥料施用效果的研究可见，基于产量增加的原则，选择出适合冬小麦的新肥料是控释肥 A；适合夏玉米肥料品种是控释肥 B 和稳定性肥料。和农民习惯性施肥处理相比，微生物肥处理的冬小麦和夏玉米产量均有所降低，但差异不显著。冬小麦氮、磷的投入远远高于作物的吸收利用，尤其以农民习惯最为明显。各个处理的土壤氮磷都有明显的积累；无机氮是氮径流的主要形态，但总量不大，可忽略不计；而氨挥发损失量相对较大，高达 54.72kg/hm²，稳定性肥料处理最低也达到 21.90kg/hm²。施用课题组研发的新型肥料与常规相比，氮投入减少 14.2%，冬小麦玉米产量未下降，总氮损失减少 16.8%～39.24%，总磷流失减少 27%～54%。

3.3.2　生物菌肥替代技术

生物菌肥（Biofertilizer）是在有机废弃物中添加人工有益微生物经高温发酵后制成的富含多种功能菌的复合肥料，又可称之为生物有机肥或菌肥。生物菌肥是一种微生物产品，对作物和土壤危害极低，与现在大范围使用的化学肥料相比，生物菌肥具有以下几个特点：首先是不破坏土壤结构，并能有效改善土壤肥力；其次是可满足经济环境双达标，即促进农作物生长的同时不污染环境，对人、畜、作物均无害；再次是其原料多为果渣、垃圾等废弃物，量大易得，使其成本低廉，便于推广；最后是肥效持久，可增加产量（徐志峰等，2010）。

相较于传统有机肥，生物菌肥能加速有机物料中的养分释放，提高作物对其中养分的吸收。Ahmad 等（2017）研究发现，接种微生物菌剂能提高小麦籽粒吸氮量和吸磷量，提高氮素利用效率（NUE）和磷素利用效率（PUE）并提高产量。菌肥中的有益微生物能利用化学肥料中的氮素养分进行繁殖，提高对氮素的固定量，有些菌种还是磷和钾的增溶剂，能够活化磷素，提高植物对土壤中的氮磷钾养分的同化量（Wu等，2005）。含固氮微生物的生物肥料能提高土壤的氮素供应水平，减少作物对外源氮素的需求。Rose等（2014）认为生物菌肥中含有的能促进植物生长的微生物在提高氮素利用方面有巨大的潜力，生物菌肥在不减少产量的前提下可以代替23%～52%的氮肥，但却不能代替磷肥。通过调节化肥投入量和时机能够增加菌肥的功效。生物菌肥和有机肥料共同施用尤其是和动物粪便堆肥一起施用能显著提高玉米对磷的利用率和地上生物量，并且在碱性土壤下可能是由于更高的丛枝菌根长度占比而造成的（Thonar等，2017）。还有人发现EM菌剂处理之后水稻的氮素吸收利用率随着稻季的更替逐步上升，增产效果在第二年优于第一年，随着有效微生物菌的不断施入，其对土壤肥力和菌群结构的改良作用越来越明显（王斌等2015）。

生物菌肥能克服连作障碍并防止土传病害的传播。Cai等（2016）研究发现单纯大量施用化肥会造成土壤真菌多样性降低，而施用生物有机肥和化肥减量的处理，在黄瓜单作下能维持一个较为稳定的土壤微生物群系。单施菌肥对土壤pH值无显著影响，生物菌肥虽降低了土壤中有机质含量和微生物量，但可增加土壤速效磷和速效钾的含量，菌肥能在一定时期内降低土壤含水率，并且和秸秆反应堆配合还能改良土壤，克服连作障碍，增加作物产量（孙婧等，2014）。Wang等（2017）的研究表明，同时施用生物菌肥和化肥能够明显提高土壤全氮和有机质含量，改变细菌群落结构，增加变形菌门红螺菌科的细菌数量，而红螺菌在氮分子的固持中起到了十分重要的作用，并最终促进了苹果产量的形成。Zhao等（2018）研究发现，生物菌肥中的解淀粉芽孢杆菌能改善根际微生物的组成结构，增加根际细菌群落的多样性，降低真菌群落的多样性，对西瓜枯萎病的发生起到良好的防治作用。

生物菌肥对作物有明显的增产作用。李玉春等（2006）的研究表明微生物菌剂处理能使冬小麦产量增加3%，施用菌肥还可以提高叶片叶绿素含量，有助于茎、叶中全氮的积累（许永胜等，2015）。王国基等（2015）研究发现：在根系伸长过程中，生物菌肥中的PGPR能够溶解土壤中难溶的养分供植物吸收，而产生的CTK、IAA、GA等代谢产物，都会不同程度调节植株生长发育，改善植株营养状况，从而提高玉米的经济产量。同小娟等（2007）利用EM生物菌肥在夏玉米和冬小麦的试验结果表明，夏玉米年均产量比传统堆肥增加了9.4%，而冬小麦也能增产8.3%。以上实例充分证明生物菌肥在农业生产过程中，对促进作物生长发育及减少化肥投入方面发挥着不可替代的作用。荣良燕等（2015）利用分离筛选出的优良PGPR菌株制作成菌肥，测定生物菌肥替代20%～30%化肥施用对玉米生长的影响，结果表明，使用菌肥替代部分化肥对玉米的株高、地上干重和产量均有提高效果。Mahanta等（2014）发现接种溶磷细菌（PSB）和囊泡丛枝微生物（VAM）并减少磷肥用量1/2较全量施磷能提高大豆和玉米根系阳离子交换量、根长密度和磷流入速率，并最终提高了小麦和大豆籽粒产量。生物菌肥能提高大豆-马铃薯作物系统的系统生产率和能量效率，即使在50%磷肥推荐用量情况下，生物菌肥处理也提高了磷利用指数和土壤表观磷平衡。这显示了溶磷细菌（PSB）和丛枝菌根真菌（AMF）在磷溶解中的作用并使其适合大面积推广，生物菌肥的应用有助于减少大豆、马铃薯生产中的磷肥施用量（Munda等，2016）。生物菌肥中的大量有益微生物，可以激发土壤和施入肥料中的有机质的转化过程，有利于提高土壤肥力并长期保持在较高水平。

化肥中的氮素可迅速改善土壤氮供应，但有易损失的缺陷；长期超量不合理施用化学肥料不仅不会提高产量，还会抑制微生物和土壤酶的活性，造成土壤板结，耕层变浅和耕性恶化，导致土壤的自动调节能力下滑。有机肥中的氮素释放缓慢，不易损失，但却很难在短期内提供充足的氮素供作物吸收利用。生物菌肥可促进有机质矿化和难溶矿物质溶解释放，提高作物养分吸收能力和吸收量；使作物系统产生免疫，增强作物的抗病性，减少化学农药用量，节约成本；提高土壤肥力，增加作物产量等。

因此，尝试通过化肥和生物菌肥共同使用，达到长短相济、扬长避短的效果。利用菌肥中的有益菌种和土著微生物形成的优势菌群来分解有机肥中的有机质，源源不断地供给作物生长发育所需的矿质养分，同时可替代部分化肥，减少化学肥料的投入。通过施用生物菌肥，能够提高肥料的利用率，降低农业生产中的化肥用量，缓解化肥特别是化学氮肥超负荷用量带来的环境压力，对实现农业生产可持续发展具有积极意义。

试验中所用菌肥 1 为北京十方技术有限责任公司生产的复合微生物菌剂——蓝矛绿盾（有效微生物为短小芽孢杆菌、枯草芽孢杆菌、地衣芽孢杆菌等），可湿性粉剂；菌肥 2 为陕西乾亨农业发展有限公司生产的酵素菌（BYM）肥料，黑色粉末状；两种复合菌剂有效活菌数量均≥2 亿/g。试验所用有机肥为山东瓮福金谷化肥有限公司生产的免深耕有机肥，黑色颗粒状，其中 N 含量为 6.56%，P_2O_5 含量为 0.55%，C/N 为 4.6，有机质≥45%。

供试作物为山东省农业科学院选育的冬小麦品种（济麦 22）和山东登海种业选育的夏玉米品种（登海 618）。试验共设置 5 个处理，即常规施肥［N200kg/hm^2，P_2O_5 120kg/hm^2，对照（CK）］、B1N2P2（菌肥 1 为 7.5kg/hm^2，N、P_2O_5 均较 CK 减量 25%）、B1ON1P1（菌肥 1 为 7.5kg/hm^2，有机肥为 3t/hm^2，N、P_2O_5 均较 CK 减量 50%）、B2N2P2（菌肥 2 为 7.5kg/hm^2，N、P_2O_5 均较 CK 减量 25%）、B2ON1P1（菌肥 2 为 7.5kg/hm^2，有机肥为 3t/hm^2，N、P_2O_5 均较 CK 减量 50%），每处理 3 次重复。菌肥与有机肥、磷肥作为基肥一次性施入，氮肥中的尿素 1/3 作为底肥，2/3 作为追肥。每小区面积为 140m^2（14m×10m）。菌肥、有机肥及基肥尿素、磷酸二铵均由人工撒施，小区旋耕 15cm。夏玉米于 2017 年 6 月 16 日播种，大田无灌溉设施，靠自然降雨。因夏季雨量充足，趁雨前于 7 月 13 日追肥一次，其余管理措施如除草、打药等与当地农田管理方式一致，并于当年 10 月 2 日收获。

在夏玉米生长的五个重要生育期，采集各处理小区 0～20cm 耕层土壤。采用“S”形取样法收集土样，一个重复内取 3 点混合作为一个土样，每处理重复 3 次，共取 9 点。将采集的土样除去动、植物残体，一部分鲜土过孔径 2mm 筛用于测定有机氮矿化量，另一部分过 1mm 和 0.25mm 筛，风干后用于测定土壤 pH 值、碱解氮、全氮和速效磷。在每个小区内随机选取 5×5=25m^2，于收获期，将玉米植株和籽粒全部收获并进行室内考种。采样时，随机选取 3 个玉米植株，一个重复共取 9 株。

1. 玉米生长季土壤理化性状及玉米产量

（1）化肥减量配施生物菌肥对土壤容重的影响。各处理剖面不同层次的土壤容重见图 3-10。从图 3-10 中可以看出，对于同一处理，0～20cm 土壤的容重低于 20～40cm 土层。比较不同处理 0～20cm 土层的容重，CK、B1N2P2、B1ON1P1、B2N2P2、

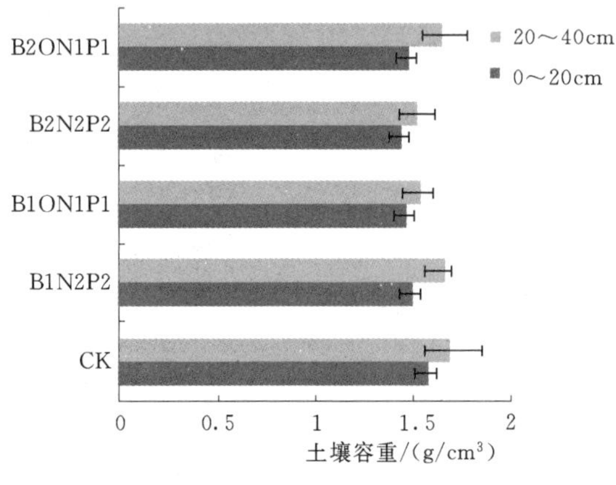

图3-10 不同菌肥组合下各处理土壤容重

B2ON1P1的土壤容重分别为1.55g/cm³、1.41g/cm³、1.5g/cm³、1.42g/cm³、1.52g/cm³，B1N2P2和B2N2P2的容重显著低于CK（$P<0.05$），说明化肥减量25%配施菌肥能降低耕层土壤的容重值。而在20～40cm土层各处理之间差异并不显著，这与翻耕的深度有关。

（2）化肥减量配施生物菌肥对玉米各生育期土壤pH值和含水率的影响。玉米各生育期的土壤pH值变化情况见图3-11。由图3-11可知，0～20cm土壤pH值总体变化范围在7.65～8.15。B1N2P2和B2N2P2的土壤pH值变幅不大，且成熟期和苗期相比略微升高。而B1ON1P1和B2ON1P1在生育期间变化幅度较大，CK处理的土壤pH值一直高于其余4个处理，生物菌肥和有机肥处理的pH值继续保持下降。苗期各处理之间无显著差异，拔节期CK和B2N2P2处理的pH值显著高于B1ON1P1和B2ON1P1，差异显著（$P<0.05$），其他处理之间差异不显著。抽雄期CK和B2N2P2处理的pH值显著高于B2ON1P1，差异显著（$P<0.05$）。灌浆期和成熟期CK、B1N2P2和B2N2P2处理的pH值显著高于含有机肥的两处理，差异显著（$P<0.05$）；B1ON1P1和B2ON1P1之间无显著性差异。

不同生育期各处理土壤含水率动态变化见图3-12。由图3-12可见，0～20cm土壤含水率变化趋势在先增后减再增再减之后低于起始值。各生育期土壤平均含水率的变化范围在13.73%～36.12%，从玉米拔节期开始，土壤含水率迅猛增长，且抽雄与灌浆之间可能还有一个峰值。除拔节和灌浆期B1N2P2、B2N2P2的土壤含水率明显低于B1ON1P1和B2ON1P1处理，差异显著（$P<0.05$）。其他时期各处理之间差异不显著，且两菌肥结合有机肥处理均处于最低或偏低值。成熟期化肥减少1/4未添加有机肥的处理和CK的土壤含水率高于添加有机肥的两处理。

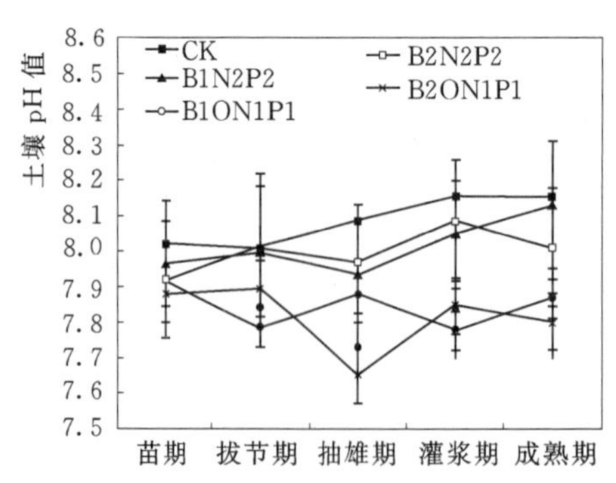

图3-11 不同生育期各处理土壤pH值动态变化

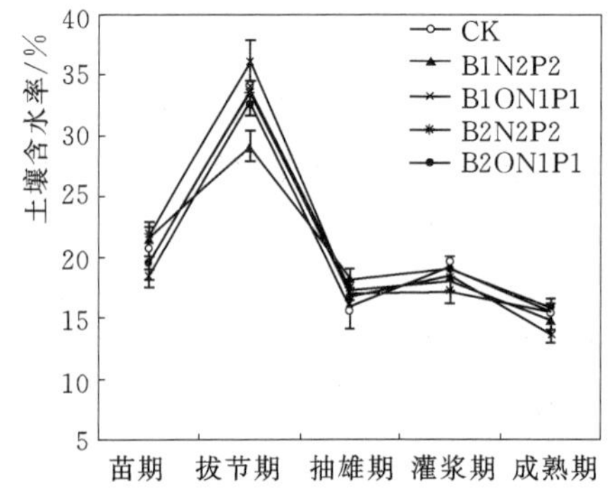

图3-12 不同生育期各处理土壤含水率动态变化

（3）化肥减量配施生物菌肥对土壤氮素阶段矿化量和累积矿化量的影响。各采样日期测得的矿化量，为该日期前10天埋下的原位培养管至该日期土壤矿化产生的矿质态氮含量（表3-22）。由表3-22可得，在整个玉米季CK处理的累积矿化量为－55.14mg/kg，表现为净固持；B1N2P2的累积矿化量为1.74mg/kg，矿化量非常低，可以认为该处理生育期前后土壤矿质态氮含量不增不减，基本稳定。B1ON1P1的累积矿化量为391.11mg/kg，表现为净矿化；B2N2P2的累积矿化量为8.88mg/kg，也可看作没有变化；B2ON1P1的累积矿化量为501.59mg/kg，表现为净矿化。阶段矿化量在所有时期都表现为B1ON1P1与B2ON1P1显著大于B1N2P2和B2N2P2（$P<0.05$），9月1日、11日和21日除外（不显著）。B1ON1P1与B2ON1P1的氮素矿化量在所有时期都为正值，且均在7月23日达到峰值后开始减小。7月23日、8月2日和8月22日的常规施肥和两菌肥配施化肥减25%处理的矿化量为负值，可能是该时期降雨量较大，随降雨淋失的氮素较多而造成的。CK处理的矿化量多次出现负值，说明常规化肥固持大于矿化，或损失较多。

表3-22　　不同采样日期氮素矿化量　　单位：mg/kg

日期	CK	B1N2P2	B1ON1P1	B2N2P2	B2ON1P1
7月3日	24.56a	3.21c	10.91b	7.42b	35.15a
7月13日	16.62c	14.23c	42.11b	18.81c	101.16a
7月23日	−99.42c	−18.07b	127.2a	−22.91b	155.67a
8月2日	−0.72b	−2.96b	124.23a	−8.81b	137.8a
8月12日	17.28ab	12.09b	31.77a	12.79b	21.62a
8月22日	−2.85b	−22.91c	33.07a	−0.81b	37.4a
9月1日	3.85a	5.76a	11.21a	5.58a	14.9a
9月11日	5.7ab	7.03a	9.52a	0.73b	3.17b
9月21日	−23.1c	2.66b	4.17b	2.83b	23.57a
10月1日	2.93b	3.91b	7.84a	0.66b	6.29a
累积矿化量	−55.14b	1.74b	391.11a	8.88b	501.59a

注　不同小写字母表示处理间差异显著（$P<0.05$）。

（4）化肥减量配施生物菌肥对耕层土壤硝态氮淋溶的影响。化肥减量配施生物菌肥情况下的土壤淋溶硝态氮情况见表3-23。由表3-23可知，除菌肥1（8月22日）和菌肥2（7月23日）配施有机肥处理的淋溶量小于相同菌肥无有机肥处理外，其余时期内，添加有机肥处理的硝态氮淋溶量都大于同菌种的未加有机肥处理，这和有机肥中超量氮的存在有关。而实际情况是含有机肥处理的氮矿化量也很高，并且所有时期B2ON1P1的淋溶量大于B1ON1P1。而在7月13日、7月23日、9月1日和9月21日B1N2P2的淋溶量都比CK要小，且在7月13日和23日差异显著（$P<0.05$）；B2N2P2在总共8个时期中有6个时期淋溶量比CK小，且在7月3日、7月13日和8月2日与CK存在显著差异。整个玉米季5个处理累积淋溶量显示出同样的情况，即化肥减量25%配合生物菌肥的处理耕层土壤的淋溶硝态氮较少，而该有机肥的添加导致很高的硝态氮淋溶，对环境风险较大。

表 3-23　　不同采样日期淋溶硝态氮量　　单位：g/hm²

日期	CK	B1N2P2	B1ON1P1	B2N2P2	B2ON1P1
7月3日	195.5a	—	40.6b	67.8b	235.6a
7月13日	635.6b	350.4c	1792a	332.6c	2151.8a
7月23日	373.2a	8.5c	249.3b	352.5a	291.3a
8月2日	463.1b	576.4ab	588.8ab	176.8c	686.2a
8月12日	—	119.2c	221.6a	34.9d	303.6b
8月22日	59.0c	215.3b	179.6b	49.7c	391.6a
9月1日	47.8c	28.7c	313.3b	38.3c	637.7a
9月21日	8.3b	3.9b	15.7b	19.7b	910.7a
总计	1782.5c	1302.4c	3400.9b	1072.3c	5608.5a

注　不同小写字母表示处理间差异显著（$P<0.05$）。"—"表示硝态氮量过低，未检测到。

（5）化肥减量配施生物菌肥对土壤全氮碱解氮和速效磷的影响。玉米全生育期内土壤碱解氮动态变化情况见图 3-13。从图 3-13 中可以看到，夏玉米全生育期内，耕层土壤碱解氮含量在 85～105mg/kg 变化。拔节期土壤的碱解氮低于苗期，是追肥的时间在大喇叭前后，相对较晚造成的。在前 3 个时期，菌肥 1 的化肥处理土壤碱解氮含量高于有机肥处理，但差异都没有达到显著水平。对菌肥 2，除抽雄期外，其他时期化肥减量 1/4 的处理均低于减量 1/2 添加有机肥的处理，和菌肥 1 正好相反，说明菌肥 2 对有机肥中的有机态氮分解为速效氮的能力强，速度快。生育末期，菌肥 1 和菌肥 2 的有机肥处理碱解氮含量均高于化肥处理，且菌肥 1 的两处理之间差异显著（$P<0.05$）。主要原因是该有机肥中的氮是超量的，只是矿质态氮释放快慢的问题。玉米季的最后一个时期较第一个时期土壤碱解氮有不同程度下降。另外，CK 处理中的碱解氮在前 4 个时期一直保持最高，苗期显著大于 B1ON1P1，抽雄期显著大于其余 4 个处理，增加了氮素向周围环境中迁移从而造成污染的风险。

不同菌肥组合下各处理土壤全氮含量情况见图 3-14。从图 3-14 中可以看出，只有 B2ON1P1 的全氮最高并显著高于 CK（$P<0.05$），无论是全氮还是速效磷 4 个菌肥处理都比 CK 高，说明菌肥的施用能够活化土壤氮磷营养，即便开始时施入土壤的化肥氮素和化肥磷素少于 CK 中的氮磷。

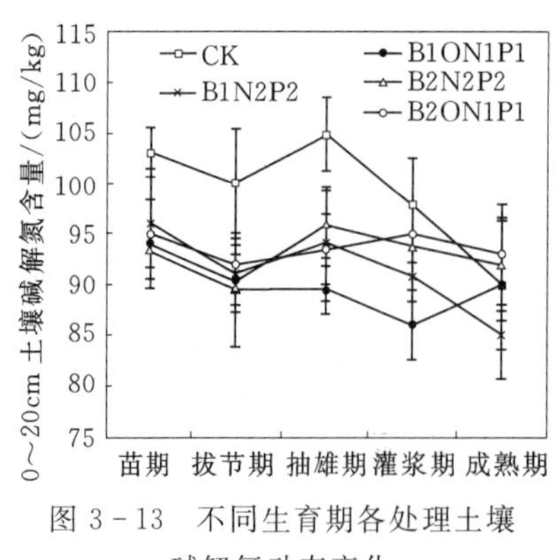

图 3-13　不同生育期各处理土壤碱解氮动态变化

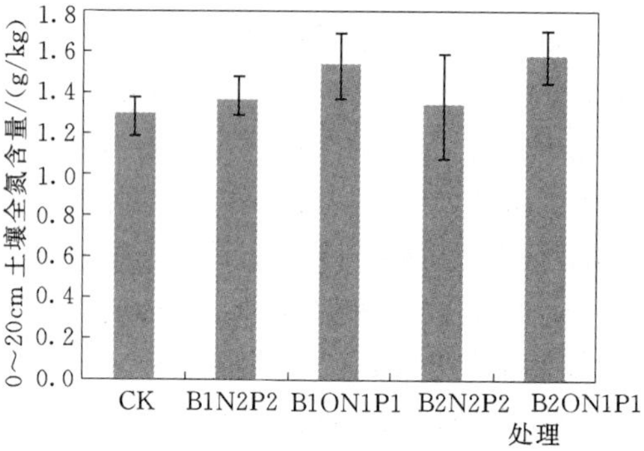

图 3-14　不同菌肥组合下各处理土壤全氮含量

不同菌肥组合下各处理土壤速效磷含量见图 3-15。由图 3-15 看出，耕层土壤速效磷含量除了常规施肥外全部略微升高，CK 小幅度下降，虽然土壤缺磷但是菌肥确实能使一部分有机物料中的稳定态磷素释放出来转化成速效磷供作物吸收和利用。在菌肥 1 上，添加有机肥处理仍旧低于该菌种的化肥处理，但菌肥 2 的两处理之间已无显著性差异，反映出两种菌肥的差异。B1N2P2 分别超出常规施肥的 49.25%和 B2N2P2 的 28.01%，且均显著（$P<0.05$），足以说明氮肥与磷肥减量 25%配合生物菌肥组合处理的优势所在。

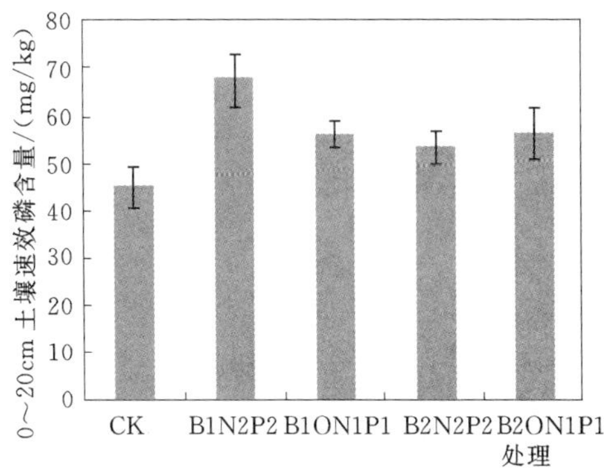

图 3-15　不同菌肥组合下各处理土壤速效磷含量

（6）化肥减量配施生物菌肥对夏玉米叶片 SPAD 值和株高的影响。不同菌肥组合下夏玉米生育期叶片 SPAD 值见表 3-24。由表 3-24 可知，在夏玉米苗期 CK 处理的 SPAD 值最高，并显著高于 B1ON1P1。成熟期 CK 的情况刚好相反，显著低于各菌肥处理，表明传统化肥仅在前期有促进作物生长的优势，后期逐渐丧失。从整个玉米季来看，SPAD 值呈先增加后降低的趋势，到灌浆期达到峰值，然后又开始降低。在拔节期、抽雄期和灌浆期这 3 个夏玉米长速最快的时期，B1N2P2 比 B1ON1P1 的 SPAD 值分别高出 20.25%、5.55%和 7.29%，说明化肥减量 50%已经不能满足夏玉米生长发育的需要，有机肥能部分替代化肥，但却不能完全替代化肥（菌肥 2 的前两个时期例外），B2ON1P1 和化肥减少 1/4 的两菌肥处理已无明显差异（$P>0.05$），表明两种菌肥是存在一定差异的。不同生物菌肥之间的差异开始体现出来，菌肥 2 优于菌肥 1。灌浆与成熟期 CK 的 SPAD 值为所有处理中的最低值，说明过量使用氮磷化肥对提高作物叶绿素含量和光合同化能力有负面作用。

表 3-24　不同菌肥组合下夏玉米主要生育期叶片 SPAD 值

处理	苗期	拔节期	抽雄期	灌浆期	成熟期
CK	35.40a	46.24ab	49.62ab	55.16b	50.67b
B1N2P2	35.13ab	50.72a	50.62ab	59.61a	56.53a
B1ON1P1	32.64b	42.18b	47.96b	55.56b	55.33a
B2N2P2	33.73ab	48.36a	54.48a	62.96a	58.17a
B2ON1P1	34.54ab	51.66a	49.66ab	60.33a	57.00a

注　不同小写字母表示处理间差异显著（$P<0.05$）。

化肥减量配施生物菌肥情况下夏玉米的株高动态见图 3-16。由图 3-16 可以看出，在夏玉米的 5 个生育期内，除苗期的菌肥 2 外，B1N2P2 和 B2N2P2 的植株高度均大于同菌种的有机肥处理，并且后 3 个时期 B2N2P2 的植株高度高于 B1N2P2 并为所有处理中最高，成熟期差异显著（$P<0.05$）；B2ON1P1 和 B2N2P2 之间已经没有显著差异。在苗期和拔节期 CK 处理的优势在中后期被菌肥处理成功超过，两种菌肥处理中后期优势明显，

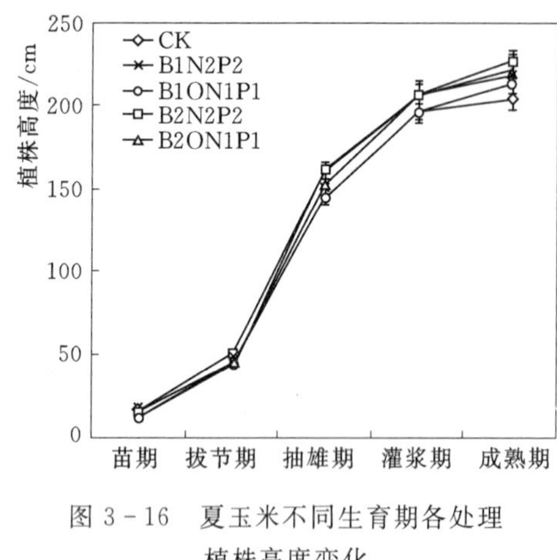

图 3-16 夏玉米不同生育期各处理植株高度变化

并以菌肥 2 的表现更加突出。

（7）化肥减量配施生物菌肥对玉米氮素吸收利用的影响。收获期玉米的氮素吸收利用情况见表 3-25。从表 3-25 中可以看出，玉米氮素收获指数表现为 CK 和 B1ON1P1 显著小于其余处理（$P<0.05$），氮素吸收效率表现出菌肥 2 的两处理显著高于 CK，而与菌肥 1 差异不显著。B1N2P2 的氮素生理利用率显著高于其他处理，添加有机肥处理的氮素生理利用率显著低于其余处理（$P<0.05$），说明该种有机肥对提高 NPE 无益；氮肥的偏生产力表现为 B2N2P2>B1N2P2>B2ON1P1>B1ON1P1>CK，菌肥处理显著高于 CK（$P<0.05$）。综上所述，常规施肥量（N：200kg/hm^2）下的 NUE 和 NHI 偏低，PFP 也很低，菌肥配施下化肥减量 25%能不同程度提高植物对氮素的吸收和利用，且 B2N2P2 的最高；但是只有 B1N2P2 的 NPE 高于 CK，说明氮素生理利用率这个指标在反映作物氮素利用方面有一定的局限性，不能反映出实际存在的差异。

表 3-25　玉米收获期氮素利用率及氮肥偏生产力

处理	氮素收获指数 NHI/%	氮素生理利用率 NPE/(kg/kg)	氮素吸收效率 NUE/(kg/kg)	氮肥偏生产力 PFP/(kg/kg)
CK	55.35b	33.50b	1.18b	40.79c
B1N2P2	60.11a	38.24a	1.55ab	58.74ab
B1ON1P1	52.60b	27.33c	1.65ab	48.09b
B2N2P2	59.85a	32.35b	1.87a	62.39a
B2ON1P1	56.78a	29.82c	1.77a	54.19b

注　不同小写字母表示处理间差异显著（$P<0.05$）。

（8）化肥减量配施生物菌肥对玉米产量及构成因素的影响。玉米产量构成因素及经济系数见表 3-26。由表 3-26 可得，夏玉米的有效穗数在处理之间差异显著（$P<0.05$），这是由成穗率不同而造成的，添加有机肥的两处理因空穗率高而有效穗数偏低。夏玉米千粒重处理间差异不显著，B2ON1P1 的穗粒数最多显著高于其他处理，也说明菌肥 2 在某些方面比菌肥 1 强。夏玉米的籽粒产量按从大到小的顺序依次为 B2N2P2>B1N2P2>CK>B2ON1P1>B1ON1P1，可以看出有效穗数在众多产量构成因素中对最终产量的形成影响最大。B1N2P2 的产量比 B1ON1P1、CK 分别高出 22.15%和 8.0%；B2N2P2 的产量比 B2ON1P1、CK 分别高出 15.14%和 14.71%，差异均达到 0.05 显著水平。这反映出菌肥与化肥减少 1/4 的组合相比常规化肥和菌肥与有机肥组合有其明显的优越性，化肥减量 25%再配合生物菌肥下的产量最高。B1N2P2 和 B2N2P2 的经济系数均显著高于同菌种的有机肥处理和常规施肥处理，说明化肥减少 1/4 配施菌肥的组合利于提高玉米种植的经济效益，有机肥的施用会降低经济系数。

表 3-26　　玉米产量构成因素和经济系数

处理	有效穗数/(个/hm²)	穗粒数/粒	千粒重/g	产量/(kg/hm²)	经济系数
CK	53372.0ab	515.0b	296.8a	8158.3b	0.45c
B1N2P2	56395.9a	530.6b	296.5a	8811.0a	0.58a
B1ON1P1	50490.9b	527.8b	304.5a	7213.1c	0.47bc
B2N2P2	59520.9a	511.7b	302.3a	9358.3a	0.49b
B2ON1P1	52180.5b	561.3a	300.8a	8127.9b	0.45c

注　不同小写字母表示处理间差异显著（$P<0.05$）。

2. 生物菌肥与化肥减量对小麦氮素吸收的影响

（1）生物菌肥与化肥减量对耕层土壤碱解氮的影响。小麦季于 2017 年 11 月 15 日始至 2018 年 6 月 9 日止，包括 6 个生育期。由图 3-17 可以看到，在整个冬小麦生长周期内，耕层土壤碱解氮含量在 81～112mg/kg 之间变化，上限较上一玉米季有所提升。在小麦季的苗期，土壤碱解氮含量有一个明显的提升，是由于施入小麦底肥的缘故。这一时期同一菌肥的化肥处理碱解氮含量明显高于有机肥处理，差异显著（$P<0.05$）。在后来的 5 个时期，菌肥和有机肥组合的碱解氮水平均高于与化肥组合，且在 2018 年返青期以后差异显著。总的来看，在一年两熟的轮作周期内，CK 处理的土壤碱解氮水平一直高于其余处理，且末期高于始期，充分说明了 CK 的化肥用量过大，土壤中大量的冗余氮素无法被作物吸收利用。而 B1N2P2 与 B2N2P2 的耕层碱解氮含量较开始时有所降低，这是正常现象。B1ON1P1 和 B2ON1P1 的碱解氮较初期有所升高，说明其供氮潜力较大，但植株实际吸收利用的不如与化肥组合，可能是因为能被作物直接利用的有效态氮较少而活性有机氮含量较多。

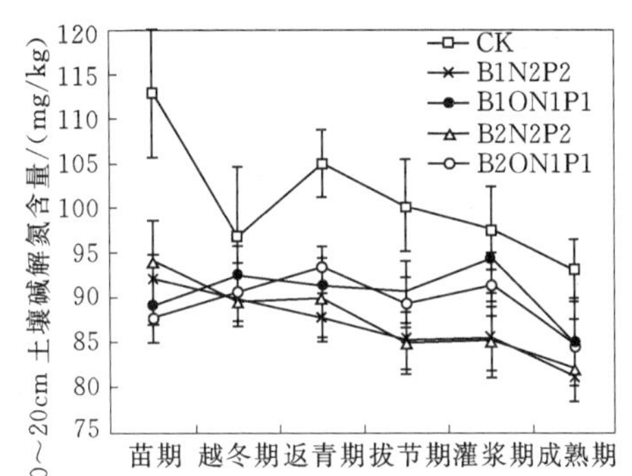

图 3-17　不同生育期各处理土壤碱解氮动态变化

（2）生物菌肥与化肥减量对小麦生育后期地上部分吸氮速率的影响。小麦植株吸氮量和小麦的生长发育进程密切相关，既反映了植株对氮素的需求量和获取能力，又能表征其对不同来源氮素（有机肥氮或化肥氮）的吸收和利用强度。由于冬小麦在苗期、越冬期和返青期生长缓慢，地上干物质和氮素累积也变化不大，故仅在后 3 个生育期研究其地上部分的吸氮速率，拔节期是冬小麦全生育期的吸氮高峰，主要因小麦返青后温度迅速回升加之返青水的补灌，在这一时期进行追肥能及时满足小麦的生长需求和促进增产。

从图 3-18 中可以看到，在拔节期和灌浆期 CK 处理的吸氮速率均低于菌肥处理，拔节期显著低于 B1N2P2 和 B2N2P2 处理（$P<0.05$），灌浆期还显著低于 B2ON1P1 处理；拔节

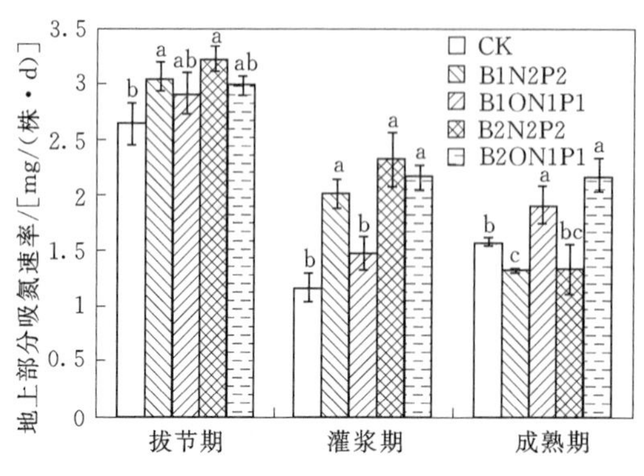

图 3-18　冬小麦生长发育后期地上部分吸氮速率动态变化

期和灌浆期的吸氮速率均表现为 B2N2P2＞B2ON1P1、B1N2P2＞B1ON1P1，后两者之间差异显著（$P<0.05$），说明小麦对化肥氮的吸收能力比有机肥氮强；成熟期吸氮速率 B2ON1P1＞B1ON1P1＞CK＞B2N2P2＞B1N2P2，前二者显著高于后三者（$P<0.05$），其中 B1N2P2 和 B2N2P2 的吸氮速率较灌浆期有所降低，B2ON1P1 的吸氮速率基本持平，而 CK 与 B1ON1P1 的吸氮速率较灌浆期有所增加。经田间实际考察，发现 CK、B1ON1P1、B2ON1P1 处理均有成熟度不一，部分小麦的旗叶和茎秆在成熟期还没有干枯变黄，过量的氮素供应造成了这些处理贪青晚熟，导致在成熟期吸氮速率仍然居高不下。有机肥中的有机态氮分解缓慢，未能在作物的养分需求临界期前提供适量的氮素营养，而后期氮供应过剩，这是造成菌肥和有机肥与低量化肥组合营养器官生物量过大而籽粒产量不高的主要原因。

（3）生物菌肥与化肥减量对小麦地上吸氮量的影响。图 3-19 反映冬小麦全生育期内地上部分吸氮量变化情况。由图 3-19 可见，冬小麦各生育期地上部分氮素吸收量整体呈现出随生育期推进不断增加的趋势，其中前 3 个生育时期地上吸氮量积累缓慢［图 3-19（a）］，后 3 个生育时期累积速度大幅提升［图 3-19（b）］，可能是由于返青期和拔节期之间浇灌了返青水，极大地促进了小麦生长，故地上吸氮量大幅度增加。拔节期冬小麦地上部吸氮量较前一时期增加了 27.55～33.45 倍。在苗期和越冬期以 CK 最高，苗期显著高于 B1N2P2、B1ON1P1 和 B2ON1P1 处理（$P<0.05$），越冬期显著高于 B1N2P2 和 B1ON1P1 处理；后 4 个生育阶段均以 CK 地上吸氮量最低，其中返青和灌浆期均以 B2ON1P1 处理最高，前者显著高于 CK 和 B1N2P2 处理（$P<0.05$），后者显著高于 CK、B1N2P2 和 B1ON1P1 处理，拔节期各处理之间差异不显著（$P>0.05$），成熟期表现为 B2N2P2＞B2ON1P1＞B1ON1P1＞B1N2P2＞CK，除 B1ON1P1 和 B2ON1P1 之间差异不

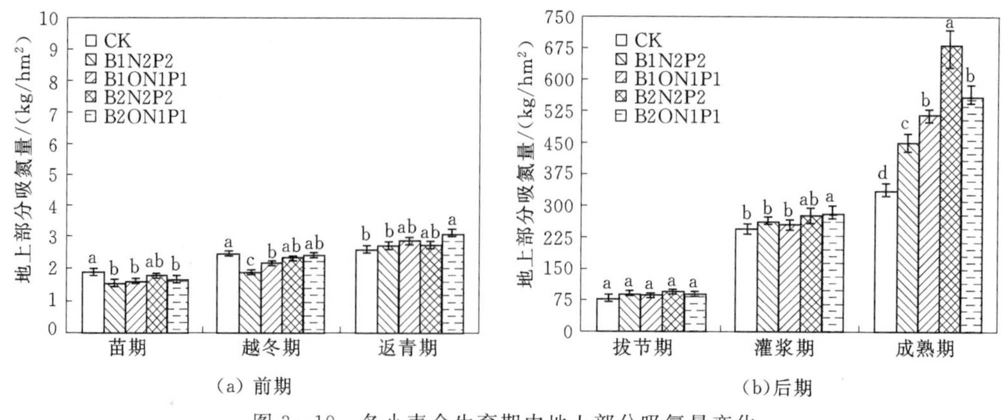

图 3-19　冬小麦全生育期内地上部分吸氮量变化

显著，其他处理间均有显著差异（$P<0.05$）。综合说明常规化肥处理仅能在前期促进小麦生长和吸氮，而后期表现不佳；菌肥配施下化肥不同程度减量能在小麦生育中后期提高地上吸氮量，各时期均表现为 B2ON1P1＞B1ON1P1 和 B2N2P2＞B1N2P2，说明菌肥 2 在提高植株对氮素的获取能力反面比菌肥 1 优越；菌肥配施下化肥不同程度减量或结合有机肥能在小麦生育中后期提高地上携氮量，为营养器官中的氮素向籽粒中转移奠定了良好的基础。虽然成熟期 B1ON1P1 的吸氮量显著高于 B1N2P2，但这些氮在用于形成产量上的能力却不如 B1N2P2，B1ON1P1 和 B2ON1P1 的营养器官含氮量过高、群体成熟度不一致是导致其产量偏低的主要原因，过量施氮不利于提高籽粒中的氮素分配比例。

（4）生物菌肥与化肥减量对小麦叶片 SPAD 值的影响。叶片 SPAD 值能反映植物对土壤氮素的利用情况。由表 3－27 可知，在拔节期冬小麦叶片 SPAD 值表现为 CK＜B1ON1P1＜B2N2P2＜B2ON1P1＜B1N2P2，后三者显著高于 CK（$P<0.05$），说明 CK 叶片 SPAD 值显著低于两种菌肥和化肥减量 25％以及菌肥 2、有机肥配施下化肥减量 50％的组合；灌浆期表现为 CK＜B1ON1P1＜B2ON1P1＜B1N2P2＜B2N2P2，后二者显著高于前三者（$P<0.05$），说明菌肥配施化肥减量 25％的 SPAD 值显著大于其他处理；成熟期表现为 B1N2P2＜B2N2P2＜CK＜B1ON1P1＜B2ON1P1，后二者显著高于前二者（$P<0.05$），说明在灌浆已经完成生育期即将结束时，菌肥配施下化肥减量 25％的 SPAD 值显著低于菌肥与有机肥配施下化肥减量 50％的处理。随着生育期推进，SPAD 值呈先增加后降低的趋势，到灌浆期达到峰值，后降至成熟时的最低值。综上所述，化肥减量 50％已不能满足冬小麦正常发育的需要，有机肥替代 1/3 化肥造成小麦贪青晚熟，这与吸氮速率的反映类似。

表 3－27　　冬小麦生长发育后期不同菌肥组合处理的叶片 SPAD 值表

处理	拔节期	灌浆期	成熟期
CK	41.2b	51.4b	30.2ab
B1N2P2	48.6a	58.2a	24.0b
B1ON1P1	45.1ab	54.1b	31.1a
B2N2P2	47.5a	58.9a	26.8b
B2ON1P1	47.6a	55.4b	33.1a

注　不同小写字母表示处理间差异显著（$P<0.05$）。

（5）生物菌肥与化肥减量对小麦氮素分配的影响。灌浆期和成熟期冬小麦营养器官和籽粒的吸氮量对比见表 3－28。由表 3－28 可见，灌浆期籽粒吸氮量表现为 B2N2P2＞B1N2P2＞B2ON1P1＞CK＞B1ON1P1，除后二者差异不显著外，其他处理间差异显著，除 CK 外的各处理排序和最终产量排序一致；灌浆期地上营养器官吸氮量大于籽粒吸氮量，且 CK＞B2ON1P1＞B1ON1P1＞B1N2P2＞B2N2P2，前三者显著高于后二者，说明灌浆期菌肥配施化肥减量 25％两处理的植株地上部分籽粒中的氮素分配比例已经开始逐渐增高，且显著高于菌肥与有机肥配施处理。成熟期小麦籽粒吸氮量表现为 B2N2P2＞B2ON1P1＞B1N2P2＞B1ON1P1＞CK，可见菌肥 2 的吸氮量显著大于菌肥 1 和 CK，说明菌肥 2 优于菌肥 1；成熟期小麦地上营养器官吸氮量表现为 B1ON1P1＞B2ON1P1＞

B2N2P2>B1N2P2>CK，前二者显著高于后三者，也说明菌肥与有机肥配施可能会增加小麦整株吸氮量，但是籽粒吸氮的分配比例并不高，因此会影响最终产量。

表 3-28　灌浆期和成熟期冬小麦营养器官和籽粒吸氮量对比表　单位：mg/株

生育期		CK	B1N2P2	B1ON1P1	B2N2P2	B2ON1P1
灌浆期	籽粒	29.91c	36.24b	26.9d	48.6a	31.1c
	营养器官	224.4a	127.8c	161.7b	119.2c	162.4b
成熟期	籽粒	425.9e	588.57c	490.49d	943.4a	618.85b
	营养器官	153.2d	164.9cd	275.31a	185.2c	231.4b

注　不同小写字母表示处理间差异显著（$P<0.05$）。营养器官包括叶＋叶鞘＋茎秆＋穗轴＋颖壳。

（6）生物菌肥与化肥减量对小麦叶龄和分蘖的影响。重要生育期不同处理冬小麦分蘖数和叶龄情况对比见表 3-29。由表 3-29 可知，在小麦越冬期 CK 和 B1N2P2 的叶龄显著高于其他处理，B2ON1P1 的每株分蘖数显著高于其他处理。但在返青期无论是叶龄还是分蘖数都表现出 B1N2P2 和 B2N2P2 显著高于其他处理，并且 B2N2P2>B1N2P2，但是两者差异不显著（$P>0.05$）。拔节期叶龄上的差异在各处理之间的表现与返青期基本一致，但 B2N2P2 的单株分蘖数显著大于 B1N2P2 及其余处理，这说明菌肥 2 的优势已经开始表现出来，这与冬小麦株高和产量构成因素是相符的。菌肥与中量化肥一起施用可以增加同一时期冬小麦的叶龄和分蘖数，加快了小麦的生育进程，这一现象在返青和拔节期可以清晰地看出，以菌肥 2 的表现尤其明显。

表 3-29　重要生育期不同处理冬小麦分蘖数和叶龄对比表

测定项目	生育期	CK	B1N2P2	B1ON1P1	B2N2P2	B2ON1P1
叶龄	越冬期	3.92a	3.88a	3.46c	3.66b	3.76b
	返青期	4.78c	5.25a	4.58d	5.35a	4.94b
	拔节期	7.82b	8.04a	7.82b	8.08a	7.50c
单株分蘖数	越冬期	0.4c	0.69b	0.22d	0.6b	0.96a
	返青期	1.81b	1.92a	1.56c	2.03a	1.71b
	拔节期	3.73b	3.6bc	2.9d	4.2a	3.58c

注　不同小写字母表示处理间差异显著（$P<0.05$）。

（7）生物菌肥与化肥减量对小麦株高的影响。由图 3-20 得出，在小麦的 6 个生育期内，B1N2P2 与 B2N2P2 的植株高度均大于同菌肥的有机肥处理，并且只有苗期与成熟期以及越冬期的菌肥 1 两处理之间差异不显著，其他时期均有显著差异（$P<0.05$）。在越冬及以后的 5 个时期 B2N2P2 的植株高度明显大于 B1N2P2 并为所有处理中最高，可以判断菌肥 2 要优于菌肥 1。

（8）生物菌肥与化肥减量对小麦产量及氮素利用率的影响。生物菌肥与化肥减量配合施用情况下的冬小麦产量构成因素及经济系数见表 3-30。由表 3-30 可以看到，冬小麦有效穗数表现为 CK>B2N2P2>B2ON1P1>B1N2P2>B1ON1P1，除 B2N2P2 与 B2ON1P1 差异不显著外，各处理之间差异显著，这是播种和分蘖成穗率不同而造成的；

冬小麦穗粒数在B1N2P2处理显著高于其他处理，这是其获得高产的首要原因，其他处理间差异均不显著；冬小麦千粒重表现为B2N2P2>B2ON1P1>B1N2P2=B1ON1P1>CK，B2N2P2显著高于CK，说明菌肥的施用能增加小麦的千粒重，而只有菌肥2和中量化肥的组合千粒重显著高于CK，这是B2N2P2获得最高产量主要原因；产量表现为B2N2P2>B1N2P2>CK>B2ON1P1>B1ON1P1，B2N2P2和B1N2P2较B1ON1P1处理分别提高了9.80%和7.68%，差异显著。这反映出菌肥与中量化肥的组合相比常规化肥和菌肥与有机肥组合具有明显的优越性，化肥减量25%再配合生物菌肥下的产量最高。由此说明菌肥配施与秸秆还田下化肥减量产量不减反增是可以实现的，这与在夏玉米上得到的结论一致。经济系数的表现为两种菌肥与有机肥共用的处理显著低于其他处理，说明该有机肥会降低冬小麦和夏玉米的谷草比，影响产量。

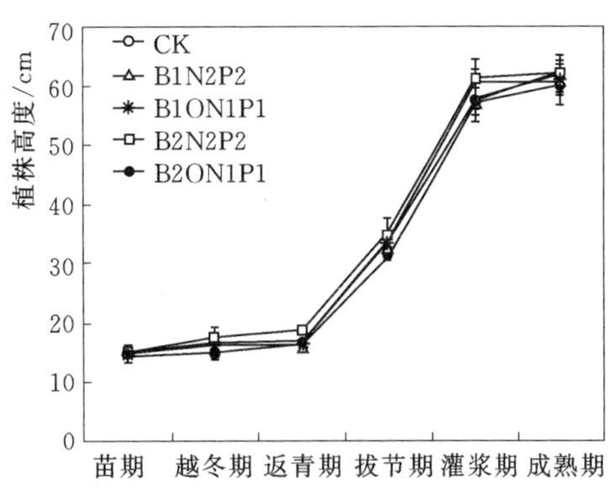

图3-20 各生育期冬小麦植株高度变化动态

表3-30 冬小麦产量构成因素及经济系数

处理	有效穗数/(10^4/hm^2)	穗粒数/颗	千粒重/g	产量/(kg/hm^2)	经济系数/(kg/kg)
CK	390.6a	42.5b	29.7b	4927.0ab	0.46b
B1N2P2	372.3c	45.1a	29.9ab	5031.3a	0.49ab
B1ON1P1	367.1d	42.5b	29.9ab	4672.5b	0.40c
B2N2P2	384.0b	42.3b	31.6a	5130.6a	0.52a
B2ON1P1	381.4b	42.1b	30.3ab	4859.7ab	0.42c

注 不同小写字母表示处理间差异显著（$P<0.05$）。

从表3-31中可以看出，B1N2P2和B2N2P2的氮素收获指数显著大于其余处理，B2N2P2的氮素吸收效率最高而CK最低，氮素生理利用率表现为CK显著高于菌肥处理，说明菌肥处理每吸收1kgN形成的产量低于常规施肥，但是单位重量的植株所含的氮素浓度却比较高；氮肥偏生产力表现为B2N2P2>B1N2P2>B2ON1P1>B1ON1P1>CK，菌肥处理显著高于CK。综上所述，常规施肥量（N：200kg/hm^2）的氮素吸收效率和收获指数偏低，氮肥偏生产力也很低，菌肥配施下化肥减量25%能不同程度提高植物对氮素的吸收和利用，且B2N2P2的最高；氮素生理利用率的表现与其他3个氮素利用指标明显不同，菌肥反而表现出劣势。

综合以上分析，若以本次试验结果为准，不考虑根系吸氮，冬小麦拔节期的氮素阶段累积量在各处理间的平均值为85kg/hm^2。因此，在返青与拔节期之间追施85kg/hm^2的化肥氮素才能保证冬小麦的正常生长和发育。

表 3-31　　冬小麦收获期氮素利用率及氮肥偏生产力

处理	氮素收获指数 /%	氮素生理利用率 /(kg/kg)	氮素吸收效率 /(kg/kg)	氮肥偏生产力 /(kg/kg)
CK	57.2b	18.5a	1.75c	24.64c
B1N2P2	62.1a	15.59b	3.01b	33.54a
B1ON1P1	54.3c	14.71bc	3.43b	31.15b
B2N2P2	65.6a	14.9b	4.53a	34.2a
B2ON1P1	59.7b	13.1c	3.75ab	32.4ab

注　不同小写字母表示处理间差异显著（$P<0.05$）。

本试验条件下，常规施氮量（N：200kg/hm^2）的氮素吸收效率、氮素收获指数和氮肥偏生产力均较低，菌肥配施化肥减量25%能不同程度提高植物对氮素的吸收和利用，且B2N2P2最高；菌肥配施有机肥的氮肥偏生产力较低，说明有机肥料中的氮素当季利用率不高，其后效可能会持续到下茬作物；但是，氮素生理利用率整体偏低且CK的氮素生理利用率显著高于菌肥处理，这与其他3个氮素利用指标截然不同，菌肥反而表现出一定的劣势，具体原因尚不明确，有待进一步深入研究。

各菌肥处理的叶片SPAD值同样在生育中后期表现出优势（成熟期例外），拔节期和灌浆期叶片SPAD值都表现出B1N2P2和B2N2P2显著高于CK，说明菌肥与中量化肥共同施用可增加同期冬小麦的叶片SPAD值，促进了冬小麦的光合作用，但两种菌肥间差异不显著。

菌肥的施用比单纯使用化肥的增产效应明显，且能改善作物品质。化肥减量25%配施菌肥的处理能将所吸收的氮素更好地用于产量的形成，其经济系数较高且B2N2P2的经济系数显著高于CK，因此具有更可观的经济效益。菌肥的施用还能增加冬小麦的千粒重，而菌肥与有机肥共用的两处理的经济系数偏低，说明该有机肥会降低作物的谷草比，不利于产量的提高。化肥减量25%（N：150kg/hm^2）配合生物菌肥下冬小麦的产量最高，这和段文学等（2012）在山东省的研究结果相同。由此表明：菌肥配施与秸秆还田下化肥减量产量不减反增是可以实现的。菌肥与中量化肥的组合相比其他处理有其明显的优越性，说明低量化肥已不能满足小麦正常的生长需要，氮肥减量要适度。有研究发现，有机肥氮可以替代50%化肥氮并提高作物产量（谢军等，2012）；而另一些人则认为有机肥氮替代70%或秸秆氮替代30%化肥氮，均能有效提高土壤供氮能力（高洪军等，2015），这与本实验的结果存在出入。本试验发现有机肥替代1/3化肥氮下的产量偏低，不施用有机肥的处理反而效果更好，这可能和该有机肥过低的C/N有关。

据估计，若山东滨州地区小麦－玉米轮作系统年化肥氮用量以400kgN/hm^{2}为准，全部减量25%可以减少滨州市年纯氮投入量4.52×10^4t，折合普通尿素约为9.82×10^4t，若小麦的当季氮素回收率为43.8%，玉米的当季回收率为32.4%（朱兆良等，2012），则每年可减少各种途径损失氮素1.39×10^4t。而有机肥投入的增加可以减少畜禽粪便无序排放及环境污染。

第4章

以碳调氮为核心的土壤库容扩增技术

碳（C）、氢（H）、氧（O）、氮（N）是土壤有机质和生物有机体的重要组成元素。在土壤中，C、H、O、N占比分别为52%～58%，34%～39%、3.3%～4.8%、3.7%～4.1%，其次是磷（P）和硫（S），C/N比在10左右（黄昌勇，2010）。有机质的分解与转化受其本身含氮量和含碳量比值的影响，一般情况下，矿化速度与其含氮量成正比，与含碳量成反比。有机质的分解离不开土壤微生物，而微生物在分解有机质时，需要同化一定数量的C和N构成身体的组成成分，同时还要分解一定数量的有机碳化合物作为能量来源。一般来说，微生物在生命活动过程中，需要有机质的C/N比值约为25∶1。小于此值则N素充足，大于此值则表明N素不足，所以，一般要求土壤有机质的C/N比值为25∶1（黄昌勇，2010；刘春生，2006）。

除C/N比值之外，C/P比值和C/S比值也对土壤有机质的分解有一定的影响，一般要求C/P比值在（200～300）∶1之间，C/S比值在（200～400）∶1之间。当有机残体的C/N比值＜25∶1，C/P比值＜(200～300)∶1，C/S比值＜(200～400)∶1时，对微生物的活动有利，有机质分解快，分解释放出的无机氮和磷、硫等，除被微生物吸收构成自身外，还有多余的养分残留在土壤中，可供植物吸收。如果土壤有机质的C/N比值＞25∶1，C/P比值＞(200～300)∶1，C/S比值＞(200～400)∶1时，微生物就缺乏N、P、S，微生物的生长发育就会受到限制，活力减弱，有机质分解慢，此时，微生物不仅把分解释放出的无机N、P、S全部用完，还要吸收土壤原有无机N、P、S用来组成自身。在这种情况下，微生物与植物争夺N、P、S，使植物处于暂时缺N、缺P、缺S的状态（刘春生，2006）。因此，生产实践中，保证土壤中C、N、P、S等元素的总量，并维持适当的C/N、C/P和C/S比值，对土壤和生物都非常重要。

土壤中各种元素的补充一方面可以通过生态系统动植物的自然新陈代谢完成；另一方面，对于农田生态系统这样的人工干预较多、生产量大的系统，外界辅助投入则是最主要也是最重要的方式。以碳调氮是调整和维持土壤碳氮库容的重要方法之一，如增施有机肥、秸秆还田等。通过碳氮关系调节，可以改善土壤质量，扩大土壤库容，增加土壤对氮磷的持留能力，一方面可以为作物生长和土壤环境的维持提供更多的物质来源，另一方面可以减少农田生态系统向环境的排放量。本部分主要结合海河流域实际情况，围绕产后资源化就作物秸秆直接还田以及炭化还田开展相关研究工作。

4.1 秸秆生物炭的制备及其对土壤理化性质与植物生长的影响

生物炭（Biochar）是生物质在缺氧或无氧的条件下，经过升温热解而产生的一种富含碳的固态物质（张峥嵘，2014）。由于在热解过程中生物质中有机质大量裂解成小分子物质而挥发，被炭化的残留物中会形成大量的孔状结构。这种多孔结构使得生物炭具有巨大的比表面积而表现出很强的吸附性能，施入土壤中能够有效改善土壤的理化性质，对土壤中诸如孔隙结构、pH 值、肥力等都有不同程度的影响，进而提高农作物的产量（Busscher 等，2010）。另外，生物质炭化后残留的炭中具有石墨化的特征，能表现出很强的芳香性，因此具有很强的稳定性，在土壤中不容易被微生物降解，能够保存几百年乃至几千年，因此能够起到炭封存的作用，利于缓解温室气体引起的气候变化（Bruun 等，2008；Comet，2010；丁宜强等，2016；Liu 等，2011）。

我国秸秆生物质产量高居世界第一，但大部分秸秆都被废弃或直接焚烧，这不仅造成资源的浪费，还造成许多环境问题；另外近年来由于化肥等的不合理使用，土壤板结、酸碱化等问题大量出现，土壤肥力日趋下降，土地退化问题不容乐观；生物炭技术的出现为生物质的资源化利用和土壤的改良提供了一条较好的出路。

目前秸秆生物炭的研究和应用受到国内外学者的广泛关注，且有较多关于秸秆生物炭性质和改良土壤的报道，但目前还没有一个对热解过程—实际制备—土壤—作物比较系统的考察，从秸秆原料到生物质的热解，从生物炭的制备影响因素到施加于土壤中的作用机制到最终对植物的影响，前者对后者都有一定的决定作用。在土壤改良方面，研究主要集中在生物炭添加对土壤理化性质的影响、对农作物生长产量的影响以及对重金属污染物修复等方面，而对生物质的热解特性、生物炭本身的形态结构和理化性质的研究相对不多。

因此，本节研究针对海河流域小麦-玉米主产区土壤养分日趋下降的情况及如何实现秸秆生物质的资源化利用问题，以小麦、玉米、芦苇、水稻秸秆为研究对象，烧制不同秸秆来源的生物质炭，探索热解条件对生物质炭制备的影响；另外，将典型海河流域小麦-玉米主产区（德州）的贫营养盐碱化的实际农田土壤作为供试土壤，为排除大田实验中众多影响因素的干扰，采用室内盆栽的方式，且不施加化肥和有机肥等肥料，单纯考察不同秸秆生物炭施加所带来的土壤理化性质及土壤营养元素、肥力的影响以及对作物（小白菜）生长的影响。该研究成果可以为海河流域相似农田土壤改良土壤理化性质、提高土壤肥效提供一定的理论依据和技术支撑，对我国农业生产、农业废弃物利用、环境改善等方面都有积极的意义。

4.1.1 生物质热解特性解析及生物炭制备

1. 不同秸秆生物质组成特性

（1）生物炭的制备。生物炭制备所用秸秆为水稻秸秆、芦苇秸秆、小麦秸秆、玉米秸秆（文中分别简称为 D、L、M、Y），其对应的生物炭在文中简称为 DC、LC、MC、YC。生物质样品去穗后洗净、风干，粉碎后过 40 目筛，并在 105℃烘箱中干燥至恒重，冷却后保存于干燥器中备用。

生物炭的制备采用限氧升温炭化法。制备方法为：分别将经前处理干燥的秸秆生物质分别放入洗净干燥的反应容器中，密封压实后置于马弗炉中，设置马弗炉升温程序进行热解反应，待反应完成自然冷却至室温后取出。制得的生物炭粉碎，过120目筛，放入磨口瓶，置于干燥器中保存备用。

秸秆中纤维素的测定采用重铬酸钾氧化法测定；半纤维素采用盐酸水解法测定；木质素测定应用紫外分光光度法测定（王金主等，2010）。

采用瑞士梅特勒-托利多公司生产的TGA/DSC STARE型同步热分析仪（Thermogravimetric Analyzer）测定秸秆生物质的热解特性。

实验中以氮气为保护气，流量设置为20mL/min，样品从40℃升温至1000℃，升温速度分别设为5℃/min、10℃/min和30℃/min，升温开始后热重分析仪会自动记录热重（TG）曲线。

（2）生物炭的组成特性。秸秆生物质主要由纤维素、半纤维素及木质素组成，四种秸秆测定的纤维素、半纤维素及木质素的百分含量情况见表4-1，由结果可以看出，四种秸秆中纤维素含量最高均为30%～40%；而对半纤维素和木质素而言，除水稻秸秆外，其余三种秸秆均为半纤维素含量居中，木质素含量最低。而四种秸秆生物质中，小麦秸秆的纤维素含量最高，玉米秸秆次之，半纤维素含量四种秸秆生物质含量差别不大，水稻秸秆中含量相对其他秸秆较少。木质素中，小麦秸秆和水稻秸秆含量相近，芦苇秸秆和玉米秸秆相对前两者含量较少。三种组分的合计量对比，小麦秸秆含量远大于其他三种秸秆生物质，玉米秸秆次之，芦苇秸秆最少，除小麦秸秆外，其他三种含量相近，此结果说明小麦秸秆生物质相对其他三种秸秆生物成分更高，可进行热解的量较其他大，因此产率可能会较高。

表4-1　　秸秆生物质各组分百分含量

材料	纤维素/%	半纤维/%	木质素/%	合计/%
水稻秸秆（D）	31.5	18.9	21.7	72.5
芦苇秸秆（L）	29.1	22.1	18.2	69.4
小麦秸秆（M）	42.6	26.4	22.7	91.7
玉米秸秆（Y）	35.2	22.3	15.3	72.9

四种秸秆元素组成的测定结果见表4-2，结果表明在C、H、O、N四种元素组成中，C、O含量最高，其次为H元素，N元素最低。对四种秸秆生物质对比分析可知，四种秸秆元素含量大体相近，芦苇的灰分和氮元素含量较其他三种秸秆更低。

表4-2　　秸秆生物质的元素组成

秸秆种类	灰分/%	C/%	H/%	N/%	O/%	H/C	(O+N)/C	O/C	C/N
水稻秸秆（D）	14.8	38.0	7.07	1.19	38.9	2.23	0.80	0.77	37.2
芦苇秸秆（L）	12.4	38.9	7.06	1.58	40.7	2.21	0.83	0.80	28.2
小麦秸秆（M）	12.5	38.3	7.39	0.94	40.2	2.28	0.80	0.78	48.5
玉米秸秆（Y）	9.3	39.8	7.21	0.53	43.2	2.17	0.82	0.81	87.0

注　H/C、(O+N)/C、O/C、C/N是指元素的原子比，表中计算方法为元素百分含量除以元素摩尔质量后的比值。

元素的原子比能反映有机元素的组成形式，用来指示有机物的化学性质。H/C 是表征芳香度和 C 元素含量的指标，H/C 越低，芳香度将越高，C 元素含量越高。(O+N)/C 主要用于评定物质的极性大小，原子比越大，极性越大。C/N 是用于表征土壤中氮素形态的指标，该指标与氮元素的矿化速率呈负相关关系，其值越小矿化速率越大。由表4-2可知，四种秸秆生物质的芳香性相差不大，H/C 都较大，表明四种秸秆的芳香度较低，在环境中不稳定，容易分解。极性方面，玉米秸秆>芦苇秸秆>小麦秸秆=水稻秸秆。芦苇秸秆矿化速率较其他三种秸秆更大，具有更好的氮素利用效果。

2. 秸秆生物质的热解特性

(1) 秸秆生物质热解过程及其特征分析。四种秸秆生物质在以 10℃/min 升温条件下的热解过程的 TG-DTG 曲线见图 4-1。从图 4-1 中可以看出，在相同升温条件下，四种生物质材料随着温度不断升高失重的过程类似，该过程大致可以分成干燥脱水热解、过渡、快速热解和炭化 4 个阶段（傅旭峰等，2009）：干燥脱水阶段为图 4-1 中的 T1 区间，温度范围大致是升温到 120℃左右，在此过程主要是生物质内游离水及结合水、细胞腔吸附水的蒸发，主要为游离水的蒸发，结合水含量比例相对较小，因此 T2 区间的失重率可表示原材料中水分含量的大小。此阶段总体上失重较小，在 3%左右，失重速率随温度升高呈现先升高后减小的趋势，最终失重速率接近于 0，此时可认为脱水阶段基本结束。

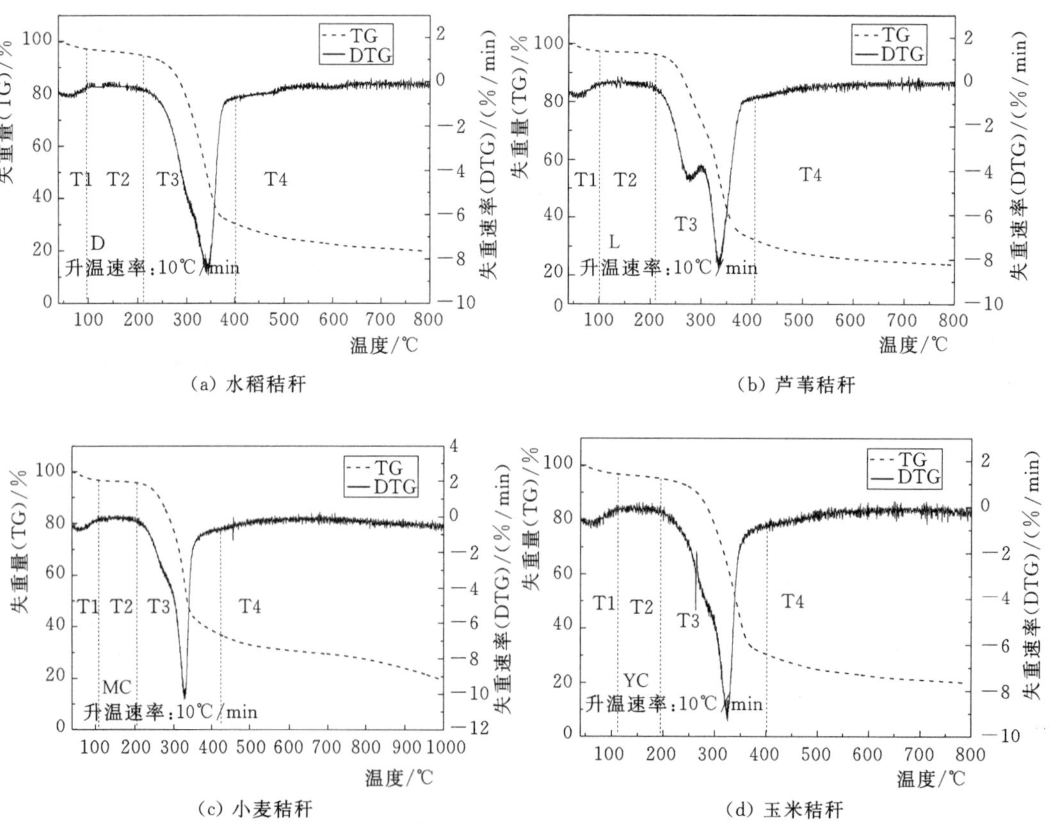

(a) 水稻秸秆　(b) 芦苇秸秆

(c) 小麦秸秆　(d) 玉米秸秆

图 4-1 10℃/min 升温速率下的四种秸秆 TG-DTG 图

过渡阶段（T2 区间），温度范围大致在 100～200℃间，此阶段秸秆的 TG 和 DTG 曲线均几乎没有变化。此阶段主要是生物质原料内部发生了少量解聚、一些内部重组及“玻璃化转变”现象，为快速热解做准备，这时释放出小分子量的化合物，如 CO，CO_2和 H_2 等（杜佳姚，2011）。

热解阶段（T3 区间），T3 温度范围大致在 200～400℃，此阶段生物质的 TG 和 DTG 曲线均有较大变化，TG 曲线随温度急剧下降，DTG 曲线先减小后增大。

表 4-3　　四种秸秆生物质的热解参数

秸秆种类	失水干燥阶段		过渡阶段		快速热解阶段		慢速分解阶段	
	失重率/%	温度范围/℃	失重率/%	温度范围/℃	失重率/%	温度范围/℃	失重率/%	温度范围/℃
水稻秸秆（D）	3.51	35～96	3.23	96～230	61.08	230～376	17.01	376～1000
芦苇秸秆（L）	2.71	35～88	1.07	88～198	62.20	198～379	15.41	379～1000
小麦秸秆（M）	3.47	35～98	0.96	98～199	52.42	199～357	23.98	357～1000
玉米秸秆（Y）	3.94	35～110	0.04	110～179	51.93	179～352	24.73	352～1000

炭化阶段（T4 区间），温度在 400～800℃之间，此阶段四种秸秆的 TG 曲线均在 500℃前随温度升高有较小幅度的下降，500～800℃几乎没有变化，DTG 曲线值趋于零，说明到 500℃左右，热解反应趋于稳定。此阶段主要进行炭的网络收缩和结构重排，形成炭骨架，碳以杂乱无定形碳为主，形成不规则的石墨微晶结构，剩余部分生成灰分和固定碳（杜佳姚，2011）。

整体热解过程以水稻和玉米秸秆为例，水稻秸秆随温度升高至 110℃，为脱水阶段，水分不断蒸发，在 90℃左右达到失重最大速率，总体失重量为 3.94%。在 110～179℃区间为过渡阶段，此时水稻秸秆几乎无失重，TG 和 DTG 曲线均呈水平状，但此过程中秸秆不断吸热，仍有反应在内部进行。随着温度升高，玉米秸秆开始热解，此阶段热解反应比较强烈，失重率达总质量的 51.93%，失重速率先快后慢，在 325℃达到最大峰值，而在 352℃后热解反应趋于稳定，失重较少，开始进行炭化反应过程。500℃后，几乎没有重量变化，基本完成热解过程。

（2）秸秆生物质种类对热解过程的影响。生物质的主要成分是纤维素、半纤维素和木质素。生物质的热解实际上主要是这三种主要成分的热解过程集合过程。半纤维素较容易发生分解，热解活化能较低，热解温度主要集中在 250～350℃区域；纤维素的热解活化能较高，热解温度较高，主要集中在 300～430℃区域；木质素的热解活化能最低，热解温度较宽，主要集中在 250～550℃（徐力刚等，2015；Orfão 等，1999）。纤维素主要生成生物油和气体，而半纤维素则主要对气体和少量的生物油的生成起到作用，木质素的分解速率最慢，其对炭生成的影响最大（赵明等，2002；Aiman 等，1993）。

图 4-2 为 5℃/min 升温条件下，四种秸秆生物质热解的 TG-DTG 曲线，分析可以发现 5℃/min 升温条件下的四种秸秆生物质的四种曲线趋势大致是一致的。TG 曲线中，四种秸秆生物质热解都会经过上述的四种阶段，但在反应起始时间点和热解速率上有所区别，主要不同表现在快速热解反应阶段。T1 阶段，均在 100℃左右完成，失重速率在

45℃左右达到最大，含水率依次为 M＞Y＞L＞D。T3 阶段，四种秸秆热解开始时间基本相同，小麦和玉米秸秆早于水稻和芦苇秸秆完成热解过程。四种生物质的 DTG 曲线中，芦苇与其他三种秸秆波形有所不同，芦苇在 210～300℃和 300～380℃先后出现了两个向下的波峰，而其他三种秸秆生物质在 T2 区间中只出现了唯一波峰，且在热解开始阶段芦苇失重速率明显比其他三种秸秆速率大，木质素由于热解非常缓慢，且热解中形成生物炭炭架结构，失重量相对较小，所以未在图 4－2 中形成明显的热解失重峰。其他三种秸秆由于半纤维素在三种组分中的含量相对较低，半纤维素 DTG 峰与纤维素的峰发生了重叠，被包裹其中，最终出现了一个峰。而只有唯一失重峰的三种秸秆的最大热解速率对应出峰先后依次是玉米秸秆、小麦秸秆、水稻秸秆，半纤维素的相对含量影响了最大热解速率出峰对应的温度值，这也与上述结果中半纤维素相对含量百分比大小为 L＞Y＞M＞D 结果一致，也很好地解释了在热解开始芦苇秸秆热解较快，玉米小麦秸秆次之的现象。T4 阶段，小麦和玉米失重残留率依次是 D＜L＜M＜Y，残留率在 23%～29%，残留物成分为固定炭和灰分，这种差异是也是由于生物质本身成分组成不同导致的。玉米和小麦秸秆残留率相近，大于后两者，说明在后续生物炭的制备中玉米和小麦秸秆产率相对更高。

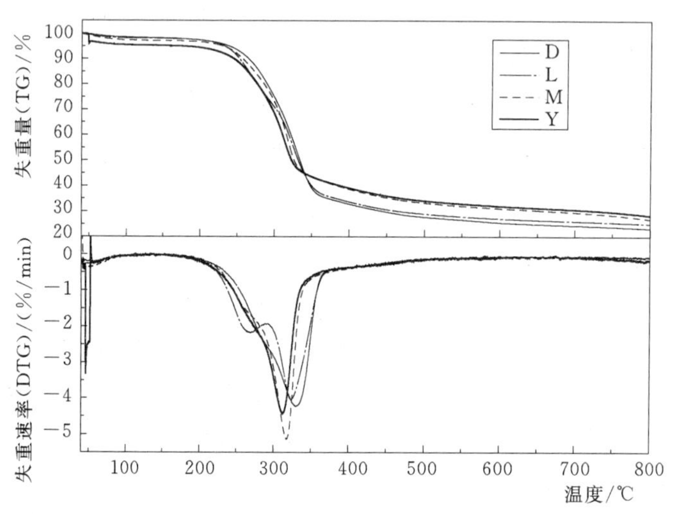

图 4－2　5℃/min 条件下四种秸秆生物质的 TG－DTG 图

图 4－3 和图 4－4 分别是 10℃/min 和 30℃/min 升温速率下的 TG－DTG 曲线，可知四种秸秆生物质的四种曲线趋势亦大致是一致的。TG 曲线中，四种秸秆生物质在 10℃/min 和 30℃/min 升温速率下热解也都经过四个阶段，在快速热解反应阶段表现出与 5℃/min 相近的规律。T1 阶段，亦均在 100℃左右完成，但 30℃/min 升温速率下四种秸秆生物质的 DTG 曲线出现了较大波动，样品随温度升高过程中质量下降后突然升高后继续下降。T3 阶段，两种升温速度下，芦苇秸秆 DTG 曲线也都表现出峰分离现象，其他三种秸秆生物质仍然只有唯一峰，且出峰次序与 5℃/min 表现一致，L＞Y＞M＞D。热解开始阶段，热解速率也依然是芦苇大于其他三种生物质。在完成热解反应的温度上，也是 Y 和 M 低于 D 和 L。

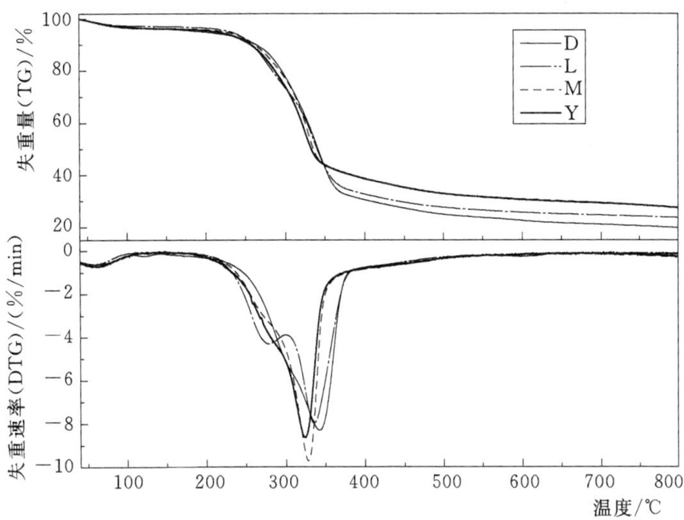

图 4-3 10℃/min 条件下四种秸秆生物质的 TG-DTG 图

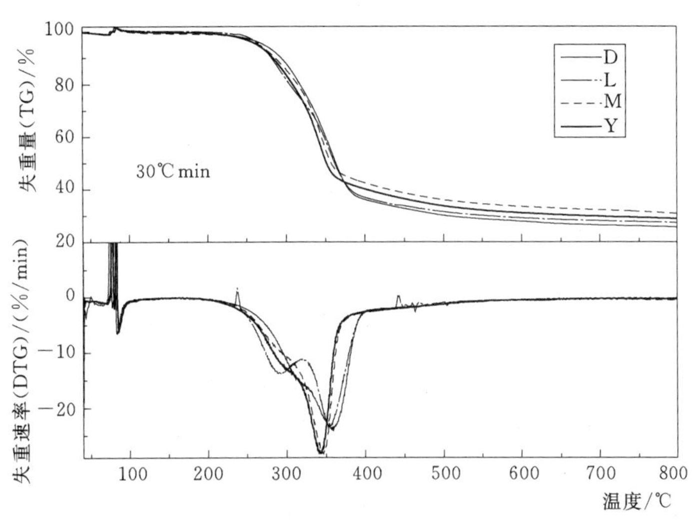

图 4-4 30℃/min 条件下四种秸秆生物质的 TG-DTG 图

(3) 不同升温条件对热解过程的影响。实验中升温速率越高，试样经历的反应时间越短，有利于热解，但可能导致热滞后现象加重，速率越低，反应的分辨率越高，但会降低实验效率，因此升温速率的影响是热重实验重点研究的重要实验因素之一。

图 4-5 是四种生物质分别在 5℃/min、10℃/min、30℃/min 升温条件下的 TG、DTG 曲线，由图可以看出，同种秸秆生物质在不同升温温度下的曲线变化趋势是一致的，因此热解过程相似。由于芦苇秸秆热解过程较其他三种秸秆生物质具有特殊性，因此进行着重分析。

由图 4-5 可知，T1 阶段，失重速率表现为 30℃/min＞10℃/min＞5℃/min，而 30℃/min 的 TG 和 DTG 曲线相对其他升温速率的有较大波动，出现先升高后下降的现

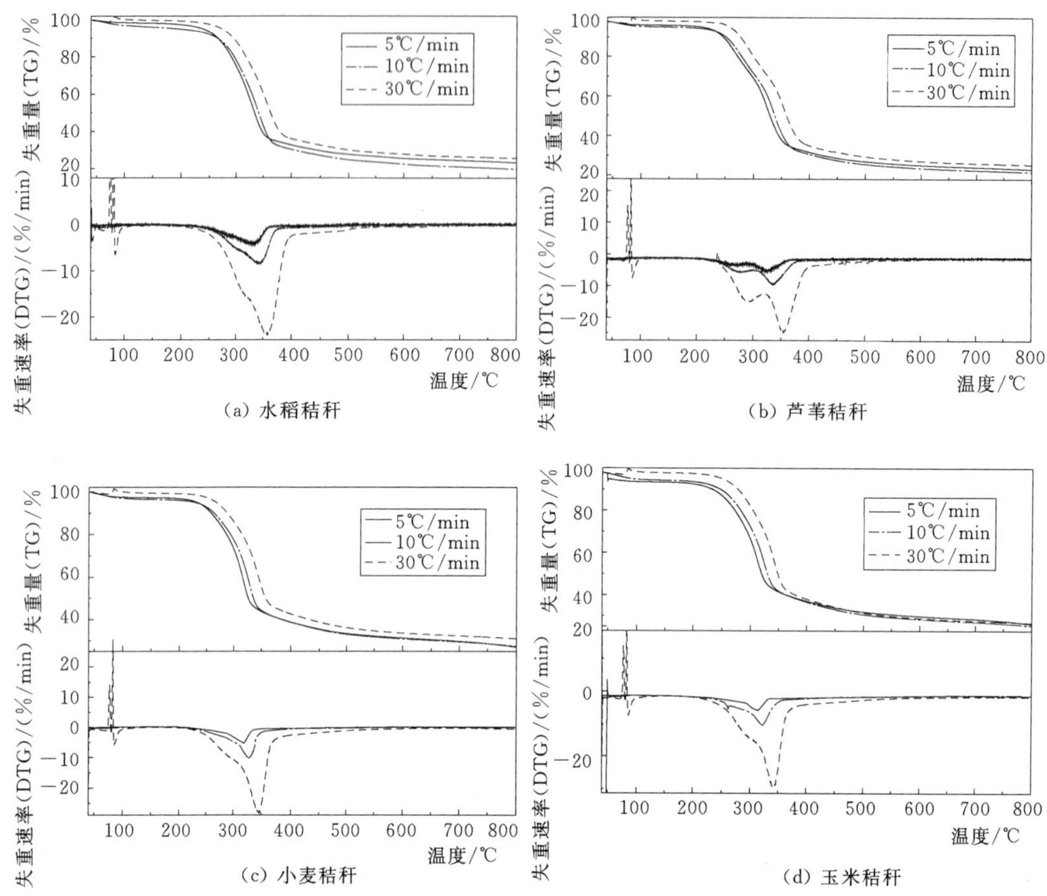

图 4-5 秸秆在三种升温速率条件下的 TG-DTG 图

象，而其他升温速度下均出现下降。这可能是由于升温速度太快，样品导热无法跟上温度变化，使得样品内部形成了温度梯度，最终导致样品在开始阶段出现质量升高现象，而随着温度升高，秸秆内部水分不断蒸发，因此又出现失重现象。从 T1-T2 整个阶段来看，芦苇秸秆的失重率 10℃/min>5℃/min>30℃/min。在 T3 阶段，秸秆开始进行热解反应，热解开始温度基本相近，30℃/min 有较大失重速率，其次为 10℃/min、5℃/min，DTG 曲线中三种温度均出现了肩状峰，随升温速率的升高峰值也越高，即芦苇秸秆的失重速率随升温速率的升高不断加快，另外，波峰也向右侧偏移，峰对应的温度区间越来越大，主要是由于试样内部形成了温度梯度。在 T4 阶段，芦苇秸秆在三种升温条件下均有较小的失重，最终缓慢炭化，秸秆残留率为 30℃/min>5℃/min>10℃/min，说明在 30℃/min 升温条件下秸秆生物炭的产率将更高。

其他三种秸秆生物质的四种曲线具有相似特征，在 T1 阶段 30℃/min 升温条件下会出现较大波动，失重速率均为 30℃/min>10℃/min>5℃/min。在 T3 阶段会出现波峰随升温速率右移现象，且失重速率及失重温度区间都随着温度升高而增大。T4 阶段，三种秸秆均会随温度升高，有少量质量的损失，最终达到稳定不变，各秸秆最终残留率情况各有不同，但在 30℃/min 升温条件下的产率均较 5℃/min 和 10℃/min 更高。

3. 秸秆生物炭制备

生物炭的制备选用D、L、M、Y四种秸秆生物质为原料，将秸秆先后用自来水和蒸馏水冲洗掉灰尘、泥沙等杂质，风干后用剪刀剪碎至4cm左右置于在70～80℃烘箱中干燥，后用粉碎机将其粉碎并保存于干燥器中备用。

采用限氧升温炭化法制备生物炭。具体操作为：分别将经前处理的四种秸秆生物质放入洗净干燥的反应容器中，密封压实后置于马弗炉中，设置马弗炉升温程序进行热解反应，待反应完成自然冷却至室温后取出。制得的生物炭粉碎，过120目筛后，放入磨口瓶，置于干燥器中保存备用。

根据前面的研究结果可知，四种秸秆生物质在300℃处于热解主要阶段，此时内部组分分解迅速，在300℃附近达到最大失重速率，而到500℃热解反应趋于稳定，失重较少，600～800℃热解反应基本完成。因此，选300℃、500℃、600℃为生物炭制备实验的考察温度。另外实验中选用5℃/min、10℃/min、30℃/min的升温速率和0.5h、1h、2h的温度保持时间为控制变量，使生物炭分别在不同反应条件下热解，考察三种因素对反应的影响。制备后的四种秸秆生物炭：水稻、芦苇、小麦、玉米秸秆生物炭分别标记为DC、LC、MC、YC。

生物炭产率是指生物质材料经过炭化过程后制备的生物炭质量占原材料质量的百分含量。用来衡量不同生物炭材料的产炭能力，以及不同生物炭的制备条件下生物炭的产量。生物炭产率=生物炭干重/生物质干重。

不同制备条件下的生物炭产率情况见图4-6。由图4-6（a）可知，在实际热解中当温度从300℃升高到600℃时，不同秸秆生物炭的产率都有下降，从300℃升至500℃时下降大约20%，而从500℃到600℃下降了3%左右，这与热重实验中显示的300～500℃失重剧烈，500℃后热解基本完成的结果一致。这主要是由于构成秸秆生物质的三大组分（半纤维素、纤维素和木质素）的热稳定性差异造成的，三种组分主要的热解温度区间在300～500℃，达到500℃以后热解趋于稳定，失重较小。

图4-6（b）显示随着升温速率的增加，生物炭的产率均呈下降趋势。不同升温速率下的四种秸秆生物炭的产率虽下降程度不同，但总体上下降幅度都比较小，因此升温速率对生物炭的产率影响较小。实验的终温保持时间分别设置为30min、60min、120min，他们对应的产率也是呈减小趋势，下降幅度四种秸秆中稻草秸秆最大，温度保持时间的增加主要有利于生物炭的后续反应及炭架的形成，因此，当保持时间增加时，反应继续进行，生物质内物质继续反应并生成小分子物质挥发而产生失重，从而导致生物炭产率的减小。对比可以看出三种因素对产率影响程度大小排序为：热解终温>终温保持时间>升温速率。

4.1.2　生物炭性质的表征

1. 生物炭的微观表面形貌特征分析

原料和制备条件影响生物炭的组成及构造特征，进而决定生物炭的性质。因此，本研究对生物炭的微观形貌、孔隙分布、表面官能团、元素组成、晶形结构等进行表征分析，以期通过了解四种生物炭的特性，为后续分析生物炭在土壤理化性质改良中效应与功能提供依据。测定对象为D、L、M、Y四种秸秆生物质及以10℃/min升温速率升温至500℃

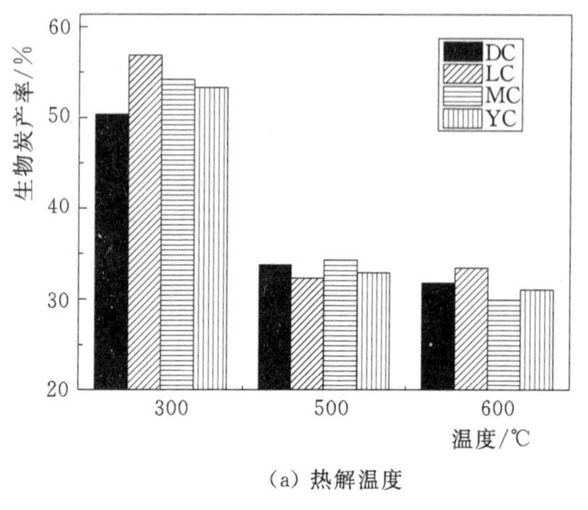

(a) 热解温度

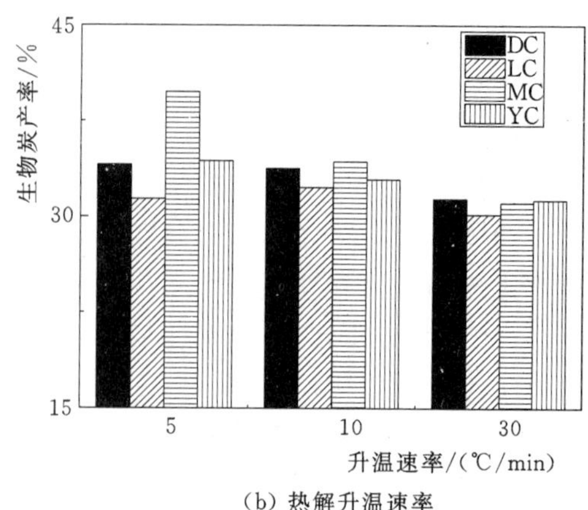

(b) 热解升温速率

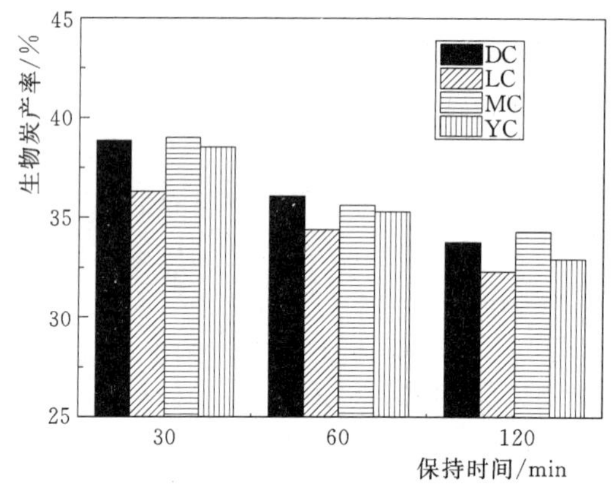

(c) 热解终温保持时间

图 4-6　不同制备条件下的生物炭产率

制得的四种生物炭，实验仪器采用日立公司生产的 SU-5000 扫描电子显微镜，对四种秸秆生物质及其对应生物炭进行扫描分析（图 4-7）。SEM 图分析表明，四种秸秆生物炭经热解炭化后都表现出丰富且发达的孔隙结构，孔隙均在 10μm 左右。这些孔隙结构对土壤通气性、孔隙率、保水保肥性能起着决定性的改良作用。

图 4-7 是四种秸秆生物质炭化前后的 SEM 图像。图 4-7 中显示，四种材质的生物质在炭化前，表面较粗糙，壁较厚，且几乎没有发现表面有孔状结构，而经热解炭化后的孔隙以长管状为主，孔径较大，表面均较为光滑，并且形成较薄的片层结构，且秸秆原有的筛管孔道结构均得到了较完整的保留，在炭化以后所形成的炭架结构也清晰、明显。在小麦和玉米秸秆生物炭管道表面还出现了细孔结构，这些孔的形成可能是由于在秸秆受热过程中的部分不稳定、易挥发结构在热解过程中逐渐消失导致。另外，玉米和小麦秸秆还可能是由于受热后发生某些放热反应，从而大量能量在其内部骤然释放，最终形成细孔结构。四种生物炭的主体炭架结构特征均较明显，并且具有较丰富的孔隙结构，使得生物炭具有较大的比表面积和较强的吸附能力，这种特性对生物炭后续各方面的应用具有非常重要的价值。而四种生物炭之间相比较，结构差异不明显，除水稻秸秆生物炭表面光滑没有

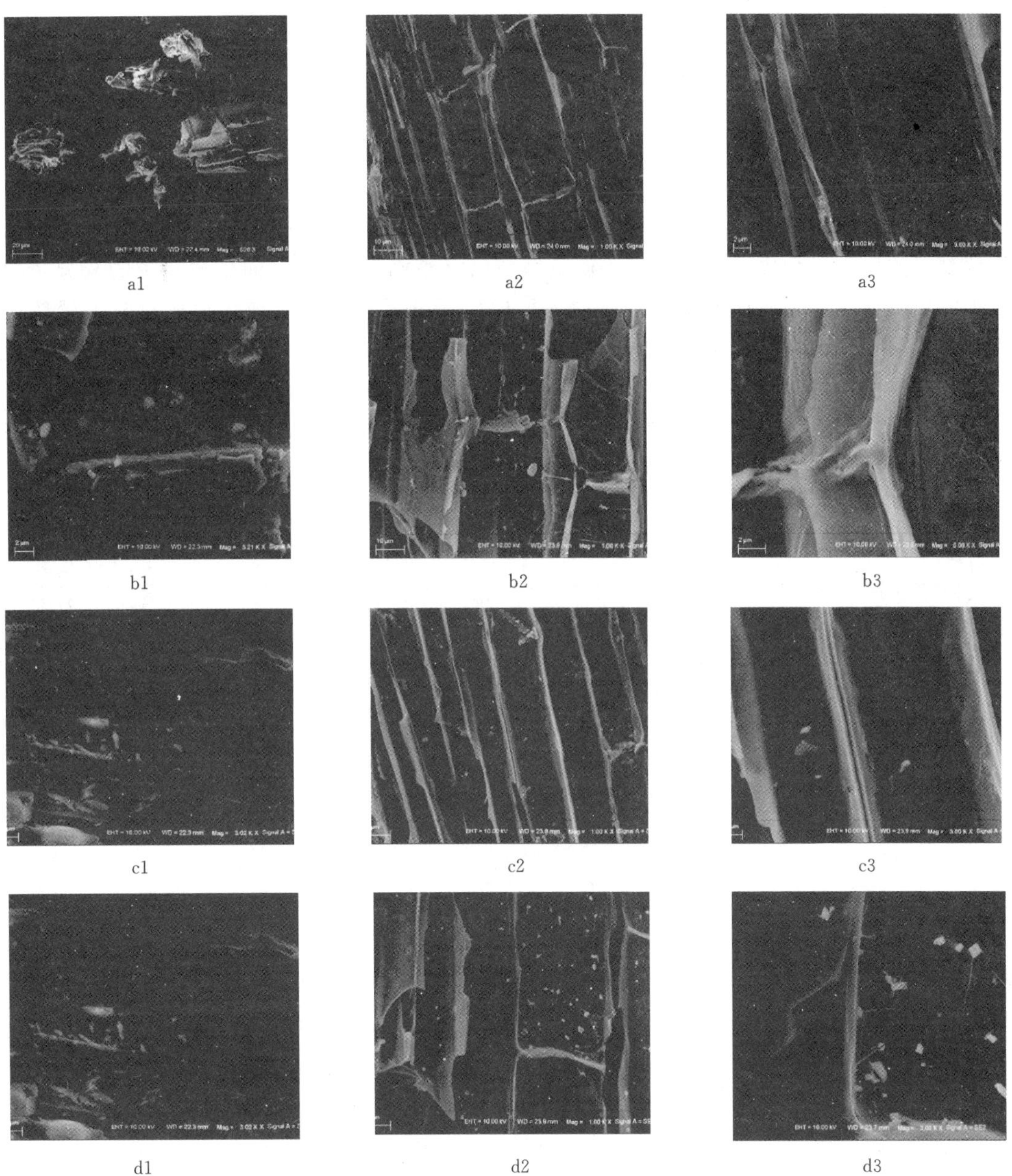

图 4-7　四种秸秆生物质及其制备的生物炭电镜扫描影像
（a、b、c、d 分别代表水稻秸秆、小麦秸秆、芦苇秸秆和玉米秸秆，
1 表示秸秆，2、3 表示对应炭化后的生物炭）

孔状结构外，其他三者均有此结构，且 YC＞MC＞LC。四种炭均出现凹槽结构，凹槽宽度尺寸上，MC 最小，其次为 DC，YC 和 LC 大致相同，次凹槽结构尺度越小，意味着相同表面积下数量越多，从而导致相同量的生物炭具有的表面积会越大。

SEM 图分析表明四种秸秆生物炭经热解炭化后都表现出丰富且发达的孔隙结构，孔隙均在 10μm 左右。这些孔隙结构对供试黏性土壤通气性能、孔隙率、保水保肥性能的改良起着决定性作用。

2. 生物炭的元素组成分析

四种秸秆及生物炭的元素组成及原子比见表4-4。由表4-4可知，随着热解反应的进行，组分中的C和灰分含量不断提高，而C、H、O、N元素的含量都有下降，这是由于生物质在热解过程中有机组分的组织形式发生了变化，进行了脱水、脱氢及脱羧基反应，长链不断断裂，稠环得以形成，由原来的饱和脂肪烃转变成不饱和脂肪烃和芳香烃，因此制得的生物炭会比其对应原料的稳定性更好（李靖，2013）。而生物炭中的灰分主要由生物质中金属元素、碳酸盐及硅酸盐等反应生成的无机氧化物或无机矿物热解残留构成，随着温度升高，秸秆中的有机碳大量分解，H、O元素含量降低，而灰分中无机氧化物等大量残留，因而导致了灰分的相对含量大幅升高。另外，反应中生物质所含有的H和O元素含量降低，这是由于热解中炭链发生了脱水与脱氢及脱羧基反应，带走了大量的H和O元素。另外由于秸秆生物质还发生了脱氨基反应使得氮素也呈现下降状态。

表4-4　四种秸秆及生物炭的元素组成及原子比

秸秆种类	灰分/%	C/%	H/%	N/%	O/%	H/C	(O+N)/C	O/C	C/N
M	14.8	38.0	7.07	1.19	38.9	2.23	0.80	0.77	37.2
Y	12.4	38.9	7.06	1.58	40.7	2.21	0.83	0.80	28.2
D	12.5	38.3	7.39	0.94	40.2	2.28	0.80	0.78	48.5
L	9.26	39.8	7.21	0.53	43.2	2.17	0.82	0.81	87.0
MC	31.3	53.0	2.16	0.22	13.3	0.49	0.19	0.19	277.4
YC	23.5	58.4	2.99	0.29	14.8	0.62	0.19	0.19	237.4
DC	25.6	58.0	2.90	0.33	13.2	0.60	0.18	0.17	203
LC	17.7	66.5	3.37	0.22	12.2	0.61	0.14	0.14	353

不同秸秆生物质原料各元素含量水平有所差异但不大，而热解反应放大了这种差异，但不同秸秆中元素含量大小的规律在热解后的秸秆生物炭中基本呈现出一致性。组分间的差异主要表现在灰分、C含量和O含量方面，灰分上是MC>DC>YC>LC。水稻生物炭高于玉米秸秆生物炭，这主要是由于玉米秸秆中的有机质较高，而水稻秸秆纤维素较高，热解后无机组分残留较高。碳含量上芦苇>玉米>水稻>小麦，与原料中大小规律一致。

元素的原子比能够反映有机元素的组成形式，用来指示有机物的化学性质。H/C是芳香度和C元素含量的指标，氢氮原子比越低，芳香度将越高，C素含量越高。在本实验条件下制得的生物炭中，由于不同秸秆中有机碳成分与含量的不同导致芳香性上表现为MC>DC>LC>YC。有研究表明O/C与CEC呈现良好的正相关性，而阳离子交换作用是土壤保持肥力的一个重要途径，O/C比和H/C比分别小于0.4和0.6的生物炭适合土壤中进行碳的固定，因此使用制备的生物炭对土壤进行改良能够很大程度提高阳离子交换能力，从而提升土壤的保肥能力（Enders等，2012）。（O+N）/C主要用于评定物质的极性大小，原子比越大，极性越大（李靖，2013）。由表4-4四种秸秆及生物炭的元素组成及原子比可知，生物炭的极性表现为芦苇秸秆炭>水稻秸秆炭>小麦秸秆炭>玉米秸秆炭。C/N是用于表征土壤中氮素形态的指标，该指标与氮元素的矿化速率呈负相关关系，其值越小矿化速率越大。因此，秸秆生物炭进入土壤后，C/N值越小越有利于发挥生物炭中氮素的有效性（Enders等，2012）。所以，理论上来说，水稻秸秆生物炭表现出较好的氮素有效性。

3. 生物炭的表面官能团分析

以四种秸秆生物质及其对应生物炭为实验材料，使用布鲁克公司生产的Tensor27红外光谱仪对其进行测定，测定方法为溴化钾压片法。实验参数：波长扫描范围为400～4000，扫描精度为8cm^{-1}，扫描次数为20次。秸秆和秸秆生物炭的红外光谱见图4-8。

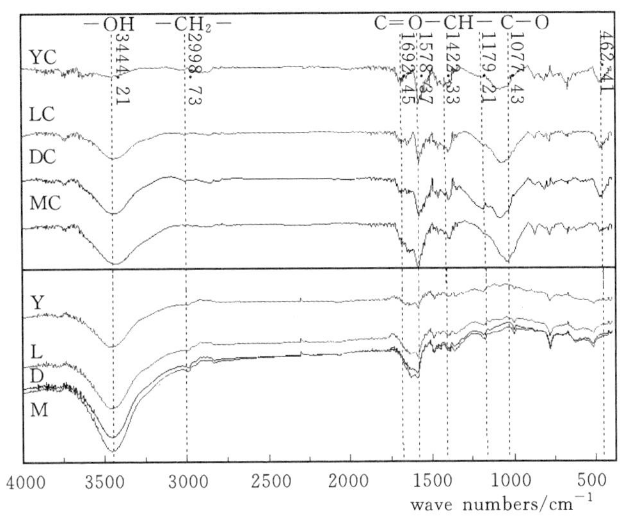

图4-8　四种秸秆及其对应生物炭的红外光谱图

图4-8中分别是四种秸秆及对应生物炭的红外光谱图，通过分析知，四种不同种类的秸秆之间具有相似的峰形，而四种生物炭的峰形也较为相似，但它们各自的相对峰高有区别。对主要吸收特征峰有：3444cm^{-1}，2998cm^{-1}，2367cm^{-1}，1578cm^{-1}，1179cm^{-1}，1077cm^{-1}，667cm^{-1}。波长在3444cm^{-1}出现的峰是—OH的伸缩振动特征峰，四种生物炭吸收强度明显，都含有—OH的伸缩振动。这些羟基一部分来源于有机物中的碳水化合物，另一部分为样品中的水分（张鹏，2013）。秸秆中小麦的振动峰强于其他三种秸秆，玉米最弱，而经过热解后，生物炭对比原料，峰的相对强度明显都有减弱，玉米生物炭中振动甚至几乎消失。这是由于在热解中秸秆生物质中水分被蒸干，同时生物质内部都发生了不同程度的脱羟基反应所导致。2998cm^{-1}处吸收峰主要是环烷烃—CH_3和—CH_2的对称与非对称伸缩振动引起，这些基团主要来自于有机物中的碳水化合物、脂肪族化合物和脂环族化合物（李靖，2013）。1600～1700cm^{-1}处的宽峰是由于C=O和芳环的骨架伸缩振动产生的。1578cm^{-1}处为苯环或芳香族的特征值区间，表明四种生物炭均含有芳香环类物质。且从图3.2中可看出在此处小麦秸秆生物炭峰强度最大，其次为水稻秸秆炭，最弱为玉米秸秆生物炭，这与元素表征结果中H/C比MC<DC<LC<YC中所反映的结果一致。1077～1179cm^{-1}处普遍认为是碳水化合物中C—O伸缩振动（Benke等，1998），主要来源于多糖中的呋喃环和吡喃环。667cm^{-1}处为芳香族化合物C—H变形振动吸

收峰。

4. 生物炭的 X 射线衍射分析

X 射线衍射（XRD）是对晶体物质进行晶相分析以及矿物定性及半定量分析的主要手段。对制备的生物炭物相结构进行定性分析，可以揭示四种生物炭在土壤中的功能。具体实验方法是：将生物炭样品磨细，用压片法制样，后放入 X 射线粉末衍射仪（BRUKERD8ADVANCE，Germany）中测定，主要测定参数为 Cu 靶，40kV，40mA，2θ 角扫描范围 10°～80°，扫描速度 2°/min，结果见图 4-9。

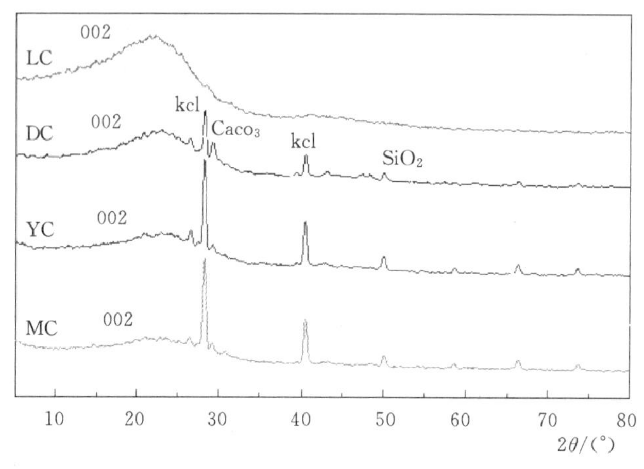

图 4-9　四种生物炭的 XRD 图

由图 4-9 可知，四种秸秆炭均出现了明显宽而缓的 d_{002} 衍射峰，表明热解反应使得秸秆中不定型碳向晶体碳转化，四种炭中乱层程度大，结构中均存在由数层芳环层片所叠成的类石墨结晶物质，表面原子的活泼性增强，有利于其吸附性能的提高。由其相对强度可知，芦苇生物炭（LC）相对其他秸秆生物炭形成了更多的石墨微晶，且结晶度更高。另外芦苇秸秆生物炭没有出现尖锐的峰，说明矿物晶体结晶度不高，且芦苇秸秆生物炭的灰分含量较低，与之前的元素分析实验中的结果一致，而玉米（YC）、小麦（MC）和水稻秸秆生物炭（DC）的图谱均出现了较尖锐的峰，且玉米、小麦秸秆炭相对峰值高于水稻秸秆炭，说明在热解中有 KCl、$CaCO_3$ 等矿物质晶体生成，并有较好的结晶度。这些结晶度较高的矿物成分是生物炭中灰分的主要组成部分，其含量的多少对其在土壤中酸碱情况及部分营养元素供给具有较大的影响。

4.1.3　生物炭对土壤理化特性的影响

秸秆生物炭具有多孔、性质稳定等性质，这些性质能够对土壤理化性质起到改良作用，进而影响土壤养分的存储及其有效性。但不同种类秸秆及投入量对土壤的改良效果有差异，因此，研究不同生物炭对土壤理化性质的影响，可为生物炭的实际应用提供数据支撑的理论基础。

所用生物炭为玉米、小麦、水稻和芦苇四种秸秆用马弗炉在以 10℃/min 升温至 500℃并保持两小时条件下烧制而成，秸秆生物炭经粉碎后过 100 目筛，置于 70℃烘箱中充分干燥，冷却后放在干燥器中备用。实验土壤采自山东省德州市某实验基地农田土壤，采样时随机布点，后将取到的土混合四分取样，采集的是表面 0～20cm 土壤。土壤在室内摊开风干后，去除砾石、根系等杂物，磨细后过 2mm 筛。

土培实验在温室（装有空调）内进行，室内白天温度为 25℃±2℃，夜间温度 21℃±2℃。分别取四种秸秆生物炭与风干土壤进行充分混合后置于花盆中。每盆土壤 6.5kg，每种生物炭均设置 0、1%、2%、5%四个浓度梯度，每处理重复 3 次。实验过程中，每隔 3 天灌一次水，应用称重法控制灌水量，使花盆中土壤水分控制在田间持水量的 60%左右。实验过程中不施肥，土壤培养两个月后进行取样，分析土壤样品的各项理化性质。

1. 生物炭对土壤容重的影响

土壤容重的大小可以直接反映其松紧程度、孔隙大小和结构等情况，是土壤的重要物理性质指标之一。容重越小，土壤紧实度越小，孔隙越多，空气容易进入而且持水能力强，有利于植物根系的生长；土壤含氧量高还有利于土壤中微生物和土壤微型动物的呼吸作用，使它们的活动更加活跃；另外，还能抑制土壤中的反硝化过程，有利于土壤中氮素的固定，增加土壤肥力。

土壤中添加不同比例四种秸秆生物炭后的土壤容重见图 4-10。分析结果表明，添加生物炭能够显著降低土壤的容重，且随着生物炭添加比例的增高，土壤容重都不断下降。四种秸秆炭对土壤容重降低程度有所不同，在 5%添加比例时，土壤容重大小表现为：MC＜YC＜LC＜DC，与空白组对比分别降低了 9.2%、8.6%、7.1%、6.5%。这与生物炭的比重大小有关，比重越小土壤容重降低程度越高。生物炭的加入使土壤容重减小，优化了土壤的水分保持性能、通气能力及营养元素的保持能力等，为植物及微生物提供了良好的生存条件。

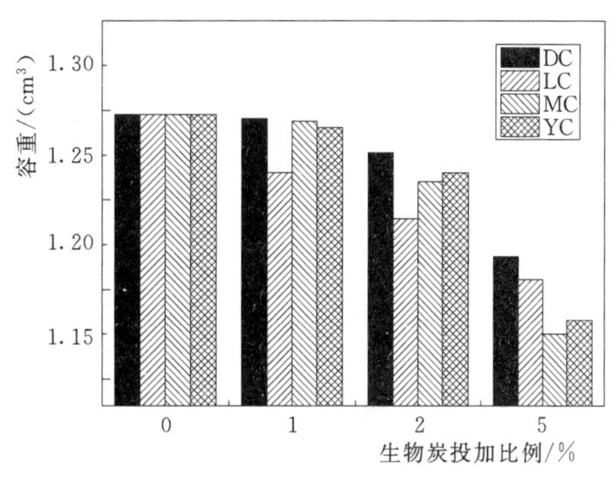

图 4-10　生物炭添加对土壤容重的影响

2. 生物炭对土壤含水率的影响

土壤持水能力是农业生产中一项非常重要的指标。土壤持水能力越强代表土壤中水分越不容易由于蒸发等原因而丧失，会有利于植物根系的吸收和植物自身的生长，对植物种子的萌发也起到决定性作用。添加不同比例 DC、LC、MC 和 YC 的土壤含水率见图 4-11。

由图 4-11 可以看出，随着浇水后的时间推移，土壤水分不断蒸发，含水率不断下降，而添加生物炭的土壤含水率明显高于空白组，且 5%添加比例处理的含水率高于其他处理。此外，生物炭种类不同对土壤持水能力影响也有所不同。浇水后的第 7 天，5%添加比例下，DC、LC、MC、YC 分别相对空白组含水率提高了 51.3%、23.4%、75.3%和 32.5%。总体上看，生物炭的添加对土壤保水能力有提升作用，且 MC 的提升能力更强，就此特性上说生物炭的使用有利于植物的生长和萌发。在 SEM 实验中可以看出经热解制得的生物炭中具有较多导管状孔隙，且表面也存在较多的细孔，生物炭对土壤含水率的提升作用与这些孔隙结构有直接的关联。首先多孔结构增加水分的存储空间阻滞了水分

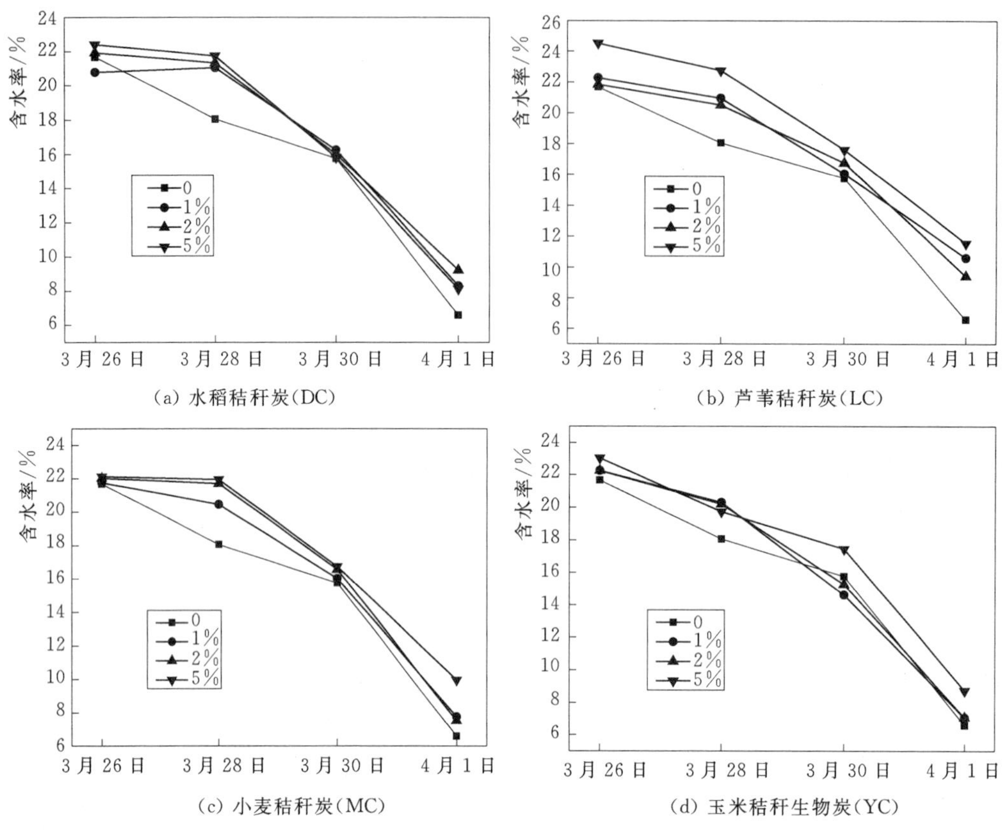

(a) 水稻秸秆炭(DC)

(b) 芦苇秸秆炭(LC)

(c) 小麦秸秆炭(MC)

(d) 玉米秸秆生物炭(YC)

图4-11 添加不同比例的秸秆炭的土壤含水率随时间变化情况

的流失和蒸发作用，其次生物炭的细小颗粒也会阻塞土壤的大孔，同时增加土壤微孔，形成封闭的孔隙结构，从而延长水分在土壤的存留时间。

3. 生物炭对土壤pH值的影响

土壤pH值是土壤基础化学性质的重要指标，不仅对土壤肥力有较大影响，植物在土壤中的生长情况也与此指标有较大的相关性（张鹏，2013）。四种秸秆生物炭不同添加比例对土壤酸碱度的影响情况见图4-12。

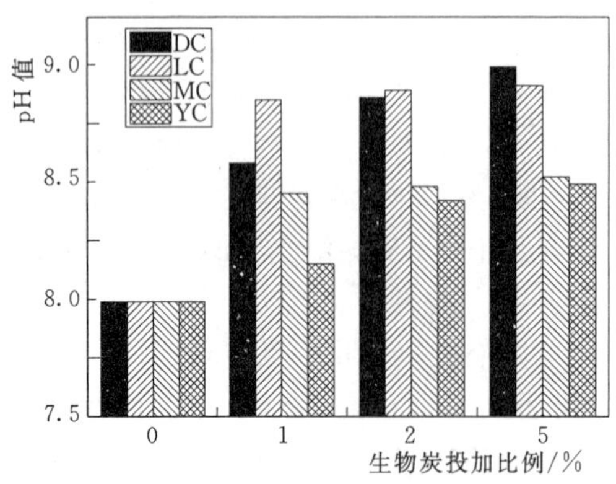

图4-12 生物炭添加情况下的土壤pH值

由图4-12可以看出，不同秸秆生物炭加入土壤后，都提高了土壤的pH值，且随着投加比例的升高，土壤pH值不断增大。但随着生物炭投加比例的升高，pH值上升幅度逐渐下降。相对于MC、YC，DC和LC对土壤pH值的影响更为显著，在5%比例下DC、LC分别使土壤pH值达到8.9和8.8，这主要与生物炭本身的pH值有关。由红外表征实验可知，生物炭表面具有较多的含氧官能团，这些官能团会与土壤中氢离子发生缔结反应从而使土壤 pH 值升高。另外，XRD 结果发现生物炭形成过程中发生了矿物成分的富集，钾、钙等金属离子进入土壤后遇水溶出，使土壤 pH 值升高。因此，生物炭中的含氧官能团及矿物成分共同决定了其对土壤酸碱度的影响程度。但一般植物适宜的土壤环境 pH 值为 7 左右，由于本实验中供试土壤偏碱性（pH 值=8.75），过高的生物炭投加量可能会不利于植物的生长，但生物炭的碱性特性有利于对酸性土壤的改良。

4. 生物炭对土壤电导率的影响

土壤电导率主要表征的是土壤中可溶性盐离子的含量，电导率越大说明土壤含盐量越高。不同添加比例的四种生物炭对土壤电导率的影响情况见图 4-13。从图 4-13 中可以看出，不同比例生物炭加入土壤后，土壤的电导率呈先下降后升高的规律。壤加入秸秆生物炭 1%时土壤电导率大概下降了 5%～15%，而在生物炭加入量从 1%到 5%，电导率则升高了 20%。不同生物炭对土壤电导率的下降幅度有所不同，其中加入芦苇秸秆生物炭下降幅度较大，说明秸秆生物炭对盐分的吸附能力较强，水稻秸秆生物炭次之，玉米秸秆炭最弱。而从 2%到 5%，电导率升高，其中玉米秸秆生物炭升高幅度最大，水稻和小麦秸秆炭次之，芦苇最小，说明玉米秸秆生物炭灰分中含盐量较高。

5. 生物炭对土壤中阳离子交换量和有机质含量的影响

阳离子交换量是指土壤所能吸附的全部交换性阳离子的总量，表征土壤保肥能力的指标（Yao 等，2010）。不同添加比例的四种秸秆生物炭对土壤阳离子交换量的影响情况见图 4-14。

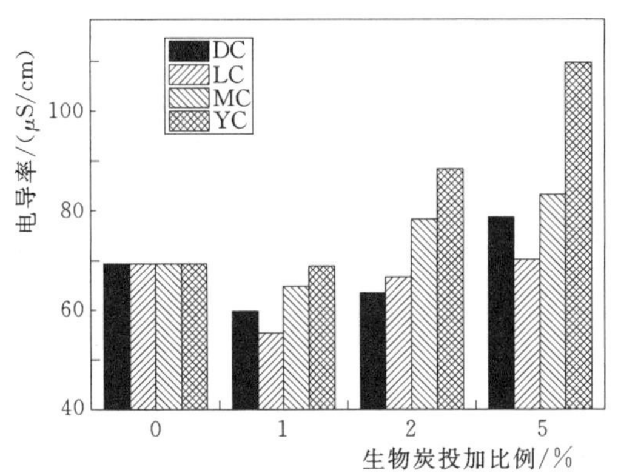

图 4-13 四种不同比例生物炭添加对土壤电导率的影响情况

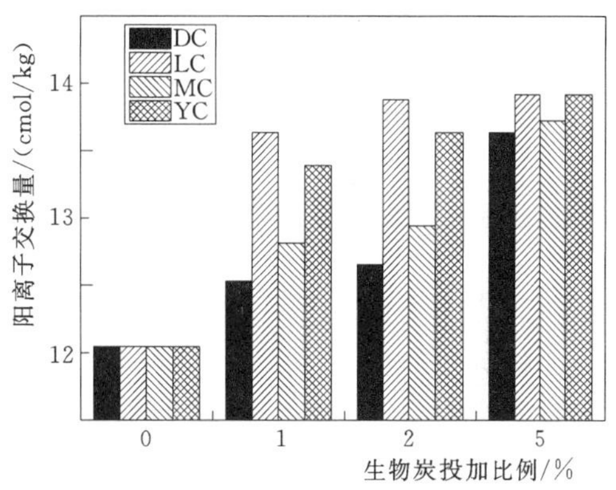

图 4-14 添加生物炭情况下的土壤 CEC

从图 4-14 中可以看出，不同比例四种生物炭加入土壤后，土壤 CEC 明显增大，且随着生物炭添加比例的增加不断提高。DC 和 YC 在 1%时提高幅度较大，分别为 13.2%和 11.2%，超过 1%后提高幅度减小；LC 和 MC 在 5%时相对其他比例提升更多。5%添加比例下，DC、LC、MC、YC 分别使 CEC 增大了 13.2%、15.5%、13.9%和 15.5%。生物炭对 CEC 的提升作用主要由于一方面生物炭自身表面含有一些羰基和羧基官能团，且在后续培养中生物炭被氧化还会生成一些羰基和羧基官能团，这些官能团对无机离子有一定的吸附性（Yao 等，2010）；另一方面，生物质热解中会产生较多的孔隙结构，生物炭自身的多孔隙结构也会对阳离子产生吸附作用。因此，生物炭自身的 CEC 较大，加入土壤后也使土壤 CEC 大幅增加。由此可见，土壤 CEC 的升高主要由热解生成的表面官能团及孔隙结构导致，与表征实验中结果一致。

不同投加比例的秸秆生物炭对土壤有机质的影响情况见图 4－15。由图 4－15 可以看到，四种秸秆生物炭对土壤有机质含量有明显影响，随着生物炭投加比例的提高，土壤中有机质含量均有所提升。生物炭的元素分析表明，生物炭中碳元素含量高达 60%左右，由大量炭物质组成。因此，生物炭进入土壤后有机质含量显著增加。不同投加比例下的有机质含量增加幅度大致相同，都较为平缓。不同种类生物炭对土壤有机质的提升稍有区别。其中，水稻秸秆生物炭（DC）提升幅度相对较高，而芦苇秸秆生物炭（LC）次之。

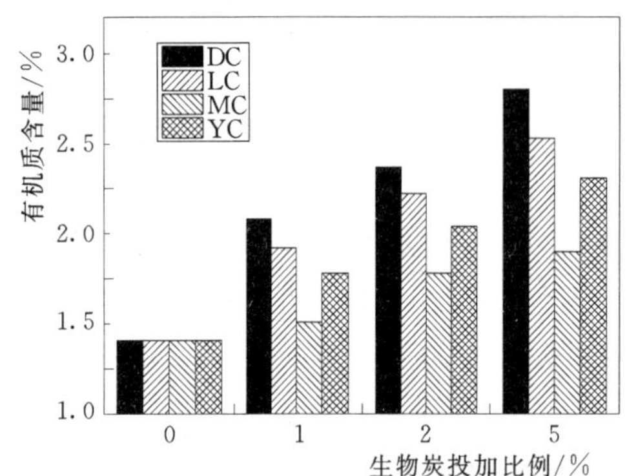

图 4－15　四种不同比例生物炭投加对土壤 SOM 影响情况

6. 生物炭对土壤营养元素的影响

土壤中矿质元素的含量主要表征的是土壤肥力，其中相对重要的是氮、磷和钾元素，当土壤中缺少这些矿质元素时，植物会表现出不同的病症。

四种秸秆生物炭不同投加比例对土壤全氮、全磷和全钾含量的影响见表 4－5。由表 4－5 可以看出，四种秸秆生物炭的投加，对土壤氮、磷、钾含量均有不同程度的提升，且随生物炭投加量的加大营养元素含量增加。在 5%的生物炭投加比下，DC、LC、MC、YC 处理土壤的总氮含量分别提升了 45.6%、15.2%、28.8%和 77.6%。MC 对总钾的提升效果最佳，YC 其次，两者分别提高了 9.1%和 7.9%。生物炭对土壤营养元素提升效果明显。这是由于一方面生物质经过热解后，虽然秸秆中营养元素大部分都在反应中挥发，但仍有一定量的残留，生物炭进入土壤后会缓慢溶出，因而生物炭自身也可视为一种复合型的肥料，另一方面由于生物炭的多孔结构，能对土壤中原有的营养元素有较好的固定吸附及缓释作用，降低土壤中原有氮、磷、钾元素的淋溶迁移。生物炭对氮素的提升尤为明显，主要原因除上述罗列以外，还由于生物炭增加了土壤的孔隙结构进而提升了土壤氧含量，因而抑制了微生物的反硝化作用。生物炭对土壤营养元素的提升作用能够提高肥料的利用效率进而降低化肥的施加量，有利于缓解农业面源污染问题，在土壤减肥增效及环境效以方面具有较好的意义。

表 4－5　　生物炭对土壤氮磷钾营养元素影响情况

处理	生物炭添加比例/%	TP/(g/kg)	TK/(g/kg)	TN/(g/kg)
DC	0	0.75	18.70	1.25
	1	0.83	18.93	1.43
	2	0.87	19.04	1.54
	5	0.94	17.73	1.82

续表

处理	生物炭添加比例/%	TP/(g/kg)	TK/(g/kg)	TN/(g/kg)
LC	0	0.75	18.70	1.25
	1	0.87	18.68	1.29
	2	0.95	19.48	1.36
	5	0.91	19.96	1.44
MC	0	0.75	18.70	1.25
	1	0.88	18.42	1.33
	2	0.92	19.75	1.44
	5	0.82	20.41	1.61
YC	0	0.75	18.70	1.25
	1	0.91	19.27	1.44
	2	0.92	19.43	1.67
	5	0.93	20.18	2.22

4.1.4 生物炭对根际土壤及小白菜生长和品质的影响

生物炭对植物的作用效果主要受生物炭性质、施加比例、土壤类型及植物种类等因素的影响。但目前已有的研究结果中，生物炭对植物有促进作用但也抑制效果。但总体来看，在一定条件下，生物炭对植物生长发育和种子萌发都有积极作用。夏阳等（2015）将花生壳生物炭添加到滨海盐碱土中考察其对田菁和锦葵的影响，结果发现当生物炭在1.5%的添加量时显著促进了两者的生物量和根长。生物炭对植物生长的影响还会表现出累加效果，有研究表明，添加5%生物炭的土壤在第一季种植中小麦产量并未提高，第二、第三季分别与未添加生物炭组对比提高18%和34%。生物炭对植物生长的影响是通过改良土壤的物理化学性质和促进植物对土壤中营养元素的吸收实现的。生物炭改变了土壤理化性质如降低土壤的紧实度、提高保水性能及通气情况，升高了有机质和阳离子交换量等指标特别是提高了土壤有效养分的含量，从而制造有利于植物生长的环境来间接促进其生长发育；另外，生物炭自身含有一定量的氮、磷、钾元素和植物所需的微量元素，生物炭自身作为一种肥料进入土壤，增加了可交换态阳离子，并且降低活性铝等有毒元素的影响，为植物提供良好的营养供应（王瑞峰等，2015）。生物炭的巨大表面积和孔隙结构为微生物提供了良好的栖息场所和生存环境，从而增加了有益菌群数量，有利于植物根系的健康生长。

但也有研究表明生物炭的添加对植物生长有抑制作用。张晗芝等（2010）在田间盆栽试验中发现，生物炭在玉米苗期的前33天对有明显的抑制作用，但生长后期，其抑制效果消失。产生这种负面效果的可能原因主要有两个方面：一方面，过量生物炭产生的碱性环境和自身携带的盐分对某些植物种子的萌发和生长有抑制作用；另一方面，生物炭的作用效果还与供试土壤及生物炭性质、植物种类等相关。

生物炭在较多数研究中对植物生长是有促进作用的，但也有一些结论中表现为抑制甚至是毒害胁迫作用。生物炭对植物的影响是由综合的多因素共同决定的，其改良作用效果需要视具体条件进行研究。而当前学者的研究中，对农田秸秆生物炭改良日趋贫瘠化的实际农田土壤及与植物的作用效应的研究相对较少。

盆栽实验在南开大学实验室温室中进行，温室内采光良好。实验中所添加生物炭是10℃/min升温速率至500℃保持两小时制备的小麦秸秆生物炭（MC）和玉米秸秆生物炭（YC）。实验选用的小白菜品种为四月蔓。供试盆钵采用塑料盆，规格为上口直径34cm，下口直径29cm，高度23cm。

温室内白天温度为23℃±3℃，夜间温度18℃±3℃。盆栽实验中选择YC和MC作为实验材料。供试植物以南北方广泛种植的小白菜为对象，挑选颗粒饱满、规则、无斑点的种子，用10%双氧水消毒半小时后用蒸馏水洗净，播种穴的深度为2cm，每穴放置两颗种子，每盆中共播种24粒，播种完后覆上干土。播种后每天晚上观察记录种子的发芽情况，在播种两周后对盆中植物进行间苗，使每盆中保留5株长势相近的小白菜。间苗后继续培养45天后收获，采集植物样进行相关植物指标的测定；同时，采用抖根法采集植物根际土壤，进行土壤指标测定。实验过程中，每隔3天灌1次水，称重法控制灌水量，使花盆中土壤水分控制在田间持水量的60%左右。实验过程中均不对土壤进行施肥处理。另外，每隔7天，随机移动盆栽摆放的位置，以消除光照不均匀对小白菜的影响。

1. 生物炭投加量对植物根际土壤理化性质及营养元素的影响

（1）生物炭对根际土壤理化指标的影响。图4-16表示的是生物炭对小白菜根际土壤容重、pH值及电导率、土壤CEC和土壤有机质的影响情况。由图4-16（a）可以看出，随生物炭投加比例的提高，土壤容重均呈现下降趋势，小麦秸秆炭中下降幅度相对更大。与未种植物土壤比较，根际土壤容重相对较低，这可能由于土壤中根系作用使土壤变得疏松，另外测定容重时，土壤中存在根系，根系比重小于土壤，从而使土壤容重趋小。

土壤pH值是土壤理化指标最重要参数之一，它直接影响着土壤中各项化学过程，影响土壤中养分的利用效率、土壤微生物的活性及根系的生长（赵杰，2014）。由图4-16（b）可以看出，土壤pH值与生物炭投加量呈正相关关系，而YC对土壤的影响较MC显著，YC投加比例从2%到5%，pH值提升了0.5个单位，达到8.83；MC处理的土壤pH值增加较平缓。与未种植物土壤比较，根际土的pH值相对较小，这可能是由于植物根系进行了有机酸的分泌，从而导致pH值下降。

电导率主要表征土壤中盐的含量，含盐量过高会使植物产生脱水，从而抑制植物生长。由上面实验结果可知，两种生物炭随投加比例增大，电导率先下降后升高。这是由于生物炭对土壤盐分有吸附作用，同时植物根系也会吸收盐分而使盐分含量下降，而随着生物炭量的增加，生物炭灰分中会不断放出盐基离子又使土壤的电导率升高。因此，会造成高投加比例生物炭不利于植物生长的现象。根际土壤电导率相对较低是由于植物受到盐分胁迫，产生本能抗逆反应，会通过根系作用降低周围盐分浓度（韩光明，2013）。

生物炭投加比例与阳离子交换量和有机质之间的关系见图4-16（c）和图4-16（d）。阳离子交换量和有机质表征的是土壤的保肥供肥能力及肥力情况。从图4-16中可以看出，随生物炭添加量增加，根际土壤的有机质和阳离子交换量都呈增加趋势。两种生物炭相比较，加入YC的土壤在各比例下有机质含量更高，而MC保肥能力更强。

（2）生物炭对根际土壤营养元素的影响。生物炭投加比例对根际土壤中氮磷钾元素的

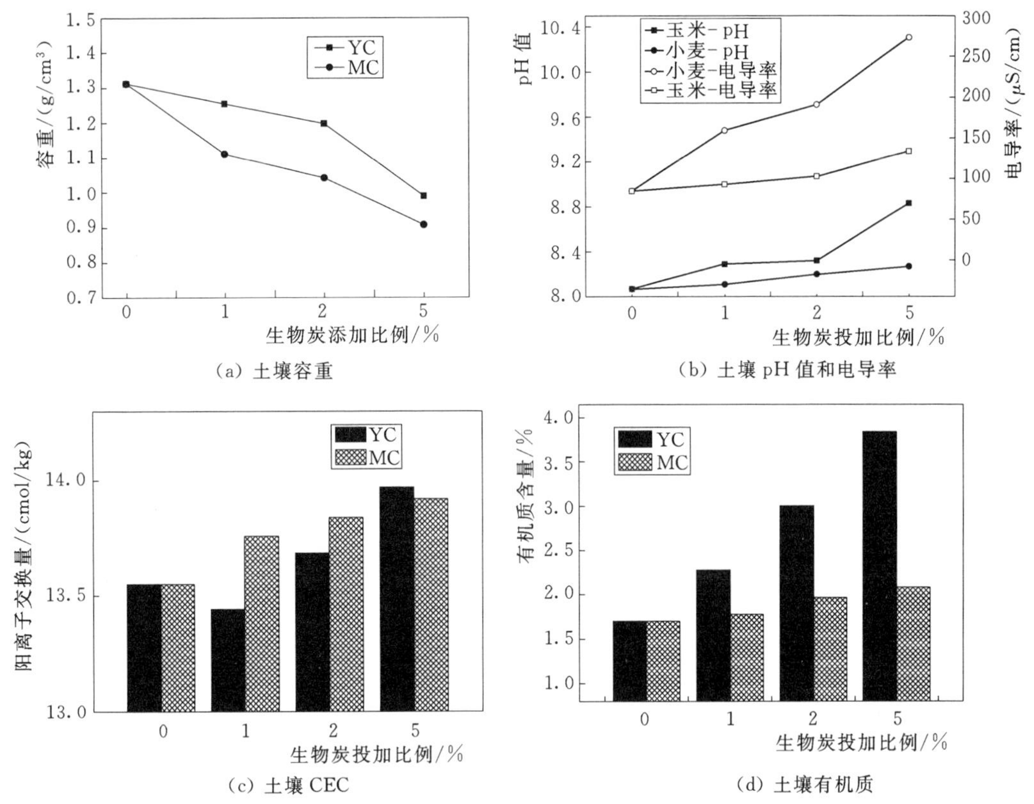

(a) 土壤容重　(b) 土壤 pH 值和电导率

(c) 土壤 CEC　(d) 土壤有机质

图 4-16　生物炭添加情况下的根际土壤理化性质

影响情况见表 4-6。由表 4-6 可以看出，随着生物炭投加比例的增大，土壤中全氮、全钾元素含量都不断提高，且随生物炭投加比升高而升高。另外，全氮、全钾元素含量与非根际土壤比较相差不大，各有升降。5%生物炭投加比例下仍以全氮提升量最高，其次为全钾，MC 和 YC 全氮提高了 60%和 85%，全钾提高了 11.5%和 12.3%。MC 处理的土壤全磷则出现先升高后降低的现象，这可能与根系的吸收作用有关。铵态氮和硝态氮是土壤中可被植物直接利用的部分。铵态氮含量随着生物炭的投加均有所提升，但随生物炭量增加，铵态氮增加量减小，添加玉米秸秆生物炭土壤中铵态氮的积累效应明显。这主要由于生物炭不仅对两者均有很强的吸附作用，生物炭表面的羧基还可以与氨形成酰胺化合物，从而提升对两者的固持作用。另外，生物炭的添加还促进了土壤中氮素向有效态氮的转化。

表 4-6　　根际土壤氮磷钾营养元素含量

处理	生物炭添加比例/%	铵态氮/(mg/kg)	硝态氮/(mg/kg)	全氮/(g/kg)	全钾/(g/kg)	全磷/(g/kg)
MC	0	0.85	1.69	1.20	17.99	0.90
	1	0.92	9.91	1.39	18.33	0.99
	2	0.85	15.37	1.54	19.43	0.79
	5	0.79	12.14	1.92	20.06	0.80

续表

处理	生物炭添加比例/%	铵态氮/(mg/kg)	硝态氮/(mg/kg)	全氮/(g/kg)	全钾/(g/kg)	全磷/(g/kg)
YC	0	0.85	1.69	1.20	17.98	0.90
	1	1.23	1.71	1.50	19.26	0.940
	2	1.23	1.92	1.62	20.040	1.05
	5	1.20	0.70	2.22	20.21	1.16

2. 生物炭投加量对植物发芽和生长情况的影响

种子能否萌发及其萌发速度对植物能否形成健壮幼苗起关键作用。因此，发芽率在农业生产中是一项重要的指标。种子萌发主要与温度、水分和氧气等因素有关。另外，土壤含水量、盐基离子含量、土壤含氧量及土壤酸碱度等因素也会对其造成影响。有研究表明环境温度对种子的生命活动、细胞酶活性等因素产生影响，进而影响种子发芽的快慢（姜秀艳，2014）。

添加不同比例玉米（YC）和小麦生物炭（MC）下小白菜播种后的发芽情况见图4-17。由图4-17（a）可以看出，添加YC后总体对小白菜发芽情况呈抑制作用，且抑制效果不断减弱，但在2%和5%YC添加比例下，小白菜发芽早于空白组；而添加MC的处理［图4-17（b）］，随投加比例的提高呈现低投加比例促进而高比例抑制的现象，1%和2%投加量下，小白菜的发芽呈促进作用，5%组呈抑制效果。播种后第4天小白菜种子开始进入发芽的高速期，9天内的发芽速率最快，1%和2%投加比例下白菜发芽速率明显高于对照组和5%投加比处理，5%投加比例下抑制效果明显，而低投比例可以使快速发芽期提前。造成这种结果的原因可能是，本实验供试土壤为黏性土壤，土壤孔隙度小、透气性差，生物炭进入土壤后增加了土壤中含氧量和水分，从而为发芽提供了良好的条件。但生物炭中含有较多金属盐基离子，进入土壤后浸出产生碱性效果，随着生物炭量的增加，使土壤pH值和含盐量增高。通过测定根际土壤pH值和电导率发现，5%比例下土壤pH值达到8.83，电导率为空白组土壤的3倍。因此，过高的碱性条件和含盐量对种子产生了胁迫作用，不利于种子萌发。另外，生物炭在热解中产生了一定量的热解油，而热解油中含有吲哚等对植物发芽生长有抑制作用的物质也是造成这种现象的原因（姜秀艳，2014）。

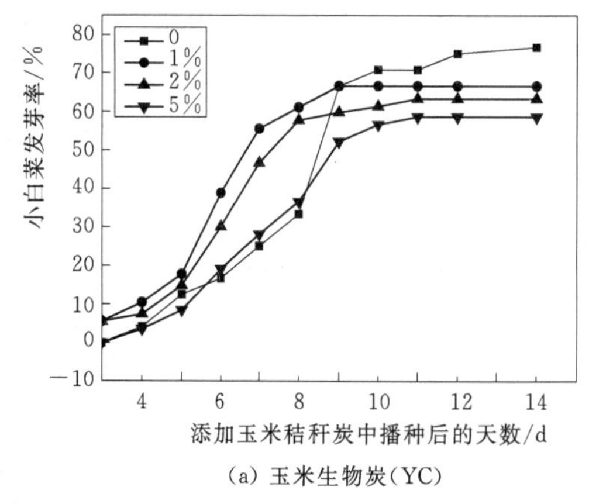

(a) 玉米生物炭(YC)

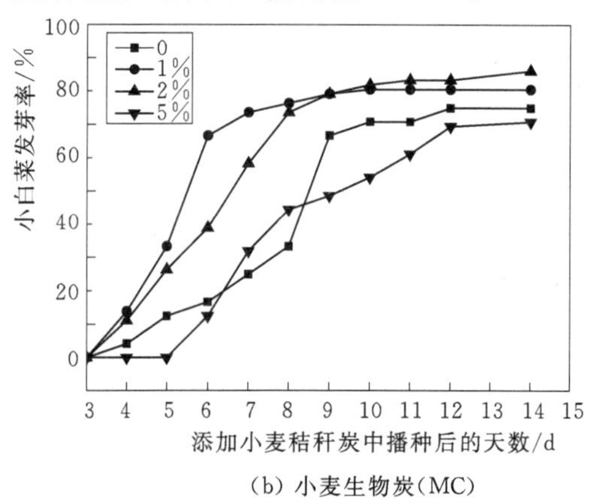

(b) 小麦生物炭(MC)

图4-17 不同生物炭添加比例开情况下的小白菜发芽情况

生物炭对小白菜各生长指标的影响见表 4－7。由表 4－7 可以看出，YC 和 MC 两种生物炭对该碱性土壤中小白菜的根系生长均有促进作用，生物炭添加量越大，促进作用越明显。和对照组相比，5%YC 和 MC 处理后根长分别增加了 20.6%和 14.6%。株高则表现为除 1%MC 处理外，其余处理均抑制了小白菜的株高，并且 YC 的抑制作用明显高于 MC；1%的低添加量的 YC 和 MC 均能促进茎粗和增加叶片数，且 YC 的促进效果比 MC 更明显；尽管 2%YC 处理后的叶片数增加的更明显，但结合其他植株生长指标发现，本研究所用的碱性土壤采用 1%低投量的秸秆生物炭可促进小白菜各生长指标，过量生物炭反而会抑制小白菜的株高、茎粗和叶片数生长（黄超，2011）。这可能是由于在多种生物质的热解过程中会形成自由基，并且会保留在生物炭中，这些自由基可能破坏植物种子的细胞膜，抑制植物种子的发芽和生长；同时，热解过程中生物炭表面吸附的有机酸也不利于植物发芽和生长。此外，有研究发现当生物炭投加量较高时，会加剧表层土壤盐碱化程度（许健，2016），造成土壤中盐分升高，抑制小白菜生长。

表 4－7　　生物炭对小白菜各生长指标的影响

处理	添加比例	根长/cm	株高/cm	茎粗/cm	叶片数/个
YC	0	9.23	20.25	5.87	9.25
	1%	10.18	17.63	6.48	9.50
	2%	10.08	17.30	5.62	10.25
	5%	11.13	18.10	5.89	9.00
MC	0	9.23	20.25	5.87	9.25
	1%	9.68	21.64	6.11	9.40
	2%	10.50	19.08	3.81	9.00
	5%	10.58	19.60	4.24	9.25

结合生物炭处理后碱性土壤中小白菜的生物量（图 4－18）发现，1%低投量 MC 处理该碱性土壤可明显增加小白菜的干重和鲜重的生物量，但其余高投量 MC 处理和所有投量的 YC 处理均显著降低了小白菜的生物量。这表明，对该碱性土壤而言，只有低投量（1%）的 MC 处理能整体提高小白菜的植株各生长指标和生物量。

由图 4－18 还可看出，鲜重和干重的变化有较大的相关性，YC 的投加对小白菜生物量的积累呈抑制效应，并且随着 YC 投加量的增加抑制性增强，三种投加比例下对应的抑制率为 12.6%、12.7%和 22.7%；而投加 1%MC 的小白菜生物量增加了 12%，但随着投加比例的升高也表现出抑制效应，且抑制效应强于 YC。王瑞峰（2016）在 600℃下制备的经 NaOH 改性的几种生物炭能够增加小白菜的鲜重，但玉米秸秆生物炭对鲜重无明显的作用；有人将生物炭与化肥混施到碱性土壤中，提高了大豆的产量，但却会降低小麦和萝卜的产量，可能是由于供试土壤、生长环境、生物炭特性等条件的不同造成与本实验的差异。

3. 生物炭投加量对小白菜品质的影响

叶绿素、可溶性蛋白及硝酸盐含量是植物重要的生理生化指标。叶绿素的含量直接决定了植物光合作用的强弱，从而影响了植物含碳物质的积累。可溶性蛋白是植物体内氮素

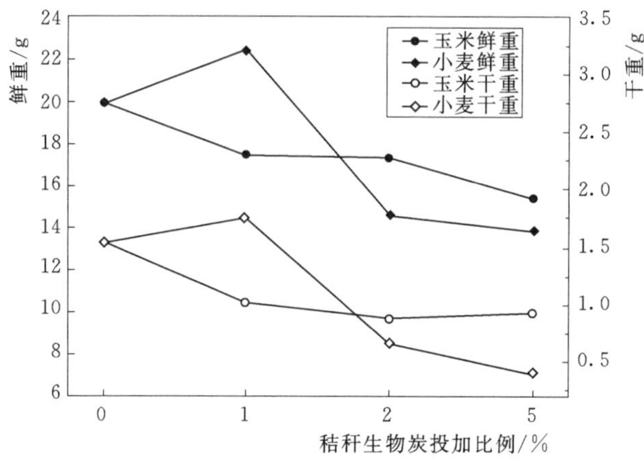

图4-18 添加生物炭对小白菜鲜重和干重的影响

存在的主要形式，其含量多少与植物代谢衰老有密切关系。而植物体内积累的硝酸盐在酶等物质作用下会被还原成亚硝酸盐，亚硝酸盐是一种有毒物质，可以与人体中蛋白质结合生成亚硝胺类强致癌物质（赵风艳等，2001）。因此这三项指标能够较好地反映出小白菜的品质。

图4-19表示的是生物炭投加比例对植物叶片中叶绿素a、叶绿素b及总叶绿素含量的影响情况。由图4-19可见，生物炭处理后，植物叶绿素含量总体呈现增加趋势，且叶绿素a、叶绿素b及总叶绿素含量的增加趋势呈现出较大的相关性。随着MC添加量增加，叶绿素量先增加后减小，在2%达到最大，但5%投加比例下相对空白组仍表现出促进效果。YC的投加对小白菜中叶绿素含量的增加也起到促进作用，但生物炭投加比例与其增加量不具有相关性。

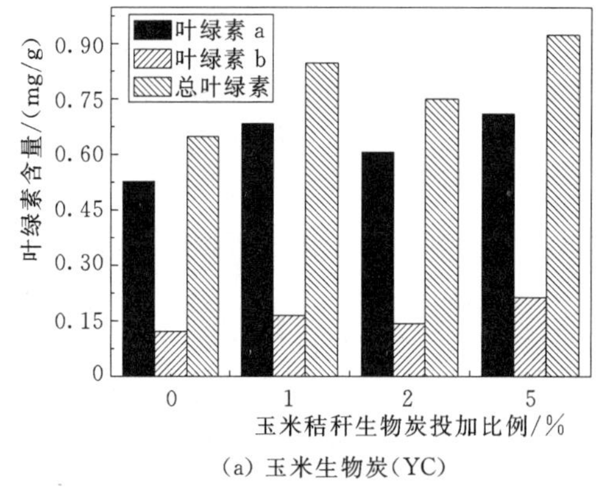

(a) 玉米生物炭(YC)

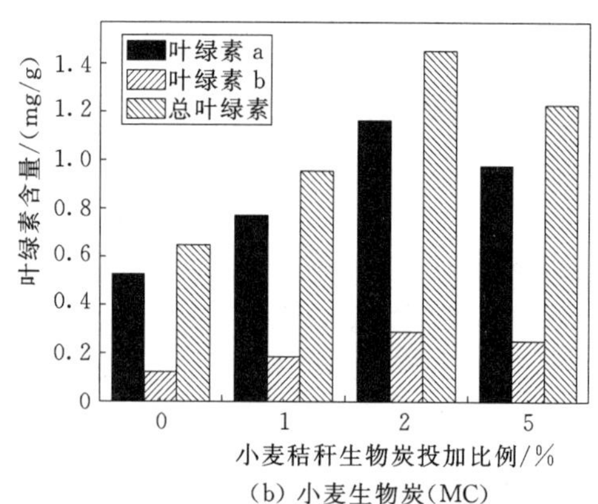

(b) 小麦生物炭(MC)

图4-19 秸秆生物炭添加比例对小白菜叶绿素的影响

生物炭投加比例对小白菜可溶性蛋白含量的影响见图4-20。由图4-20可知，两种秸秆生物炭进入土壤对植物中可溶性蛋白的含量有提高作用，玉米秸秆生物炭对其的作用尤为显著，但随生物炭比例提高增加量逐渐减小。

不同生物炭投加条件下的小白菜中硝酸盐积累情况见图4-21。从图4-21中可以看到，两种出生物炭加入土壤后，小白菜体内的硝酸盐含量均有降低，且1%和2%投加比例处理的硝酸盐含量下降尤为明显，在5%投加比例下相对有所回升，说明一定范围比例的生物炭对小白菜组织中硝酸盐的富集有很好的调控作用，且玉米生物炭（YC）调控作用更强。这可能是由于生物炭的多孔性使它对土壤氮素进行吸附缓释，从而降低了硝酸盐在体内的积累。

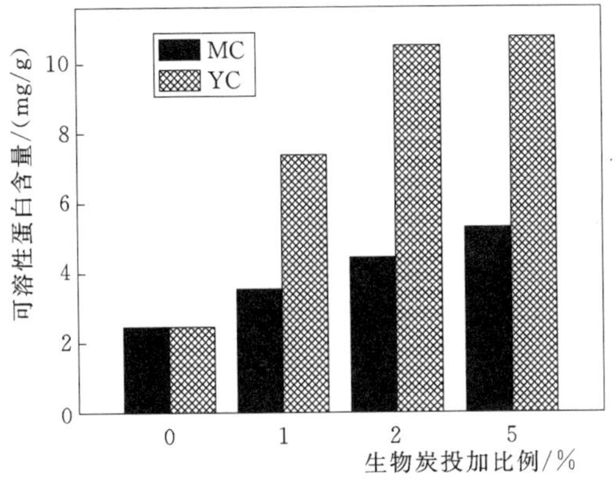

图4-20 生物炭投加比例对小白菜可溶性蛋白含量的影响

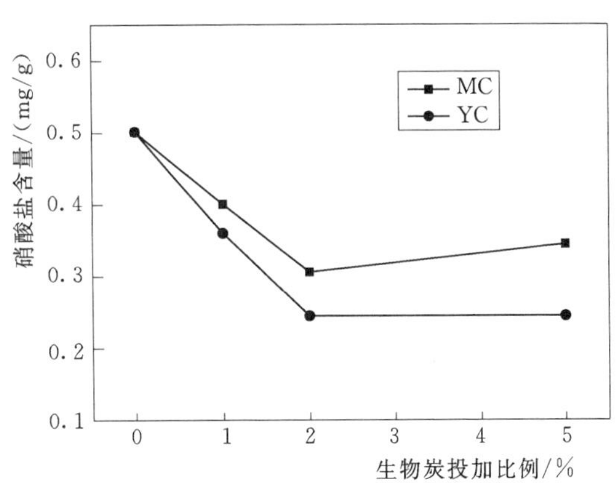

图4-21 不同生物炭投加条件下的小白菜中硝酸盐积累情况

4.1.5 生物炭对土壤养分淋溶状况的影响

生物炭对土壤理化性质的调理作用，势必影响土壤水分性能及养分状况。因此，本研究设置室内土柱模拟试验，考察生物炭对土壤养分存蓄及淋溶的影响。

根据山东省滨州市2016年全年降雨量最大的几个月份（6—9月）设计降雨量，共模拟降水3799mL（相当于484mm降雨量）8次，前4次间隔2天进行一次淋溶，后4次间隔3天进行一次淋溶，每次淋溶量471mL（相当于61mm降雨量），共淋溶8次，共20天。每次收集到的淋溶液充分混匀后，测量淋溶液的体积、pH值、电导率、NH_4^+—N和NO_3^-—N含量。

对淋溶后各编号土柱土壤进行采样。在土壤施肥区域（10cm深度）内进行样品采集，将采集后的土壤自然风干，后用木锤砸碎并磨细后过1mm筛，每个土柱分别采集约40～50g样品，后装在自封袋中并编号，于冰箱冷藏室保存。对各土柱土壤的全氮、全磷、速效氮、速效磷进行检测。

（1）生物炭添加情况下的土壤养分含量状况。对比添加生物炭淋溶后土壤中全氮、有效氮、全磷和有效磷含量，结果见图4-22和图4-23。

由图4-22（a）可以看出，秸秆生物炭对土壤全氮含量的影响与添加比例有关，较高投量的生物炭（2%投量）均能提高土壤的全氮持留量，0.5%的水稻生物炭（DC）也能提高土壤全氮持留量。其余添加比例的四种生物炭的土壤全氮持留量变化不明显。这可能除了与秸秆生物炭自身的结构特性及可溶性氮素有关外，表明生物炭添加量达到一定程度，才能发挥其较明显的固持氮素作用。

与全氮的结果不同，土壤经淋失后，添加较高浓度的（2%）四种秸秆生物炭，土壤

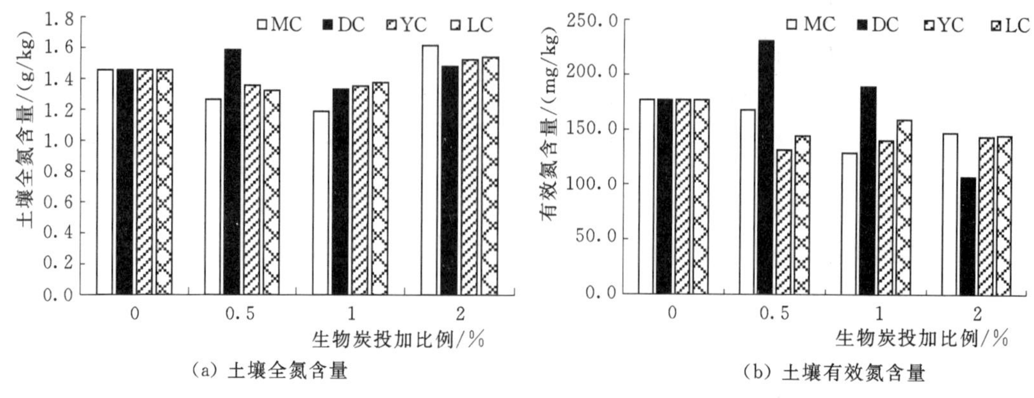

(a) 土壤全氮含量　　(b) 土壤有效氮含量

图 4-22　添加生物炭对淋溶后土壤氮含量的影响

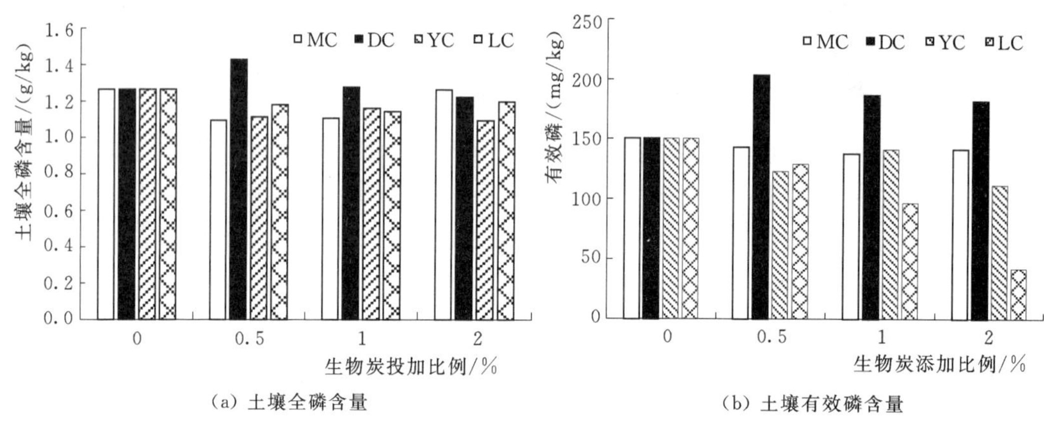

(a) 土壤全磷含量　　(b) 土壤有效磷含量

图 4-23　添加生物炭对淋溶后土壤磷含量的影响

中有效氮的持留量反而降低了［图 4-22（b）］，0.5%和 1%两种添加量的水稻秸秆生物炭（DC）对有效氮的持留能力较为突出，添加其他生物炭的处理效果均不理想。这可能是由于生物炭表面官能团、结构的不同，生物炭表面可产生的正负电荷不同（邱建军，2009），则表现出对于不同营养元素的选择性吸附，同种生物炭（DC）投量过高后，生物炭颗粒距离接近，可能存在同种电荷相斥导致选择性吸附变差的情况存在。这也表明，生物炭的添加存在最佳添加量，要综合各类指标，最终选定最佳添加比例。

对土壤淋溶液中磷素的分析结果表明，0.5%DC 对于土壤中总磷含量的持留效果较好［图 4-23（a）］，而对土壤中有效磷的持留效果，DC 的三个添加比例下持留效果均较为显著，以 0.5%DC 的效果最好［图 4-23（b）］。这表明，不同秸秆生物炭可能由于自身结构特性、磷元素含量的差异使得对土壤磷素的持留性能存在差异。而同一种秸秆生物炭对土壤持留效能也存在最佳添加比例。

综合对照对土壤氮、磷素的持留效能结果，选定能有效抑制土壤淋失氮磷素流失的秸秆生物炭为 0.5%水稻秸秆生物炭（DC）。

（2）生物炭添加情况下土壤氮磷的径流损失。为明确秸秆生物炭是否能抑制径流冲刷带来的土壤氮磷损失，本研究模拟滨州地区的降雨情况，开展了实验室模拟淋溶实验，同步对比明确了添加生物炭是否会抑制径流冲刷带来的氮磷损失。

对铵态氮的分析结果表明，MC、DC和YC处理土壤在淋溶初期基本达到铵态氮的淋失高峰值，峰值随添加量升高而降低（图4-24）。其中，MC除0.5%添加量的土柱在初期径流淋失率略高于CK（0）外，其他两种添加量的淋失率均低于空白，而DC添加后，铵态氮淋失率均比空白要低。YC添加后，初期的径流淋溶铵态氮浓度均比空白低，后期会趋于相对平缓，也没有特别明显的曲线波动。上述三种秸秆生物炭的添加均能在一定程度上抑制径流过程中的铵态氮流失；但芦苇秸秆生物炭（LC）不论添加比例多少，每次淋溶的铵态氮淋失率均比空白处理要高。而从四种秸秆生物炭铵态氮淋失累积量比较来看，添加LC的土壤铵态氮的淋失损失也最为严重（图4-25）。这表明，LC并不能抑制土壤中的铵态氮的流失。

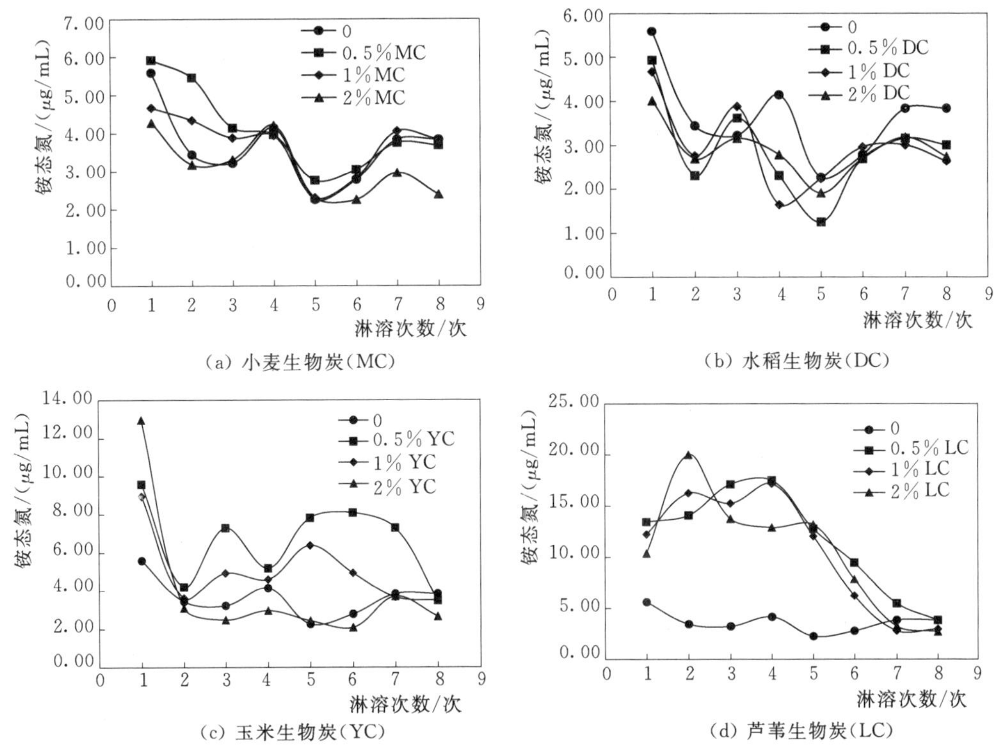

图4-24 秸秆生物炭对径流淋溶液中铵态氮浓度变化的影响

综合径流淋溶液中铵态氮浓度变化与铵态氮淋溶累积量的结果可知，DC能有效控制土壤中的铵态氮的径流损失，较高浓度添加量（2%）的MC也能控制土壤中铵态氮的径流损失，但其余生物炭的添加对铵态氮的径流损失作用的规律性不明显或没有控制效能。

对硝态氮的分析结果表明，四种秸秆生物炭每次淋溶收集到的淋溶液中硝态氮浓度均低于空白处理，而淋出率高峰则出现在淋溶后期（第7次淋溶），之后淋出率开始下降（图4-26）。四种生物炭硝态氮淋失累积量比较来看（图4-27），不论何种添加量，各处理对土壤中硝态氮的淋失率均低于空白，可见添加生物炭可以有效地提高硝态氮的吸附率。

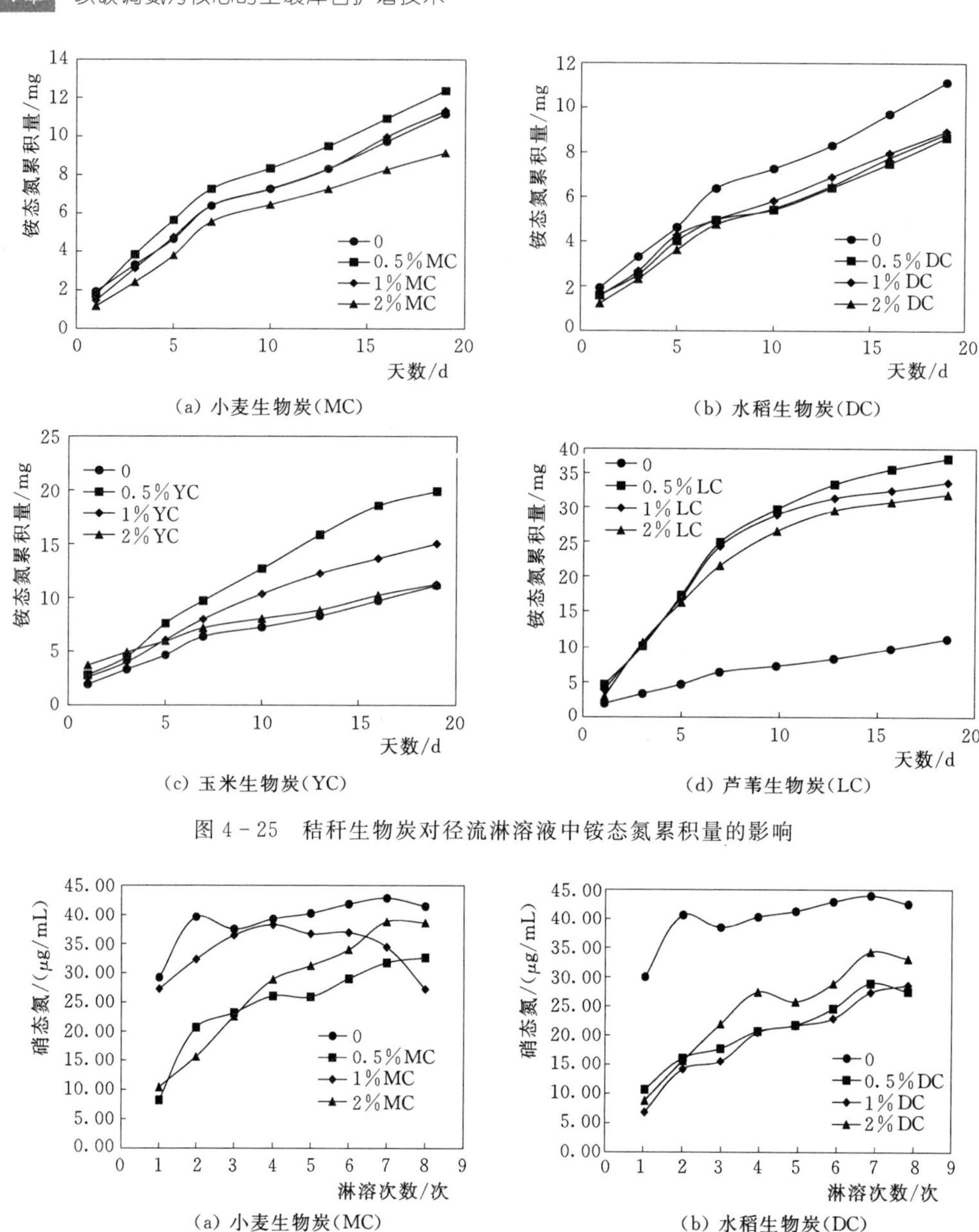

(a) 小麦生物炭(MC)　　(b) 水稻生物炭(DC)

(c) 玉米生物炭(YC)　　(d) 芦苇生物炭(LC)

图 4-25　秸秆生物炭对径流淋溶液中铵态氮累积量的影响

(a) 小麦生物炭(MC)　　(b) 水稻生物炭(DC)

(c) 玉米生物炭(YC)　　(d) 芦苇生物炭(LC)

图 4-26　秸秆生物炭对径流淋溶液中硝态氮浓度变化的影响

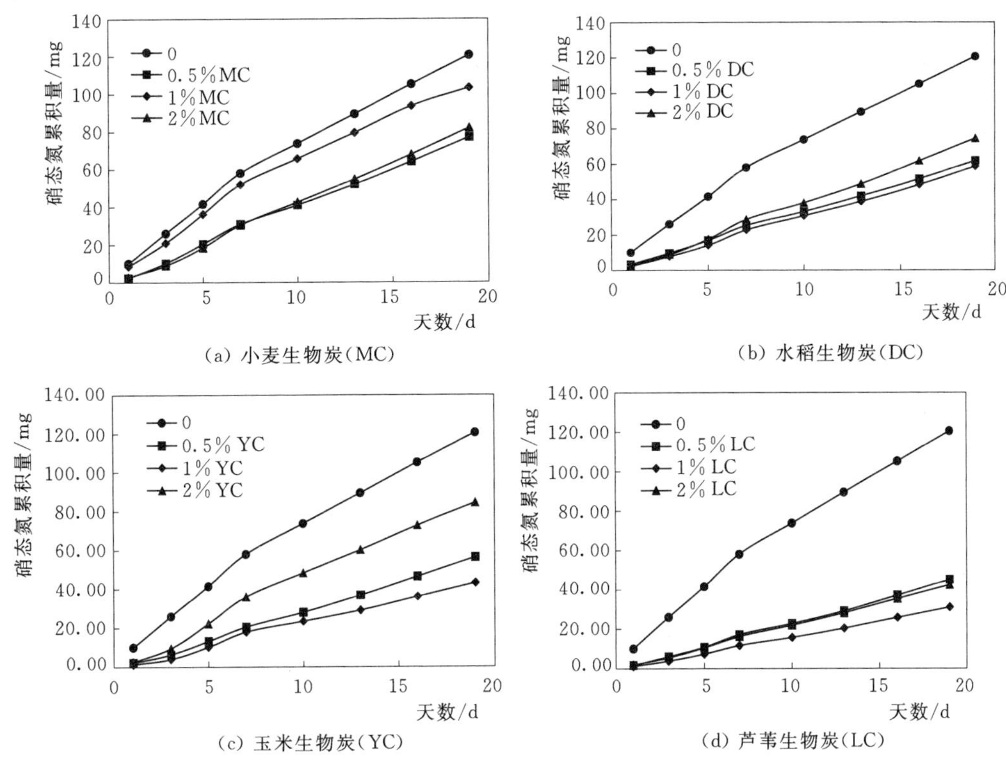

图 4-27 秸秆生物炭添加对径流淋溶液中硝态氮累积量的影响

这表明，四种秸秆生物炭的添加均能控制土壤硝态氮的径流损失，均能明显削弱硝态氮的累计径流淋失损失量。其中，芦苇秸秆生物炭的添加对于硝态氮的吸附效果最好，总体而言，经添加芦苇秸秆生物炭后的土壤经径流冲刷后其径流硝态氮损失均较低。与铵态氮结果对照分析表明，芦苇生物炭对硝态氮具有专属吸附性，而对铵态氮没有吸附效能。本试验中，四种秸秆生物炭添加的硝态氮径流淋失率最低的均不是秸秆生物炭最高添加量（2%）的土柱，而效果最好的分别是低投量的秸秆生物炭，如添加0.5%的MC和1%的DC、YC、LC的处理，表明生物炭可以抑制氮素径流损失，但添加比例要针对具体土壤、具体生物炭选择最佳投量。

分析生物炭能固持两种氮素的原因可能是，生物炭的孔隙度和离子交换能力，但不同种生物炭的孔隙度和交换基团的数量均不相同，不同添加量也会导致加入的生物炭的孔隙度和交换基团总量不同，因此对土壤无机氮的作用也存在着较大差异。因此，实际应用中，需要根据生物炭的不同类型、不同施用量以及土壤类型、施肥情况（本试验采用一次性施肥）来确定合理的施加方式。

秸秆生物炭添加对径流淋溶液中全氮累积量的影响见图 4-28。对全氮的分析结果表明，除1%添加量的小麦秸秆生物炭外，其余投量的四种秸秆生物炭均能有效降低全氮的径流损失，全氮流失累积量平均可减少18.59%，控制全氮最佳的生物炭为芦苇秸秆生物炭。

秸秆生物炭添加对径流过程中总磷浓度损失及总磷累积损失量的影响见图 4-29、图 4-30。结果表明，低添加量（0.5%）的土壤径流过程中的总磷流失量最低，累计总磷损

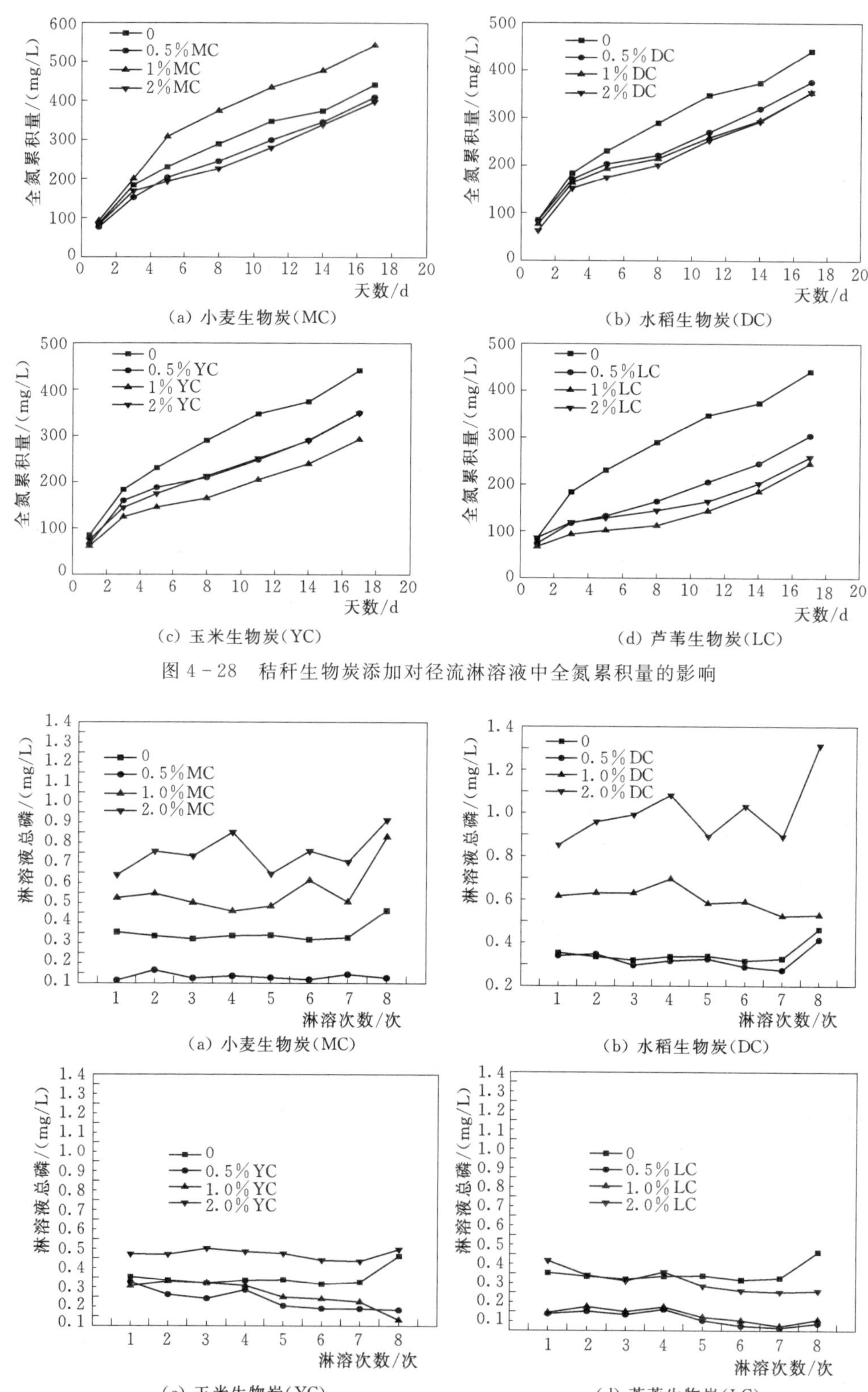

图 4-28 秸秆生物炭添加对径流淋溶液中全氮累积量的影响

图 4-29 添加秸秆生物炭对径流淋溶液中总磷浓度损失的影响

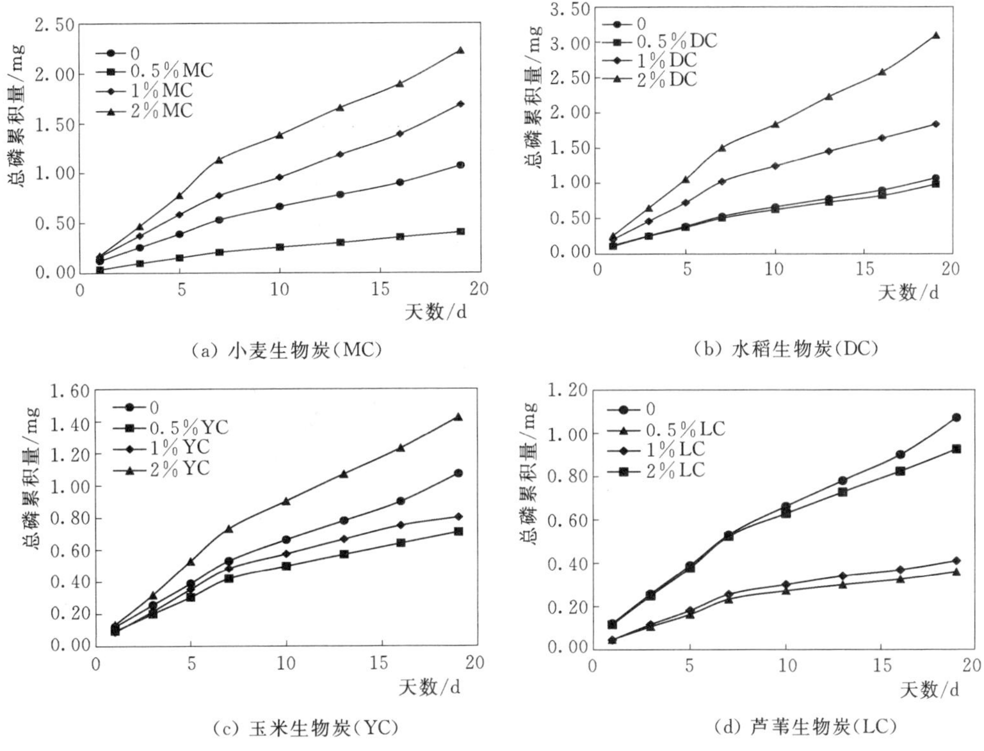

(a) 小麦生物炭(MC)　(b) 水稻生物炭(DC)

(c) 玉米生物炭(YC)　(d) 芦苇生物炭(LC)

图 4-30　添加秸秆生物炭对径流淋溶液中总磷损失累积量的影响

失量也最低，表明低添加量的秸秆生物炭对土壤中磷肥的径流流失抑制效果较好。而四种秸秆生物炭中，LC 的抑制磷流失的效能整体最好，所有添加比例的 LC 均有抑制磷流失的效能。磷素流失量平均减少 41.03%。

综上对氮磷流失的研究结果，可得芦苇秸秆生物炭是筛选出的较为理想的控制全氮、总磷流失生物炭。最佳添加比例为较低的添加比例。

4.2 生物炭对作物根系形态和内生真菌群落多样性的影响

以玉米秸秆粉碎翻压还田为对照（CK），设 3 个处理 C1（4500kg/hm^2），C2（9000kg/hm^2），C3（13500kg/hm^2），生物炭处理是将玉米秸秆全部移除后于小麦季直接撒施于土壤表面后翻耕。采取随机区组设计，3 次重复，每个小区长、宽为 15m×6m=30m^2，小区间隔 1m。种植制度为冬小麦-夏玉米轮作，冬小麦供试作物为济麦 22，采用机械播种，播种量为 300kg/hm^2。施肥量为纯 N：315kg/hm^2，P_2O_5：270kg/hm^2，其中氮肥按照基肥和追肥 1∶1，拔节期追肥，其他肥料整地时做底肥一次性施入。夏玉米供试作物为鲁宁 184，采用机械播种，播种密度 7.50 万株/hm^2。施肥量为纯 N：255kg/hm^2，P_2O_5：45kg/hm^2，K_2O：60kg/hm^2，其中氮肥按照基肥和追肥 6∶4 的比例施入，其他肥料整地时做底肥施入。灌水、除草和喷药等措施与常规田间管理方式一致。所用生物质炭以棉花秸秆为原料烧制，由山东省济南宸铭环卫设备有限公司提供。该生物质炭全氮、全磷、全钾含量分别为 4.88g/kg、0.83g/kg 和 15.98g/kg，pH 值为 7.78。

4.2.1　生物炭对冬小麦根系形态和内生真菌群落多样性的影响

1. 生物炭对冬小麦成熟期根系形态和生物量的影响

冬小麦初生根与次生根的形态和生物量对生物炭的响应见表 4-8。由表 4-8 可见，初生根的总根长、直径和生物量明显低于次生根，比根长却明显高于次生根。两类根对照（CK）的分支密度差异不显著，但在生物炭处理中初生根明显低于次生根。可见，两类根系生长特性不同，对生物炭的响应也存在差异。

由表 4-8 可知，各处理初生根总根长与对照差异不显著；次生根总根长仅 C3 处理显著高出对照处理 7.80%。C1、C2 和 C3 处理的初生根直径显著高出对照 10%、5%、5%；仅 C2 处理次生根直径显著低于对照 13.16%，而 C1 和 C3 处理均与对照处理差异不显著。C1、C2 和 C3 处理中两类根分支密度显著低于对照处理，其中初生根降幅分别为 65.48%、67.26%、83.33%，次生根降幅分别为 30.00%、34.38%、45.63%。C1、C2 和 C3 处理中初生根比根长显著高出对照处理 27.10%、33.57%、68.56%；仅 C3 处理中次生根比根长显著低于对照处理 37.35%，C1 和 C2 处理与对照处理差异不显著。C1、C2 和 C3 处理中初生根生物量显著低于对照处理 18.18%、27.27%、36.36%；C3 处理次生根生物量显著高出对照处理 66.67%，而 C1 和 C2 处理与对照处理差异不显著。

表 4-8　　不同处理根系形态和生物量

根系类型	处理	总根长/cm	直径/mm	分支密度/(枝/cm)	比根长/(m/g)	生物量/g
初生根	CK	345.80±18.61ay	0.20±0.01by	1.68±0.07ax	320.08±47.93cx	0.011±0.00ay
	C1	354.75±4.89ay	0.22±0.01ay	0.58±0.01by	406.81±11.22bx	0.009±0.00by
	C2	358.76±5.78ay	0.21±0.01ay	0.55±0.04by	427.54±14.03bx	0.008±0.00by
	C3	353.36±7.97ay	0.21±0.00ay	0.28±0.01cy	539.52±83.03ax	0.007±0.00by
次生根	CK	710.64±25.29bx	0.38±0.02ax	1.60+0.05ax	119.36+3.55ay	0.06±0.00bx
	C1	716.11±8.70bx	0.35±0.02abx	0.87+0.05cx	110.40+12.98ay	0.07±0.01bx
	C2	718.19±7.83bx	0.33±0.03bx	1.05+0.07bx	110.68+6.29ay	0.07±0.00bx
	C3	766.04±14.13ax	0.36±0.02abx	1.12+0.05bx	74.77+4.72by	0.10±0.01ax

注　数据采用平均值±标准差，a、b 代表不同处理之间的差异性，x、y 代表不同类型根系之间的差异性。

施用生物炭导致初生根比根长显著增加，次生根比根长降低。说明生物炭增强了初生根吸收水分养分能力，降低了次生根吸收水分养分能力。本研究中生物炭施用量 9.0t/hm^2 时，在成熟期初生根生物量降低，直径缩小，加快了次生根死亡速度，说明适宜施用生物炭减少成熟期根的生长冗余，使光合产物更多地向籽粒分配。这与张伟明等（2013）研究生物炭可能降低水稻灌浆期的根冠比，有利于提高根系吸收效率，促进地上部植株生长的结果类似。

施用生物炭后两类根的总根长变化不大，分支密度降低，说明单根长度增加。施用生物炭后冬小麦初生根直径明显变大，延缓生育后期根系衰亡，有利于提高初生根对深层水分和养分转运效率。仅 C2 处理次生根直径显著减小，寿命缩短，提升其吸收能力。初生根和次生根的结构优化，有利于增强后期根系对水分、养分等物质的持续供应能力，促进地上部生物量积累和产量形成。这与李中阳等（2015）通过田间试验发现，表明生物质炭各处理对拔节期冬小麦根系平均直径、总根长和总表面积的增加均有促进作用的结果不同。这可能跟小麦所处的生育时期、土壤类型和生物炭类型以及生物炭用量不同有关。

由表4-9可知，生物炭施用量4.5（C1）～9.0（C2）t/hm^2 时，冬小麦产量显著增加19.49%～28.14%，其中C2处理的有效穗数和产量均显著高于对照处理（表4-9），分别增加10.60%、28.14%。生物炭施用量4.5～13.5t/hm^2 的各处理下穗粒数和千粒质量出现增加趋势，但均未达到显著水平。可见，施用生物炭提高了有效穗数、穗粒数和千粒质量是增产的主要原因，说明适宜的生物炭用量对提高冬小麦产量有重要作用。

表4-9　　不同处理下冬小麦产量和产量构成因素

处理	有效穗数/($10^4/hm^2$)	穗粒数/个	千粒质量/g	产量/(kg/hm^2)
CK	463.43±34.71b	31.77±1.37a	48.90±0.26a	5785.67±167.01c
C1	466.68±12.09ab	32.03±1.39a	49.23±0.45a	6914.29±53.33b
C2	512.58±28.29a	32.90±1.95a	49.60±0.44a	7415.24±55.24a
C3	451.57±22.00b	32.27±1.21a	48.40±0.44a	6085.71±175.09c

注　不同字母表示处理间的差异显著性，字母相同表示无差异，不同表示差异显著。

李中阳等（2015）研究发现，生物炭对冬小麦的有效穗数、穗粒数和千粒质量的提高均有促进作用，以40t/hm^2 的处理增产最多，但随着生物炭施用量的增加，产量反而有所降低，但仍然高于对照处理，这与本研究的结果一致。生物炭施用量13.5t/hm^2（C3）时，导致次生根总根长和生物量明显增加，需要消耗大量的光合产物，故而导致产量降低。有研究表明，生物炭应用在砂质和砂质壤土不仅增加根生物量，而且通过优化根系结构，形成发达根系，提高其抵抗干旱能力（Abiven等，2015）。可见，适量的生物炭通过优化根系形态对作物产量的增加起到促进作用。

2. 生物炭对冬小麦根内生真菌多样性和群落组成的影响

不同处理作物根系内真菌群落多样性指数见表4-10。由表4-10可知，与对照处理相比，C1和C2处理降低两类根内丰富度Chao 1指数，但未达到显著水平，仅C3处理显著降低两类根内Chao 1指数。生物炭显著降低了两类根内生真菌多样性Shannon指数。比较初生根与次生根内生真菌丰富度Chao 1指数发现，各处理差异均不显著。多样性Shannon指数在CK中初生根显著低于次生根，在C1和C2处理中初生根显著高于次生根，C3处理中两者差异不大。

表4-10　　不同处理根系内真菌群落多样性指数

处理	初生根		次生根	
	Chao 1	Shannon	Chao 1	Shannon
CK	553.93±42.23ax	5.58±0.05ay	547.37±9.31ax	6.12±0.06ax
C1	493.70±3.32ax	5.34±0.09bx	511.50±49.11ax	5.10±0.08by
C2	445.13±22.94abx	5.20±0.11bx	485.36±21.06ax	4.62±0.26cy
C3	363.34±27.90bx	4.45±0.23cx	290.31±22.27bx	4.75±0.16bcx

注　数据采用平均值±标准差，a、b代表不同处理之间的差异性，x、y代表不同类型根系之间的差异性。

两类根各处理在门和目 2 个分布水平的真菌群落的丰度见图 4－31。由图 4－31（a）可知，在门分布水平上构成冬小麦灌浆后期初生根内的优势真菌群落为子囊菌门，占初生根全部群落的 74.76%。其他为担子菌门、接合菌门、壶菌门和球囊菌门。与对照处理相比，C1 和 C2 处理显著提高子囊菌门丰度 40.21%、46.20%，C3 处理仅提高 3.37%，与对照差异不显著。C3 处理担子菌门丰度显著高于对照 120.59%，而 C1 和 C2 处理却分别显著低于对照处理 57.85%、58.62%。同时，施用生物炭极大地降低接合菌门、壶菌门和未鉴定杂菌丰度，对球囊菌门丰度影响不大。在常见目分布水平上，对照处理优势菌是肉座菌目（*Hypocreales*）、粪壳菌目（*Sordariales*）和格孢菌目，丰度分别占 12.69%、13.15%、16.94%；而 C1、C2 和 C3 处理优势菌均是格孢菌目，丰度分别为 26.52%、31.82%、23.97%。与对照处理相比，C1 和 C2 处理显著提高肉座菌目、粪壳菌目、巨座壳目（*Magnaporthales*）和格孢菌目丰度，C3 处理仅显著提高巨座壳目和格孢菌目丰度；C1、C2 和 C3 处理显著降低散囊菌目和被孢霉目丰度，其中 C3 处理还显著降低肉座菌目丰度。

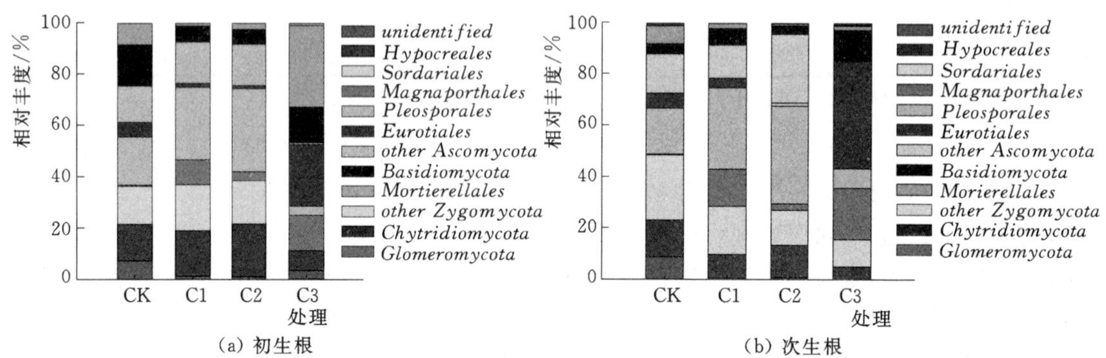

图 4－31 不同处理根系内生真菌门和目水平（子囊菌门和接合菌门的常见目）丰度

由图 4－31（b）可知，冬小麦次生根中内生真菌群落组成同初生根。在门分布水平上次生根中的优势菌门也为子囊菌门，占次生根全部群落 88.47%。与对照处理相比，C1、C2 和 C3 处理的子囊菌门丰度显著提高 16.40%、21.62%、19.08%。C2 处理的担子菌门丰度比对照显著提高 66.34%，C1 和 C3 处理分别显著降低 17.82%、68.32%。施用生物炭还显著降低接合菌门、壶菌门和未鉴定杂菌丰度，对球囊菌门丰度影响不大，与初生根中表现一致。在常见目分布水平上，对照处理优势菌是粪壳菌目丰度占 25.06%；而 C1、C2 和 C3 处理优势菌目均是格孢菌目，丰度分别为 31.40%、37.81%、41.80%。与对照处理相比，C1、C2 和 C3 处理显著提高格孢菌目丰度，而 C1 和 C3 处理还显著提高巨座壳目丰度；C1、C2、C3 处理显著降低散囊菌目和被孢霉目丰度，而 C1 和 C2 处理还显著降低粪壳菌目丰度，C1 和 C3 处理显著降低肉座菌目丰度。

由以上分析可见，施用不同比例生物炭条件下初生根和次生根内真菌群落结构变化规律一致，表现为施用生物炭显著提高了子囊菌门丰度，显著降低接合菌门、壶菌门和未鉴定杂菌丰度，对球囊菌门丰度影响不大。初生根内担子菌门真菌丰度在生物炭用量 4.5～9.0t/hm^2 处理中显著降低，在生物炭施用量 13.5t/hm^2 时显著升高；次生根内担子菌门丰度在生物炭用量 4.5t/hm² 和 13.5t/hm² 处理中显著降低，在生物炭施用量 9.0t/hm² 时显著升高。在常见目水平，生物炭显著提高初生根内子囊菌门中巨座壳目和格孢菌目丰度，显著提高次生根内格孢菌目丰度，同时显著降低两类根内子囊菌门中散囊菌目、接合菌门中被孢霉目真菌丰度。在初生根内，在生物炭施用量 4.5～9.0t/hm² 时，还显著提高肉座菌目和粪壳菌目真菌丰度；在生物炭施用量 13.5t/hm² 时，显著降低肉座菌目丰度。在次生根内，子囊菌门中巨座壳目丰度在生物炭施用量 4.5t/hm² 和 13.5t/hm² 处理中升高，粪壳菌目丰度在生物炭用量 4.5～9.0t/hm² 处理中降低，肉座菌目丰度在生物炭用量 9.0～13.5t/hm² 处理中降低。生物炭对根内真菌影响的研究主要集中在 AM 真菌，对根内其他真菌研究较少。

3. 生物炭对冬小麦不同类型根系形态影响的微生物机制

根系形态指标和内生真菌群落结构的 RDA 分析见图 4-32。数据分析表明，在门水平，初生根内生真菌群落可以解释同类根系形态变异 9.69%；在常见目分布水平上，可以解释根系形态变异的 10.31%。经蒙特卡洛 999 次检验可知，初生根形态受接合菌门、散囊菌目和被孢霉目真菌的显著影响。由图 4-32 (a) 可知，初生根内接合菌门、散囊菌目和被孢霉目真菌丰度与初生根分支密度和生物量呈显著正相关，与总根长、直径和比根长呈显著负相关。在门水平，次生根内生真菌群落可以解释同类根系形态变异 14.26%；在常见目水平，可以解释根系形态变异的 9.36%。经蒙特卡洛 999 次检验可知，次生根形态受格孢菌目和散囊菌目真菌的显著影响。由图 4-32 (b) 可知，次生根内格孢菌目真菌丰度与生物量呈显著正相关，与直径、分支密度和比根长呈显著负相关。冗余分析表明，初生根内子囊菌门内散囊菌目和接合菌门及其被孢霉目真菌丰度与同类根的分支密度和生物量显著正相关，与其总根长、直径和比根长显著负相关。说明，上述真菌能促进冬小麦成熟期的初生根分支密度和生物量增长，却抑制初生根总根长、直径和比根长增长。

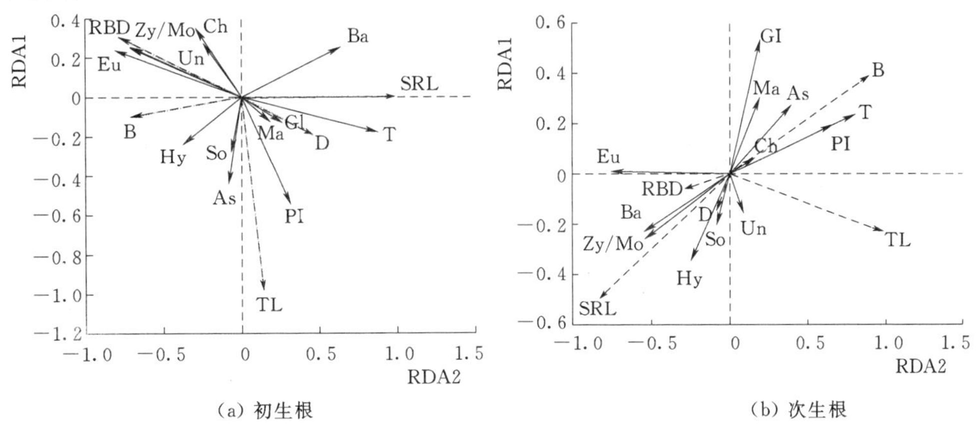

(a) 初生根　　　　(b) 次生根

图 4-32　根系形态指标和内生真菌群落结构的 RDA 分析

注　As: *Ascomycota*; Ba: *Basidiomycota*; Zy: *Zygomycota*; Chy: *Chytridiomycota*; Gl: *Glomeromycota*; Un: *Unidentified fungus*; Hy: *Hypocreales*; So: *Sordariales*; Ma: *Magnaporthales*; Pl: *Pleosporales*; Eu: *Eurotiales*; Mo: *Mortierellales*; TL: 总根长; D: 直径; B: 生物量; RBD: 分支密度; SRL: 比根长; T: 处理（深色字体代表根系形态，浅色字体代表根内生真菌）。

本研究中施用生物炭通过显著降低小麦成熟期初生根内上述真菌丰度，优化初生根形态，促进成熟期初生根对养分和水分的吸收利用。次生根内子囊菌门的格孢菌目真菌丰度与生物量显著正相关，与直径、分支密度和比根长显著负相关。说明，格孢菌目真菌促进次生根生物量增长，抑制直径、分支密度和比根长生长。本研究中发现施用生物炭显著提高次生根内格孢菌目真菌丰度，由于此时小麦成熟，次生根组织开始老化，有利于格孢菌目真菌生长繁殖，故此时次生根生物量有增加趋势。研究发现，在生物炭用量 13.5t/hm^2（C3）时，次生根生物量显著增加，使光合产物向根系分配的比例增加，却不利于地上部籽粒灌浆。另外，本试验中还存在一些不足，试验仅关注了生物炭对根系内生真菌群落结构的变化影响，忽略了根系内生细菌、根际微生物（李发虎等，2017；李明等，2016）以及土壤理化性质对根系形态产生的作用。因此，通过利用根系－内生真菌互利共生，合理施用生物炭，改善土壤环境，还有待进一步开展田间长期定位研究。

经综合比较生物炭对冬小麦根系形态、产量及根际菌群状况，9.0t/hm^2（C2）的生物炭处理效果最为明显，与对照处理相比，小麦成熟期初生根直径、分支密度和生物量分别显著降低 5%、67.26%、27.27%，比根长显著提高 33.57%；次生根直径和分支密度分别显著降低 13.16%、34.38%；有效穗数和产量的增加比例分别为 10.60%、28.14%。

4.2.2 生物炭对夏玉米根系形态和内生真菌群落多样性的影响

1. 生物炭对夏玉米根系形态和生物量的影响

在夏玉米灌浆后期，C1 和 C2 处理的直径显著低于对照，仅 C2 处理的总根长、表面积、体积和生物量显著高于其他处理。由此可见，从根系整体分析，可能忽略了生物炭对不同类型根系形态的调控。由表 4-11 可知，与对照相比，在初生根仅 C1 处理的总根长显著高于对照；在地上节根，C2 处理显著提高总根长、表面积、体积和生物量，C1 处理显著降低直径；在生物炭对地下节根的各形态指标和生物量影响均不显著。由此可见，生物炭可在生长后期保持一定根系总根长、表面积、体积和生物量，有利于满足后期地上部籽粒灌浆对养分的需求。总体上看，在夏玉米生育后期生物炭缩小了初生根的直径，却显著促进后期地上节根的生长，对地下节根的影响不大。

表 4-11 生物炭对夏玉米根系形态和生物量的影响

根系类型	处理	总根长/cm	表面积/cm^2	体积/cm^3	直径/mm	生物量/g
初生根	CK	784.39b	37.40a	0.61a	0.64a	0.18a
	C1	1490.04a	53.12a	0.71a	0.58a	0.28a
	C2	615.14b	43.26a	0.74a	0.62a	0.14a
	C3	571.76b	33.25a	0.51a	0.63a	0.16a
地下节根	CK	1465.62a	146.08a	3.52a	0.96ab	1.06a
	C1	1068.82a	106.68a	2.02a	0.74b	1.23a
	C2	1567.61a	175.29a	3.53a	0.77b	1.05a
	C3	1853.64a	194.89a	5.91a	1.12a	1.38a

续表

根系类型	处理	总根长/cm	表面积/cm^2	体积/cm^3	直径/mm	生物量/g
地上节根	CK	7444.29b	994.65b	29.85b	1.33a	6.69b
	C1	9502.03b	1130.67b	30.62b	0.99b	7.75ab
	C2	18343.81a	2388.92a	54.16a	1.24a	10.53a
	C3	6625.54b	879.12b	28.09b	1.26a	6.01b
总和	CK	9694.30b	1178.12b	33.98b	0.98a	7.94b
	C1	12060.88b	1290.47b	33.35b	0.77c	9.26ab
	C2	20526.56a	2607.47a	58.43a	0.88b	11.72a
	C3	9050.94b	1107.27b	34.50b	1.00a	7.55b

注 不同字母表示处理间的差异显著性，字母相同表示无差异，不同表示差异显著。

2. 生物炭对夏玉米根内生真菌群落组成和多样性的影响

生物炭对夏玉米根系内生真菌多样性的影响见表 4-12。由表 4-12 可知，在初生根，C2 处理 Shannon 指数显著低于对照，C3 处理丰富度 Chao 1 指数和 Shannon 指数显著高于对照。在地上节根，C1、C2 和 C3 处理丰富度 Chao 1 指数和 Shannon 指数均显著高于对照。在地下节根，C1 和 C2 处理丰富度 Chao 1 指数和 Shannon 指数显著低于对照，C3 处理丰富度 Chao 1 指数显著高于对照。

表 4-12　生物炭对夏玉米根系内生真菌多样性的影响

处理	初生根		地下节根		地上节根	
	Chao 1	Shannon	Chao 1	Shannon	Chao 1	Shannon
CK	164.75b	3.30b	236.43b	4.29a	156.58b	2.83b
C1	169.59b	3.26b	172.61c	3.34b	191.25a	3.82a
C2	165.75b	3.02c	176.59c	3.58b	203.87a	3.69a
C3	291.68a	3.75a	302.57a	3.96a	213.34a	3.94a

注 不同字母表示处理间的差异显著性，字母相同表示无差异，不同表示差异显著。

由图 4-33（a）可知，在门分布水平，构成夏玉米成熟期初生根内的优势真菌群落为子囊菌门，丰度占 71.31%～84.36%；其次为担子菌门（0.50%～6.30%），其他接合菌门、壶菌门和球囊菌门，各菌丰度均小于 2%。与对照相比，仅 C3 处理担子菌门丰度显著提高，其他菌门真菌在不同处理之间差异均不显著。在纲水平［图 4-34（a）］，CK 和 C1 处理优势菌纲散囊菌纲，丰度分别为 39.25%和 37.18；C2 和 C3 处理优势菌纲粪壳菌纲，丰度分别为 54.73%和 41.10%。施用生物炭显著提高银耳纲丰度，其中 C1 处理还显著提高座囊菌纲丰度，C2 处理显著提高粪壳菌纲和座囊菌纲丰度，C3 处理显著提高粪壳菌纲和伞菌纲丰度；C2 和 C3 处理显著降低散囊菌纲丰度。在 OTU 水平［图 4-35（a）］，所有处理初生根内生真菌共计发现 442OTUs，共有 OTUs121，占总 OTUs 比例为 27.38%。其中 CK、C1、C2 和 C3 中分别有 218、225、215 和 346OTUs，特有 OTUs 分别为 22、22、18 和 118。C1、C2 和 C3 与对照的相似系数分别是 71.33%、67.90%和 61.35%。

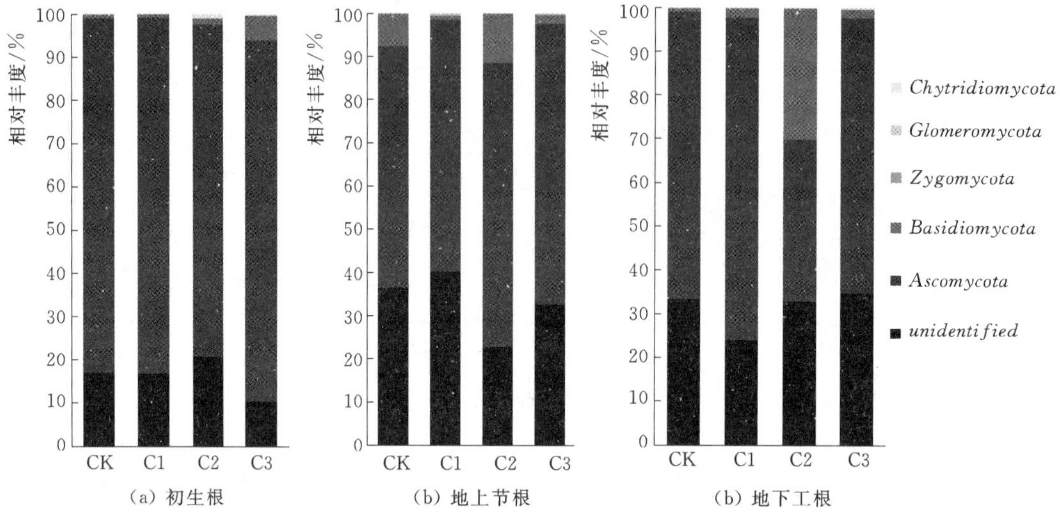

图 4-33 生物炭对夏玉米根内生真菌门水平丰度的影响

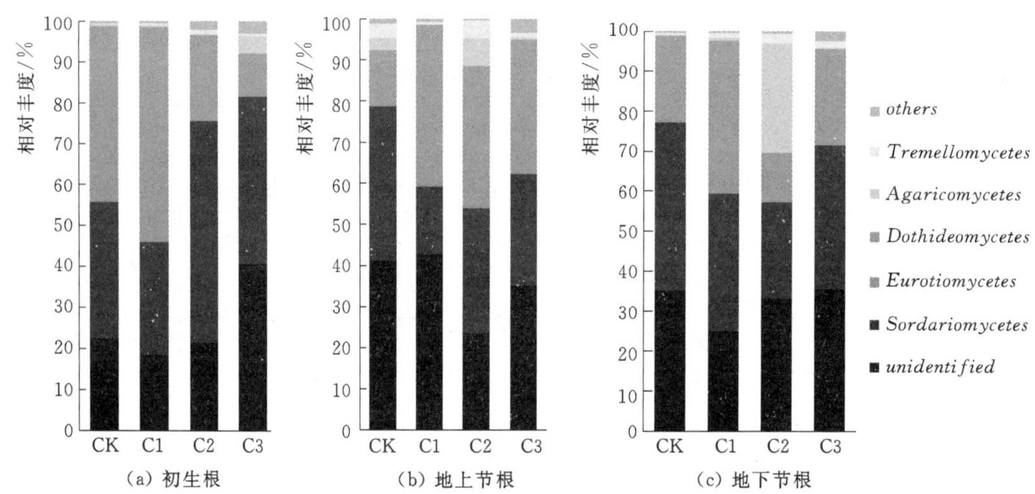

图 4-34 生物炭对夏玉米根内生真菌纲水平丰度的影响

由图 4-33 (b) 可知，在门分布水平，构成夏玉米成熟期地下节根内的优势真菌群落为子囊菌门，丰度占 53.81%～68.51%；其次为担子菌门 (0.58%～13.45%)，其他接合菌门、壶菌门和球囊菌门，各菌丰度均小于 1%。与对照相比，C1 处理显著提高球囊菌门丰度，显著降低担子菌门丰度；C2 处理显著提高子囊菌门和担子菌门丰度，显著降低未分类杂菌丰度；C3 处理显著提高子囊菌门和接合菌门丰度，显著降低未分类杂菌丰度。在纲水平 [图 4-34 (b)]，CK 处理优势菌纲粪壳菌纲，丰度分别为 37.52%；C1、C2 和 C3 处理优势菌纲粪壳菌纲和散囊菌纲，施用生物炭显著提高散囊菌纲丰度，显著降低粪壳菌纲丰度。同时，C1 处理显著提高座囊菌纲丰度，显著降低伞菌纲和银耳纲丰度；C2 处理显著降低座囊菌纲、伞菌纲和未分类杂菌丰度；C3 处理显著提高伞菌纲丰度，显著降低座囊菌纲、银耳纲和未分类杂菌丰度。在 OTU 水平［图 4－35（b）］，所有处理地下节根内生真菌共计发现 522OTUs，共有 OTUs133，占总 OTUs 比例为 25.48%。其中 CK、C1、C2 和 C3 中分别有 218、225、215 和 346OTUs，特有 OTUs 分别为 44、22、14 和 131。C1、C2 和 C3 与对照的相似系数分别是 66.42%、70.15% 和 61.96%。

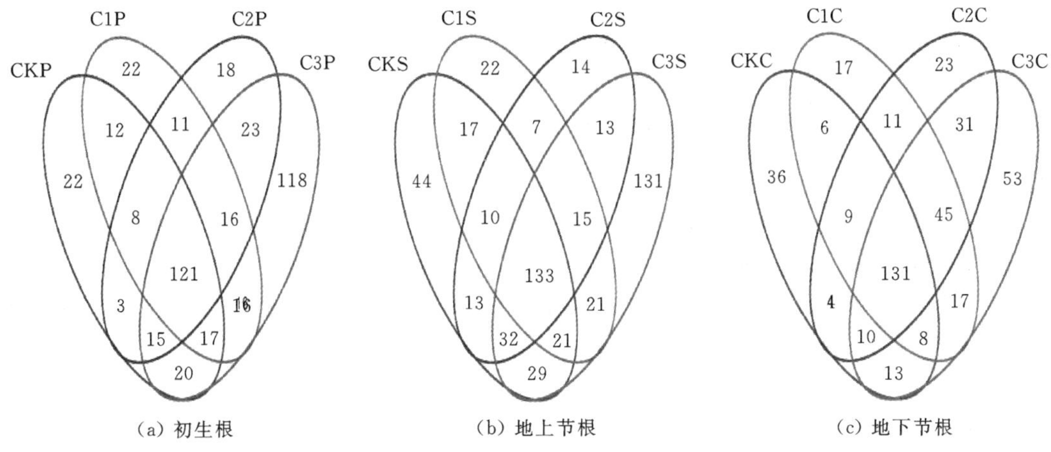

(a) 初生根　　(b) 地上节根　　(c) 地下节根

图 4－35　生物炭对夏玉米根内生真菌特有和共有 OTUs 韦恩图

由图 4－33（c）可知，在门分布水平，构成夏玉米成熟期地上节根内的优势真菌群落为子囊菌门，丰度占 33.39%～74.65%；其次为担子菌门（0.31%～30.59%），其他接合菌门、壶菌门和球囊菌门，各菌丰度均小于 1%。与对照相比，施用生物炭显著提高担子菌门真菌丰度，其中 C1 处理显著提高子囊菌门丰度，显著降低未分类杂菌丰度；C2 处理显著降低子囊菌门和球囊菌门丰度。在纲水平［图 4－34（c）］，CK、C1 和 C3 处理优势菌纲粪壳菌纲，丰度分别为 41.99%、34.42% 和 36.04%；C2 处理优势菌纲粪壳菌纲（24.07%）和伞菌纲（27.13%）。施用生物炭显著提高银耳纲丰度，显著降低粪壳菌纲丰度。同时，C1 处理显著提高座囊菌纲和伞菌纲丰度，显著降低未分类杂菌丰度；C2 处理显著提高伞菌纲丰度，显著降低散囊菌纲丰度。在 OTU 水平［图 4－35（c）］，所有处理地上节根内生真菌共计发现 414OTUs，共有 OTUs131，占总 OTUs 比例为 31.64%。其中 CK、C1、C2 和 C3 中分别有 217、244、264 和 308OTUs，特有 OTUs 分别为 36、17、23 和 53。C1、C2 和 C3 与对照的相似系数分别是 66.81%、64.40% 和 61.71%。

从表 4－13 中可以看出，生物炭各处理亩穗数显著高于对照，C2 和 C3 处理产量显著高于对照；而生物炭对穗粒数和百粒重的影响不大。其中生物炭各处理亩穗数和产量比对照平均提高 10.70% 和 9.87%，其中 C2 处理亩穗数和产量最高，比对照提高 12.94% 和 19.35%。说明，适宜的生物炭用量对夏玉米增产有重要作用。生物炭提高了亩穗数，是增产的主要原因。

表 4-13 生物炭对夏玉米产量和产量构成因素的影响

处理	亩穗数	穗粒数/个	百粒重/g	产量/(kg/hm²)
CK	4768b	576a	29a	14600b
C1	5138a	632a	30a	15191ab
C2	5385a	640a	31a	17424a
C3	5311a	634a	31a	15508ab

注 不同字母表示处理间的差异显著性，字母相同表示无差异，不同表示差异显著。

3. 生物炭对夏玉米不同类型根系形态影响的微生物机制

冗余分析表明，初生根内生真菌群落组成对同类根形态和生物量变异的解释量为7.83%。经蒙特卡罗 999 次检验发现，粪壳菌纲和散囊菌纲对初生根形态和生物量变异有显著影响，解释比例分别为 12.33%和 10.06%。由图 4-36 可见，粪壳菌纲丰度与第一轴呈显著负相关，散囊菌纲丰度与第一轴呈显著正相关。地上节根内生真菌群落组成对同类根形态和生物量变异的解释量为 16.96%。经蒙特卡罗 999 次检验发现，子囊菌门、担子菌门、粪壳菌纲、散囊菌纲和伞菌纲对地上节根形态和生物量变异有显著影响，解释比例分别为 71.73%、0.75%、0.23%、0.40%和 5.44%。地下节根内生真菌群落组成对同类根形态和生物量变异的解释量为 68.25%，无显著影响因子。经蒙特卡罗 999 次检验发现，地下节根内生真菌群落组成对地下节根的形态和生物量变异无显著影响因素。

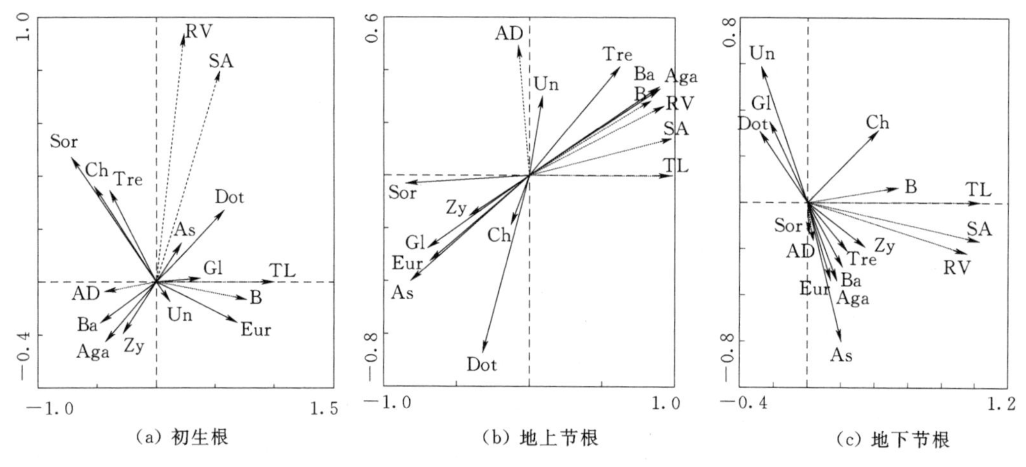

(a) 初生根　(b) 地上节根　(c) 地下节根

图 4-36 不同类型根内生真菌群落组成的 RDA 分析

作物根系的形态结构反映其生理生态功能，与地上部生长发育和产量关系密切。以往的研究将根系作为整体，忽略了根系是由不同结构和功能的根群组成。本研究发现，与对照相比，玉米灌浆后期仅 C1 处理的总根长显著高于对照；C1 处理显著降低地上节根直径，C2 处理显著提高其总根长、表面积、体积和生物量；生物炭对地下节根的形态和生物量影响均不显著。可见，不同类型根系的形态和生物量对生物炭的响应存在差异。同时，说明生物炭激发地上节根通过主动调节自身生理代谢过程，较大幅度地提升了地上节根的吸收能力，优化了拔节期节根结构，增强其生理功能，为地上部营养物质供应、转化与积累提供了重要保障。本研究施加生物炭优化了玉米根系结构，增强根系生理功能，这一结果与蒋健等（2015）和程效义等（2016）的研究结果类似。蒋健等（2015）发现，在玉米生育后期，生物炭在一定程度上延缓了根系衰老，成熟期施生物炭处理根系活力分别比对照高 48.12%和 42.71%。程效义等（2016），发现生物炭增加玉米灌浆期的总根长，根表面积及根系活跃吸收面积。生物炭增加玉米根系表面积和分枝（Abiven 等，2015）。玉米根系直径显著减小，寿命缩短，也有利于提高根系吸收效率。

本研究显示，添加生物炭提高夏玉米 3 类根的 Shannon 指数，同时提高两类节根的 Chao 1 指数，说明施用生物炭对根系内生真菌数量和多样性具有一定的激发效应，使其群落向多样性方向发展，较有利于节根内生真菌物种数量的增加。施加生物炭后导致根系直径变细，含氮量增加，更容易被侵染，因而多样性变得更加丰富。以往研究表明，生物炭能够通过促进菌根菌这一类微生物的生长，特别是提高泡囊丛枝状菌根真菌的侵染与活性（Warnock 等，2007；Blackwell，2008）。如 Solaiman 等（2010）每年添加桉木生物炭 0.6～6t。2 年后，小麦根部丛生菌根（AM）提高 20%～40%，而未添加的土壤中 AM 仅提高 5%～20%，Rillig 等（2010）发现生物炭能促进真菌共生并有效促进 AM 孢子萌发。本研究发现，生物炭施用量在 13.50t/hm^2 时，显著提高了玉米节根中球囊菌门丰度，尤其是地下节根内球囊菌门丰度达 13.63%，提高 5.99 倍。

从相似性来看，地下节根的内生真菌群落相似性高于初生根和地上节根，体现出一定的组织差异性，与对照相比，随着生物炭添加量的增加玉米根中内生真菌的相似性出现降低趋势，这可能是由于施加生物炭后根系内生真菌的多样性更加丰富，且具有一定的专一性造成的。本研究还发现根内真菌中还有很多未分类或是未确定种属的物种，它们虽受到生物炭的影响，但其功能和特点尚不清楚，还有待通过深度测序或利用其他先进手段对其进行更细致的分类研究，并结合根际土壤的相关指标进行深入探索。

综合上述分析，可得以下结果：

（1）生物炭对夏玉米灌浆后期根系形态的影响主要集中在地上节根，C1 处理显著提高初生根的总根长，C2 处理显著提高地上节根的总根长、表面积、体积和生物量。总体而言，C2 处理对根系形态的影响较其他处理更为明显。

（2）在初生根内，仅 C3 处理担子菌门丰度显著提高，其他菌门真菌在不同处理之间差异均不显著。施用生物炭显著提高银耳纲丰度，其中 C1 处理还显著提高座囊菌纲丰度，C2 处理显著提高粪壳菌纲和座囊菌纲丰度，C3 处理显著提高粪壳菌纲和伞菌纲丰度；C2 和 C3 处理显著降低散囊菌纲丰度。在地上节根内，施用生物炭显著提高银耳纲丰度，显著降低粪壳菌纲丰度。在地下节根内，施用生物炭显著提高散囊菌纲丰度，显著降低粪壳菌纲丰度。同时，C1 处理显著提高座囊菌纲丰度，显著降低伞菌纲和银耳纲丰度；C2 处理显著降低座囊菌纲、伞菌纲和未分类杂菌丰度；C3 处理显著提高伞菌纲丰度，显著降低座囊菌纲、银耳纲和未分类杂菌丰度。生物炭降低了与对照处理的相似系数，同时也缩小了 3 类根与对照处理的相似系数。

（3）冗余分析表明，初生根、地下节根和地上节根内生真菌群落组成对同类根形态变异的解释量为 7.83%、68.25%和 16.96%。其中初生根受粪壳菌纲和散囊菌纲显著影响；地上节根受子囊菌门、担子菌门、粪壳菌纲、散囊菌纲和伞菌纲真菌显著影响。

4.3 不同有机物料还田增效减负技术

生物炭是有机物料在低氧条件下经高温热解得到的一种富碳固态物质。生物炭具有很高的稳定性，本身呈碱性，较大碳氮比，空隙发达，表面积巨大，并且还具有官能团丰富等特点，可作为土壤改良剂而用于改变土壤理化性质，进而影响土壤氮素转化。

有机肥是我国最传统的农业肥料，是化肥的有效替代品，比化肥更能持久的释放养分，施加有机肥能够提高土壤质量，增加土壤有机质和作物所必需的养分。农田施加有机肥可改变氮素的输入形态，为微生物活动提供了碳源和氮源，改变土壤 C/N，进而影响土壤氮素转化。

鉴于生物炭和有机肥的添加可提升土壤肥力、改善土壤环境，使农作物在良好的土壤环境下，获得稳产高产。而有机物料的缓效性及环境友好性，也使其成为化肥的主要替代品，对于修复恶化的土壤环境具有重要作用。因此，本研究在大田试验中，尝试使用不同的有机物料，希望以此改变土壤理化性质，起到对土壤和作用提质增效的重要作用。

试验在山东省滨州市滨城区滨北镇中裕生态产业园进行，该地区属于温带大陆性季风气候，多年平均气温 12.7℃，平均地面温度 14.7℃，平均日照时数 2632.0 h，年平均降水量 564.8 mm，降水多集中在 7—8 月。作物种植方式为冬小麦-夏玉米轮作，土壤类型为盐碱土，2016 年试验前土壤的基本理化性质见表 4 - 14。

表 4 - 14　试验前土壤的基本理化性质

样品	有机质 /(g/kg)	全氮 /%	全钾 /%	速效磷 /(mg/kg)	水解性氮 /(mg/kg)	速效钾 /(mg/kg)
0～20cm	13.7	0.09	2.1	70.6	83.4	227.0
20～40cm	10.7	0.06	2.1	22.0	46.5	146.9

采用大田小区试验，每个小区面积为 $14m\times10m=140m^2$。试验共设置 6 个处理，每处理 3 个重复。各处理基肥用量与当地施肥一致，生物炭、有机肥、磷肥作为基肥一次性施入，氮肥中 1/3 尿素作为基肥，2/3 尿素追肥。试验设置对照 CK [N：200kg/(hm^2 · a)，P_2O_5：120kg/(hm^2 · a)]、C1 [5t/(hm^2 · a) 生物炭]、C2 [10t/(hm^2 · a) 生物炭]、C3 [20t/(hm^2 · a) 生物炭]、M1 [7.5t/(hm^2 · a) 有机肥]、M2 [10t/(hm^2 · a) 有机肥] 6 个处理。生物炭、有机肥及基肥尿素、磷酸二胺由人工均匀撒施，小区旋耕 15cm。

4.3.1 生物炭和有机肥配施对土壤理化性质的影响

1. 土壤温度和含水量

施加生物炭和有机肥对 0～5cm 土壤温度并没有产生显著影响，玉米季和小麦季平均土壤温度为 26.5℃和 15.2℃（图 4 - 37）。土壤温度主要随季节的变化而变化。土壤孔隙含水量（Water - Filledporespace，WFPS）主要受降水事件的影响。玉米季中，土壤 WFPS 主要在 45.7%～73.0%范围内（图 4 - 38），而小麦季主要变化范围为 19.6%～

58.8%。WFPS最高值出现在7月和8月。生物炭处理增加了玉米季中平均WFPS，但对小麦季WFPS影响并不显著。相比CK，其他处理对土壤WFPS并没有产生显著影响，各处理间并不存在显著性差异。

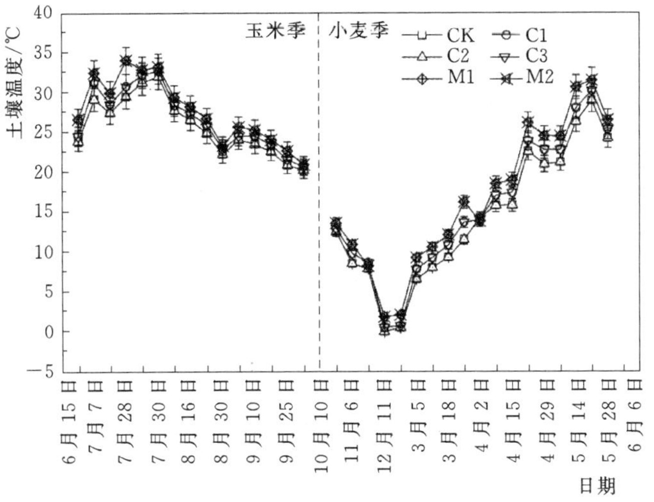

图4-37 施加生物炭和有机肥对土壤温度的影响

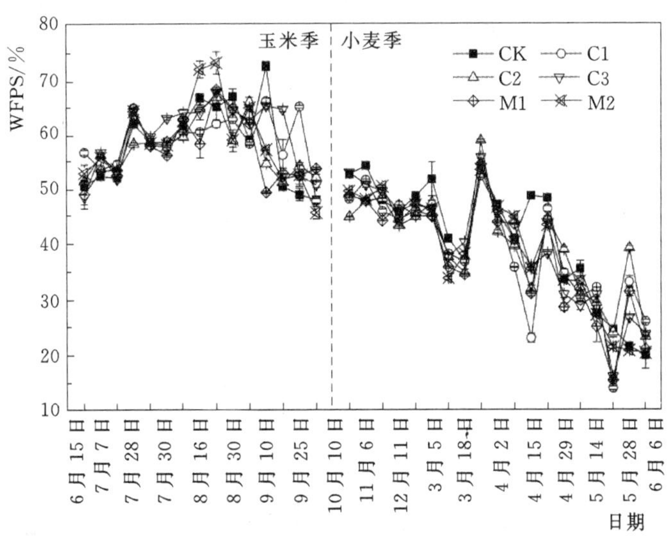

图4-38 施加生物炭和有机肥对土壤孔隙含水量的影响

2. 土壤pH值

施加生物炭和有机肥均显著降低了土壤pH值（图4-39）。在玉米季，施加生物炭降低了土壤pH值0.07～0.11个单位，有机肥使土壤pH值降低了0.19～0.25个单位，并随着生物炭和有机肥施用量的增加，pH值降低越明显。在小麦季，对于生物炭处理来说，仅有C2处理显著降低了土壤pH值，降低了0.09个单位。而有机肥处理则与玉米季的结果类似，有机肥处理中pH值降低了0.39～0.53个单位。

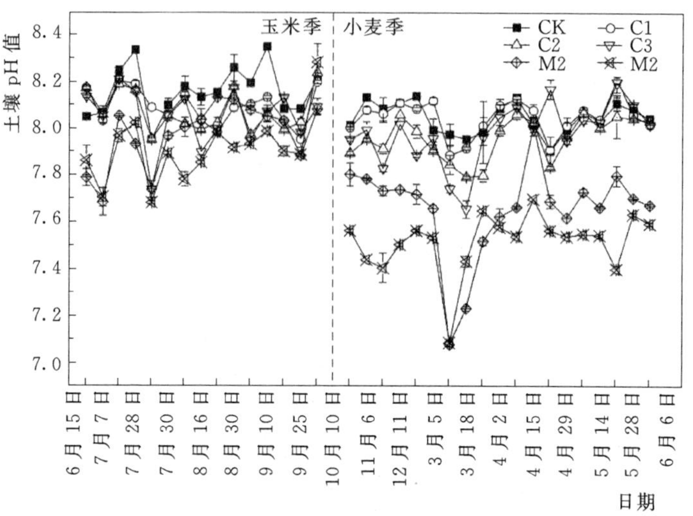

图 4-39 施加生物炭和有机肥对土壤 pH 值的影响

3. 土壤铵态氮（NH_4^+—N）

在整个玉米生育期中，施加生物炭和有机肥对土壤 NH_4^+—N 影响较小（图 4-40）。与 CK 相比，C1、C2、C3、M1 和 M2 处理中 NH_4^+—N 并没有显著差异性，变化范围均在 1.34～1.94mg/kg，仅在施肥和追肥后表现出轻微的增长。在小麦季土壤 NH_4^+—N 平均变化范围在 2.88～16.94mg/kg。相比 CK，C2、C3、M1 和 M2 均增加了土壤 NH_4^+—N 含量。

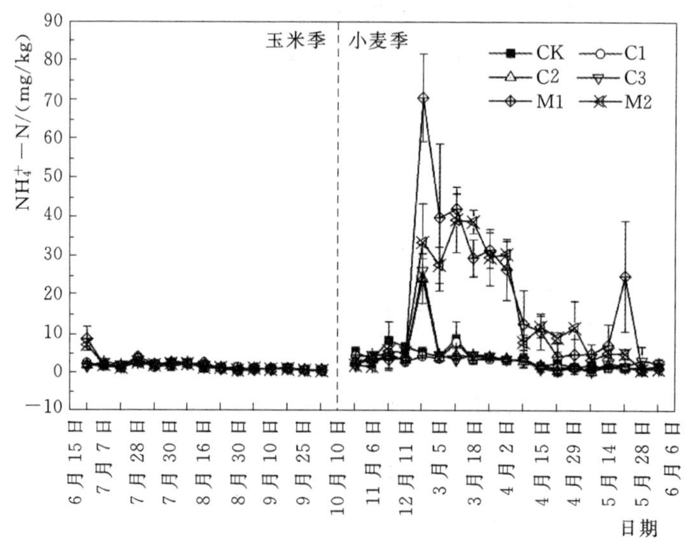

图 4-40 施加生物炭和有机肥对土壤 NH_4^+—N 的影响

4. 土壤硝态氮（NO_3^-—N）

在整个试验期间，施加生物炭和有机肥对土壤 NO_3^-—N 的影响显著，均增加了土壤

NO_3^-—N 含量（图 4-41）。在玉米季，对于土壤平均 NO_3^-—N 含量来说，相比 CK，C1、C2、C3、M1 和 M2 处理分别增加了 43.8%、68.7%、74.5%、123.4%和 242.3%，其中 C2 处理与 M1 处理间存在显著性差异。在小麦季生育期中，仅有 M1 和 M2 处理中 NO_3^-—N 含量显著增加了 302.4%和 422.2%。

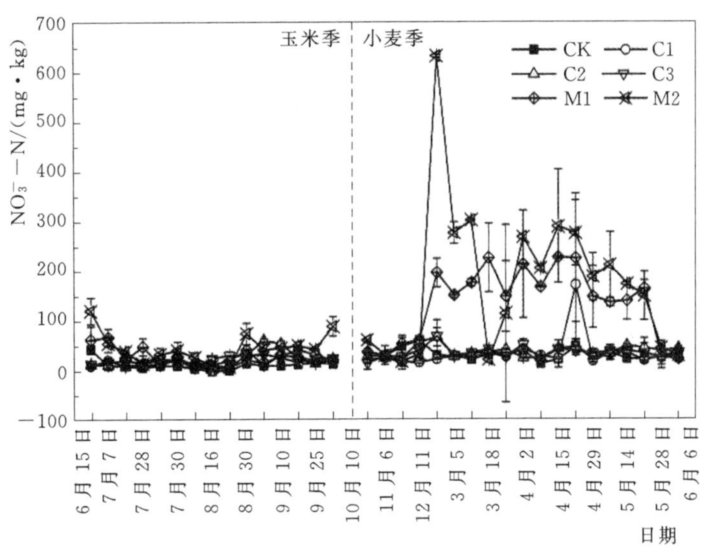

图 4-41 施加生物炭和有机肥对土壤 NO_3^-—N 的影响

总之，施加生物炭和有机肥显著降低了土壤 pH 值，增加了小麦季土壤 NH_4^+—N 含量。施加生物炭仅增加了玉米季 NO_3^-—N 含量 43.8%～74.5%，而有机肥的施加增加了整个小麦—玉米轮作系统的土壤 NO_3^-—N 含量 123.4%～422.2%。但是对土壤含水量并没有产生显著影响。施加生物炭降低了 26.1%～56.3%年平均 N_2O 排放量，而有机肥增加了 59.2%～183.2%。

4.3.2 生物炭和有机肥配施对土壤氮损失的影响

1. 土壤氮的淋失状况

施加生物炭降低了土壤淋溶 NH_4^+—N 含量（图 4-42），其浓度变化范围为 1.5～2.3mg/L，C1、C2 和 C3 处理分别降低了淋溶 NH_4^+—N 34.9%、33.0%和 6.3%。施加生物炭同样降低了土壤林溶液中 NO_3^-—N 含量（图 4-43），在 C1、C2 和 C3 处理中，淋溶液中 NO_3^-—N 含分别降低了 55.9%、37.2%和 47.7%。

施加不同量生物炭对土壤淋溶 TN 的影响并不一致（图 4-44），在 C1 处理中，土壤淋溶中 TN 含量并没有发生明显变化，而在 C2 处理中生物炭增加了 TN 含量，增加了 20.7%。但是在 C3 处理中 TN 则降低了 12.1%。生物炭对土壤淋溶中 TP 的影响也表现出不一致（图 4-45），施加 5t/(hm^2·a) 生物炭（C1）增加了淋溶 TP 浓度，增加了 68.2%，而施加 10（C2）和 20（C3）t/(hm^2·a) 生物炭则降低了淋溶 TP 的浓度，分别降低了 35.9%和 15.1%。

施加生物炭平均降低了淋溶 NH_4^+—N 和 NO_3^-—N 浓度达 37.2%～55.9%和 6.3%～34.9%。施加 5t/(hm^2·a) 生物炭（C1）增加了淋溶 TN 浓度，增加了 20.7%，而施加

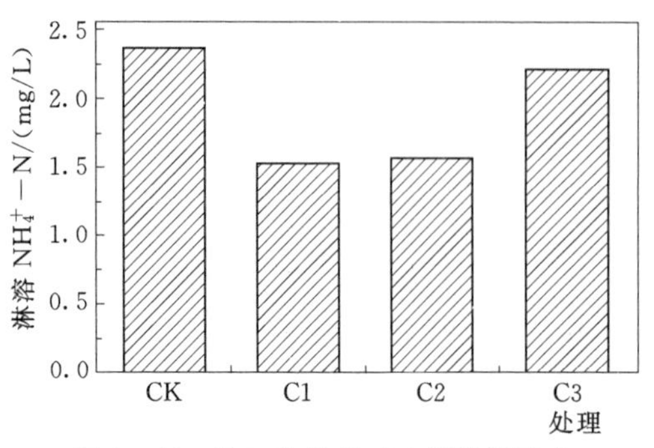

图 4-42 施加生物炭对土壤淋溶液中 NH_4^+ —N 的影响

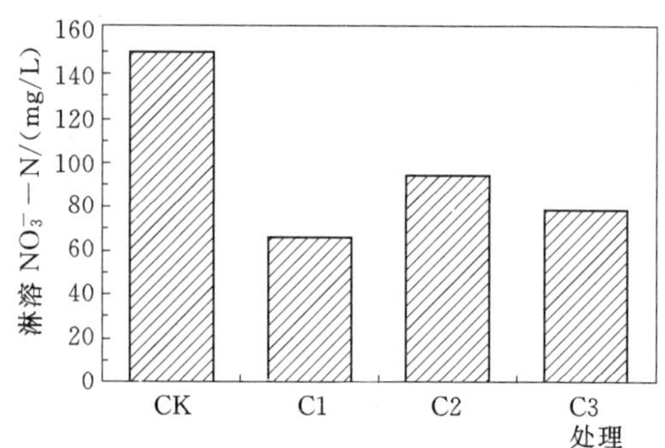

图 4-43 施加生物炭对土壤淋溶液中 NO_3^- —N 的影响

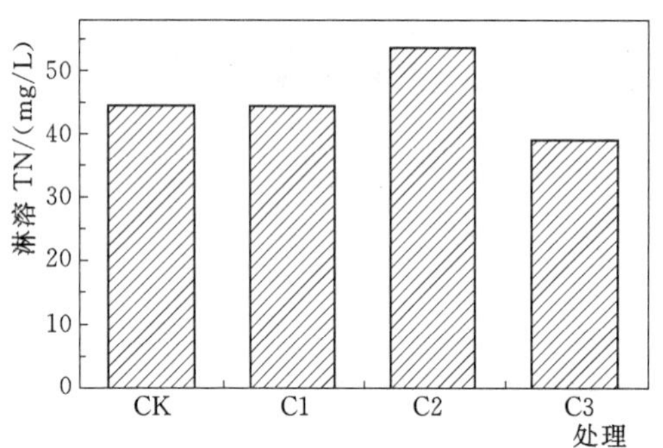

图 4-44 施加生物炭对土壤淋溶液中全氮的影响

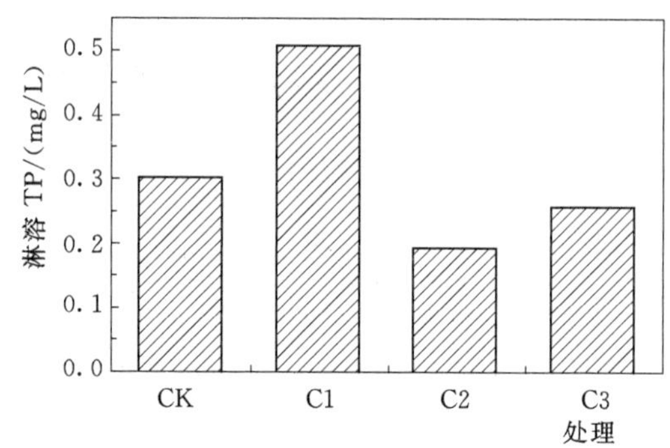

图 4-45 施加生物炭对土壤淋溶液中全磷的影响

20t/(hm^2·a) 生物炭(C3)仅降低了 12.1%。对于淋溶中 TP 浓度，施加 10t/(hm^2·a) 生物炭(C2)和 20t/(hm^2·a) 生物炭(C3)分别降低了 35.9%和 15.1%，而施加 5t/(hm^2·a) 生物炭(C1)则增加了 68.2%TP 浓度。

2. 土壤氮的径流损失

施加生物炭降低了土壤径流 NH_4^+ —N 含量(图 4-46)，并随着生物炭施加量的增加而减少。在 C1、C2 和 C3 处理中流 NH_4^+ —N 浓度分别降低了 12.1%、25.9%和 29.4%。但是施加生物炭则增加了径流中 NO_3^- —N 的浓度，C1、C2 和 C3 分别增加了 20.7%、54.6%和 10.5%(图 4-47)。

施加生物炭对土壤径流中 TN 浓度的影响并不明显(图 4-48)，施加 5t/(hm^2·a) 生物炭(C1)增加了 5%TN 浓度。而施加 10t/(hm^2·a)(C2)和 20t/(hm^2·a)(C3)生物炭分别降低了 7.3%和 7.0%TN 浓度。而对于径流中 TP 浓度(图 4-49)，在施加 10t/(hm^2·a)(C2)生物炭处理中径流 TP 浓度最高，相比对照增加了 72.4%。而 C1 和 C3 处理也分别增加了 30.7%和 12.6%。

综上所述，对于土壤径流，施加 5t/(hm^2·a) 生物炭(C1)仅降低了径流中 NH_4^+ —N 浓度(12.1%)，增加了径流中 NO_3^- —N(20.7%)、TN(5.0%)和 TP(30.7%)浓度。施加 10t/(hm^2·a) 生物炭(C2)降低了 NH_4^+ —N 和 TN 浓度，分别降低 25.9%和 7.3%，而增加了 NO_3^- —N 和 TP 浓度达 54.6%和 72.4%。施加 20t/(hm^2·a) 生物

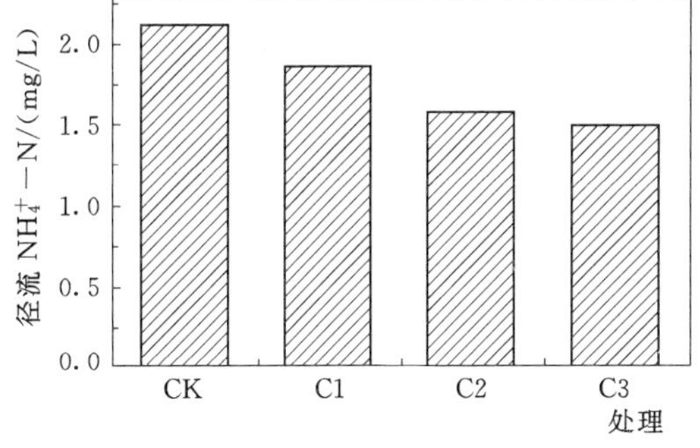

图 4-46 施加生物炭对土壤径流中 NH_4^+-N 的影响

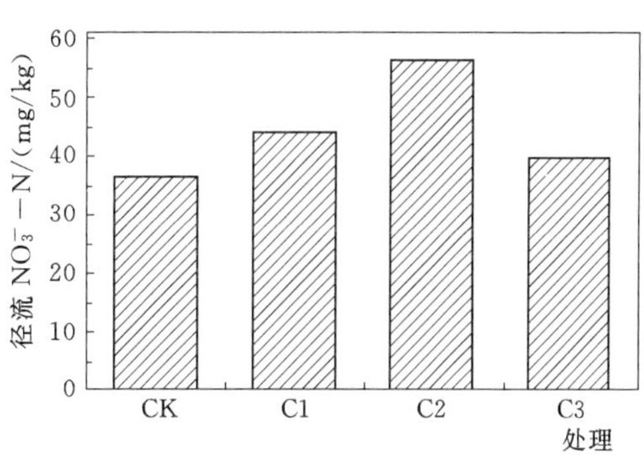

图 4-47 施加生物炭对土壤径流中 NO_3^--N 的影响

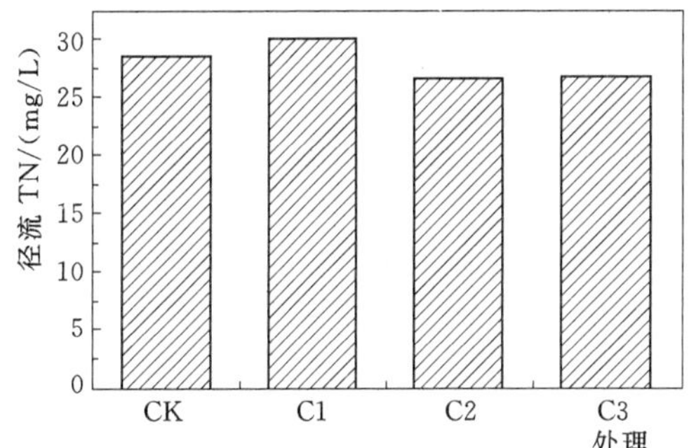

图 4-48 施加生物炭对土壤径流中全氮的影响

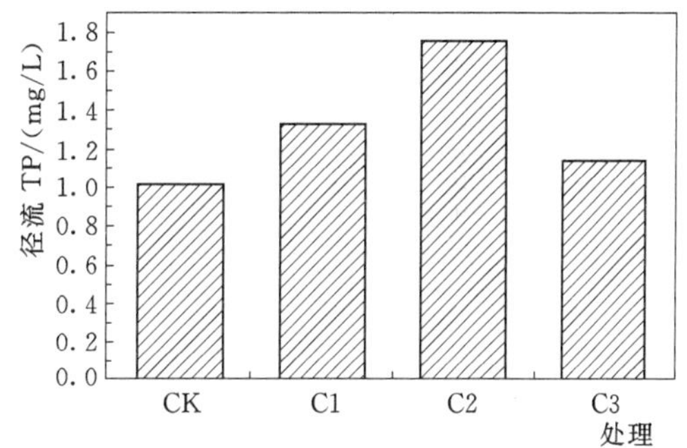

图 4-49 施加生物炭对土壤径流中全磷的影响

炭（C3）同样降低了 NH_4^+-N 和 TN 浓度，分别降低 29.4%和 7.0%，同时增加了径流 NO_3^--N（10.5%）和 TP（12.6%）浓度。

3. 土壤氮素的气态损失

小麦—玉米轮作系统中，C1、C2、C3、M1 和 M2 处理中 N_2O 排放通量如图 4-50 所示，呈不规则多峰曲线。在整个小麦季中，N_2O 排放通量通常比较低［<10μgN_2O—N/(m^2·h)］，甚至出现负值。整个玉米生育期，在所有处理中，基肥和追肥后均会刺土壤 N_2O 的大量排放。追肥后 N_2O 大量排放约持续 1 周，占年平均 N_2O 排放量的 40%～60%。在玉米季中，最高 N_2O 排放通量出现在 2016 年 6 月 20 日施加基肥之后，M1 和 M2 峰值分别为 7641.6μg/(m^2·h) 和 3859.7μg/(m^2·h)。第二次 N_2O 排放通量峰值出现在 2016 年 7 月 19 日追肥后，M1 和 M2 峰值分别为 4443.2μg/(m^2·h) 和 1336.2μg/(m^2·h)。而生物炭处理在 2016 年 6 月 20 日降低了 76.4%（C1）、59.1%（C2）和 69.3%（C3）N_2O 排放通量；2016 年 7 月 19 日在 C1、C2 和 C3 处理中分别降低了 77.2%、59.8%和 44.2% N_2O 排放量。小麦季中的峰值远远小于玉米季，2016 年 10 月 23 日施加基肥后，M1 和 M2 处理中峰值分别为 109.09μg/(m^2·h) 和 112.85μg/(m^2·h)。但是生物炭处理则降低了 N_2O 排放量达 62.4%（C1）、84.1%（C2）和 42.4%（C3）。

玉米季和小麦季各处理 N_2O 累积排放量如图 4-51 所示。在玉米季中，与对照相比，在 C1 和 C2 处理中，N_2O 累积排放量分别降低了 54.0%和 47.7%，而在小麦季则降低了

63.2%和62.2%。而在有机肥处理中则增加了 N_2O 累积排放量。玉米季中 M1 和 M2 处理中，N_2O 累计排放量分别增加 311.1%和 69.5%，但是在小麦季中有机肥对 N_2O 累积排放量影响并不显著。总体而言，施加生物炭降低了 26.1%～56.3%年平均 N_2O 排放量，而有机肥增加了 59.2%～183.2%。

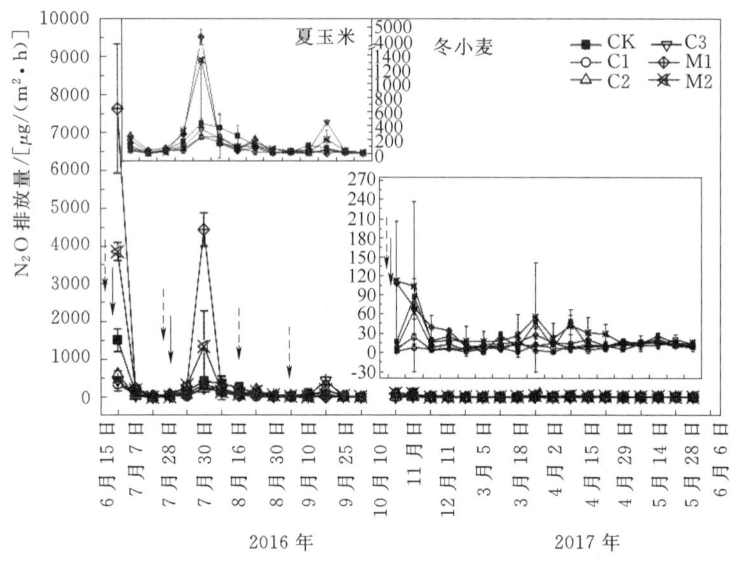

图 4-50 施加生物炭和有机肥对土壤 N_2O 排放通量的影响

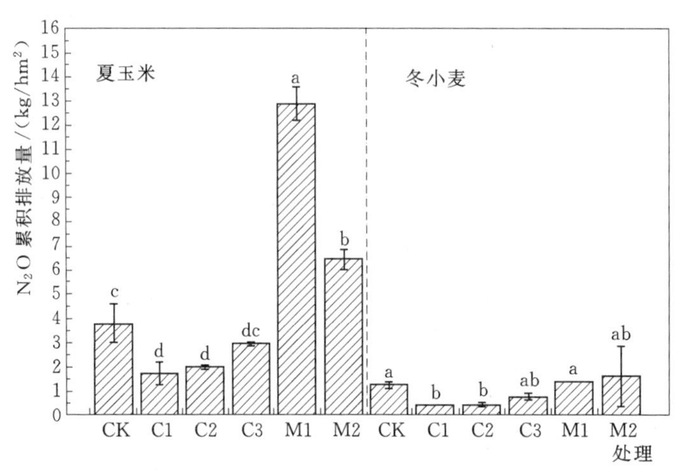

图 4-51 施加生物炭和有机肥对土壤 N_2O 累积排放量的影响

4.3.3 生物炭和有机肥配施对作物产量的影响

施加生物炭和有机肥对玉米（除 M1）和小麦（除 C2）产量有增加的趋势［图 4-52］。在玉米季，C1、C2、C3、M2 处理与 CK 相比，玉米产量有增加的趋势，但没有显著性差异，而 M1 处理玉米产量降低，降低效果显著［图 4-52（a）］。

对小麦产量而言，仅 C2 处理出现产量降低的趋势，C1、C3、M1、M2 处理的产量均有增加的趋势，但各处理间并无显著性差异［图 4-52（b）］。

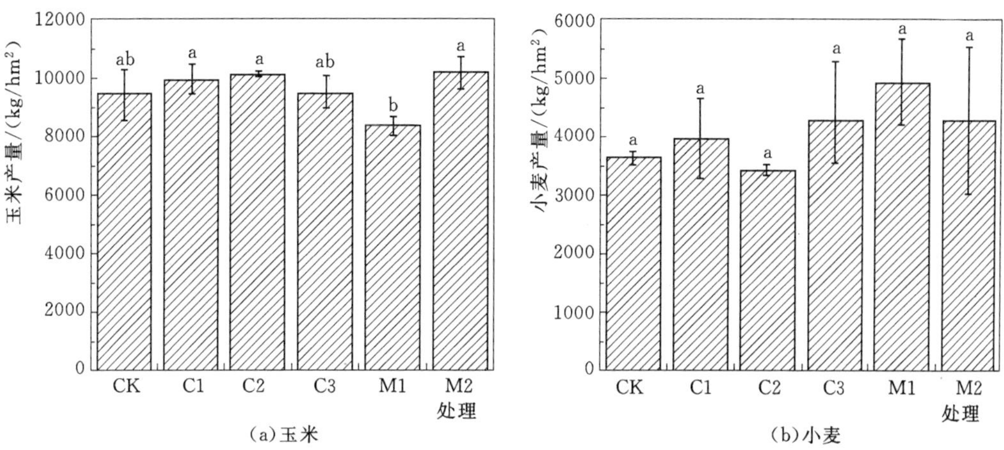

图 4-52 施加生物炭和有机肥对作物产量的影响

第5章

水肥盐协同高效的农田增效减负技术

海河流域平原是华北平原的重要部分，也是历史上有名的多灾低产地区，土地盐碱化也是重要灾害之一。随着社会经济发展及盐碱地治理力度的增大，地下水位基本可以保持在安全范围内，盐碱地面积大幅度减少，盐渍化程度减轻。但是，聚集在土体深层的盐分不仅可能影响生物产量，还潜伏着次生盐碱化的威胁（田魁祥等，2001）。盐渍化土壤阻碍了农业可持续发展和生态系统的良性循环。因此，寻求合理的改良措施对提高作物产量、改善土壤环境具有重要的现实意义。

土壤盐分的存在及其季节变动性给农业生产带来诸多隐患。我国从20世纪50—60年代起，开始对盐碱土进行治理，经过多年的努力，治理成效显著也积累了丰富的经验。但是，盐碱地治理工作虽然取得一定成绩，但还存在一些困难和问题。首先，有些盐碱地开发利用缺乏统一、长远的规划，无序开发，粗放经营，重治理轻保护，导致已经治理改良的盐碱地重新发生盐渍化，引起生态环境恶化。另外，农业灌排体系不完善，存在标准低、老化失修现象。在一些盐碱地集中分布地区，农田灌溉普遍采用土渠输水、大水漫灌等方式，不但浪费有限的淡水资源，且导致地下水埋深浅，土壤次生及原生盐碱化严重，从而导致盐碱化—引水压碱—盐碱化的恶性循环。再者，对咸水微咸水资源和盐生植物资源的开发和利用程度不高（董红云等，2017）。

目前，海河流域仍然存在着大面积的盐渍化土壤，一些中轻度盐渍化土壤如不加以防控，就可能变成重度盐渍化土壤而失去其可利用性。在此情况下，总结国内外治盐、防盐和控盐经验，依据水肥盐耦合理论、作物生育期对水盐敏感程度，通过合理的灌溉，结合施加土壤改良剂，实现土壤盐分的再分布，进而达到增产增效，减少污染排放的目的，是缓解当地耕地压力、维持农田生态系统健康发展的重要途径。

5.1 微咸水灌溉模式下重度盐碱土水盐分布特征及改良效果

改良盐碱土的首要任务是降低重要土层的盐分含量，常用的方法和技术包括水利工程、农艺、化学和生物措施等（岳燕等，2015）。其中，灌溉淋洗是防治土壤盐碱化发生的通用方式，但随着淡水资源的日益短缺，越来越多的微咸水和咸水被利用于此（张建国等，2015）。

微咸水一般是指矿化度为 2～5g/L 的含盐水（刘静等，2012），其用于田间灌溉，可以缓解干旱、提供作物生长所需要的水分，但同时也给土壤带入了盐分，造成潜在盐碱化的风险（马文军等，2010）。微咸水灌溉的两面性决定了利用微咸水灌溉的特殊性和复杂性（逄焕成，2004），国内外学者对其进行了大量的研究。目前，研究主要集中在微咸水矿化度、入渗量、钠吸附比、灌溉方式和土壤本身性质（初始含水率、斥水性等）等对土壤水盐运移规律的影响。

由于微咸水灌溉对土壤盐分离子的淋洗作用，其在一定程度上可以改良盐碱土壤，但具体的脱盐效果与微咸水利用方式、灌溉水质等密切相关。大量研究证实，微咸水可用于农业灌溉（Triantafilis 等，2004；Amnon Bustan 等，2005；Louise Karlberg 等，2007；杨军等，2013），但对于盐碱土壤来说，微咸水灌溉的土壤脱盐率、脱盐深度等均低于淡水灌溉，甚至有可能造成整个土层积盐，加重土壤盐碱化（马东豪，2005；王春霞等，2010；吴忠东等，2010；刘静妍，2015）。但是，这种情况在微咸水和淡水组合利用的情况下得到良好的缓解，并且咸淡水在一次灌水中的灌溉次序和灌水量对土壤脱盐效果影响较大（苏莹等，2005；吴忠东等，2014；刘静妍，2015）。

所以，本研究以盐碱耕地土壤为研究对象，研究微咸水灌溉对土壤剖面含水率分布及盐分运移规律的影响，以期为鲁北平原地下微咸水的合理利用、盐碱土壤改良提供理论基础与技术参考。

供试土壤取自山东省东营市垦利县的棉花地，从表层至 60cm 深度每隔 20cm 分层取土，经风干、碾压、过筛（2mm）、均匀混合后制备成试验土样。利用 Mastersizer3000 型激光粒度仪测定土壤颗粒组成，其中砂粒（2～0.02mm）占 75.7%、粉粒（0.02～0.002mm）21.53%、黏粒（<0.002mm）2.78%，按照国际制土壤质地分类标准，为重度盐碱化土壤。供试土壤基本理化性质见表 5-1。

表 5-1　　供试土壤的基本理化性质

土壤	容重 /(g/cm³)	饱和含水率 /%	田间持水率 /%	$EC_{5:1}$ /(mS/cm)	全盐量 /(g/kg)
盐碱土	1.41	33.63	27.85	0.965	4.099

试验中的灌溉用水包括淡水和矿化度分别为 2、3、4、5g/L 的微咸水。淡水为实验室内的蒸馏水，矿化度为 0；微咸水按照取样地区地下微咸水的盐分组成特点，利用 $NaHCO_3$、Na_2SO_4、$CaCl_2$、$MgCl_2$ 和 NaCl 室内配制而成。根据旱作物播前灌水定额计算得到一次灌溉水量为 22.71cm。

试验装置主要包括土柱和供水设备。土柱采用有机玻璃材料制作，内直径为 8cm，高为 90cm；土柱侧面 10cm 以下，每隔 5cm 有一直径为 1.5cm 的圆形口，便于取样进行水盐分析。利用马氏瓶供水，其内直径为 8cm，高为 50cm，供水水头控制在 2cm 左右。土柱与马氏瓶外壁均标有刻度，用以观测马氏瓶水位和湿润锋深度。具体的试验装置见图 5-1。

试验设置微咸水直接灌溉和咸淡水组合灌溉两种模式，其中微咸水直接灌溉研究的因

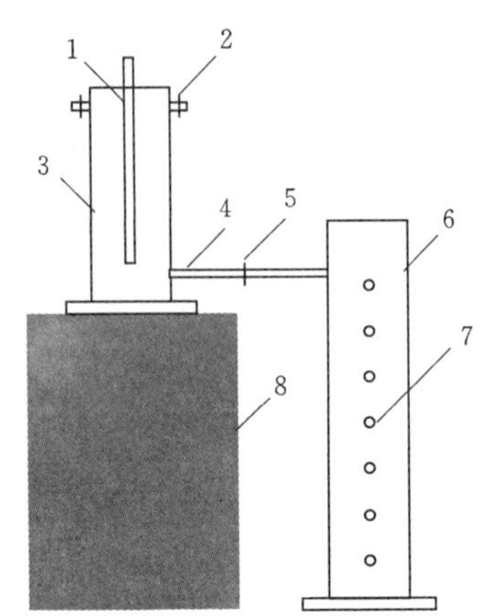

1—导气管 2—进水口 3—马氏瓶 4—输水管
5—止水夹 6—土桩 7—取样口 8—定水头控制台

(a) 试验装置示意图

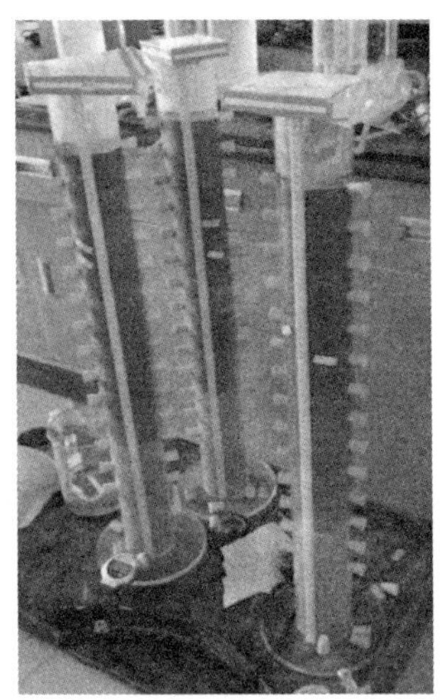
(b) 室内模拟装置图

图5-1 试验装置图

素为灌溉水质，即微咸水矿化度；咸淡水组合灌溉研究的因素为组合比例和组合次序（以矿化度为3g/L和5g/L的微咸水为例），共13个处理，每个处理重复3次。

不同矿化度的微咸水灌溉试验以淡水（蒸馏水，矿化度为0g/L）为对照，微咸水设置4个矿化度水平，分别为2g/L、3g/L、4g/L和5g/L，共5个处理。

不同咸淡水组合比例灌溉试验以淡水和微咸水（矿化度为3g/L和5g/L）直接灌溉为对照，在相同的咸淡水组合次序（先咸后淡）下，设置3种组合比例，分别为2∶1、1∶1和1∶2，即把灌水定额分成两次入渗，一次为微咸水，一次为淡水，单次入渗结束后，立即进行下一轮入渗，共9个处理。

不同咸淡水组合次序下灌溉试验方案。对于矿化度为3g/L和5g/L的微咸水，在相同的咸淡水组合比例（咸∶淡=1∶1）下，研究2种组合次序，分别为先咸后淡和先淡后咸，即在一次灌溉中，待微咸水入渗结束后立即灌溉淡水，或待淡水入渗结束后立即灌溉微咸水，共4个处理。

5.1.1 微咸水灌溉对重度盐碱土壤剖面水分分布的影响

1. 直接灌溉土壤剖面含水率分布

直接灌溉结束后的土壤剖面上含水率分布情况见图5-2。

由图5-2可知，微咸水直接入渗与淡水入渗之间存在含水率的分区差异，淡水与微咸水之间饱和区位置基本相同，位于土层深度0～10cm处（所有处理的表层含水率均大于饱和含水率，故未在图中标出）；淡水过渡区范围最大（10～25cm），而微咸水直接入渗的过渡区位于10～15cm；微咸水

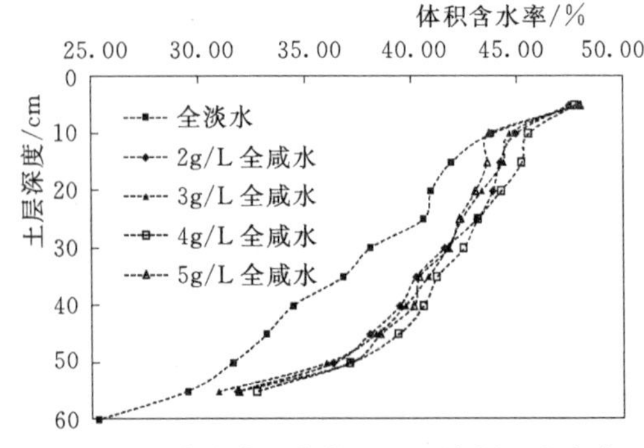

图5-2 直接灌溉条件下的土壤剖面含水率

灌溉的土壤传导区含水率均匀性优于淡水；湿润区深度较淡水直接入渗浅 5cm 左右，这与微咸水直接灌溉含水率高于淡水有关，微咸水直接入渗的更多水量驻留在湿润区以上的其他土层之中。

从整体上来看，相较于淡水直灌，微咸水直灌对土壤剖面含水率具有不同程度的提升作用。本研究中，4g/L 微咸水直灌对含水率提升作用最明显，10～45cm 土层的土壤含水率平均提高了 4%。以上结果表明，一方面微咸水灌溉有利于提高土壤持水能力（王艳等，2011；吴忠东，2007），另一方面在微咸水矿化度影响下，含水率的提高存在极限值。从传导区和过渡区含水率曲线的斜率来看，微咸水直灌的斜率更大，说明在该土层范围内，微咸水直灌的土壤含水率均匀程度优于淡水直灌。综上所述，利用微咸水灌溉不仅有利于提高土壤含水率，还有利于改善灌溉结束后的土壤剖面含水率分布的均匀性。

2. 不同组合次序下土壤剖面含水率分布特征

图 5－3 为不同组合次序条件下土壤剖面含水率分布情况。从图 5－3 中可以看出，先入渗的水质对深层（>30cm）土壤含水率影响显著，而后灌水的水质对浅层（<20cm）土壤剖面影响较大，即当先灌淡水时，深层土壤剖面含水率出现偏向淡水直接灌溉的含水率曲线的情况，而表层土壤剖面含水率则更多地靠近相应矿化度水平下的微咸水直接灌溉的含水率，反之，该规律同样成立。随矿化度增加，这一趋势越来越明显，说明灌溉水质是影响土壤剖面上含水率分布状况的重要因素之一。

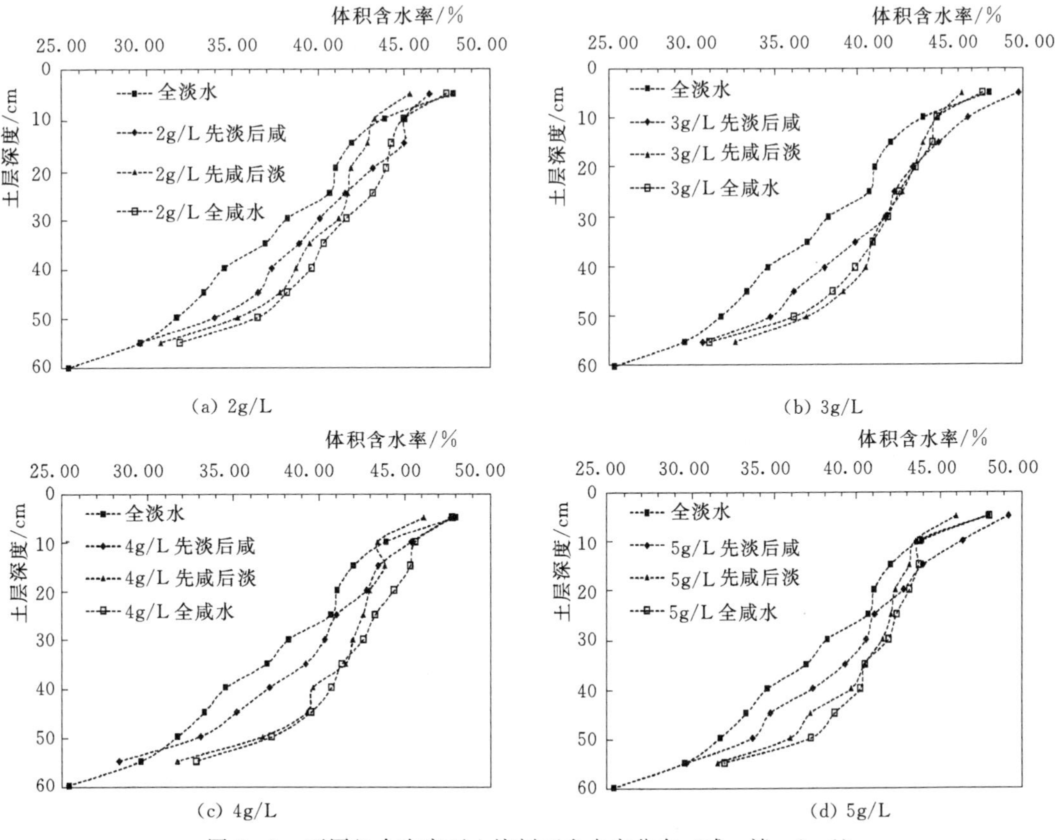

图 5－3　不同组合次序下土壤剖面含水率分布（咸：淡＝1：1）

在各矿化度条件的饱和区（0～10cm）中，先咸后淡灌溉模式的含水率均为最低值，除2g/L外，先淡后咸灌溉模式的含水率均为最大值，可能是低矿化度微咸水对土壤结构及理化性质造成不同的影响。各矿化度条件下的过渡区和传导区（10～50cm）内，相同土层的含水率按从大到小的顺序为微咸水直接灌溉＞先咸后淡组合灌溉＞先淡后咸组合灌溉＞淡水直接灌溉，由此可见，微咸水直接灌溉模式对于提高土壤含水率效果最优，先咸后淡组合灌溉模式次之。

3. 不同组合比例下土壤剖面含水率分布规律

图5-4是不同组合比例先咸后淡组合灌溉模式土壤剖面含水率分布。由图5-4可知，无论是提高相同土层范围内的含水率，还是保证土壤剖面含水率的均匀性，先咸后淡组合灌溉模式均优于先淡后咸模式，故本部分重点分析先咸后淡灌溉模式下组合比例对土壤剖面含水率分布的影响。

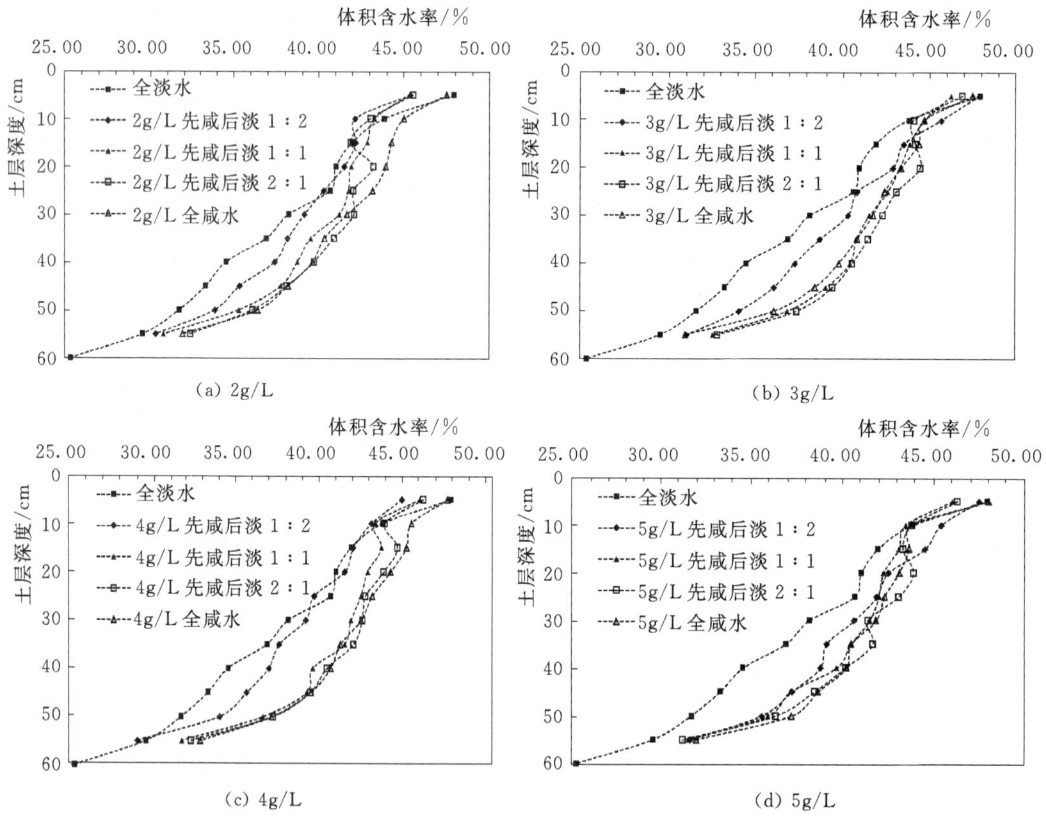

图5-4 不同组合比例先咸后淡组合灌溉模式土壤剖面含水率分布规律

由图5-4可知，在先咸后淡组合次序下，组合比例对饱和区（0～10cm）土壤含水率影响较小，即该土层范围内的土壤含水率与淡水直接灌溉差异不明显，只有2g/L微咸水组合灌溉模式与总体规律不同，其三个组合比例的土壤剖面含水率都低于淡水直接灌溉。可能是先灌水质和先灌水所占比例使土壤结构和理化性质发生不同程度的改变，最终表现为土壤持水能力发生变化的程度不同。

在过渡区（10～20cm）内，组合比例对4个矿化度水平的组合灌溉模式的剖面含水率影响效果存在差异，但从整体上来看，随咸水比例增加，土壤含水率先增加后减小，这与组合次序所得的结果相同，即后灌溉水质会影响该区域内的含水率大小，且随着后灌淡水比例的增加，土壤剖面含水率接近淡水直接灌溉的土层深度范围越来越大。

在传导区（20～50cm）内，4个矿化度水平的微咸水组合灌溉模式下，组合比例的影响效果基本一致，随咸水占比增加，各土壤剖面含水率先增大后减小，其中，先咸后淡2：1的含水率最大，而淡水直灌最小。在40～55cm土层，矿化度水平为5g/L的组合灌溉模式含水率分布规律与其他处理不同，该矿化度水平下的土壤含水率，随微咸水占比增加而增大，可能是不同矿化度水平的微咸水所含的盐分离子数量不同，并且这些盐分离子随入渗过程进入土壤后，对土壤结构和理化性质造成的影响不同，进而导致了土壤剖面含水率分布状况差异。

5.1.2 微咸水灌溉对重度盐碱土盐分空间分布的影响

1. 微咸水矿化度对土壤盐分垂直分布的影响

由于微咸水本身含有盐分，用其灌溉必定会造成土壤积盐，但在整个土壤剖面上含盐量并非都会增加。由图5-5可知，不同矿化度的灌溉水入渗结束后，土壤剖面盐分均呈“L”形分布，在0～40cm土层，土壤含盐量变化幅度不大，并且明显小于初始含盐量（4.099g/kg）；当土层深度大于40cm时，土壤含盐量随着深度的增加而迅速升高，在湿润锋处达到最大值，说明在土壤水分垂直入渗过程中，土壤中的盐分随水分向下迁移，并在湿润锋附近累积，出现土壤上层脱盐、下层积盐的现象。对于不同处理，在同一深度，土壤含盐量基本上随入渗水矿化度的升高而升高。

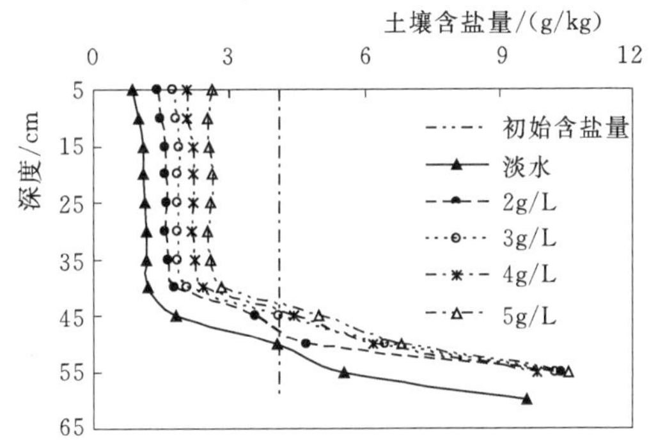

图5-5 不同灌溉水质下土壤盐分的垂直分布

由于0～30cm土层是作物根系密度较大的区域，其对作物整个生育期的生长发育具有重要作用。因此，有必要进一步研究该土层的盐分变化规律。为了全面反映灌溉水质对0～30cm土层含盐量的影响，计算平均含盐量（$\overline{S}$）及其变异系数，结果见表5-2。

表5-2 不同灌溉水质下0～30cm土层盐分含量的平均值和变异系数

矿化度/(g/L)	0	2	3	4	5
$\overline{S}$/(g/kg)	1.057	1.544	1.843	2.148	2.563
CV/%	9.992	4.777	2.642	3.008	1.842

由表5-2可知，入渗水矿化度越大，0～30cm土层的平均含盐量越高。说明与淡水灌溉相比，微咸水会给0～30cm土层带来额外的盐分，故在大田实际灌水中要注意其对作物根系生长的影响。

对于0～30cm土层盐分含量的变异系数，其变化规律与$\overline{S}$相反，淡水灌溉变异系数>

矿化度为 2g/L 的微咸水>4g/L>3g/L>5g/L，但均未超过 10%，为弱变异，说明微咸水直接灌溉下作物根系密集区的土壤盐分垂直分布比较均匀，不会产生局部高盐的危害。

2. 咸淡水组合比例对土壤盐分垂直分布特征的影响

无论微咸水矿化度如何，灌溉后土壤剖面盐分含量均高于淡水灌溉，给作物生长和土壤环境带来潜在危害。为缓解这一问题，将灌水定额分成不同比例的两份，一份为微咸水，一份为淡水，先后进行咸、淡水灌溉，其对土壤盐分垂直分布特征的影响见图 5-6。

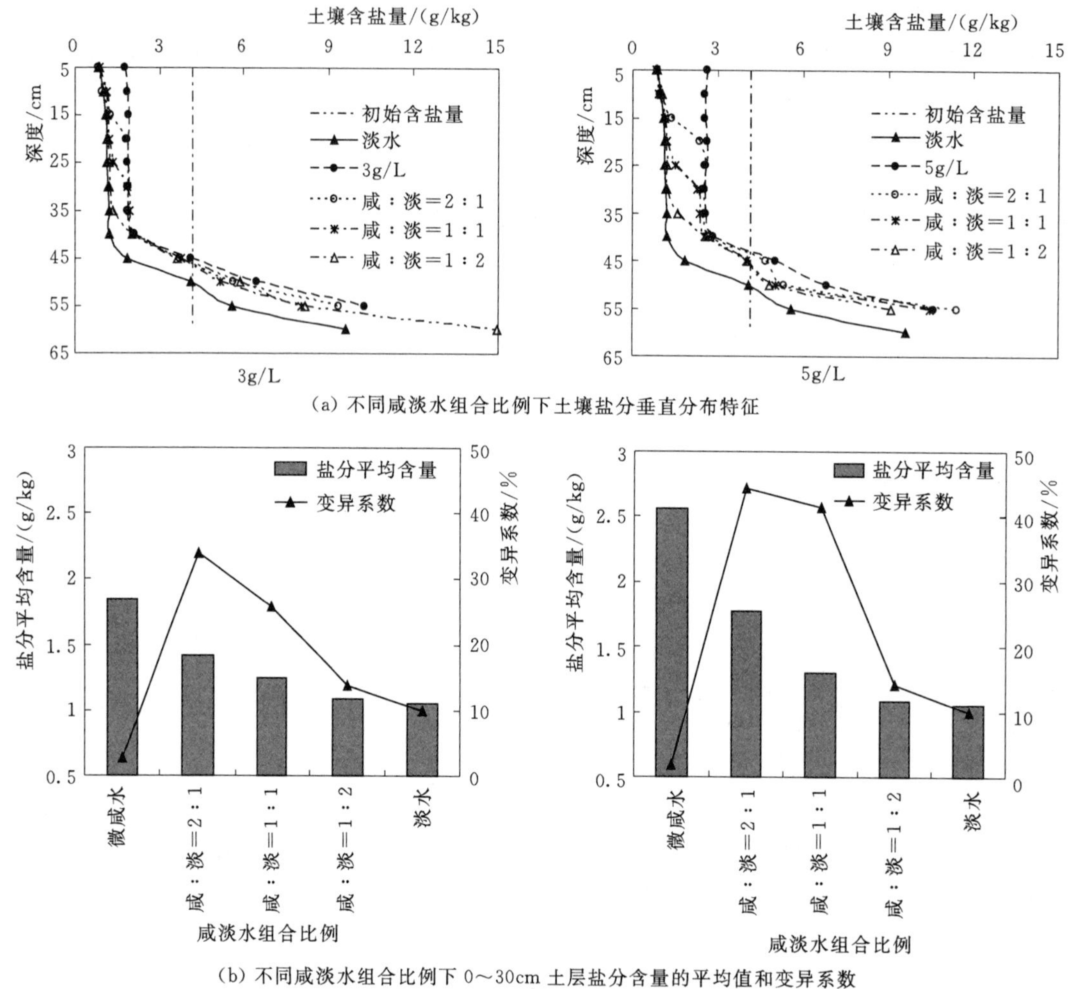

(a) 不同咸淡水组合比例下土壤盐分垂直分布特征

(b) 不同咸淡水组合比例下 0～30cm 土层盐分含量的平均值和变异系数

图 5-6 不同咸淡水组合比例下的土壤盐分垂直分布特征和 0～30cm 土层盐分状况

由图 5-6 (a) 可知，在一定深度范围内，咸淡水组合灌溉的土壤含盐量明显小于微咸水直接灌溉，与淡水灌溉差异较小；随土层深度增加，对于咸：淡=2：1 和咸：淡=1：1 的组合灌溉，土壤含盐量先增加后不变，然后再急剧增加，而对于咸：淡=1：2 的组合灌溉，土壤盐分含量不断增加，但三者均在湿润锋处含盐量最大。从整个土壤剖面上来看，咸淡水组合灌溉中淡水所占灌水定额的比例越大，其对首轮微咸水灌溉带入土壤中的盐分的淋洗作用越明显，当咸：淡=1：2 时，在土壤中上层（5～35cm），土壤含盐量与淡水灌溉基本一致，在整个土层，土壤含盐量明显小于微咸水直接灌溉。

由图 5-6（b）可知，随着淡水占灌水定额比例增大，0～30cm 土层盐分含量的平均值逐渐降低，而变异系数先升高后降低，其中咸：淡=2：1 最大，但当淡水所占灌水定额的比例升高到一定程度时，不同处理之间，盐分含量的平均值和变异系数差异较小，说明存在一个最佳的咸淡水组合比例，既能使 0～30cm 土层盐分含量的平均值和变异系数与淡水灌溉之间没有显著差异，又能够在不对作物根系密集区产生盐害的前提下充分利用微咸水缓解灌区农田干旱问题。

3. 咸淡水组合次序对土壤盐分垂直分布的影响

咸淡水组合次序对土壤盐分垂直分布特征的影响见图 5-7，随土层深度增加，先咸后淡的土壤含盐量逐渐升高，而先淡后咸的含盐量先减小后增大，但两者土壤盐分含量的峰值均出现在湿润锋处；在土壤上层（<25cm）和 60cm 深度附近［图 5-7（a）］，先咸后淡组合次序下含盐量明显小于先淡后咸，而在土壤中下层（25～55cm），变化规律完全相反，说明先咸后淡的组合次序有利于淋洗土壤上层的盐分，而先淡后咸的组合次序有利于降低土壤中下层的盐分含量。造成这种结果的原因是，首轮淡水灌溉结束时，入渗率基本上达到稳定状态，进入第二轮微咸水灌溉后，入渗率较小，导致微咸水集中在土壤上层，而入渗稍早的淡水入渗较快，将土壤中下层大部分盐分淋洗到湿润锋附近，从而出现了图 5-7 中的变化现象。

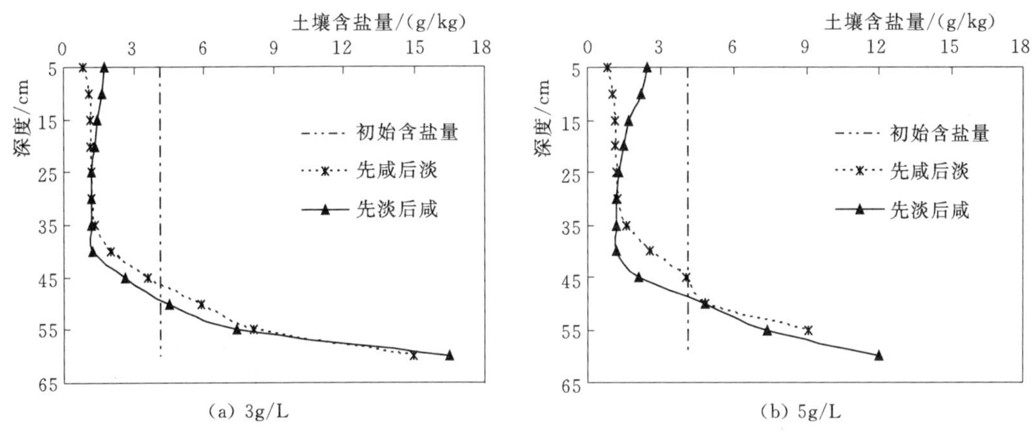

图 5-7 不同咸淡水组合次序下土壤盐分垂直分布特征

对作物根系密集区 0～30cm 土层，由表 5-3 可知，先淡后咸组合次序下盐分含量的平均值和变异系数均大于先咸后淡，分别高 29.6%（3g/L）、58.2%（5g/L）和 21.3%（3g/L）、114.7%（5g/L），说明与先灌咸水后灌淡水相比，先淡后咸的组合次序

表 5-3　不同咸淡水组合次序下 0～30cm 土层盐分含量的平均值和变异系数

咸淡水组合次序	3g/L		5g/L	
	先咸后淡	先淡后咸	先咸后淡	先淡后咸
$\overline{S}$/(g/kg)	1.088	1.410	1.080	1.709
CV/%	13.791	16.734	14.288	30.682

更容易使作物遭受0～30cm土层整体和局部高盐胁迫的风险，并且微咸水矿化度越高，危害可能越大。

5.1.3 微咸水灌溉模式对重度盐碱土的改良效果

1. 微咸水灌溉模式下的土壤脱盐深度

微咸水灌溉一方面会增加土壤整体的盐分含量，但另一方面，由于水分的淋洗作用，会把土层分为土壤盐分降低区和累积区两部分，从而达到在一定深度内改良盐碱土壤的目的。脱盐区是土壤含盐量低于初始水平的土体范围，不同微咸水灌溉模式下土壤脱盐深度见表5-4～表5-6。

表5-4 不同灌溉水质下土壤脱盐深度

矿化度/(g/L)	0	2	3	4	5
深度/cm	50.13	47.31	45.01	44.15	42.95

表5-5 不同咸淡水组合比例下土壤脱盐深度

咸淡水组合比例	3g/L					5g/L				
	微咸水	咸：淡=2：1	咸：淡=1：1	咸：淡=1：2	淡水	微咸水	咸：淡=2：1	咸：淡=1：1	咸：淡=1：2	淡水
深度/cm	45.01	46.04	46.34	46.07	50.13	42.95	43.55	45.62	45.40	50.13

表5-6 不同咸淡水组合次序下土壤脱盐深度

咸淡水组合次序	3g/L		5g/L	
	先咸后淡	先淡后咸	先咸后淡	先淡后咸
深度/cm	46.07	48.91	45.40	48.67

由表5-4可知，土壤脱盐深度与入渗水矿化度呈反比，并且两者之间存在良好的线性关系（$R^2=0.9846$）。由表5-5、表5-6可知，不同咸淡水组合比例和次序下土壤脱盐深度的变化规律为：淡水＞咸：淡=1：1＞咸：淡=1：2＞咸：淡=2：1＞微咸水，先淡后咸＞先咸后淡。但从整体上看，所有处理的土壤脱盐深度在42.95～50.13cm，变幅为7.18cm，不足土壤计划湿润层（60cm）的1/8，说明微咸水灌溉模式对土壤脱盐深度的影响相对较小。

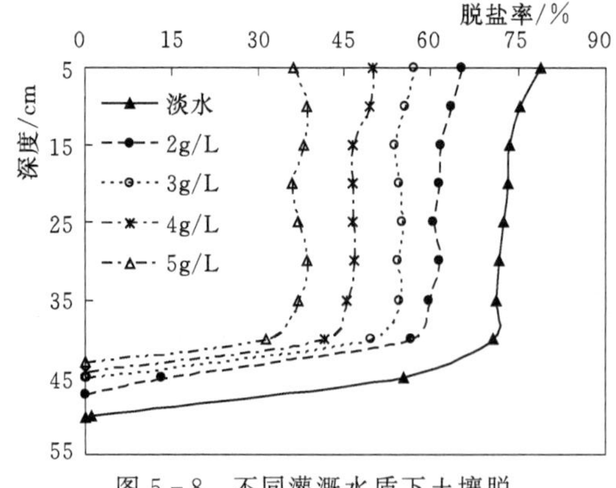

图5-8 不同灌溉水质下土壤脱盐深度内脱盐率的变化特征

2. 微咸水灌溉模式下的土壤脱盐率

为了进一步研究不同微咸水灌溉模式下水分对土壤盐分的淋洗效果，计算土壤脱盐深度内的脱盐率，结果见图5-8～图5-10。

由图5-8可知，不同矿化度灌溉水入渗结束后，在0～40cm土层，土壤脱盐比较均匀，脱盐率基本不变，分别在73.40%（淡水）、61.29%（2g/kg）、54.30%（3g/kg）、46.61%（4g/kg）和36.67%（5g/kg）左右；随着土层深度的增加，土壤脱盐率迅速减小到零。在同一

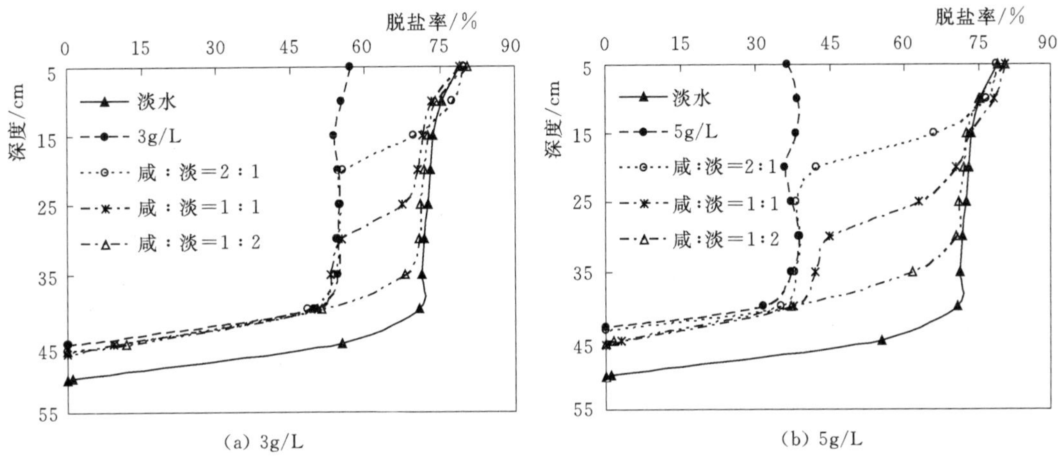

图 5-9　不同灌溉咸淡水组合比例下土壤脱盐深度内脱盐率的变化特征

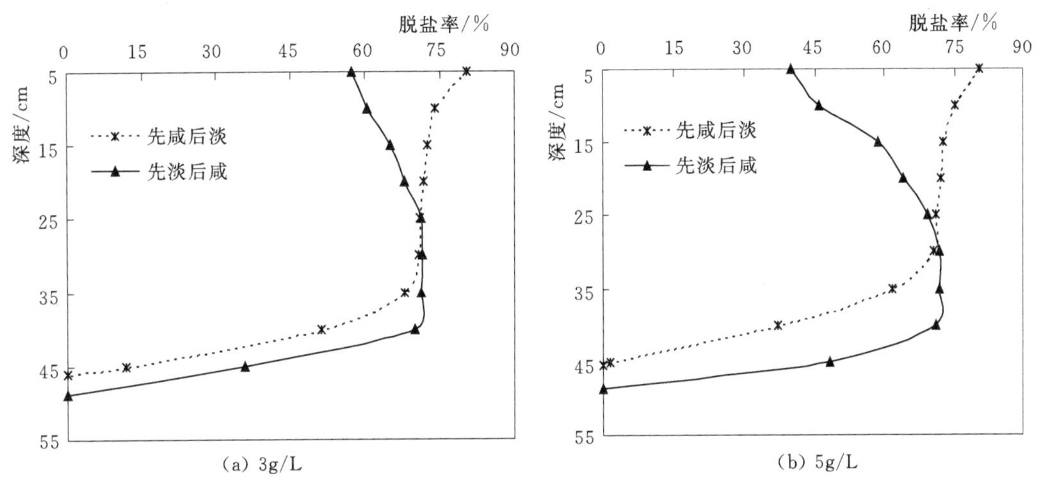

图 5-10　不同灌溉咸淡水组合次序下土壤脱盐深度内脱盐率的变化特征

深度，入渗水矿化度越大，土壤脱盐率越小，故从盐碱土壤改良的角度来看，淡水洗盐效果最佳，矿化度为 5g/L 的微咸水洗盐效果最差。

咸淡水组合比例对土壤脱盐率的影响见图 5-9。由图 5-9 可知，在一定脱盐深度范围内，咸淡水组合灌溉的脱盐率与淡水灌溉差异较小，并且淡水所占灌水定额的比例越高，这一深度越大，说明与微咸水直接灌溉相比，组合灌溉在一定程度上可以显著提高土壤的脱盐效果；但当土层深度大于 10cm、20cm 和 30cm 时，咸：淡＝2：1、1：1 和 1：2 的土壤脱盐率分别出现了一个明显的下降过程，之后脱盐率远远小于淡水，而与微咸水差异较小，故在实际灌溉中，要根据不同作物根系的活动层和耐盐能力选择合适的咸淡水组合比例，以免因土层脱盐不充分而影响作物生长。

不同咸淡水组合次序下土壤脱盐率随深度的变化规律存在明显的差异见图 5-10。由图 5-10 可知，当土层深度＜25cm 时，先咸后淡组合次序下土壤脱盐率明显大于先淡后咸；随着土层深度的增加，两者脱盐率的大小关系完全相反。但从脱盐区的整体脱盐效果来看（表5-7），两种组合次序的差异不明显，平均脱盐率仅相差0.12%（3g/L）和0.17%（5g/L），说明在同一矿化度的咸淡水组合灌溉中，对脱盐深度内脱盐总量起决定性作用的是组合比例，而非组合次序。

表5-7 不同咸淡水组合次序下土壤脱盐深度内的平均脱盐率

咸淡水组合次序	3g/L		5g/L	
	先咸后淡	先淡后咸	先咸后淡	先淡后咸
平均脱盐率/%	57.19	57.07	54.24	54.07

3. 微咸水灌溉模式对作物生长的影响

土壤盐分过多会对作物生长发育产生一系列的盐害，比如渗透胁迫、离子失调、光合作用下降、蛋白质合成受阻、有毒物质累积等（杨静等，2011）。因此，不同微咸水灌溉模式下，除需要了解土壤盐分垂直分布特征和脱盐效果之外，更重要的是要确定土壤脱盐后的盐分含量是否超过了作物的耐盐能力。

由于作物苗期耐盐度较小，对土壤盐分较敏感，并且该生育期作物根系较浅，需水量少，故在实际灌溉中不建议在此阶段进行微咸水灌溉。所以，下文重点研究土壤耕层盐分对冬小麦、夏玉米、棉花和花生生育旺期生长的影响。

由图5-11～图5-13可知，对于矿化度为2～5g/L微咸水，无论是直接灌溉，还是与淡水组合灌溉，入渗结束后土壤耕层盐分含量均小于冬小麦和棉花生育旺期的耐盐度，不会对作物产生盐害。但对于花生和夏玉米，如果选择的微咸水灌溉模式不当，土壤耕层盐分极易阻碍作物的正常生长。由图5-11可知，花生在生育旺期对土壤盐分非常敏感，矿化度为2～5g/L的微咸水直接灌溉后土壤耕层盐分含量均大于其耐盐度；夏玉米在矿化度为5g/L的微咸水灌溉下亦会受到土壤耕层盐分的胁迫。但这种情况在咸淡水组合灌溉的条件下得到良好的缓解，由图5-12和图5-13可知，当咸：淡=1：1、1：2和组合次序为先咸后淡时，土壤耕层盐分含量均在花生的耐盐范围内；在所有咸淡水组合灌溉处理下，夏玉米根系均不会遭受土壤耕层盐分的“毒害”。

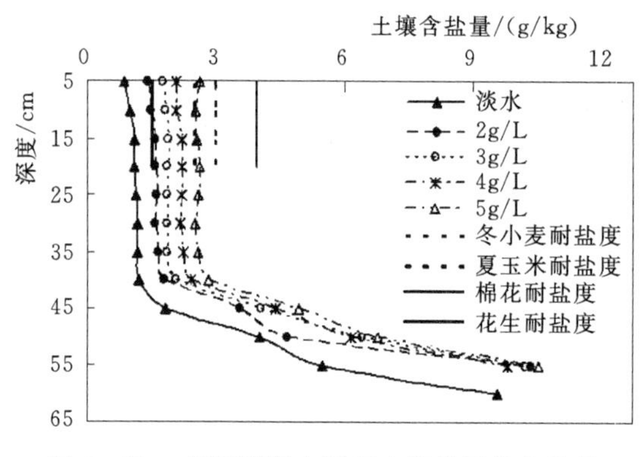

图5-11 不同灌溉水质下土壤耕层盐分状况

以上微咸水直接灌溉和咸淡水组合灌溉模式对于重度盐碱土灌溉试验研究表明：在整个灌溉土层，先咸后淡灌溉次序下土壤含水率均大于先淡后咸；微咸水灌溉模式对土壤脱盐深度影响较小，但对脱盐深度内的脱盐率影响显著。对于矿化度为2～5g/L的微咸水，无论是直接灌溉，还是与淡水组合灌溉，入渗结束后土壤耕层盐分含量均小于冬小麦和棉花生育旺期的耐盐度，不会对作物产生盐害。但对于花生和夏玉米，如果选择的微咸水灌溉模式不当，土壤耕层盐分极易阻碍作物的正常生长。花生在生育旺期对土壤盐分非常敏感，矿化度为2～5g/L的微咸水直接灌溉后土壤耕层盐分含量均大于其耐盐度；夏玉米在矿化度为5g/L的微咸水灌溉下亦会受到土壤耕层盐分的胁迫。但这种情况在咸淡水组合灌溉的条件下得到良好的缓解，当咸：淡=1：1、1：2和组合次序为先咸后淡时，土壤耕层盐分含量均在花生的耐盐范围内；在所有咸淡水组合灌溉处理下，夏玉米根系均不会遭受土壤耕层盐分的"毒害"，故在鲁北平原的盐碱耕地上，只要选择合适的微咸水矿化度、咸淡水组合比例和次序，微咸水可以用于缓解冬小麦、夏玉米、棉花和花生生育旺期灌溉淡水缺乏的问题，达到节水抑盐减负效果。

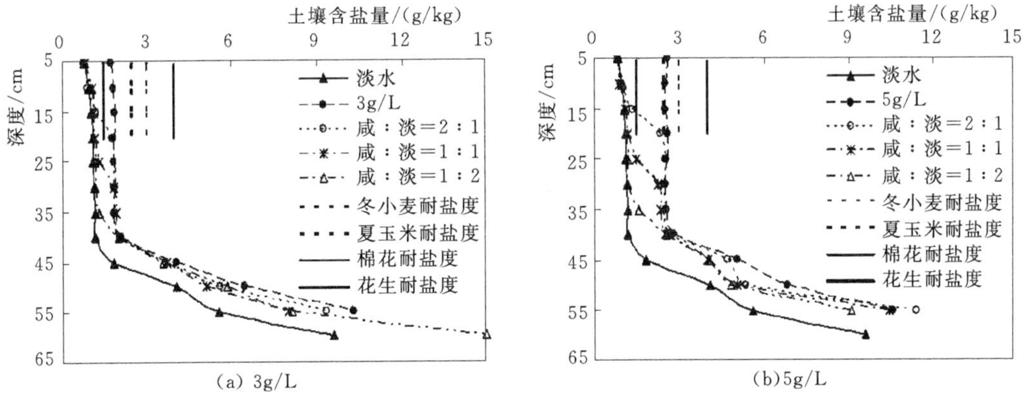

图5-12　不同咸淡水组合比例下土壤耕层盐分状况

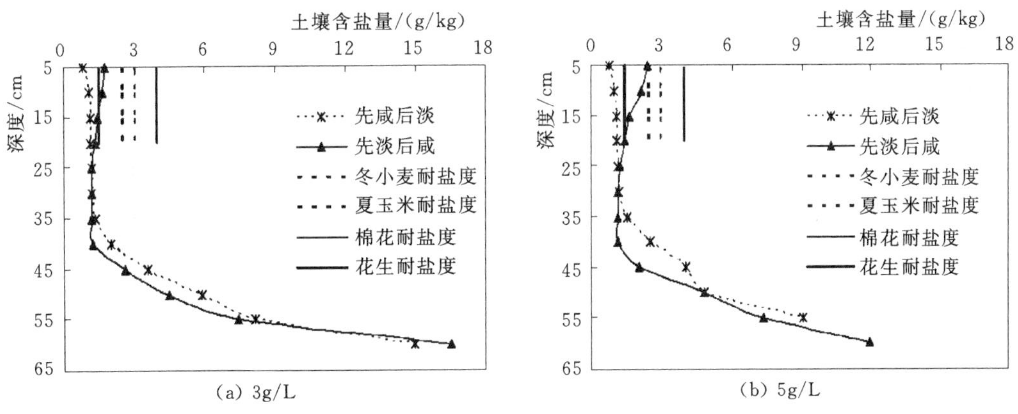

图5-13　不同咸淡水组合次序下土壤耕层盐分状况

5.2　咸淡水间歇组合灌溉模式对中度盐碱土水盐分布特征及改良效果

试验用土取自山东省滨州市滨城区的小麦耕地，取土深度为80cm，每隔20cm分层取扰动土和原状土。扰动土经过风干、碾压、过筛（2mm）后制成室内试验土样，原状土取回后立即测定土壤容重和田间持水率。土壤砂粒含量为20.26%，粉粒为78.78%，粘粒为0.77%，属粉砂质壤土。根据我国华北平原土壤盐碱化程度分级标准，供试土壤为中度盐碱化土壤。土壤基本理化性质见表5-8。

表 5-8 试验土壤的基本物理化学性质

土壤	土壤容重 /(g/cm³)	田间持水率 /%	风干土含水率 /%	$EC_{5:1}$ /(mS/cm)	全盐量 /(g/kg)
盐碱土	1.39	28.62	2.00	0.961	2.381

试验入渗水包括淡水和矿化度为 3g/L、5g/L 的微咸水，每次水量为 22.2cm。入渗用淡水为蒸馏水（0）；微咸水根据研究区潜层地下微咸水的盐分组成，利用化学药剂配制而成。本试验共设定四种间歇时间，分别为 0min，30min，60min，120min；三种咸淡水组合比例，分别为 2：1，1：1，1：2，两种矿化度水平，分别为 3g/L，5g/L，共 24 个处理，每个处理重复 3 次。试验装置与 5.1 节相同。具体实施时，有以下四种试验方案：

不同矿化度微咸水条件下的间歇组合灌溉试验。以淡水（0）和微咸水（3g/L，5g/L)直接灌溉为对照，在相同的咸淡水组合比例（1：1)、咸淡水间歇时间（30min）和咸淡水组合次序（先咸后淡）条件下，设置两种矿化度，分别为 3g/L 和 5g/L，进行咸淡水间歇组合灌溉，共 5 个处理，每个处理的灌水定额为 11.1cm。

不同咸淡水组合比例条件下的间歇组合灌溉试验。以淡水（0）和微咸水（3g/L，5g/L）直接灌溉为对照，在相同的咸淡水组合次序（先咸后淡）和咸淡水间歇时间（30min）条件下，设置 3 种组合比例，分别为 2：1、1：1 和 1：2，即将灌水定额分成两份，分别为微咸水和淡水，单轮灌溉结束，间歇一定的时间后，进行下一轮灌溉，共 9 个处理。

不同咸淡水组合次序条件下的间歇组合灌溉试验。以淡水（0）和微咸水（3g/L，5g/L）直接灌溉为对照，在相同的咸淡水组合比例（1：1）和咸淡水间歇时间（30min）条件下，设置 2 种组合次序，分别为先咸后淡、先淡后咸，共 7 个处理，每个处理的灌水定额为 11.1cm。

不同间歇时间条件下的间歇组合灌溉试验。以淡水（0）和微咸水（3g/L，5g/L）直接灌溉为对照，在相同的咸淡水组合比例（1：1）和咸淡水组合次序（先咸后淡）条件下，设置 4 种间歇时间，分别为 0min，30min，60min 和 120min，共 11 个处理，每个处理的灌水定额为 1.1cm。

5.2.1 间歇组合灌溉情况下中度盐碱土壤剖面水分分布特征

1. 微咸水矿化度对土壤剖面水分分布的影响

不同微咸水矿化度对土壤剖面含水率的影响如图 5-14 所示。由图 5-14 可知，在土壤上层（5～10cm)，全淡水灌溉的土壤含水率最高，5g/L 先咸后淡土壤含水率最低；中土壤中下层（10～50cm)，咸淡水间歇组合灌溉下的土壤含水率大于淡水直接灌溉，与微咸水直接灌溉差异较小，说明间歇组合灌溉有利于提高中下层土壤的持水能力。3g/L 微咸水灌溉条件下的土壤含水率大于 5g/L，且随土层深度增加，差异越来越显著。

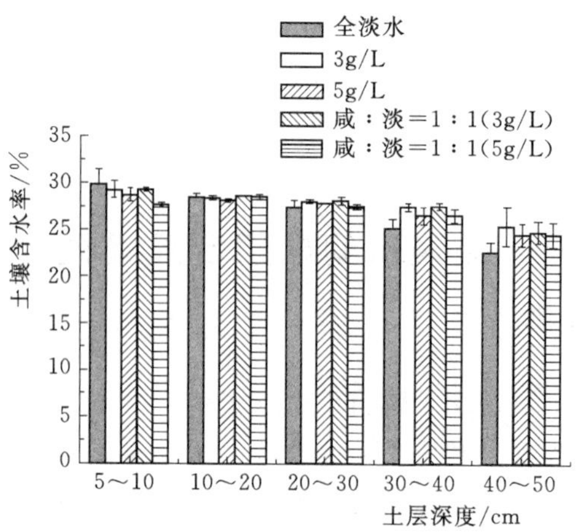

图 5-14 不同矿化度水灌溉情况下的土壤剖面水分分布（间歇 30min）

2. 不同组合次序对土壤剖面水分分布的影响

咸淡水组合次序对土壤剖面含水率的影响如图 5-15 所示。由图 5-15 可知，在土壤上层（5～10cm）和中层（10～30cm），先淡后咸的土壤含水率大于先咸后淡，而在土壤下层（30～50cm），先咸后淡大于先淡后咸，说明先淡后咸能够提高中上层土壤的持水能力，而先咸后淡能够提高下层土壤的持水能力。产生这种现象的主要原因可能是，先灌咸水对土壤大孔隙的形成有促进作用，为淡水的入渗提供了良好的条件。

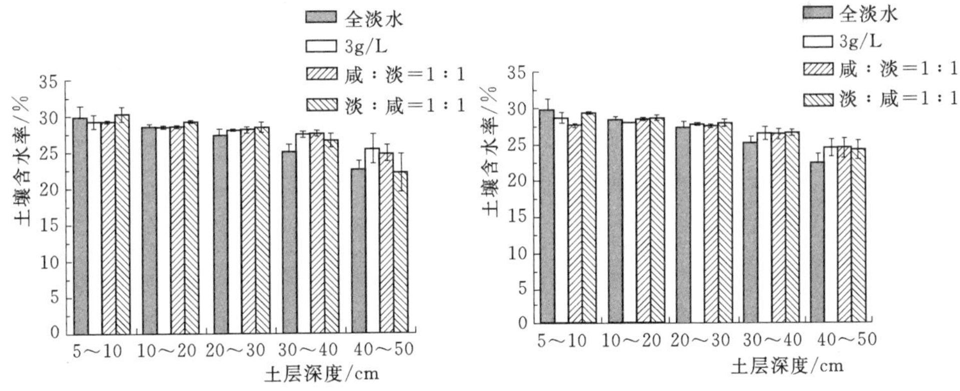

图 5-15 不同咸淡水组合次序下土壤剖面水分分布（间歇 30min）

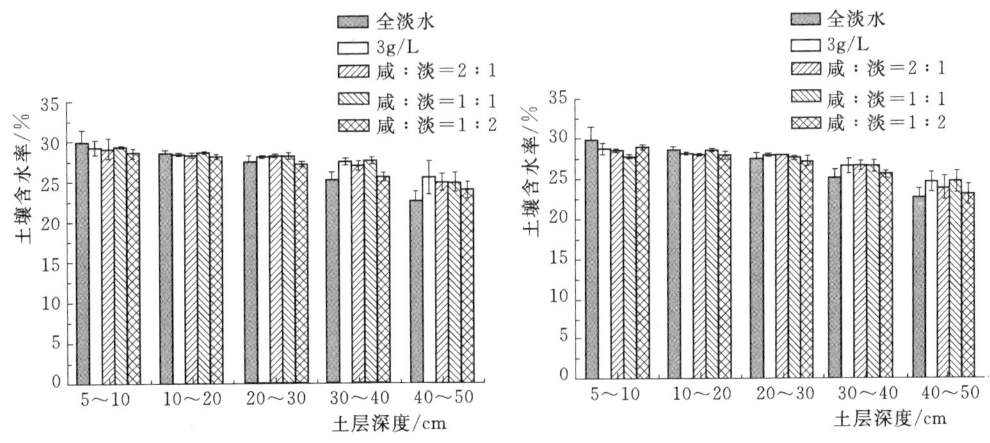

图 5-16 不同组合比例灌水情况下的土壤剖面水分分布（间歇 30min）

3. 不同组合比例对土壤剖面水分分布的影响

咸淡水组合比例对土壤剖面含水率的影响见图 5-16。由图 5-16 可知，在间歇组合灌溉条件下，从总体来看，各土层土壤含水率表现为：咸：淡=1：1>咸：淡=2：1>咸：淡=1：2，且在土壤的中下层，间歇组合灌溉下的土壤含水率都大于全淡水直接灌溉，与微咸水直接灌溉差别不大。利用微咸水进行灌溉能改善土壤结构，有利于加强土壤持水能力，然而当微咸水入渗水量超过一定的限度时，会使土壤发生破坏，不利于土壤水分的运行和空间分布。故在实际的生产应用中，应该确定合理的微咸水灌溉水量，为作物提供良好的生长环境。

4. 不同间歇时间对土壤剖面水分分布的影响

不同间歇时间灌水对土壤剖面含水率的影响见图5-17。由图5-17可知，在土壤上层（5～10cm）和下层（40～50cm），土壤含水率表现为：间歇时间（0）>间歇时间（30min）>间歇时间（60min）>间歇时间（120min）；而在土壤中下层（10～40cm），间歇时间30min和60min土壤含水率最高。在土壤中下层（20～50cm），间歇组合灌溉下的土壤含水率均大于淡水灌溉，与微咸水直接灌溉差异较小。故在实际的微咸水灌溉中，应该根据作物的用水需求以及生育期确定合理的间歇组合灌溉参数。

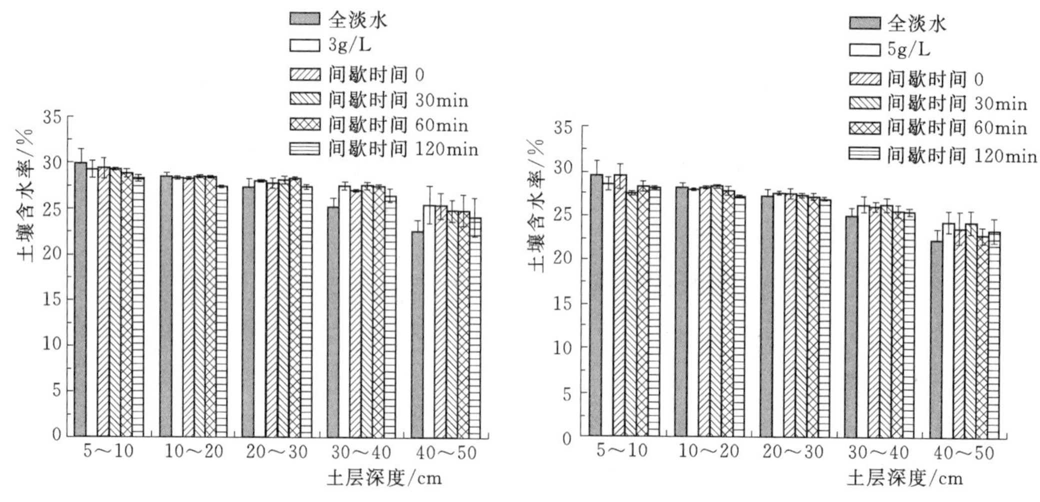

图5-17 不同间歇时间灌水情况下土壤剖面水分分布

5.2.2 微咸水灌溉对中度盐碱土壤剖面盐分分布的影响

1. 微咸水矿化度对土壤剖面盐分分布的影响

不同矿化度微咸水对土壤剖面盐分再垂直分布特征的影响见图5-18。由图5-18可知，不同矿化度微咸水入渗后，土壤剖面盐分分布呈L型，随着微咸水矿化度的增加，各土层土壤含盐量呈增大趋势，且间歇组合灌溉均小于微咸水直接灌溉。在上层（0～10cm）和中层（10～45cm）土壤，土壤含盐量变化幅度不大，且均小于土壤初始含盐量（2.066g/kg）；在下层（45～50cm）土壤，土壤含盐量随土层深度增加呈增大趋势，且逐渐超过土壤初始含盐量，并在土壤湿润锋位置达最大。这说明，在土壤水分运移过程中，土壤盐分逐渐下移，并在湿润锋位置处达到最大值，从而使得中层、上层土壤脱盐，下层土壤积盐。

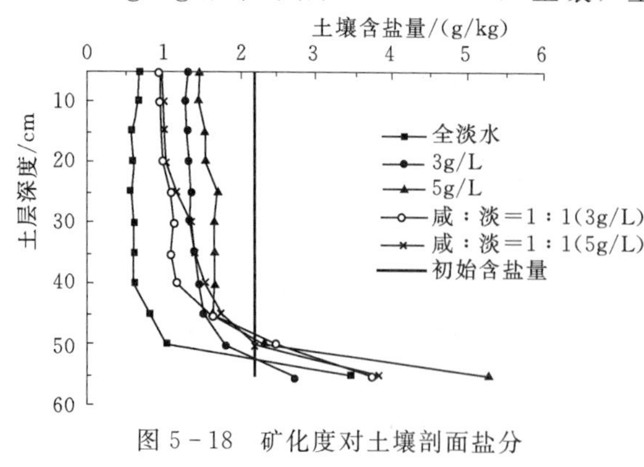

图5-18 矿化度对土壤剖面盐分分布的影响（间歇30min）

2. 不同组合次序对土壤剖面盐分分布的影响

咸淡水组合次序对土壤剖面盐分垂直再分布特征的影响见图5-19。由

图5-19可知，在同一土层深度，咸淡水间歇组合灌溉的土壤含盐量均与淡水直接灌溉差异较小，但小于微咸水直接灌溉；在0～25cm土层，先淡后咸土壤含盐量大于先咸后淡，而在25～55cm土层，先咸后淡土壤含盐量大于先淡后咸，说明先咸后淡组合次序能够减少上层土壤的含盐量，而先淡后咸组合次序能够减少中下层土壤的含盐量。产生这种现象的主要原因可能有：①先灌微咸水有利于土壤大孔隙的形成，改善了土壤结构，提高了土壤入渗率，为淡水入渗提供了良好的运移通道；②先灌淡水，入渗率较快，而再灌咸水时，入渗率基本处于稳定状态，使微咸水大部分集中在上层土壤，而淡水运移到中下层土壤，将盐分淋洗到土壤湿润锋位置。

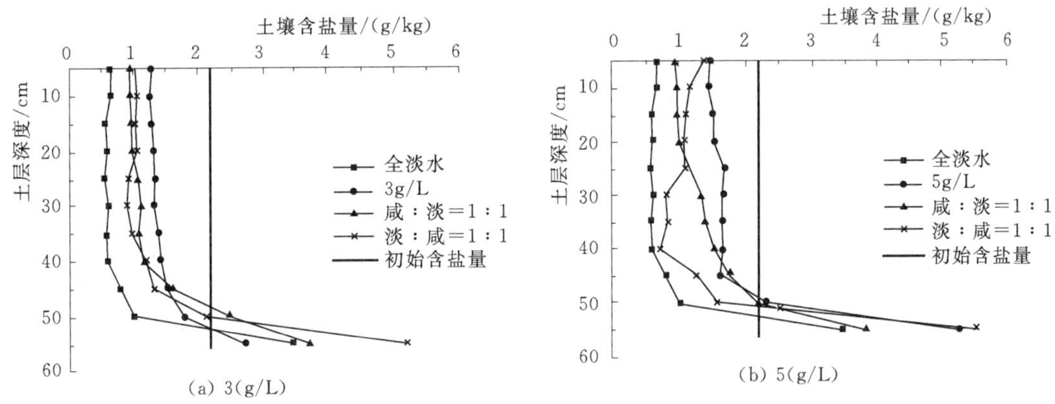

图5-19 不同组合次序情况下的土壤剖面盐分分布（间歇30min）

3. 不同组合比例对土壤剖面盐分分布的影响

咸淡水组合比例对土壤剖面盐分垂直再分布特征的影响见图5-20。由图5-20可知，在3g/L间歇组合灌溉条件下，咸淡水组合比例对土壤剖面盐分变化影响较小；而在5g/L间歇组合灌溉条件下，再同一土层深度范围内，土壤含盐量表现为：咸：淡=2：1>咸：淡=1：1>咸：淡=1：2，且随着土层深度的增加，这种差异越来越显著。

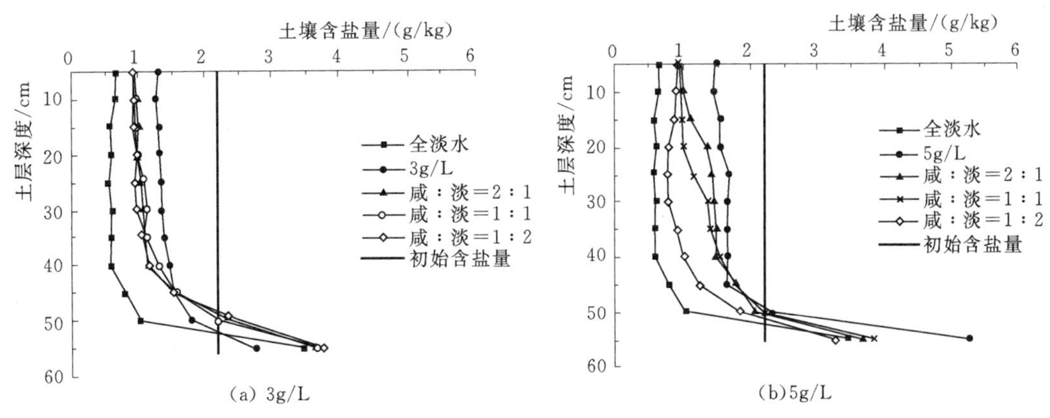

图5-20 不同咸淡水组合比例情况下的土壤剖面盐分分布（间歇30min）

4. 不同间歇时间对土壤剖面盐分分布的影响

不同间歇时间条件下土壤含盐量随土层深度的变化规律见图5-21。由图5-21可知，在3g/L间歇组合灌溉条件下，在土壤的中上层（5～20cm），间歇时间（30min）、间歇时间（60min）、间歇时间（120min）土壤盐分含量基本一致，均大于间歇时间（0min）；在土壤的中下层（20～55cm），土壤含盐量表现为：微咸水直接灌溉>间歇时间（60min）>间歇时间（120min）>间歇时间（30min）>间歇时间（0min）>淡水灌溉。在5g/L间歇组合灌溉条件下，在0～30cm土层范围内，除间歇时间（0min），其余间歇组合灌溉的土壤含盐量变化不大；在30～55cm土层范围内，间歇组合灌溉条件下的土壤含盐量均有较大幅度的增加，且差异较小。造成这种结果的主要原因可能是，随停水时间延长，土壤致密层形成较充分，入渗率变小，使后灌溉的淡水基本集中在上层土壤，对土壤产生一定的淋洗作用，使各处理之间的土壤含盐量差异变小；随矿化度增加，进入土壤中的盐分离子增多，减缓了土壤致密层的形成，故5g/L间歇组合灌溉条件下各处理之间的差异性小于3g/L。

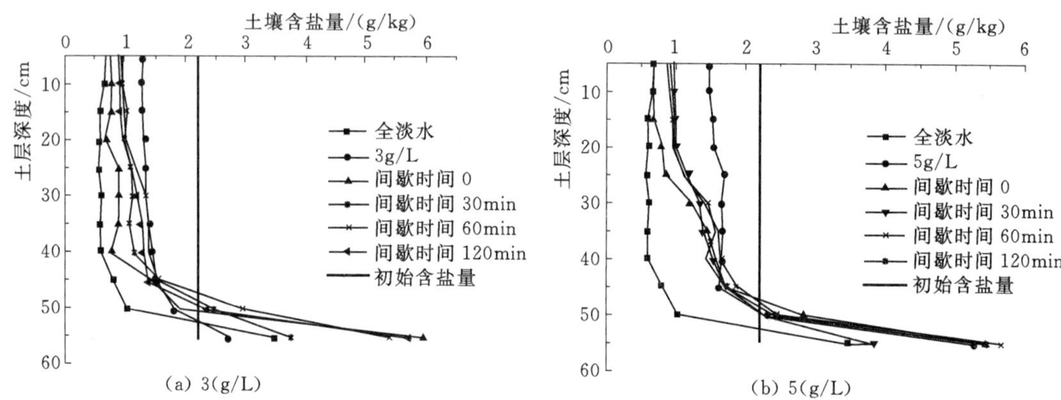

图5-21 不同灌水间歇时间情况下的土壤剖面盐分分布

5. 间歇组合灌溉模式对土壤脱盐效果的影响

（1）间歇组合灌溉对土壤脱盐率的影响。不同间歇组合灌溉模式土壤各层次的脱盐率见表5-9。由表5-9可知，在作物根系密集区（5～45cm），所有处理均整体脱盐，但间歇组合灌溉土壤脱盐率与淡水灌溉差异较小，且显著高于微咸水直接灌溉。间歇组合灌溉条件下，组合比例对土壤脱盐效果的影响较显著，咸水所占入渗定额比例越低，脱盐率越高，脱盐效果则越好，越有利于为作物的生长提供良好的水盐环境。间歇组合灌溉各影响因子对各土层土壤脱盐率的显著性分析结果表明，不同处理间的土壤脱盐率差异显著，说明与微咸水直接灌溉、淡水直接灌溉相比，间歇组合灌溉模式对土壤盐分的运移具有重要的影响。为了进一步分析不同处理对土壤脱盐率的影响，对土壤脱盐率平均值进行显著性分析，结果表明，在间歇时间（0、120min）时，组合比例1∶1与组合比例1∶2之间的差异不显著，组合比例1∶2与组合比例2∶1之间差异较显著；在间歇时间（30min、60min）时，各处理间的差异均不显著；与其他处理相比，微咸水直接灌溉土壤脱盐率平均值较低。

表 5-9　　间歇组合灌溉模式下的土壤脱盐率

间歇时间/min	组合比例	5cm	15cm	25cm	35cm	45cm	50cm	55cm	脱盐率平均值/%
0	全淡水	72.03a	75.47b	76.4a	75.39a	66.47a	57.26a	−46.04b	73.57a
0	微咸水	45.79h	45.69n	43.74k	41.62m	36.09g	24.2d	−15.42a	43.11g
0	2∶1	68.03d	66.73d	66.73c	64.77c	44.24d	13.88f	−131.51h	61.9cd
	1∶1	68.69c	67.72c	62.83d	63.24d	39.44f	20.77e	−150.52j	63.9bc
	1∶2	69.64b	77.53a	73.66b	74.63b	64.13b	37.73c	−143.15i	71.26ab
30	2∶1	61.10f	57.91k	56.16g	52.63gh	34.75i	2.18h	−53.49c	54.09def
	1∶1	59.99g	58.96i	54.76h	54.76f	32.74k	−4.12k	−57.62d	53.81def
	1∶2	61.16f	61.10f	60.04e	52.73g	35.02hi	6.52g	−57.45d	54.82def
60	2∶1	60.81f	58.71j	44.31j	43.91k	33.48j	−4.12k	−98.78f	48.43f
	1∶1	59.9g	57.69L	51.37i	41.95L	35.41h	−24.04L	−127.01g	50.09ef
	1∶2	61.89e	61.93e	59.87e	52.39h	35.44h	0.54j	−90.43e	55.03def
120	2∶1	62.27e	54.93m	44.60j	44.43j	30.94L	−55.6m	−158.69k	47.42f
	1∶1	62.19e	61.01h	54.71h	46.3i	42.18e	1.58i	−141.33i	53.68def
	1∶2	61.99e	61.07g	58.99f	58.16e	47.98L	38.2b	−195.67L	57.71cde

注　同一列中不同字母表示差异显著性（$P<0.05$），正值表示脱盐，负值表示积盐。

（2）间歇组合灌溉对土壤脱盐深度的影响。为了进一步评价间歇组合灌溉模式下土壤盐分的分布特征，引入了土壤脱盐区深度、脱盐区深度系数、达标脱盐区深度、达标脱盐区深度系数（表 5-10）。土壤脱盐区深度 h 为土壤含盐量低于土壤初始含盐量的深度；土壤脱盐区深度系数为土壤脱盐区深度 h 与灌溉定额入渗结束时湿润锋运移深度的比值；土壤达标脱盐区深度为土壤含盐量低于主要作物耐盐度、作物能够正常生长发育的淡化区（0～45cm 作物根系密集区）深度；土壤达标脱盐区深度系数为达标脱盐区深度与灌溉定额入渗结束时湿润锋运移深度的比值；含盐量峰值为灌后土壤含盐量的最高值。

由表 5-10 可知，间歇组合灌溉下，先咸后淡的土壤脱盐区深度、土壤脱盐区深度系数、土壤达标脱盐区、土壤达标脱盐区深度系数均小于先淡后咸，两者的含盐量峰值均出现在湿润锋位置处，先淡后咸的含盐量峰值在 3.741～5.216g/kg，而先咸后淡的含盐量峰值在 3.755～5.967g/kg 之间。综合比较，在先咸后淡条件下的含盐量峰值大于先淡后咸，说明先淡后咸的土壤脱盐效果更好，更有利于为作物提供良好的土壤生长环境。在两种不同的组合次序条件下，土壤脱盐区深度和土壤达标脱盐区深度均超过了 0～45cm 作物根系密度密集区，土壤含盐量峰值（3.741～5.967g/kg）均高于微咸水直接灌溉，说明咸淡水间歇组合灌溉模式脱盐效果更好，更有利于减小作物遭受土层整体和局部高盐胁迫。

咸淡水间歇组合灌溉研究表明：先咸后淡组合次序能够提高下层土壤的持水能力，而先淡后咸组合次序能够提高中上层土壤的持水能力；间歇时间（30min、60min）土壤含水率最高；间歇组合灌溉的灌水均匀度均显著高于淡水直接灌溉，与微咸水直接灌溉差异

表5-10 间歇组合灌溉土壤盐分分布评价指标对比分析

处理	全淡水	微咸水直接灌溉	先淡后咸				先咸后淡			
间歇时间/min			0	30	60	120	0	30	60	120
土壤脱盐区深度/cm	52.77	53.05	51.63	50.389	51.03	50.7	50.6	49.43	47.97	50.05
土壤脱盐区深度系数	0.915	0.964	0.92	0.843	0.862	0.859	0.872	0.851	0.809	0.84
土壤达标脱盐区深度/cm	51.99	51.03	50.7	49.8	50.4	49.5	50.1	47.3	46.6	49.5
土壤达标脱盐区深度系数	0.902	0.927	0.902	0.833	0.851	0.839	0.864	0.814	0.786	0.832
含盐量峰值/(g/kg)	3.479	2.75	3.747	5.216	4.841	3.741	5.967	3.755	5.407	5.749

较小。间歇组合灌溉土壤含盐量均小于微咸水直接灌溉，先咸后淡有利于降低上层土壤的含盐量，而先淡后咸有利于降低中下层土壤的含盐量；间歇组合灌溉土壤脱盐率显著高于微咸水直接灌溉，与淡水直接灌溉差异较小；先咸后淡的土壤脱盐区深度、土壤脱盐区深度系数、土壤达标脱盐区、土壤达标脱盐区深度系数均小于先淡后咸，且两者的含盐量峰值均产生在湿润锋位置处。土壤脱盐区深度和土壤达标脱盐区深度均超过了0～45cm作物根系密度密集区，土壤含盐量峰值（3.741～5.967g/kg）均高于微咸水直接灌溉，这说明咸淡水间歇组合灌溉模式脱盐效果更好，更有利于减小作物遭受土层整体和局部高盐胁迫的风险。因此，在鲁北平原的盐碱耕地上，对于不同来源微咸水，在合理选择咸淡水组合比例和次序及间歇时间后，微咸水间歇组合灌溉模式可以达到节水抑盐减负效果。

5.3 表层掺沙对盐碱土壤水盐运移和夏玉米生长的影响

盐渍化土壤的基本特点是结构性差，导水率低，降雨时土壤泥泞不易透水，导致水分大量流失，干旱时土壤易板结甚至结壳，严重影响作物出苗和根系生长。“盐随水来，盐随水去”是盐渍土水盐运移的基本规律，只要将作物根系生长区域内的盐分排出土体或排到下层土壤就可以达到改良盐碱土壤的目的（陈永金等，2006；Peck等，2002；宋日权，2010），但盐碱土壤的导水率低且渗透性差，不能有效地将盐分淋洗到作系区外。另外，土壤盐分会随水分蒸发上升至地表造成积盐，若能减少土壤毛管水分的上升及其土壤水分的蒸发，土壤盐化和碱化作用可以明显减轻，达到防治土壤次生盐渍化的目的（原翠萍等，2008；史文娟，2005；Yamanaka等，2004）。因此，要从根本上解决改良和防治土壤盐渍化就要切断盐分来源并将多余盐分排除土体，应使用物理改良方法，改善盐碱土壤结构，并结合水利、化学和生物改良措施进行逐步调理，最终完成对盐渍化土壤的改良。

已有研究表明，土壤表层掺沙或覆盖砂石可以加快土壤水分入渗，减少地表径流，抑制土壤水分蒸发（Li等，2000；原翠萍，2007）。表层掺沙掺沙或覆沙可改善土壤结构，使土壤有效孔隙度增大、通透性增强从而改变水盐运移规律，保水、蓄水能力增强（宋日权，2010），天然降水和灌溉水的利用效率增大，这对淡水资源缺乏地区意义重大。

因此，考虑到黄河三角洲地区淡水资源短缺，河沙资源丰富但利用率低的现状，探寻一种节水-增效-经济可行的盐碱地改良方法。基于前人的研究成果，以黄河三角洲地区盐碱土为研究对象，利用当地河沙作为添加物质，在室内进行垂直一维积水入渗实验，研究不同掺沙比对盐碱土水盐运移规律的影响；并在滨州市进行盐碱地掺沙改良的大田试验，通过分析土壤水盐运移和作物生长状况及产量的变化，对盐碱土掺沙改良效果做出评价，寻求最佳的盐碱地掺沙改良方案，以期为黄河三角洲地区盐碱地改良提供理论和数据依据。

试验用中度盐碱土取自山东省滨州市滨城区中裕生态产业园，重度盐碱土取自山东省东营市垦利县棉花耕地，取土时分层取0～20cm、20～40cm、40～60cm的扰动土，经晾晒风干、过筛（2mm）后混合均匀制成试验用土。取原状土测定0～60cm土壤容重、田间持水率和土壤全盐量，具体结果见表5-11。实验用河沙取自黄河三角洲地区黄河河沙，河沙经过了过筛（2mm）、淘洗、晾干处理，避免河沙中大颗粒和杂质对实验产生影响，土壤和河沙颗粒分析结果见表5-12。

表5-11　　供试土壤基本物理化学性质

土壤类型	土壤容重/(g/cm³)	田间持水率/%	风干土含水率/%	全盐量/(g/kg)	土壤质地
中度盐碱土	1.39	28.62	2.00	2.381	粉砂质壤土
重度盐碱土	1.41	27.85	1.00	4.099	砂质壤土

表5-12　　供试土壤与河沙颗粒组成

材料类型	颗粒组成		
	砂粒（2～0.02mm）	粉粒（0.02～0.002mm）	黏粒（<0.002mm）
中度盐碱土	20.26%	78.78%	0.77%
重度盐碱土	75.70%	21.53%	2.78%
河沙	87.74%	12.20%	0.06%

根据鲁北平原地区黄河水盐分组成资料（苏小四等，2006），利用$NaHCO_3$、Na_2SO_4、$CaCl_2$、$MgCl_2$配制试验用水，每升水中含量分别为277.2、142、203.3和111mg，矿化度为0.63g/L。中度盐碱土每次试验的灌水定额为22.2cm、重度盐碱土为22.71cm。试验装置与5.1相同。供水水头控制在2cm左右。

设置掺沙比例（重量比）为：CK（掺沙0%）、S1（掺沙5%）、S2（掺沙10%）、S3（掺沙15%）、S4（掺沙20%），每处理重复3次。土柱内装土高度为80cm，中度盐碱土装土容重为1.39g/cm³、重度盐碱土为1.41g/cm³、河沙容重1.60g/cm³。上部20cm掺沙，20～60cm为纯土，掺沙时按设计比例称沙和土，将沙土混合均匀后正常装填。试验过程中记录马氏瓶水位和湿润锋深度变化，灌溉定额结束后停止实验。试验结束后立即从土表至湿润锋处分层（5cm）取样，每层取3次重复，用以测定含水率和含盐量。

5.3.1 表层掺沙对盐碱土壤剖面水盐分布的影响

1. 表层掺沙对土壤剖面水分分布的影响

（1）掺沙对不同类型盐碱土剖面含水率的影响。由图5-22可知，两种盐碱土含水率随深度变化规律基本相同，对照组的土壤含水率均随深度增加而逐渐降低，掺沙处理的土壤含水率变化规律与对照组不同，掺沙后土壤含水率会在掺沙层和纯土层交界处（25cm）

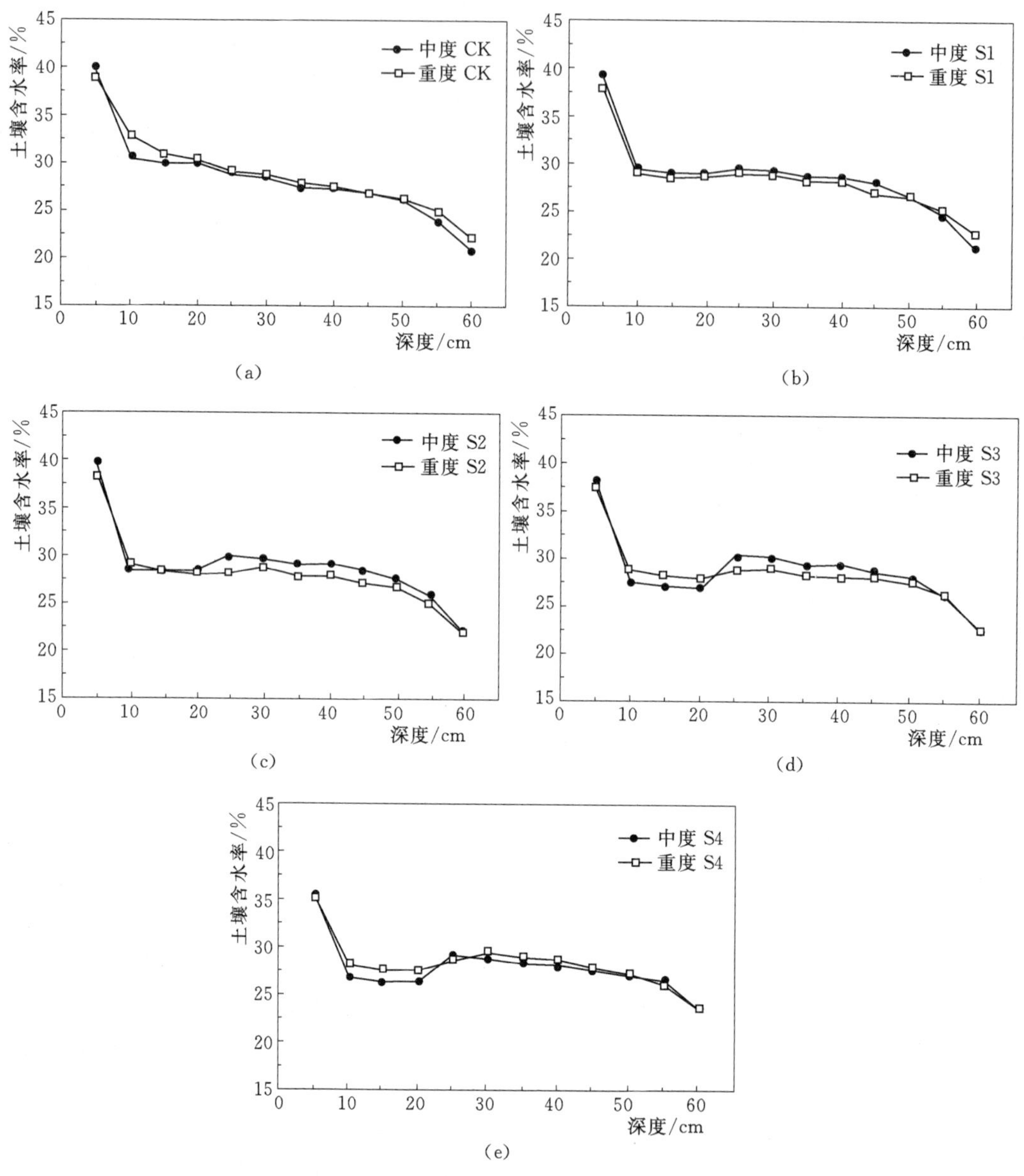

图 5-22 不同盐碱土剖面含水率随深度的变化曲线

略有上升，掺沙比例越大土壤含水率上升越明显，随后土壤含水率随深度逐渐降低。出现这种现象可能的原因是：水分在掺沙层入渗速度较快，在下层土壤的入渗速度慢，来自上层的大量水分来不及入渗便在上下层界面处积聚，导致下层含水率上升；土壤掺沙后的持水能力下降，掺沙层的多余水分在重力作用下继续下渗，进入下层土壤使含水率升高。

在相同灌溉条件下，对照组重度盐碱土的土壤含水率高于中度盐碱土，说明重度盐碱土的持水能力好于中度盐碱土，土壤中的盐分及土壤颗粒组成不同也是造成两种盐碱土持水能力差异的原因。掺沙后两种盐碱土的土壤含水率变化规律不同，各处理掺沙层重度盐碱土的土壤含水率仍大于中度盐碱土，但在下层土壤含水率升高后，中度盐碱土 S1、S2

和 S3 处理的土壤含水率大于重度盐碱土，S4 的土壤含水率仍然是重度盐碱土大于中度盐碱土。这说明表层掺沙会影响下层的土壤含水率，且对不同类型土壤的影响不同，就对下层含水率的改良效果来看，中度盐碱土掺沙改良最佳比例为 S3（掺沙 15%），重度盐碱土掺沙改良最佳比例为 S4（掺沙 20%）。

（2）不同掺沙比例对土壤剖面含水率的影响。由图 5－23 可知，两种盐碱土掺沙层土壤含水率变化规律相同，均是土壤含水率由大到小为 CK＞S1＞S2＞S3＞S4，除第一层外，掺沙处理的土壤含水率都小于 CK，其中 S1、S2、S3、S4 的土壤含水率显著降低（$P<0.05$），且掺沙比例越大土壤含水率降低越明显。这说明表层掺沙会使掺沙层的土壤含水率降低，掺沙比例越大土壤含水率越低。这与李卓等（2009）的研究结果相同。

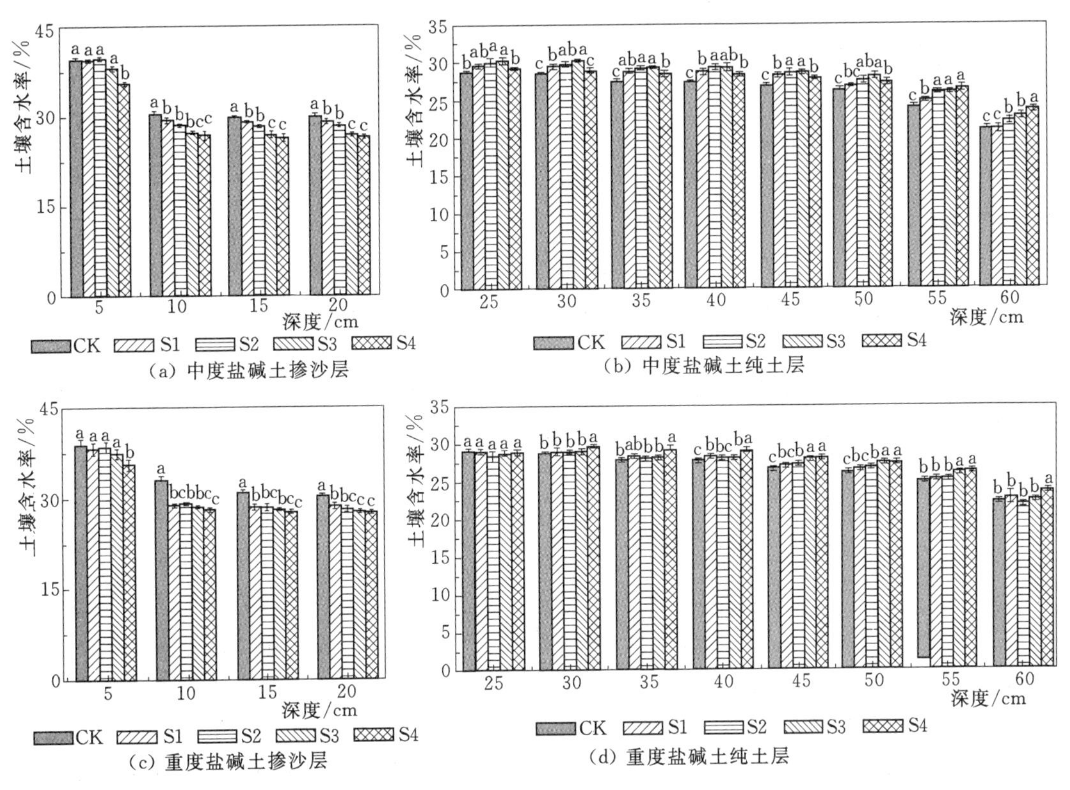

图 5－23 不同掺沙比例对土壤剖面含水率的影响

注：不同小写字母表示处理间差异显著 $P<0.05$。

由纯土层土壤含水率随深度变化图可知，中度盐碱土掺沙处理的土壤含水率均大于对照组，其中 S2 和 S3 与 CK 有显著性差异，S1、S4 与 CK 在个别层差异不显著（$P<0.05$）。整体来说，表层掺沙会提高掺沙层以下土壤含水率，S1、S2 和 S3 下层含水率随掺沙比例增大而增大，但 S4 下层土壤含水率在个别土层低于其他掺沙处理。重度盐碱土的下层土壤含水率变化规律与中度盐碱土相似，除 25cm 土层外，掺沙处理的土壤含水率均高于 CK，掺沙比例越大土壤含水率越高，S1、S2、S3 与 CK 之间的差异不显著，S4 的土壤含水率明显高于 CK（$P<0.05$）。这与宋日权等（2010）的研究结果相似。掺沙后水分可以快速通过表层土壤减少了表面径流，使更多水分进入深层土壤，同时表层掺沙会

抑制土壤水分的蒸发，提高了水资源利用效率。

2. 表层掺沙对土壤剖面盐分分布的影响

（1）掺沙对不同类型盐碱土剖面含盐量的影响。由图5-24可知，不同掺沙比例下中度盐碱土和重度盐碱土含盐量随深度变化规律基本一致，0～45cm土壤含盐量变化幅度不大，重度盐碱土的土壤含盐量略大于中度盐碱土，但差异不明显，土壤含盐量均在1g/kg左右，明显小于土壤初始含盐量（中度盐碱土2.381g/kg、重度盐碱土4.099g/kg）。45～60cm土层土壤含盐量随深度增加迅速升高并超过土壤初始含盐量，在湿润锋处达到最大值，在45～60cm土层重度盐碱土的土壤含盐量明显大于中度盐碱土，说明实验灌溉方式使土壤中的盐分随水分向下移动，上层土壤脱盐，下层土壤积盐。在上层脱盐区，中度盐碱土和重度盐碱土的土壤含盐量差异不大，说明上层脱盐区受土壤初始含盐量的影响较小，下层积盐区两种盐碱土的含盐量差异较大，说明积盐区受土壤初始含盐量影响较大。

由图5-25可知，两种盐碱土各处理土壤脱盐率变化规律基本一致，两种盐碱土的脱盐率在0～45cm土层基本保持不变，重度盐碱土的土壤脱盐率均大于中度盐碱土。这说明在相同灌溉方式下，在脱盐区重度盐碱土的土壤脱盐率高于中度盐碱土，由图5-25可知，灌溉结束后在脱盐区两种土壤的含盐量基本一致，说明重度盐碱土淋去的盐分更多，所以重度盐碱土的脱盐率更高。45cm以下土层土壤脱盐率迅速降低并出现负值，表示下层土壤出现积盐。

（2）不同掺沙比例对土壤剖面含盐量的影响。不同掺沙比例下土壤含盐量随深度变化规律见图5-26，在0～50cm深度范围内，中度盐碱土和重度盐碱土的各处理的土壤含盐量都小于土壤的初始含盐量，且土壤含盐量均随深度增加而增大，表层掺沙处理的土壤全盐含量均小于对照组，说明掺沙可以降低土壤全盐含量。出现这一现象可能的原因有：表层掺沙改变了掺沙层的土壤结构，进而影响土壤的水分运移和分布，而土壤盐分运移与水分运移有关，因此表层掺沙改变了土壤水分运移规律，从而影响土壤盐分的分布。蒲红艳等（2007）认为掺沙会减少土壤表层盐分累积，迟春明等（2009）研究认为添加沙粒能够有效促进土壤盐分淋洗，与本研究结果一致。

中度盐碱土各处理的土壤含盐量在0～50cm范围内逐渐增大，土壤的含盐量整体表现为CK＞S1＞S2＞S4＞S3，除S4处理外，土壤含盐量随掺沙比例增大而降低；重度盐碱土含盐量在0～40cm范围内略有增大，基本保持稳定，40cm以后土壤含盐量迅速上升，土壤的含盐量整体表现为CK＞S1＞S2＞S3＞S4，土壤含盐量与掺沙比例成反比。实验结果表明，表层掺沙后不同盐碱土壤盐分分布略有不同，土壤结构和初始含盐量是导致差异出现的主要原因。

（3）表层掺沙对土壤脱盐效果的影响。选取脱盐率、脱盐区深度、脱盐区深度系数作为脱盐效果的主要评价指标。根据当地种植作物冬小麦和夏玉米的耐盐限度，认为土壤含盐量小于2g/kg时作物可以正常生长（张建国等，2010），当土壤含盐量低于2g/kg时的深度为达标脱盐区深度；达标脱盐区深度系数为达标脱盐区深度与湿润锋运移深度的比值。

由表5-13可知，中度盐碱土表层掺沙显著影响土壤脱盐效果，其中S2、S3、S4的

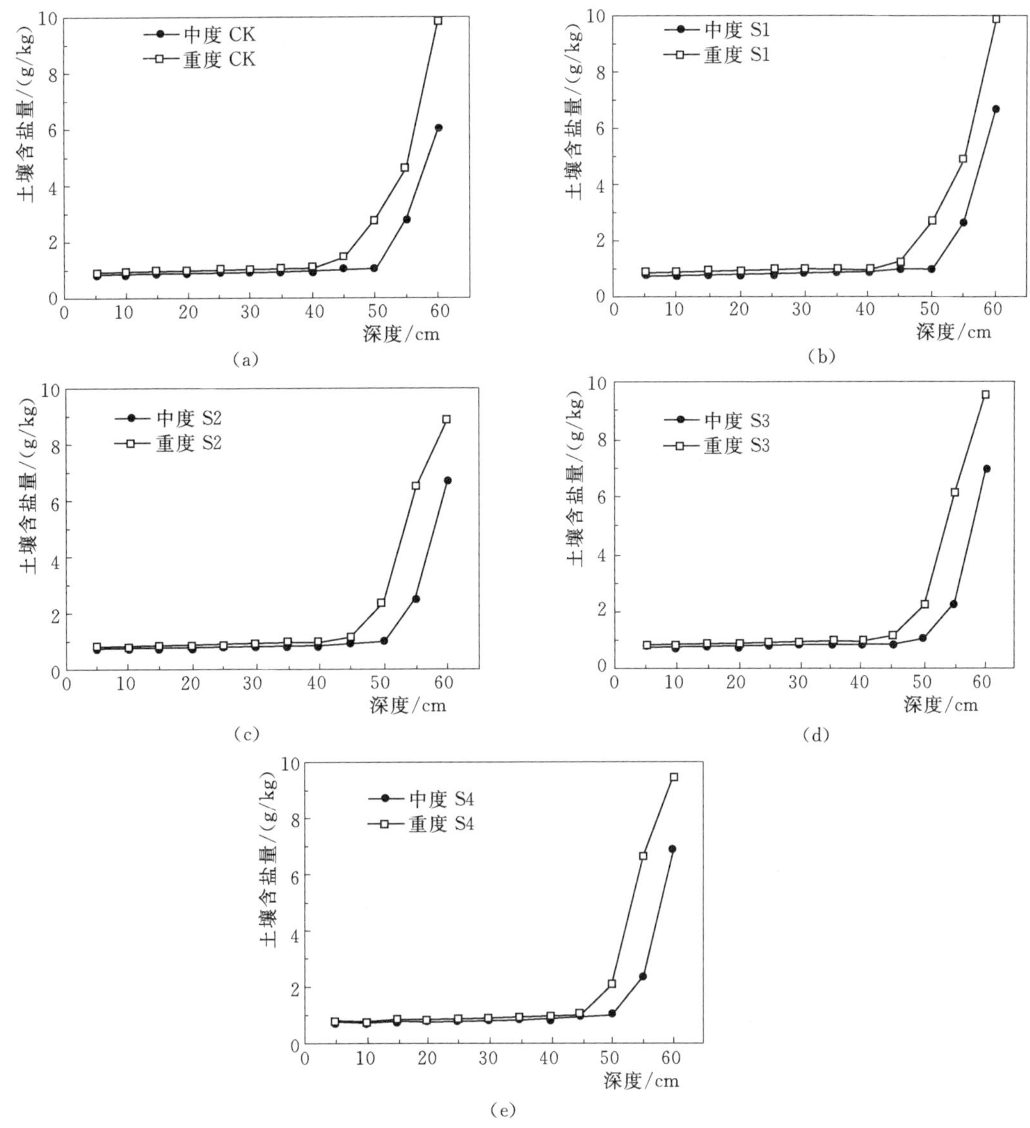

图 5-24　不同盐碱土剖面含盐量随深度的变化

各项脱盐指标显著高于 CK，S1 与 CK 差异较小。所有处理的平均脱盐率均大于 0.54，S3 的平均脱盐率最大，比 CK 增加 7.65%。各处理的脱盐区深度和达标脱盐区深度均大于 52cm，远超过作物的根系密集区（0～45cm），其中 S3 的脱盐区深度和达标脱盐区深度最大，比 CK 增加 1.51cm 和 1.06cm，其他掺沙处理也比 CK 有不同程度增加。脱盐区深度系数和达标脱盐区深度系数从大到小依次为掺沙 S2＞S3＞S1＞S4＞CK，S2 的脱盐区深度系数和达标脱盐区深度系数相对 CK 增加 0.043 和 0.039。

重度盐碱土各掺沙处理的土壤脱盐指标均比对照有不同程度增大，平均脱盐率水平在 45.80%～46.47%，其中 S2、S3、S4 平均脱盐率显著高于 CK 和 S1，各掺沙处理之间差异不显著。试验各处理脱盐区深度均在 51.42cm 以上，达标脱盐区深度均在 47.09cm 以

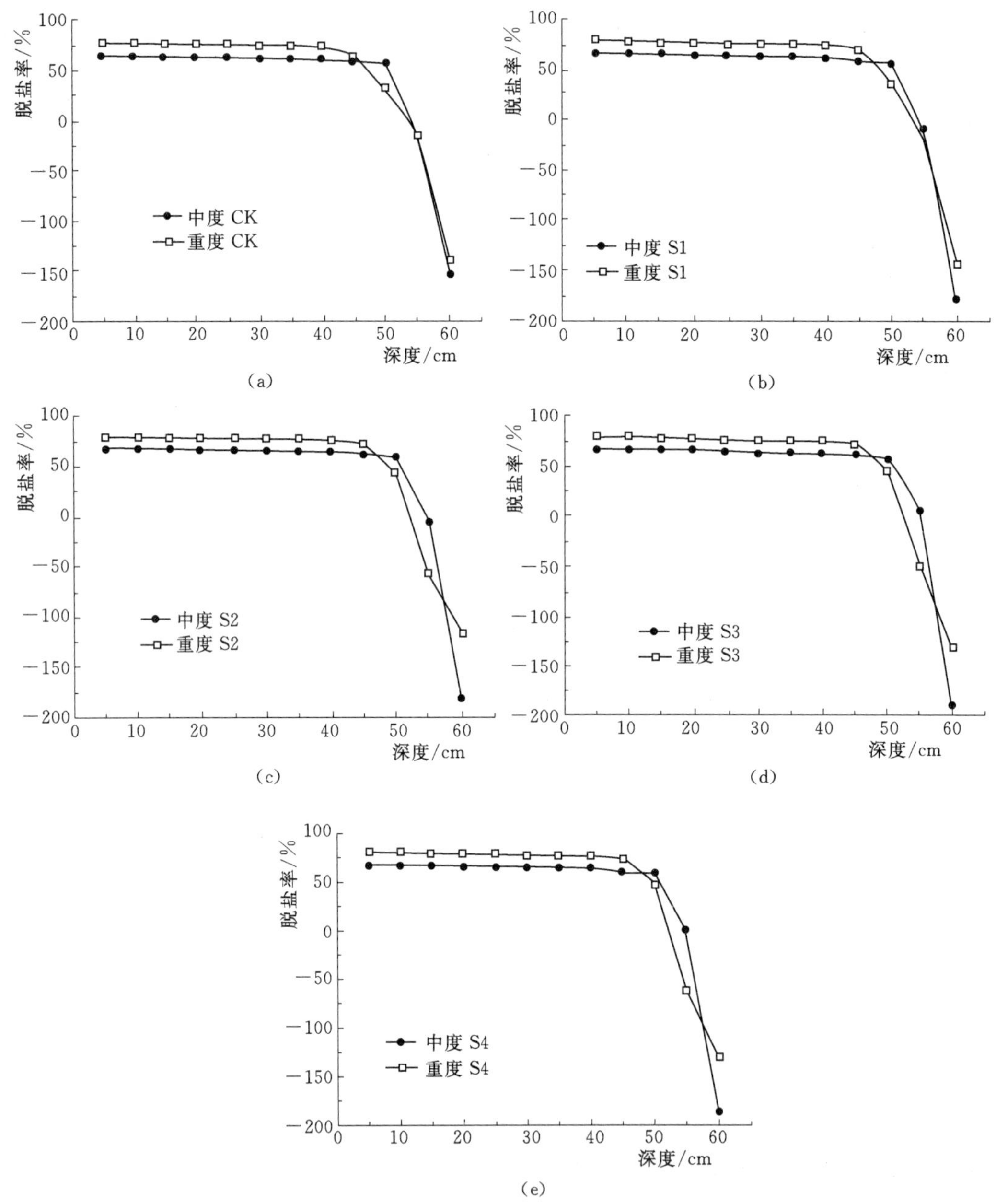

图 5-25 不同盐碱土壤脱盐率的变化特征

上，盐分被淋洗到 45cm 以下，各掺沙处理比对照有不同程度的增加，且差异性显著，其中 S4 的脱盐深度最大。掺沙处理的脱盐区深度系数和达标脱盐区深度系数均大于 CK，S4 的脱盐区深度系数和达标脱盐区深度系数相对 CK 增加 0.014 和 0.017。

由试验结果可知，中度盐碱土的脱盐评价指标均高于重度盐碱土，说明脱盐效果受土壤初始含盐量和土壤结构的影响，土壤初始含盐量较低的中度盐碱土脱盐效果更好。在相同入渗条件下中度盐碱土表层掺沙 10%～20%显著提高土壤脱盐效率，其中掺沙 15%效

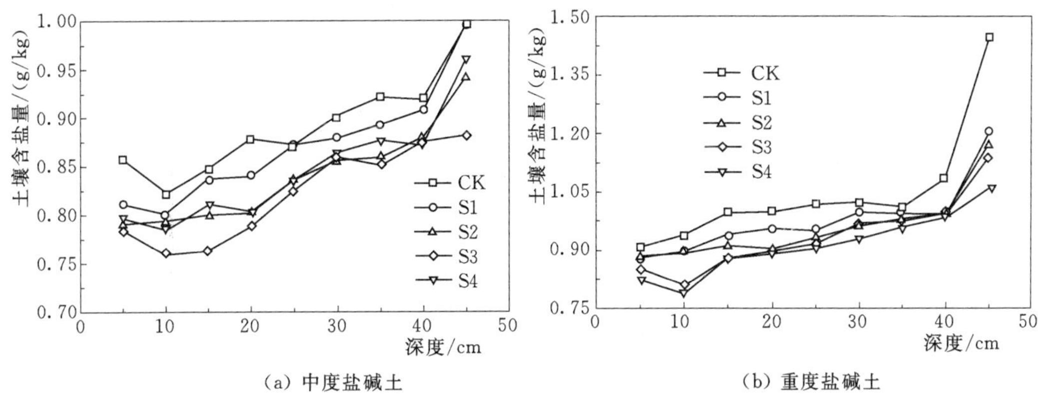

(a) 中度盐碱土　　(b) 重度盐碱土

图 5-26　不同掺沙比例下土壤剖面含盐量随深度的变化曲线

注：在 50cm 以下土层，土壤积盐导致含盐量迅速上升，故 50cm 以下土层含盐量随深度变化过程在图中没有显示。

果最佳；重度盐碱土表层掺沙也提高了土壤的脱盐效率，掺沙 20%的土壤脱盐指标与对照有显著性差异，重度盐碱土的最佳掺沙比例为 20%。

表 5-13　不同掺沙比例下土壤盐分分布评价指标对比分析

土壤类型	处理	平均脱盐率/%	脱盐区深度/cm	脱盐区深度系数	达标脱盐区深度/cm	达标脱盐区深度系数
中度盐碱土	CK	54.88c	53.85d	0.909c	52.78b	0.891c
	S1	56.18c	54.22c	0.925b	53.05b	0.905b
	S2	57.67b	54.53b	0.952a	53.28ab	0.930a
	S3	59.09a	55.36a	0.943a	53.84a	0.917ab
	S4	58.04ab	55.01a	0.916bc	53.62a	0.893bc
重度盐碱土	CK	45.80b	51.42d	0.858b	47.09d	0.786b
	S1	45.92b	51.71c	0.859b	47.72c	0.792ab
	S2	46.41a	52.78ab	0.853b	48.45b	0.799a
	S3	46.37a	52.60b	0.856b	49.01b	0.798a
	S4	46.47a	52.91a	0.872a	49.65a	0.803a

注　不同字母表示处理间的差异显著性，字母相同表示无差异，不同表示差异显著，$\alpha=0.05$。

5.3.2　表层掺沙对大田水盐分布的影响

根据黄河三角洲地区盐碱土改良现状，依据掺沙可以改善盐碱土壤结构和透水性，提高入渗淋盐效率，结合室内试验的研究结果，本研究进行了黄河三角洲地区中度盐碱土掺沙改良大田试验，于 2017—2018 年对滨州地区中度盐碱耕地进行掺沙改良。

1. 表层掺沙对大田土壤含水率的影响

图 5-27 为 2017 年大田实验不同处理的土壤含水率变化曲线，受雨季（7—8 月）影响不同深度的土壤含水率变化趋势都是先增大后减小。0～20cm 的土壤含水率变化范围在 9.36%～22.73%，表层受降雨直接影响所以含水率变化范围较大，在 7—9 月之间，

掺沙处理的土壤含水率均小于CK，S1、S2的土壤含水率与CK差异不显著，S3与CK有显著差异（$P<0.05$），掺沙比例越大土壤含水率越低。20～40cm土层的土壤含水率整体表现为S3>S2>S1>CK，各处理间差异较小，掺沙处理的土壤含水率略高于对照。在40～60cm土层，掺沙处理的土壤含水率大于CK，以8月6日为例，S1、S2、S3的土壤含水率显著高于CK（$P<0.05$），分别比对照增加1.48%、1.61%、1.98%。

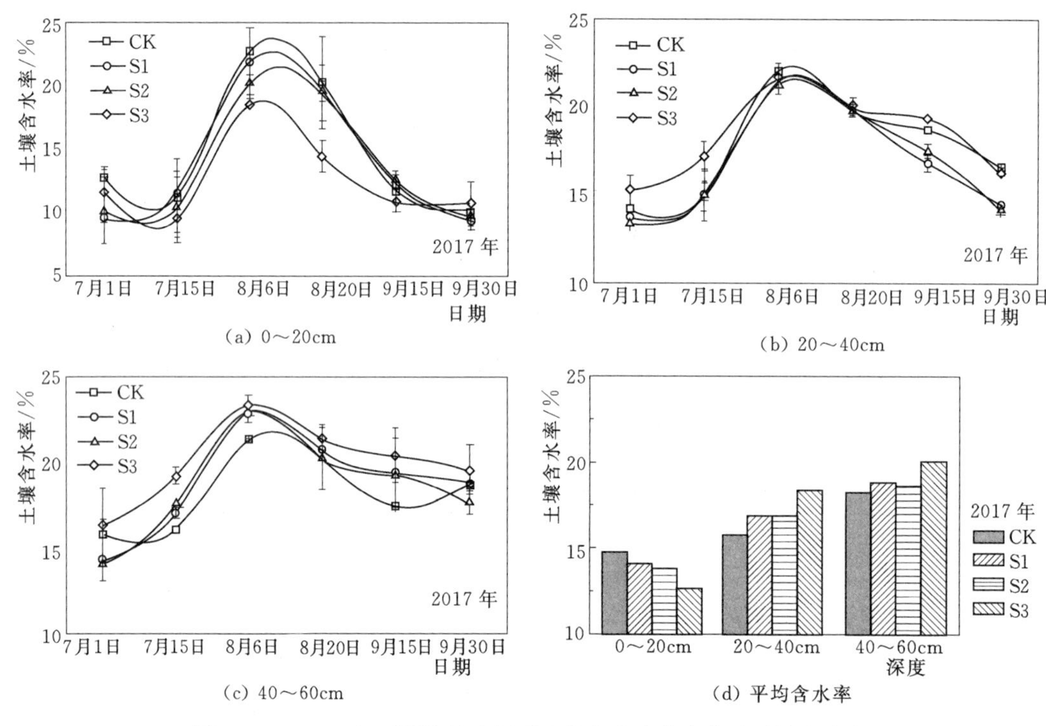

图5-27　2017年不同掺沙比例下土壤含水率的变化及平均含水率

2017年大田土壤平均含水率随深度增加而增大，0～20cm平均含水率随掺沙比例增大而减小，20～40cm土层平均含水率表现为S3>S2>S1>CK，40～60cm土层掺沙处理的含水率均大于CK，S3（掺沙15%）明显改善土壤水分分布。实验结果表明掺沙会降低耕层（0～20cm）的土壤含水率，使20～60cm的土壤含水率升高。

由图5-28可知，2018年大田实验不同处理的土壤含水率变化规律与2017年相似，三个土层含水率的整体表现为先增大后减小。在0～20cm土层含水率变化范围较大，表层掺沙处理的土壤含水率均小于CK，土壤含水率随掺沙比例增大而降低，其中S3在整个生育季与CK都有显著差异（$P<0.05$）。在20～40cm土层，除9月30日外，S3处理的土壤含水率显著高于CK（$P<0.05$），其余掺沙处理的含水率在6月22日—8月22日之间均高于CK。40～60cm土层土壤含水率整体表现为S3>CK>S2>S1，掺沙处理与对照之间差异不显著（$P<0.05$）。

在2018整个玉米生育季0～20cm土层的平均含水率随掺沙比例增大而降低，20～40cm和40～60cm土层的土壤含水率均随掺沙比例增大而升高，验证了室内试验的结论，与2017年野外实验结果相同。2017、2018两年的实验结果均表明表层掺沙可以改善土壤

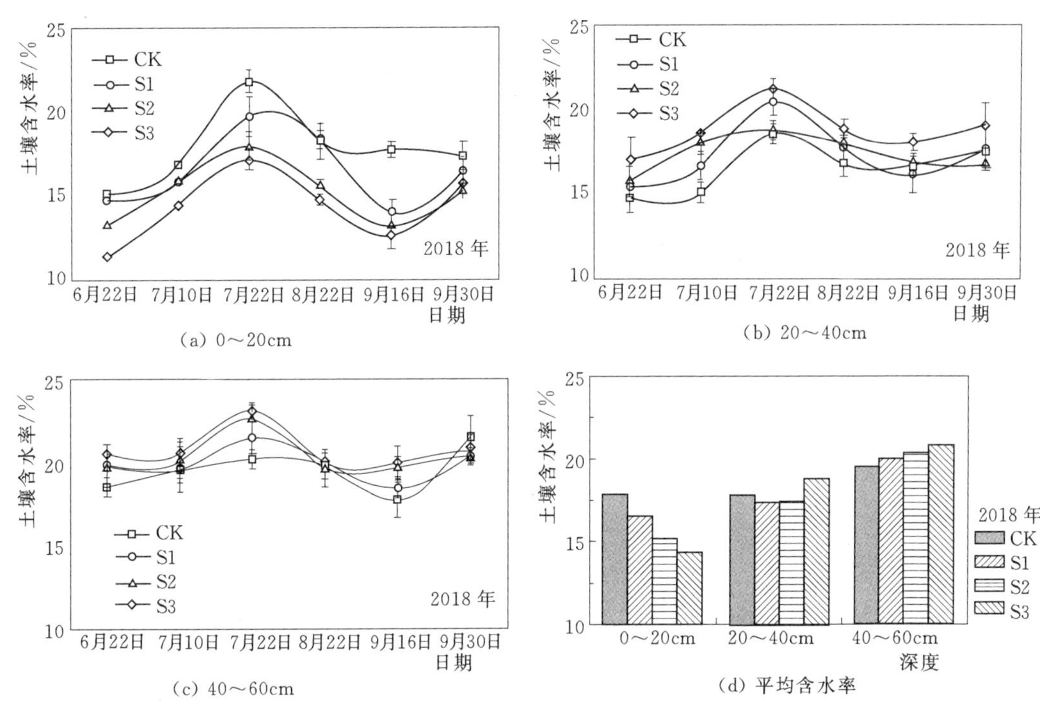

图 5-28 2018 年不同掺沙比例下土壤含水率的变化及平均含水率

水分分布，有利于提高水资源的利用效率。

2. 表层掺沙对大田土壤含盐量的影响

2017 年不同处理土壤含盐量变化见图 5-29，土壤含盐量在 0～20cm 土层先降低后升高，全盐量变化范围在 1.24～2.02g/kg，掺沙处理的含盐量基本低于 CK，8 月 6 日—9 月 15 日掺沙处理的全盐量显著低于 CK，各掺沙处理之间差异不显著（$P<0.05$）。在 20～40cm 土层，所有处理的土壤含盐量呈现降低趋势，与 6 月底播种时相比，到玉米成熟时 CK、S1、S2、S3 的土壤全盐量分别降低了 0.83g/kg、0.87g/kg、0.91g/kg、1.01g/kg，S3 的土壤全盐量显著低于 CK（$P<0.05$）。40～60cm 的土壤全盐量变化范围不大，从整体看，土壤全盐含量由大到小为 CK>S1>S2>S3，各处理之间差异不显著（$P<0.05$）。实验结果表明掺沙处理的土壤含盐量整体于 CK，其中 S3 的整体含盐量最低，与室内试验结果一致。

2017 玉米生育季土壤平均含盐量随土层深度增加而增加，0～20cm 土层的平均含盐量表现为 CK>S1>S2>S3，20～40cm 土层的平均含盐量变化规律为 CK>S1>S2>S3，40～60cm 土层土壤平均含盐量由大到小依次为：CK>S2>S1>S3。掺沙处理的平均含盐量均小于 CK，其中 S3（掺沙 15%）的平均含盐量最低，实验结果说明表层掺沙可以降低土壤的盐分含量，掺沙 15%的降盐效果最好。

图 5-30 中，2018 年不同处理土壤含盐量变化均呈现降低后略有升高的趋势。0～20cm 土层土壤含盐量变化范围是 1.12～2.30g/kg，除 9 月 16 日外，掺沙处理的土壤含盐量均小于对照。S3 的土壤含盐量与 CK 有显著性差异，S1、S2、S3 之间的差异不显著

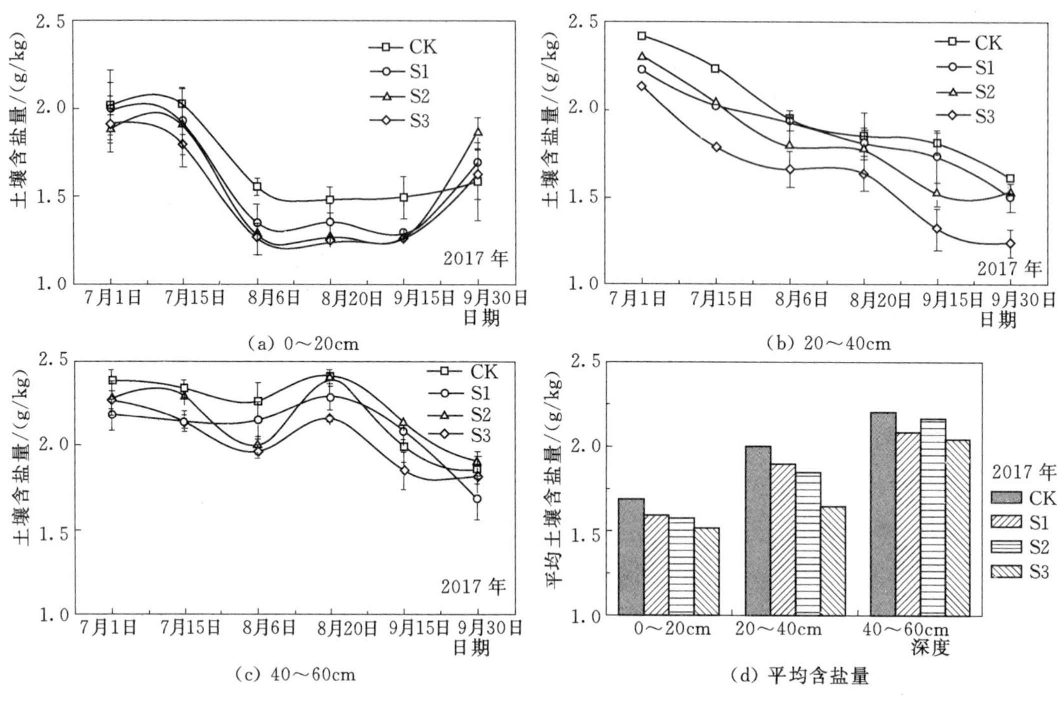

图 5-29 2017 年不同掺沙比例下土壤含盐量的变化及平均含盐量

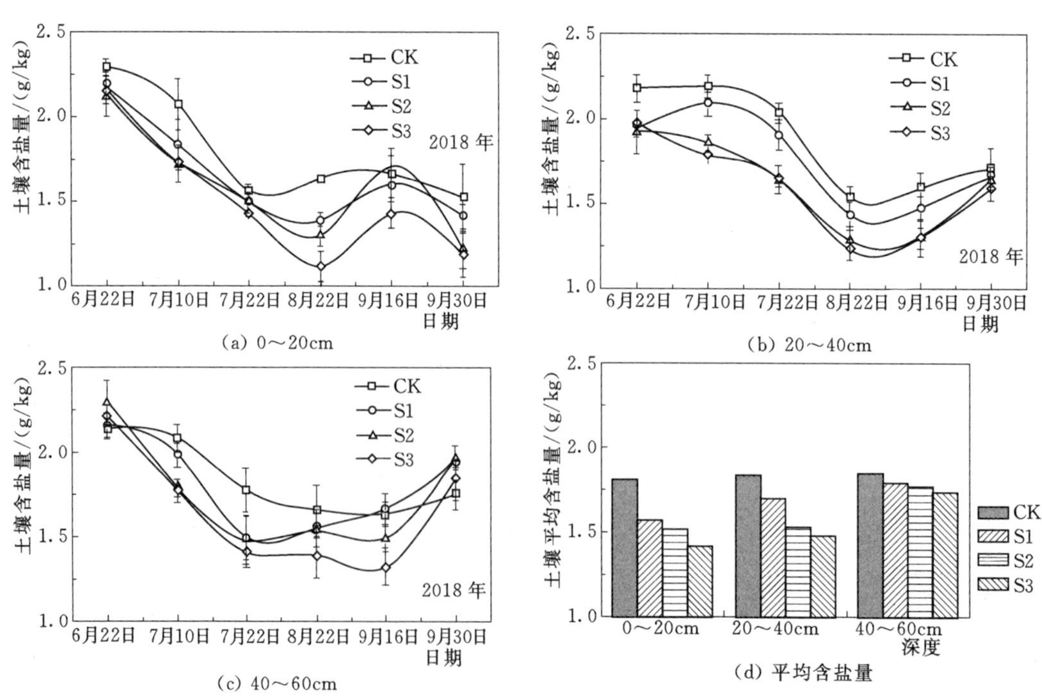

图 5-30 2018 年不同掺沙比例下土壤含盐量的变化及平均含盐量

（$P<0.05$），9 月 30 日 CK、S1、S2、S3 的土壤含盐量分别比 6 月 22 日降低 0.76、0.77、0.91、0.97g/kg，掺沙比例越大土壤脱盐效率越高。20～40cm 土层土壤含盐量整体表现为 CK＞S1＞S2＞S3，表层掺沙处理的土壤含盐量均小于 CK，其中 S2 和 S3 处理的土壤含盐量明显小于 CK，在 7 月 10 日各处理间的差异最大，S1、S2 和 S3 的土壤含盐量分别比 CK 降低 0.20、0.44、0.51g/kg。除 6 月 22 日和 9 月 30 日外掺沙处理 40～60cm 土层的土壤含水率均小于 CK，各处理之间差异不显著。

2018 年平均含盐量变化规律与 2017 年相似，土壤平均含盐量随土层深度增大而增大，掺沙处理的平均含盐量均小于 CK。各土层的平均含盐量均随掺沙比例增大而降低，S3（掺沙 15%）在各土层的平均土壤含盐量均为最小值，掺沙 15%对于降低土壤含盐量效果最佳，与 2017 年结论一致。

5.3.3 表层掺沙对夏玉米生长指标及产量的影响

1. 表层掺沙对夏玉米生长指标的影响

图 5－31 是 2017 年不同掺沙比例下的玉米生长情况。由图 5－31 可知，2017 年株高在玉米整个生育期内持续增高，后期略有降低，在 9 月 15 日各处理株高达到生育期内最大值，S1、S2、S3 的株高分别比对照增加 12cm、11.5cm、15cm，掺沙处理与对照差异性显著，各掺沙处理之间差异不显著（$P<0.05$）。茎粗在整个生育期内先升高后降低，在 8 月 6 日左右出现峰值，在整个生育期内，CK 最大茎粗未超过 4cm，S1、S2、S3 的最大茎粗分别为 4.87cm、5.31cm、5.69cm，除 7 月 1 日和 9 月 30 日外，掺沙处理与对照差异显著（$P<0.05$）。夏玉米叶面积先增大后逐渐减小，8 月 6 日—9 月 30 日之间掺沙

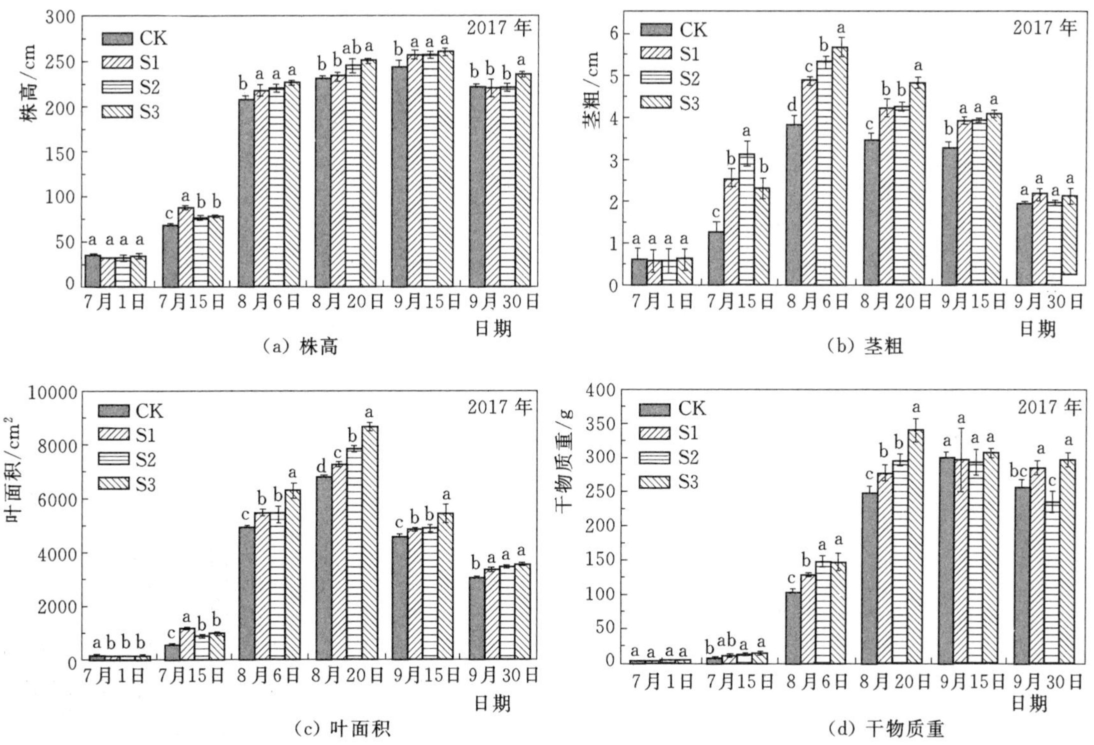

(a) 株高

(b) 茎粗

(c) 叶面积

(d) 干物质重

图 5－31 2017 年不同掺沙比例下玉米生长指标的变化

处理的叶面积均大于 CK，在 8 月 20 日左右的叶面积达到最大，叶面积由大到小为 S3＞S2＞S1＞CK，8 月 6 日—9 月 30 日掺沙处理与对照有显著性差异（$P<0.05$）。干物质重在整个玉米生育过程中先增大后减小，掺沙处理的干物质重基本大于 CK，8 月 6 日和 8 月 20 日差异显著（$P<0.05$）。实验结果说明表层掺沙会影响夏玉米生长，表层掺沙后夏玉米株高、茎粗、叶面积和干物质重均有不同程度增大，其中 S3（掺沙 15%）的玉米长势最好。

图 5－32 为 2018 年不同掺沙比例下玉米生长指标的变化，玉米株高在 6 月 22 日—9 月 16 日持续增大，在 9 月 30 日略有降低，除 6 月 22 日外，掺沙处理的株高在整个生育期内均大于 CK，其中 S2 和 S3 与 CK 有显著性差异（$P<0.05$），在 9 月 16 日 S1、S2、S3 的株高分别比对照增加 9cm、16cm、17cm，表层掺沙使作物株高增高。茎粗在玉米生育季内先增大后减小，在 8 月 22 达到最大值，CK、S1、S2、S3 的最大茎粗分别为 4.46、4.82、4.93、5.33，夏玉米最大茎粗与掺沙比例成正比，S2 和 S3 在 7 月 10 日—8 月 22 日之间茎粗显著大于对照（$P<0.05$）。叶面积在玉米生育季内先增大后减小，在 8 月 22 日左右达到峰值，S2 和 S3 的叶面积显著高于 CK 和 S1（$P<0.05$），除 8 月 22 日和 9 月 16 日外，掺沙处理的叶面积均大于 CK，表层掺沙后可以使夏玉米叶面积增大。干物质重在整个生育季内持续增大，在 9 月 30 日略有降低，2018 年夏玉米干物质重整体表现为 CK＜S1＜S2＜S3，在 7 月 22 日各掺沙处理的干物质重与 CK 有显著性差异，S3 的干物质重在整个生育期内在所有处理中最高。2018 年实验结果表明，表层掺沙后夏玉米的各种生长指标都有不同程度的提高，S3 处理（掺沙 15%）的玉米长势最好，与 2017 年的试验结论相同。

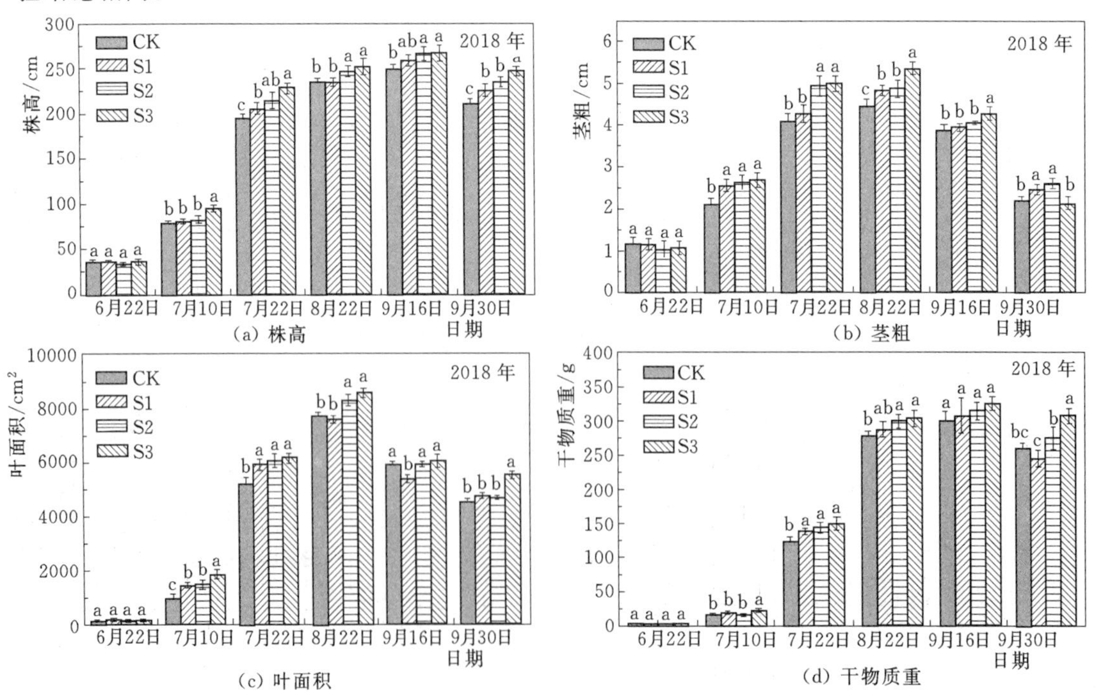

图 5－32　2018 年不同掺沙比例下玉米生长指标的变化

2. 表层掺沙对夏玉米产量的影响

由表 5－14 可知，2017 年所有处理的玉米产量在 9437.1～10419kg/hm^2，掺沙处理的产量显著高于对照（$P<0.05$），掺沙处理相比于 CK 玉米产量提高 6.46%～10.40%，掺沙比例越大玉米产量越高，S3 和 S2、S1 之间有显著性差异（$P<0.05$）。2018 年夏玉米产量在 10007.4～11255.3kg/hm^2 之间，掺沙处理相对于对照的增产率在 3.72%～12.55%，夏玉米产量与掺沙比例成长比，各处理之间差异性显著（$P<0.05$）。2017—2018 年夏玉米产量数据说明表层掺沙显著提高了夏玉米的产量，掺沙比例越大夏玉米产量越高。

表 5－14　不同掺沙比例下夏玉米产量与增产率

年份	处理	产量/(kg/hm^2)	增产率/%
2017	CK	9437.1c	0
	S1	10046.7b	6.46
	S2	10146.6b	7.52
	S3	10419.0a	10.40
2018	CK	10007.4d	0
	S1	10372.7c	3.72
	S2	10753.7b	7.54
	S3	11255.3a	12.55

注　不同字母表示处理间的差异显著性，字母相同表示无差异，不同表示差异显著，$\alpha=0.05$。

2018 年各处理夏玉米产量均超过 10000kg/hm^2，CK、S1、S2、S3 夏玉米产量分别比去年增加 570.3、326、607.1、836.3kg/hm^2，年增产率分别为 6.04%、3.25%、5.98%、8.03%，表层掺沙改良第二年夏玉米产量比第一年有所提高，但年增产率与掺沙比例之间无明显关系，增产的原因可能与气候条件、和玉米种子差异等因素有关。

由以上对表层掺沙土壤玉米季大田土水盐分布及夏玉米生长和产量的影响，得到以下结果：

(1) 大田土壤含水率变化范围较大，受雨季（7—8 月）影响，不同深度的土壤含水率变化趋势都是先增大后减小，由于表层土壤受降雨影响较大，0～20cm 土层的土壤含水率波动范围大于其他两个土层。表层掺沙可以降低掺沙层土壤含水率，且土壤含水率随掺沙比例增大而降低，20～60cm 土层土壤含水率增大。土壤平均含水率随深度增加而增大，0～20cm 土层平均含水率随掺沙比例增大而降低，20～60cm 土层的平均含水率随掺沙比例增大而增大。表层掺沙 15%的效果最好。

(2) 大田土壤含盐量在整个夏玉米生育期呈现降低趋势，这与夏季降雨增多有关。野外实验数据空间差异性较大，除个别异常点外，大田土壤含盐量整体表现为 CK>S1>S2>S3，表层掺沙可以降低大田土壤的盐分含量，且掺沙比例越大土壤盐分含量降低越明显。土壤平均含盐量均随深度增加而增大，掺沙处理的土壤平均含盐量均小于 CK，S3（掺沙 15%）。表层掺沙可以降低 0～60cm 的土壤含盐量，掺沙比例越大土壤含盐量降低越明显，掺沙 15%的土壤含盐量在所有处理中最低。

(3) 表层掺沙会影响夏玉米的生长指标和产量。表层掺沙处理的玉米长势要好于对照，其中S3（掺沙15%）的夏玉米各生长指标为所有处理中最高。掺沙处理的玉米产量均高于CK，增产率在3.72%～12.55%，玉米产量与掺沙比例成正比。掺沙15%的玉米生长指标和产量最高。

5.4 水肥盐协同高效增蓄扩容技术

盐渍化土壤的改良利用一方面要控制盐分，另一方面还要提高土壤肥力，保证农作物正常生长。盐碱地改良措施包括物理方法、水利方法、化学方法及生物方法。各类改良措施均有其重要作用和优势，但也存在一定的局限性。物理改良方法相对简单、较易实施、适用面广，结合农作即可进行。但是，其缺点是技术更新慢，发展空间有限、适应性差。水利改良方法洗盐脱盐效果较好，但其工程量较大，耗水多、投入大、成本高、施工期内对土体破坏严重；此外，洗盐脱盐的过程中，也将土壤中一些易溶性的营养成分带出土体，进而影响土壤生产力。而化学改良方法一般使用化学物质或者添加了化学物质的复合肥进行土壤改良，具有投资小、见效快、材料配方灵活多样、可操作性强等特点，特别是对于中度和重度盐碱土的改良，同其他方法相比，该方法具有比较明显的优势。但是，目前化学改良剂种类较多，使用基质各不相同，施用后对土壤产生的后续影响尚缺少有效的追踪评估。

本研究根据示范区的土质及农业生产的特点，选择应用几种有机复合肥，在改盐控盐的同时，保证作物产量。而外来物质添加后，土壤理化性质、水分和盐分的时空分布特征及农作物的响应状况，是利用化学物质改良盐渍化土壤必须研究的重要问题，也是实现水肥盐协同高效增蓄扩容的重要基础工作。

5.4.1 改良剂对土壤物理性质的影响

试验土样均取自滨洲示范区农田0～60cm土层。供试土壤的基本理化状况见表5-15。由表中数据可见，土壤机械组成以粉砂粒为主，黏粒所占比例较小，粉粒所占比例最大，不同土层间粉砂粒含量差别较大。总体看，0～30cm土层与30～60cm土层的土壤颗粒含量差别较大，随深度增加，砂粒所占比例降低，粉粒与黏粒所占比例增高。水溶性盐含量在0～20cm与50～60cm土层较高，但仍属轻度盐化范围，其他土层的含盐量均低于1.0g/kg。各土层pH值均大于7，土壤略显碱性，且随土层加深，碱性表现越强，30～40cm土层碱性最强，其后又呈现下降趋势。

表5-15 研究区土壤机械组成及盐分含量

测定项目	土层深度					
	0～10cm	10～20cm	20～30cm	30～40cm	40～50cm	50～60cm
黏粒/%	3.64	3.49	3.77	4.12	3.89	3.90
粉粒/%	60.54	56.24	62.78	71.50	67.15	73.71
砂粒/%	35.82	40.27	33.45	24.38	28.96	22.39
水溶性盐/(g/kg)	1.51	1.51	0.96	0.95	0.97	1.16
pH值	7.81	7.93	8.34	8.47	8.32	8.29

试验设置 4 种处理，分别为土表施加竹炭型有机复合肥（Bamboo Charcoal Organic Compound Fertilizer，BC）、菌型有机复合肥（Bacteria Organic Compound Fertilizer，BO）、阴离子型聚丙烯酰胺（Polyacrylamide，PAM）土表混施及对照－CK（无处理，即常规种植）。

市售盐碱土改良剂在理化性质方面有较大差异，实际应用时宜对其理化性质尤其是盐分状况进行测定。利用土壤浸提法，对基本指标进行测定，表 5－16 为使用改良剂的基本理化性质。由表 5－16 可知，PAM 的 HCO_3^- 含量和 Cl^- 含量高于 BC 和 BO，BO 的 SO_4^{2-} 含量略高于 BC 和 PAM，BC 的 Ca^{2+} 含量明显高于 BO 和 PAM，BO 的 Mg^{2+} 含量明显高于 BC 和 PAM，BC 的 Ca^{2+} 和 Mg^{2+} 总量最大；BO 的 K^+、Na^+ 含量和水溶性盐高于 BC，由于 PAM 溶液难以过滤，其 K^+、Na^+ 含量和水溶性盐无法测定。电导率值显示 PAM＞BO＞BC，说明 PAM 溶液本身电解质含量较高；pH 值测定结果显示，BC 和 BO 略显碱性，BO 碱性大于 BC，PAM 为微酸性物质。

表 5－16　改良剂的基本理化性质

改良剂	盐分离子含量/(g/kg)						水溶性盐/(g/kg)	电导率/(mS/cm)	pH 值
	HCO_3 含量	Cl^- 含量	SO_4^{2-} 含量	Ca^{2+} 含量	Mg^{2+} 含量	K^+/Na^+ 含量			
BC	0.28	1.54	1.38	5.18	0.82	21.04	30.24	1.63	7.52
BO	0.62	2.48	2.02	1.57	1.80	59.70	68.19	3.26	7.94
PAM	4.23	38.83	1.52	1.68	1.14	—	—	6.33	6.87

1. 改良剂对土壤膨胀性能的影响

土壤膨胀性能是土壤重要的物理特性之一，表面的形态变化反映的是土壤内部的物质组成、团粒分布、孔隙结构等，也影响着土壤中空气、水和盐分矿物的运动。土壤膨胀性对土壤水分传导、溶质运移有较大影响。改良剂施加入土壤后，易引起土壤理化性质的变化，而土壤膨胀性能对土壤通气透水性均有重要影响。因此，本研究探索改良剂施加后土壤膨胀性能的变化，以此为改良剂的科学使用奠定理论基础。

实验所用土壤取自滨州农田 0～30cm 土层，土样经风干后过 2mm 筛，备用。试验土样土壤类型为盐化潮土，土壤质地为砂质黏壤土，土壤颗粒中砂粒含量为 63.25%，粉粒为 28.32%，黏粒为 8.42%。表 5－17 是土样盐分状况，全盐量为 0.912g/kg，属轻度盐化土，其中 Ca^{2+} 和 Mg^{2+} 含量较高。

表 5－17　土壤盐分状况

全盐量/(g/kg)	土壤盐分离子含量/(g/kg)				
	HCO_3^-	Cl^-	$Ca^{2+}-Mg^{2+}$	Na^+	K^+
0.912	0.03	0.024	0.184	0.18	0.019

实验设置 4 个处理，分别是施用聚丙烯酰胺（PAM）、竹炭型有机复合肥、菌型有机复合肥处理和不添加土壤改良剂处理的对照组。PAM 施用量分别为 0.2g/kg，0.4g/kg，0.6g/kg，0.8g/kg，1g/kg，竹炭型有机复合肥施用量分别为 4g/kg，8g/kg，12g/kg，16g/kg，20g/kg，菌型有机复合肥施用量分别为 5g/kg，10g/kg，15g/kg，20g/kg，

30g/kg，每处理水平重复 5 次，剔除最大值和最小值，取剩余数据平均值。试验装置由瓦氏膨胀仪和百分表组成（程东娟等，2012），装土容重为 1.35g/cm³。

图 5-33 是 3 种改良剂施用情况下，土壤膨胀性的动态变化过程。从图 5-33（c）中可以看出，与对照相比，添加聚丙烯酰胺（PAM）处理的土样在实验中都出现先收缩后膨胀的趋势，其中添加 0.6g/kg 和 1g/kg 聚丙烯酰胺处理的土样实验结果收缩过程最为明显，最大收缩率分别达到了 1.85%和 1.74%，且这两个处理土样的土壤膨胀率在本组所有试验土样中也是较小的；添加 0.2g/kg、0.4g/kg 和 0.8g/kg 聚丙烯酰胺处理的土样试验结果收缩过程不太明显，最大收缩率较小，较早发生膨胀过程，添加 0.2g/kg 和 0.8g/kg 聚丙烯酰胺处理土样的土壤膨胀率相对较大，接近未添加聚丙烯酰胺处理的土样。土样膨胀过程中，土壤膨胀率增速随试验时间逐渐减小，到 150min 左右增速趋近于 0，土壤膨胀率趋于稳定。

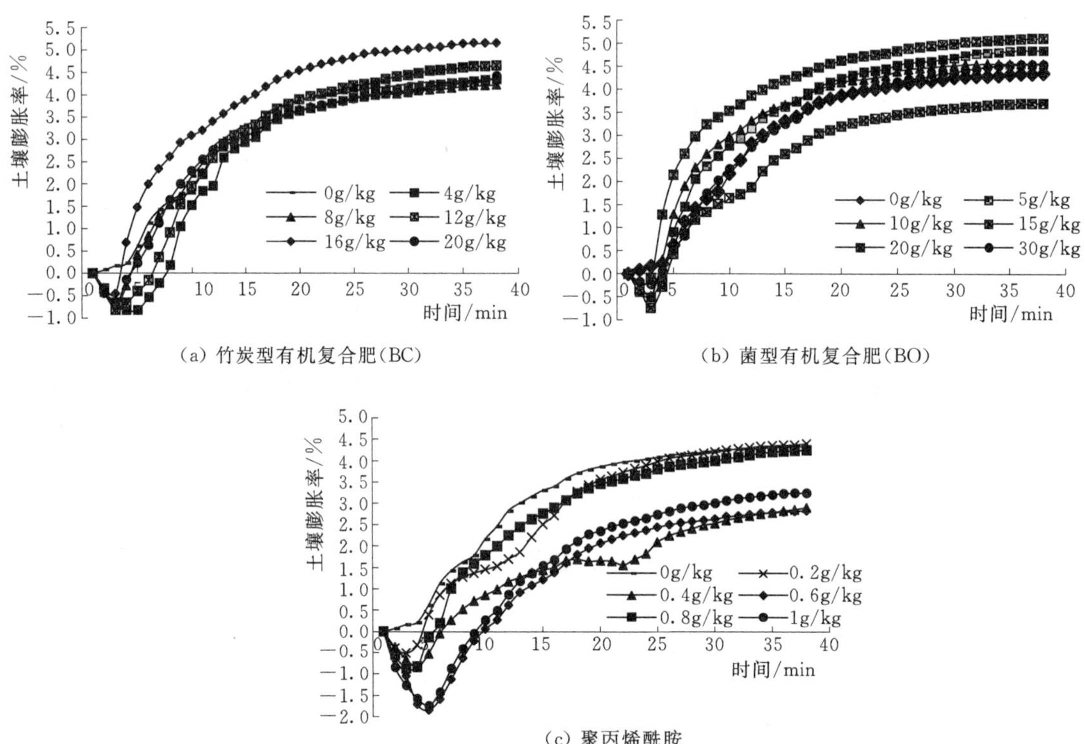

图 5-33　改良剂影响下的土壤膨胀性能

与对照相比，添加竹炭型有机复合肥处理［图 5-33（a）］的土样在实验过程中都出现先收缩后膨胀的趋势，其中添加 16g/kg 竹炭型有机复合肥处理的土样实验过程中收缩程度最低，最大收缩率最小，仅为 0.46%，但膨胀率最大，达到 5.15%。土样膨胀过程中，土壤膨胀率增速随时间逐渐减小，到 150min 左右增速趋近于 0，土壤膨胀率趋于稳定。

与对照相比，添加菌型有机复合肥处理［图 5-33（b）］的土样在实验中都呈现先收缩后膨胀的趋势，其中添加 20g/kg 菌型有机复合肥处理的土样在实验过程中收缩较小，最大收缩率仅为0.25%，但膨胀率最大，为5.12%；添加15g/kg菌型有机复合肥处理的土样收缩较小，土壤膨胀率最小，仅为3.71%。土样膨胀过程中，膨胀率增速随时间逐渐减小，到150min左右增速趋近于0，土壤膨胀率趋于稳定。

综上所述，添加土壤改良剂的处理，土样均出现了收缩过程。随试验进行，土壤吸水量增大，在土壤胶体水化作用和土壤改良剂的影响下，土壤开始发生膨胀；随着水分逐渐饱和，土壤膨胀率趋于稳定。由此可见，改良剂使土壤膨胀性能发生改变。

由图5-34可以看出，施用0.2g/kg PAM时，土壤膨胀率变化很小，由于添加量较少，PAM溶于水后没有形成较多的分支，只能与临近很少的土壤颗粒产生黏聚作用，不能产生明显的效果；施用量为0.4g/kg，0.6g/kg时，土壤膨胀率明显降低，这是因为PAM颗粒遇水溶解时生成较为丰富的分支结构，具有较强的黏聚作用，同时侵入土壤孔隙之中，此时PAM溶于水膨胀并不明显，土壤聚合力显著提高，所以土壤膨胀量显著降低；施用量为0.8g/kg时，土壤膨胀率明显提高至接近未添加PAM处理的土样，虽然PAM黏聚作用进一步提高，但此时PAM吸水膨胀效应明显，PAM的分支结构大量侵入土壤孔隙，并在孔隙中发生膨胀，土壤膨胀率接近未添加PAM处理土样；PAM施用量提高到1g/kg时，PAM含量已经较高，PAM溶于水后产生大量的纤维状分支侵入到土壤孔隙中，PAM吸水膨胀变化不大，在极强的黏聚作用下，土壤膨胀率明显降低，与PAM施用量为0.4g/kg的土样接近。综上，PAM添加量为0.4g/kg、0.6g/kg、1g/kg时，土壤膨胀率相比未添加PAM处理土样明显降低，而PAM添加量为0.2g/kg、0.8g/kg时，土壤膨胀率相比未添加PAM处理土样无明显差距。

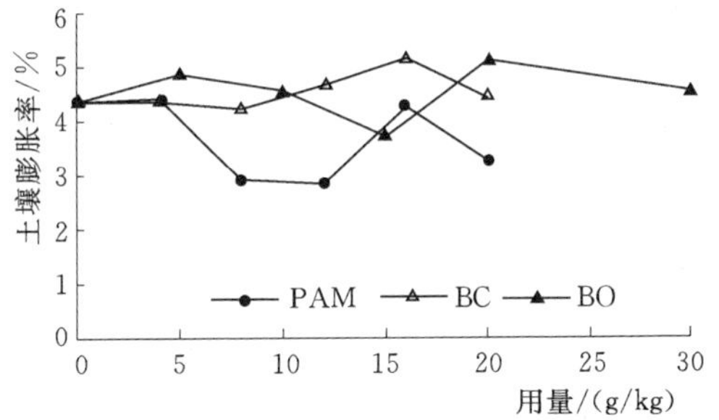

图5-34　不同改良剂用量下的土壤膨胀率

注：图中PAM用量为扩大20倍后的数值，因其用量太少。

随着土样中BC添加量的提高，土壤膨胀率与含水率的变化存在相反的规律。添加量为4g/kg，8g/kg时，土壤膨胀率缓慢减小；添加量再提高到12g/kg，16g/kg时，土壤膨胀率增大。BC添加量提高到20g/kg时，土壤膨胀率明显减小。整体来看，试验土样在不同添加量BC处理下，土壤膨胀率与对照相近，添加量为16g/kg时，土壤膨胀率达到最大，为5.15%。在BC作用下，土壤膨胀性能和持水能力存在较复杂的关系。有机质会影响稳定团聚体的形成和土壤颗粒分散程度。复合肥颗粒插入土壤颗粒之间的联结关系，改变土壤结构，粒径的大小影响孔隙度和吸附能力，从而影响保水保肥性能。一定的BC添加量会使其对土壤颗粒的联结作用突出，而添加量改变时，复合肥颗粒提高土壤孔隙度，改善通透性的特性可能突出，这就表现为土壤膨胀率和含水率的变化。

当BO添加量为5g/kg时，与对照相比，土壤膨胀率小幅提高；BO添加量增至10g/kg时，土壤膨胀率小幅降低；添加量为15g/kg时，土壤膨胀率最小，相比对照明显降低；BO添加量增至20g/kg时，土壤膨胀率提高；BO添加量增至30g/k时，土壤膨胀率降低。整体来看，BO添加量为15g/kg时，土壤膨胀率最小，为3.71%；BO添加量为 5g/kg、10g/kg、20g/kg 和 30g/kg 时，土壤膨胀率均高于对照。综上所述，BO 用量较少时，BO 中的有机物质吸水膨胀，进而表现为土壤膨胀；随着 BO 添加量增加，BO 颗粒增多，BO 颗粒与土壤颗粒的相互作用变得复杂，土壤膨胀性能的变化呈现较复杂的趋势。

2. 改良剂对土壤导水性能的影响

土壤导水性能是影响土壤水分入渗、淋溶等过程的重要性质，其受降雨、植被、人类活动等外在因素及土壤母质、矿物组成、质地等内在因素的影响。饱和导水率是反映饱和土壤导水性能和渗透能力的重要参数，直接影响地表径流发生程度、盐分淋洗状况。因此，对其进行人为调控，将对土壤水分入渗、径流发生、盐分淋溶等过程产生重要影响。

(1) 土壤饱和导水率。图 5-35 是土表施加 PAM，BO 和 BC 情况下的土壤饱和导水率。BO，BC 和 CK 的土壤饱和导水率无显著差异，但与 PAM 处理的饱和导水率差异较显著 ($P<0.05$)。在试验用量范围内，BO 与 BC 处理的土壤饱和导水率均表现出随用量增加而增大的趋势。PAM 处理的饱和导水率则明显随用量增加而降低。PAM (1g/kg)，BO (20g/kg)，BC (20g/kg) 的饱和导水率分别为 0.013 cm/min，0.029cm/min，0.041cm/min，较 CK (0.031cm/min) 增加−59.0%，−6.8%，32.3%。

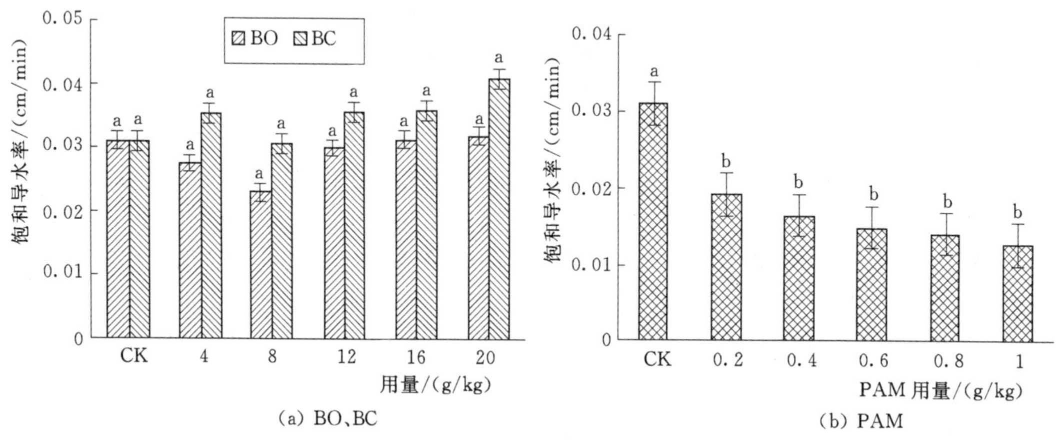

(a) BO、BC　　(b) PAM

图 5-35 改良剂对土壤饱和导水率的影响

结合图 5-35 和表 5-18 可知，BO、BC 和 CK 的土壤饱和导水率无显著差异，但与 PAM 处理的饱和导水率差异较显著 ($P<0.05$)。PAM_1，BO_{20}，BC_{20} 的饱和导水率分别为 0.013cm/min，0.029cm/min，0.041cm/min，较 CK (0.031cm/min) 增加−59.0%，−6.8%，32.3%。这是由于 PAM 与土壤混合后，经过水分长时间浸泡后膨胀，水的黏滞性增加，水分在土壤孔隙中流动时的摩擦力增大，影响土壤入渗，从而导致水分的渗流速率下降（韩凤朋等，2010）。PAM 用量越大，这种黏滞作用越强（杨明金等，2009），从而引起水分入渗阻力增大，降低土壤饱和导水率（张振华等，2006）。由图 5-35 (b) 可知，PAM 各用量处理与 CK 之间存在显著差异 ($P<0.05$)，但 PAM 各用量处理之间无显著差异。施用 PAM 之后，盐化潮土的饱和导水率与 CK 相比明显降低，且 PAM 施用量越多，土壤的饱和导水率越小。由此可见，可以考虑将 PAM 应用于防止农田水分深层渗漏，砂质土壤水土保持等领域。

表 5-18 不同处理土壤饱和导水率相对增加值

处理	饱和导水率/(cm/min)	相对增加值/%	处理	饱和导水率/(cm/min)	相对增加值/%	处理	饱和导水率/(cm/min)	相对增加值/%
CK	0.0303	0.00						
$PAM_{0.2}$	0.0192	−36.60	BO_4	0.0276	−9.00	BC_4	0.0354	16.70
$PAM_{0.4}$	0.0165	−45.60	BO_8	0.0232	−23.50	BC_8	0.0307	1.30
$PAM_{0.6}$	0.0149	−50.70	BO_{12}	0.0301	−0.70	BC_{12}	0.0357	17.90
$PAM_{0.8}$	0.0141	−53.40	BO_{16}	0.0315	4.00	BC_{16}	0.0361	19.20
$PAM_{1.0}$	0.0127	−58.00	BO_{20}	0.0321	6.10	BC_{20}	0.0410	32.3

注 不同字母表示处理间的差异显著性，字母相同表示无差异，不同表示差异显著，$\alpha=0.05$。

由图 5-35 (a) 可知，BC 各用量处理之间与 CK 的土壤饱和导水率无显著差异。BC 各处理土壤饱和导水率的相对增加值均为正，说明 BC 各处理均能改善土壤导水性能，提高土壤饱和导水率。这可能是由于 BC 的加入使土壤具有良好的结构和渗透性能，进而对土壤导水性能提高起到一定的促进作用。王红兰等（2015）在紫色土中的研究表明，生物质炭可以增强土壤的持水能力，并使表层和亚表层土壤的饱和导水率分别平均增加 45% 和 35%。陈心想等（2014）指出生物质炭可以吸附和保持水分，并能增强土壤水分的渗透性。因此，含有部分竹炭的 BC 亦能够增大土壤饱和导水率。

结合图 5-35 和表 5-18 可知，BO 对土壤饱和导水率影响较小，各处理间无显著差异。BO_4 的土壤饱和导水率为 0.0276cm/min，较 CK 减小 9%；BO_8 的土壤饱和导水率为 0.0232cm/min，较 CK 减小 23.5%，推测是与 BO 中的钠离子有关，有研究表明，钠离子对土壤团聚体的稳定性具有不良影响，钠离子导致黏粒分散，阻塞土壤孔隙（Cass 等，1982）。由表 5-16 可见，BO 钠离子含量高达 59.7g/kg，钠离子对土壤颗粒的分散作用可能是导致土壤饱和导水率降低的主要原因。BO_8 处理土壤钠离子含量要比 BO_4 处理高，BO 各处理中，BO_8 土壤饱和导水率最小。钠离子对土壤黏粒溶液稳定性的影响存在一个阈值（杨娴等，2006），对于 BO_{12}，BO_{16}，BO_{20} 而言，可能是由于 BO 中的钠离子含量过多，分散黏粒的能力减小，因此对土壤饱和导水率影响较小。

(2) 改良剂作用下的土壤渗透时间。渗透时间（土柱底部有水渗出的时间）是可以间接衡量土壤导水性能的又一指标，表 5-19 为各改良剂不同用量情况下的渗透时间。与 CK 相比，BC 和 BO 各处理所需渗透时间均较短，渗透较快。通过对改良剂施用量与土壤渗透时间的相关分析，PAM 各用量处理的相关系数为 0.979（$P<0.05$），土壤渗透时间与 PAM 施用量之间显著相关，且 PAM 各用量处理的渗透时间均大于 CK（47min），PAM 用量越多，所需的渗透时间越长，PAM_1 的渗透时间为 87min。这是由于施用 PAM 后，PAM 在水中溶解，一方面使土壤颗粒黏聚在一起，另一方面土壤水黏滞性增强，所需要的渗透时间增加。BO 和 BC 各处理的施用量与渗透时间的相关系数（$P<0.05$）分别为 0.652，0.703，相关较显著。两者渗透时间均随用量增大而缩短，BC_{20} 的渗透时间为 31min，BO_{20} 的渗透时间为 35min。

表 5-19 各处理土柱的渗透时间

处理	渗透时间/min	处理	渗透时间/min	处理	渗透时间/min
CK	47ab	CK	47ab	CK	47ab
$PAM_{0.2}$	57b	BO_4	35a	BC_4	37a
$PAM_{0.4}$	69c	BO_8	38a	BC_8	44a
$PAM_{0.6}$	75d	BO_{12}	37a	BC_{12}	41a
$PAM_{0.8}$	78e	BO_{16}	35a	BC_{16}	37a
PAM_1	85f	BO_{20}	31a	BC_{20}	35a

注 不同字母表示处理间的差异显著性，字母相同表示无差异，不同表示差异显著，$\alpha=0.05$。

(3) 改良剂作用下的土壤累计出流量。各处理 7h 内累计出流量的变化情况见图 5-36。由图 5-36 (a) 可知，与 CK 相比，BO_4 和 BO_8 两个处理累计出流量较少，这与饱和导水率的变化相一致，BO_8 的饱和导水率最小，累计出流量最少，7h 的累计出流量仅有

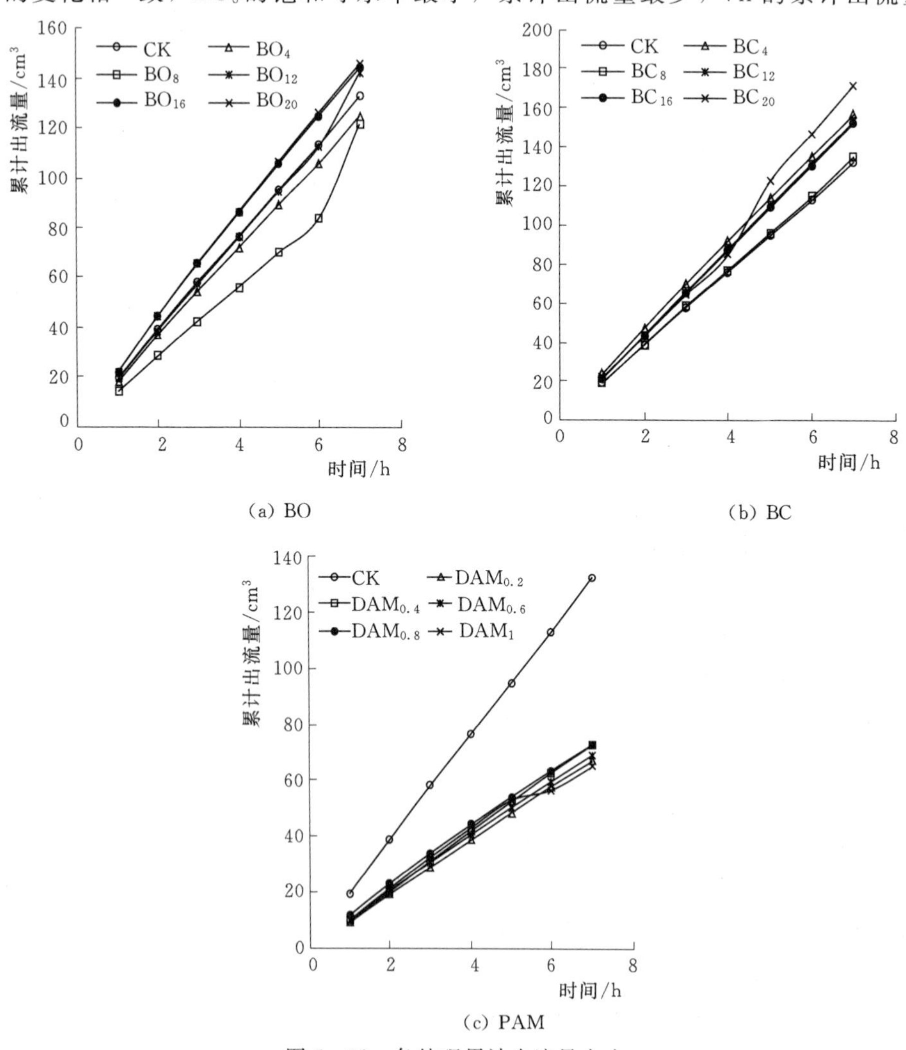

(a) BO (b) BC

(c) PAM

图 5-36 各处理累计出流量大小

121.60cm^3。BO_{12}，BO_{16}以及BO_{20}处理7h的累计出流量分别为141.98cm^3，143.96cm^3，145.60cm^3，相差不大，结合表5-18可知，BO用量超过8g/kg时，土壤导水性能相对稳定，变化较小。

BC各用量处理土壤累计出流量的变化见图5.36（b），BC_8较CK土壤饱和导水率仅增加1.3%（表5-18），BC_8与CK土壤累积出流量曲线较吻合，与饱和导水率的变化一致。BC_4，BC_{12}和BC_{20}三个处理累计出流量曲线吻合度较高；4h之后，BC_{20}出流量迅速增加，推测是因为BC产生输水效应，累计出流量增加。

由图5-36（c）可知，施用PAM之后，单位时间内的平均出流量减小50%左右，其中$PAM_{0.2}$的平均出流量最小，仅有9.5cm^3。施用少量PAM能够改善土壤结构，使土壤中分散的大颗粒黏结，促进土壤团聚体生成，土壤孔隙增加，降低土壤水分入渗速率，使水分入渗更均匀，较多的水分保留在土壤中，这对于促进根系吸水、改善砂土保水特性等方面具有重要意义（王全九等，2016）。其余各用量$PAM_{0.4}$，$PAM_{0.6}$，$PAM_{0.8}$，PAM_1平均出流量分别为10.3cm^3，10.3cm^3，10cm^3，10.1cm^3，根据Gungor等（2001）的研究，当PAM施用量过大时，土壤中可交换Na^+的存在会减小PAM水溶液的黏滞性，从而使土壤水分的入渗速率增加。

5.4.2 改良剂对农田土壤含水率空间分布的影响

试验小区面积为14m×10m=140m^2，四周设有1m宽保护带，各处理在小区内随机分布。玉米生长中期补灌1次。竹炭型有机复合肥（BC）分3个阶段施加，第1阶段在播种时与底肥一起施加，用量为1500～3000kg/hm^2，第2阶段在拔节期，用量为1500～2250kg/hm^2，第3阶段在乳熟期施加，用量为1200～1500kg/hm^2；菌型有机复合肥（BO）处理标准为轻度盐碱土1200～1500kg/hm^2，聚丙烯酰胺（PAM）用量为2g/m^2，作物播种时与底肥一起施加。

（1）改良剂作用下的土壤水分时间动态。由于土壤含水率在试验区内的分布具有空间异质性，实验初期土壤含水率初始值不同（图5-37），同一处理不同时期的土壤剖面含水率差异显著（表5-20），因此，本文使用土壤含水率相对减少量作为主要指标，辅助分析土壤含水率在各处理间的差异情况（表5-21）。土壤含水率相对减少量=（处理前土壤含水率-处理后土壤含水率）÷处理前土壤含水率；其中，正值表示土壤含水率降低，负值表示增加。

图5-37（a）为CK处理土壤含水率的时间动态。由图5-37（a）可见，土壤含水率呈倒“V”形，只是10～40cm土层土壤含水率在发芽出苗期-三叶期略微下降，30～50cm土层则在拔节-抽雄授粉期略微下降，50～60cm土层在乳熟期后略微增加。从整个生长周期看土壤含水率，各土层的土壤含水率基本表现为抽雄授粉期较高，其他时期较低。不同生长发育阶段土壤含水率比较（表5-20），三叶期和成熟收获期的土壤含水率与其他生长发育阶段差异显著，而二者差异不显著。各个土层土壤含水率相对减少量均为负值，差异不显著。不同时段比较，各个时期的土壤含水率相对减少量均为负值，抽雄授粉期与其他时期差异显著。

图5-37（b）为BC处理的土壤含水率动态。由图5-37（b）可见，土壤含水率呈倒“S”形，只是20～30cm土层土壤含水率在发芽出苗期-三叶期略微上升，50～60cm土层

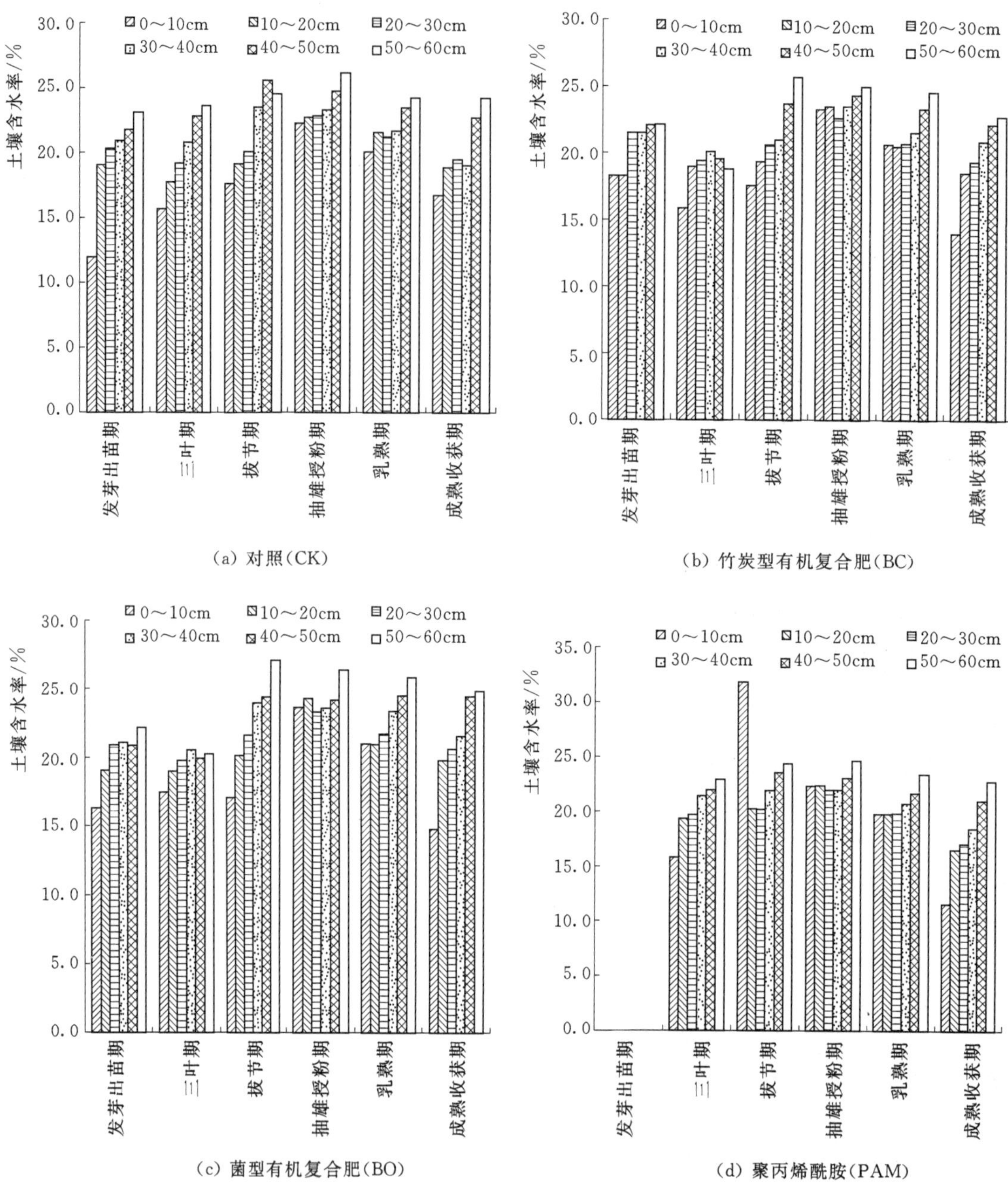

(a) 对照(CK)

(b) 竹炭型有机复合肥(BC)

(c) 菌型有机复合肥(BO)

(d) 聚丙烯酰胺(PAM)

图5-37 土壤含水率的时间动态

则在拔节-抽雄授粉期略微下降。从各土层的土壤含水率动态变化情况看，0～20cm土层土壤含水率在整个生长发育期内较低，为15.91%～23.57%；40～60cm土层较高，为19.58%～25.76%。剖面各土层的土壤含水率在三叶期最低，为15.91%～20.14%，抽雄授粉期最高，为22.63%～25.02%。比较不同时期土壤剖面土壤含水率（表5-20），植物生长中期土壤含水率差异较显著，初期及后期差异不显著。比较土壤含水率相对减少量，由表5-21可见，剖面各个土层差异不显著，0～10cm和20～40cm土层为正值，其他为负值。不同时段比较，各个时期土壤土壤含水率相对减少量差异显著，三叶期和成熟收获期为正值，其他为负值。

表 5-20　各处理不同时期土壤含水率的差异显著性　%

玉米生育期	处理方式			
	CK	BC	BO	PAM
发芽出苗期	19.54c	20.66bc	20.08cd	—
三叶期	20.00bc	18.81c	19.48d	20.25ab
拔节期	21.78abc	21.34b	22.38abc	23.74a
抽雄授粉期	23.74a	23.74a	24.24a	22.77ab
乳熟期	22.10ab	21.91ab	22.91ab	20.91ab
成熟收获期	20.22bc	19.63bc	21.03bcd	17.95b

注　不同字母表示处理间的差异显著性，字母相同表示无差异，不同表示差异显著，$\alpha=0.05$，—表示数据缺失。

表 5-21　不同剖面深度和时期土壤含水率相对减少量的差异显著性　%

土层深度/cm	剖面土壤含水率				生长发育阶段	玉米生长季内土壤含水率			
	CK	BC	BO	PAM		CK	BC	BO	PAM
0～10	−54.65a	0.25a	−15.03a	—					
10～20	−5.02a	−10.16a	−9.41a	—	三叶期	−4.20a	8.70a	2.51a	—
20～30	−1.33a	4.54a	−2.37a	—	拔节期	−13.89ab	−3.10abc	−11.03abc	—
30～40	−3.85a	0.48a	−7.27a	—	抽雄授粉期	−26.27b	−15.60c	−21.75c	—
40～50	−9.70a	−2.47a	−12.52a	—	乳熟期	−17.19ab	−6.32bc	−14.55bc	—
50～60	−6.46a	−5.74a	−12.17a	—	成熟收获期	−5.97a	5.39ab	−4.16ab	—

注　不同字母表示处理间的差异显著性，字母相同表示无差异，不同表示差异显著，$\alpha=0.05$，—表示数据缺失。

图 5-37（c）为 BO 处理土壤含水率的时间动态。由图 5-37（c）可见，剖面土壤含水率在拔节期前随时间变化的规律性较差，拔节期后呈倒“V”形，只是 30～60cm 土层土壤含水率在拔节期-抽雄授粉期略微下降，40～50cm 土层则在抽雄授粉期后上升。从各土层的土壤含水率动态变化情况看，0～20cm 土层土壤含水率较低，为 14.81%～24.32%，50～60cm 土层最高，为 20.24%～27.08%。剖面各土层的土壤含水率在三叶期最低，为 17.45%～20.54%，抽雄授粉期最高，约为 23.31%～26.39%。比较各生长发育阶段土壤剖面上的土壤含水率（见表 5-20），各个时期差异显著，拔节期-乳熟期数值大。从表 5-21 所列土壤含水率相对减少量可以看出，各个土层的土壤含水率相对减少量均为负值，表层和深层数值小。在玉米生长的各个阶段，三叶期为正值，其他时期均为负值，各个时期差异显著。

图 5-37（d）为 PAM 处理的土壤含水率动态。由于发芽出苗期数据缺失，仅看发芽出苗期后的动态变化特征，由图 5-37（d）可见，0～60cm 土层土壤含水率变化趋势呈倒“V”形，0～10cm 土层变化趋势大，最大值（31.89%）出现在拔节期，其他土层变化趋势平稳。从表 5-20 可以看出，拔节期和成熟收获期的土壤含水率与其他生长发育阶段差异显著，二者差异也显著，其他时期差异不显著。土壤含水率相对减少量由于数据缺

失，无法进行比较。

不同处理在玉米生长季内土壤含水率比较（表5－21），BC与BO处理的变化规律相似，二者均在三叶期为正值，BC处理在成熟收获期也为正值，其他时期为负值；PAM处理数据缺失，无法进行比较。单从对土壤含水率的作用效果看，BC处理的效果较好，BO处理的效果较差。

（2）改良剂作用下的土壤剖面水分分布。玉米生育期内各处理土壤剖面含水率动态见图5－38。图5－38（a）为发芽出苗期剖面土壤含水率的空间分布情况。由图5－38（a）可知，BC、BO与CK处理剖面土壤含水率随深度增加而增大，但BO处理40～50cm土层含水率略微减小。剖面含水率的变化范围为：BC处理为18.32％～22.12％，BO处理为16.34％～22.18％，CK处理为11.96％～23.11％；最大含水率均出现在深层。总观土壤剖面，表层土壤含水率为BC处理＞BO处理＞CK处理，其他土层的含水率差异较小。

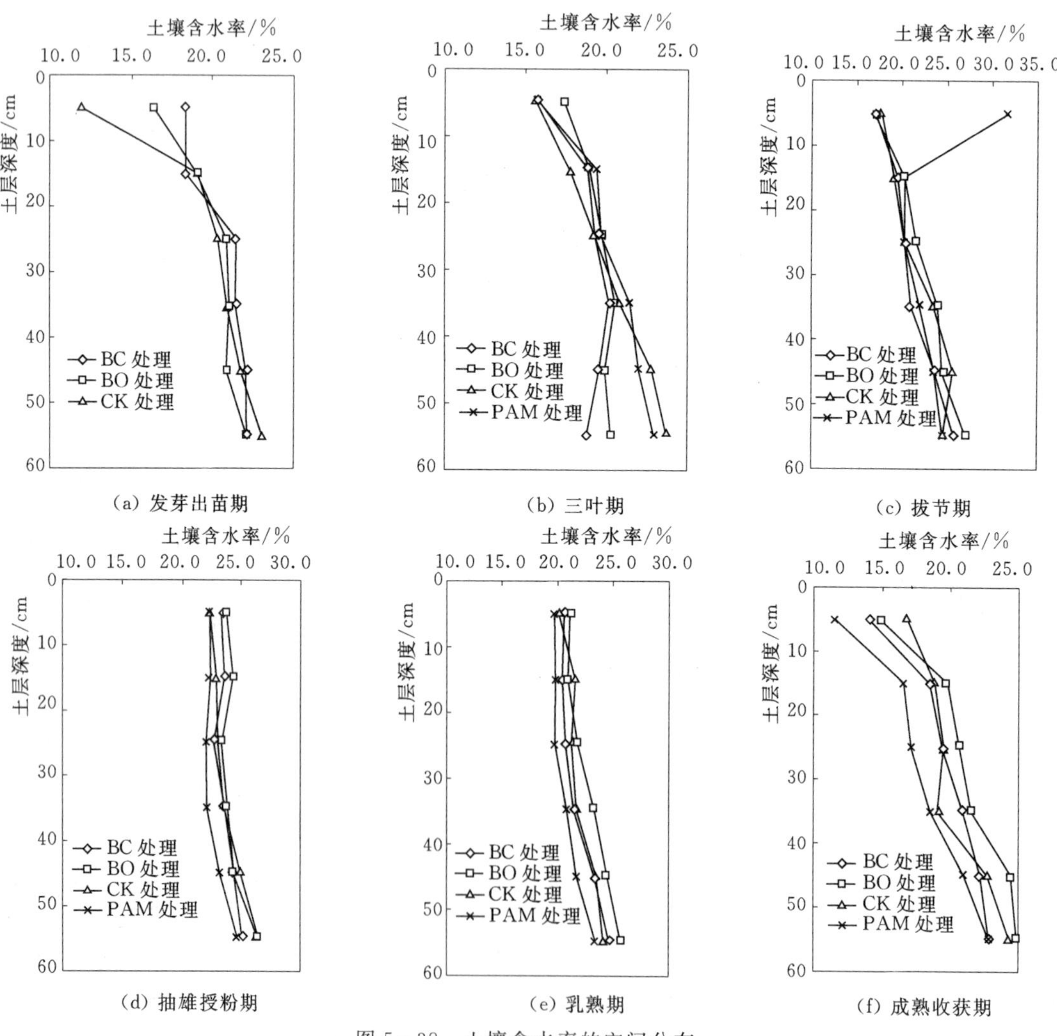

(a) 发芽出苗期　(b) 三叶期　(c) 拔节期

(d) 抽雄授粉期　(e) 乳熟期　(f) 成熟收获期

图5－38　土壤含水率的空间分布

图 5－38（b）为三叶期剖面土壤含水率的空间分布情况。由图 5－38（b）可知，BC 处理 0～40cm 土层的土壤含水率与深度呈正相关，40～60cm 土层则呈负相关，含水率为 15.91％～20.14％；BO 处理剖面土壤含水率变化趋势呈反“S”形，最大含水率出现在 30～40cm 土层，为 20.54％；CK 和 PAM 处理变化趋势一样，呈直线上升趋势，但含量略有不同，CK 处理为 15.68％～23.67％，PAM 处理为 15.81％～22.99％。不同处理的土壤含水率表层和深层数值差异大，其他差异小。总体而言，BC 和 BO 处理 30～40cm 土层水分积聚明显，CK 与 PAM 处理则为深层水分积聚更明显。

图 5－38（c）为拔节期剖面土壤含水率的空间分布情况。由图 5－38（c）可知，BC 和 BO 处理的剖面土壤含水率变化趋势较一致，均随深度增加含水率增加，含水率分别为 17.57％～25.76％、17.07％～27.08％；CK 处理剖面土壤含水率在 0～50cm 土层增长，50～60cm 土层减少，增减大，最大含水率出现在 40～50cm 土层中，为 25.63％；PAM 处理剖面土壤含水率在 0～30cm 土层呈下降趋势，30～60cm 土层呈上升趋势，最大含水率出现在表层，为 31.89％，深层土壤含水率也比较大，为 24.43％。总体而言，不同处理的土壤含水率表层数值差异大，其他差异小，除 PAM 处理表层水分积聚明显外，其他 3 种处理的水分均表现出明显的底聚型。

图 5－38（d）为抽雄授粉期剖面土壤含水率的空间分布情况。由图 5－38（d）可知，BC、BO 和 PAM 处理，剖面土壤含水率变化趋势相似，呈反“S”形，但含水率略有不同，BC 处理土壤含水率为 22.63％～25.02％，BO 处理为 23.31％～26.39％，PAM 处理为 21.98％～24.71％，最大含水率均出现在 50～60cm 土层；CK 处理中剖面土壤含水率均随深度增加而增加，土壤含水率为 22.31％～26.22％。纵观整个垂直剖面，不同处理的土壤含水率数值差异小，4 种处理的水分均表现出明显的底聚型。

图 5－38（e）为乳熟期剖面土壤含水率的空间分布情况。由图 5－38（e）可知，BC 和 BO 处理，剖面土壤含水率变化趋势一样，0～20cm 土层减少，此后呈增长趋势，最大含水率均出现在深层，不同的是含水率存在差异，BC 处理为 20.49％～24.62％，BO 处理为 20.95％～25.81％；CK 处理剖面土壤含水率只在 20～30cm 土层呈减少趋势，其他均增加，最大土壤含水率为 24.26％，出现在深层；PAM 处理剖面土壤含水率随深度增加水分增加。总体而言，不同处理的土壤含水率数值差异小，4 种处理下均为深层水分积聚更明显。

图 5－38（f）为成熟收获期剖面土壤含水率的空间分布情况。由图 5－38（f）可知，除 CK 处理外，其他 3 种处理均随深度增加含水率增加，土壤含水率整体略有差异，BC 处理为 13.96％～22.75％，BO 处理为 14.81％～24.88％，PAM 处理为 11.57％～22.83％；CK 处理剖面土壤含水率在 0～20cm 土层减少，其他土层则相反，土壤含水率为 16.76％～24.30％，深层含水率最大。总体而言，不同处理的土壤含水率数值差异小，4 种处理下水分在深层积聚更明显。

（3）土壤水分与盐分的耦合运移。土壤水分与盐分密切相关，本书以 0～10cm、20～30cm 和 50～60cm 土层为例，对土壤中水分动态和盐分动态的变化关系进行探讨，分析结果见图 5－39、图 5－40 和图 5－41，由于 PAM 处理发芽出苗期土壤含水率数据缺失，故只看发芽出苗期后，水分与盐分。

图5-39为0～10cm土层水分与盐分动态关系图。由图5-39(a)和图5-39(b)可知，CK和BC处理下，0～10cm土层水分与盐分动态关系一致，在玉米生长的前期和中期，随着土壤含水率的增加，水溶性盐含量减少，水分和盐分二者呈负相关；玉米生长后期，随着含水率的减少，水溶性盐含量呈先减少后增加的趋势；CK和BC处理下，土壤含水率抽雄授粉期最高，分别为22.31%、23.31%，水溶性盐含量则在乳熟期最低，分别为0.64g/kg、0.49g/kg；CK处理含水率在发芽出苗期最低，为11.97%，水溶性盐含量在发芽出苗期最高，为2.61g/kg；BC处理含水率在成熟收获期最低，为13.97%，水溶性盐含量在三叶期最高，为1.72g/kg。

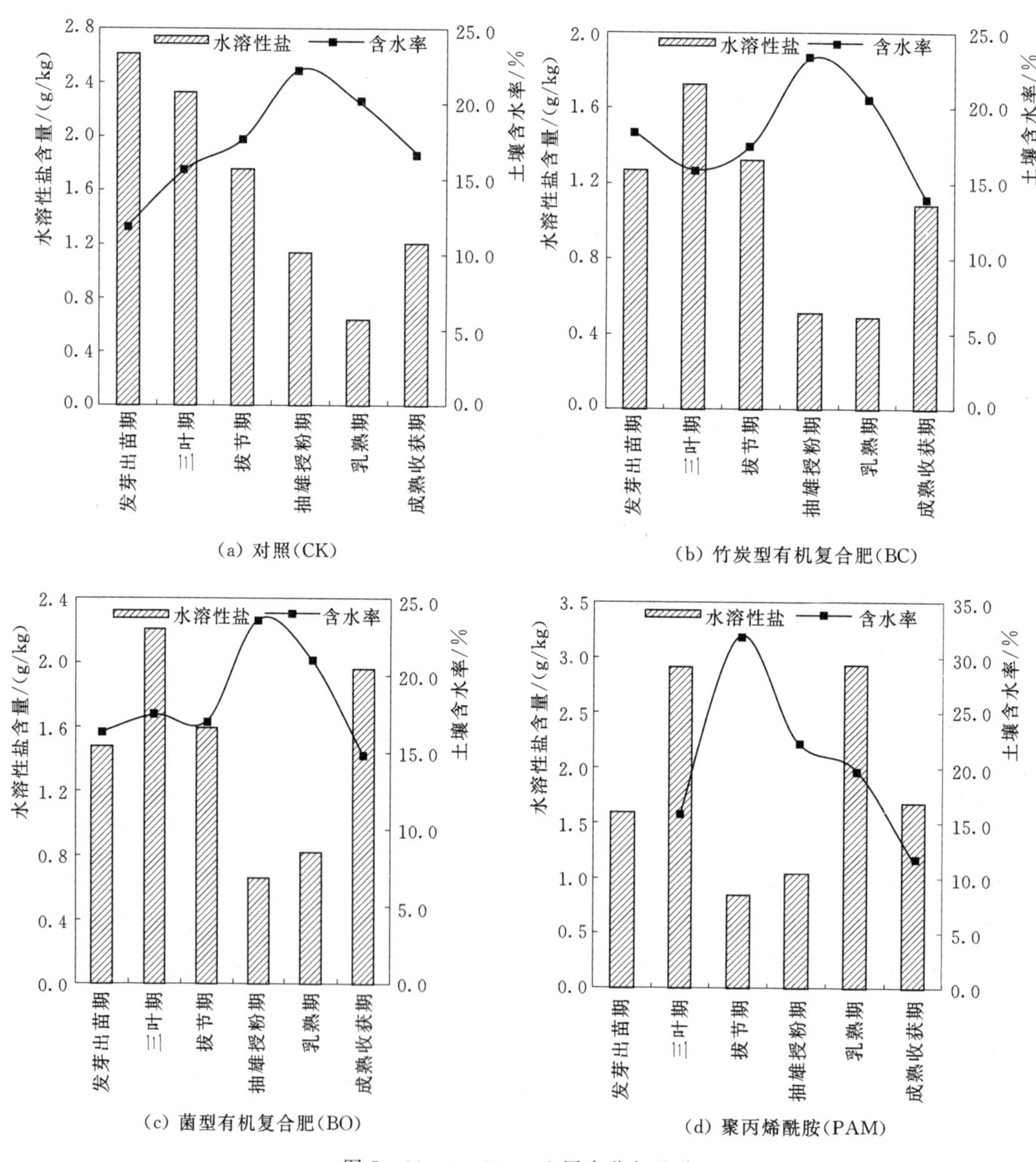

图5-39 0～10cm土层水分与盐分

由图 5-39 (c) 可知，BO 处理下，拔节期前规律性较差，含水率在三叶期高，为 17.45%，水溶性盐含量则在发芽出苗期低，为 1.48g/kg；拔节期后，水溶性盐含量和含水率呈有规律的负相关关系；土壤含水率抽雄授粉期最高（23.66%），水溶性盐含量在抽雄授粉期最低（0.66g/kg）；土壤含水率成熟收获期最低（14.81%），水溶性盐含量在三叶期最高（2.21g/kg）。从图 5-39 (d)可知，PAM 处理，除了乳熟期，二者呈负相关，乳熟期，含水率较低为 19.80%，但水溶性盐含量最高，为 2.93g/kg，含水率在成熟收获期最低，为 11.57%，在拔节期最高，为 31.89%，水溶性盐含量在三叶期最低，为 0.84g/kg。

图 5-40 为 20～30cm 土层水分与盐分动态关系图。由图 5-40 (a) 可知，CK 处理下，除了拔节期-抽雄授粉期和乳熟期-成熟收获期外，水分和盐分二者呈正相关，含水率

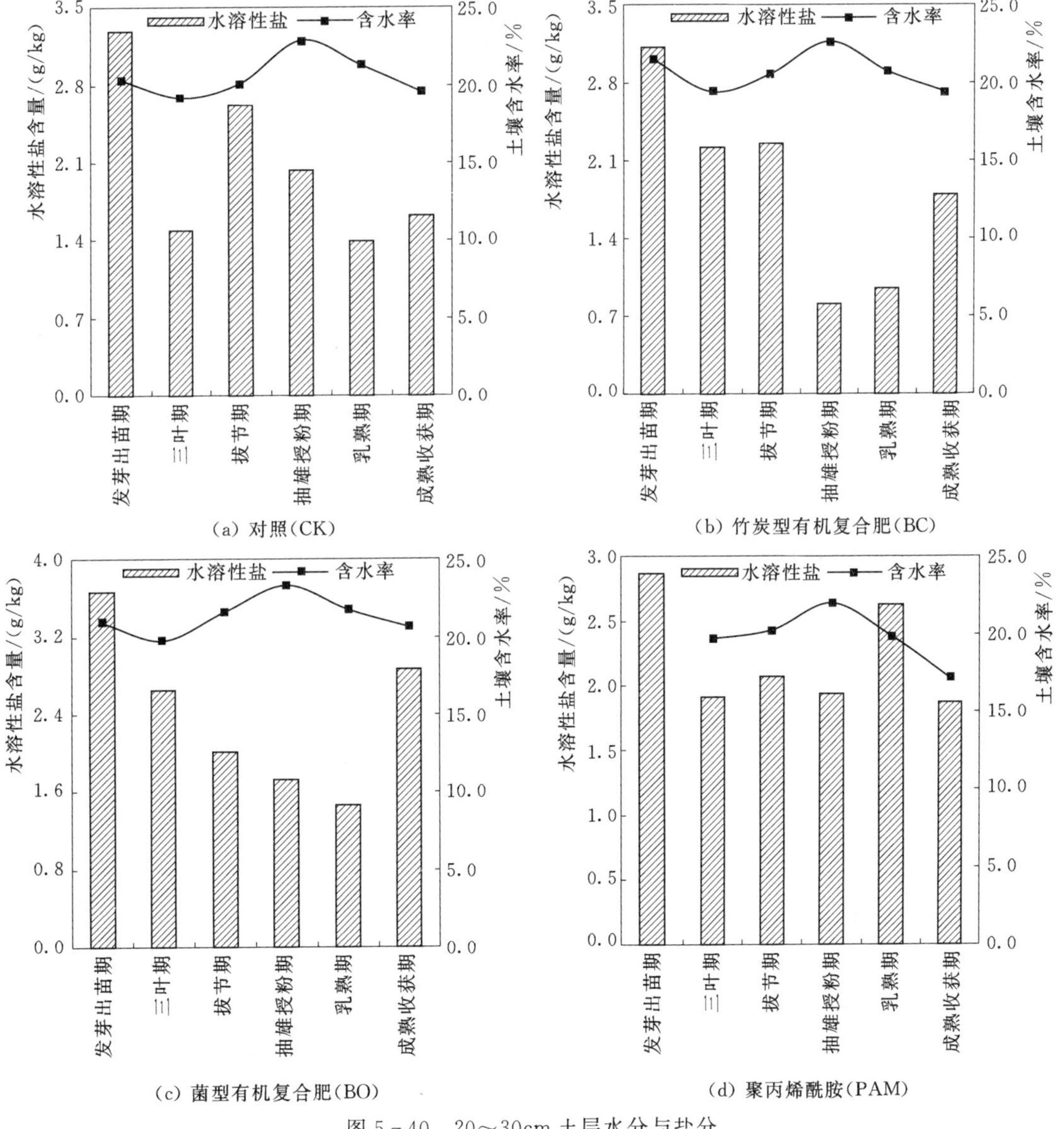

(a) 对照(CK)

(b) 竹炭型有机复合肥(BC)

(c) 菌型有机复合肥(BO)

(d) 聚丙烯酰胺(PAM)

图 5-40 20～30cm 土层水分与盐分

在抽雄授粉期最高，为22.90%，水溶性盐含量在乳熟期最低，为1.39g/kg；含水率在三叶期最低，为19.21%，水溶性盐含量在发芽出苗期最高，为3.29g/kg。由图5-40（b）可知，BC处理下，20～30cm土层水分与盐分动态关系分为2阶段，拔节期前，二者呈正相关，拔节期后，随着含水率减少水溶性盐含量增加；含水率在抽雄授粉期最高，为22.63%，在成熟收获期最低，为19.40%；水溶性盐含量在抽雄授粉期最低，为0.80g/kg，在发芽出苗期最高，为3.12g/kg。

由图5-40（c）可知，BO处理下，除拔节期和成熟收获期外，水分与盐分动态呈正相关；含水率在抽雄授粉期最高（23.32%），水溶性盐含量在乳熟期最低（1.46g/kg）；含水率在三叶期最低（19.77%），水溶性盐含量在发芽出苗期最高（3.66g/kg）。由图5-40（d）可知，PAM处理下，除了成熟收获期外，水分和盐分在拔节期前呈正相关，拔节期后则呈负相关；含水率在抽雄授粉期最高，为21.98%，水溶性盐含量在成熟收获期最低，为1.87g/kg，含水率则在此时期最低，为17.15%，水溶性盐含量在乳熟期最高，为2.63g/kg。

图5-41为50～60cm土层水分与盐分动态关系图。由图5-41（a）、图5-41（b）和图5-41（c）可知，CK、BC和BO处理下，水分和盐分二者关系变化趋势较一致，CK处理下，除拔节期外，二者呈负相关，BC处理则是除乳熟期，BO处理则是发芽出苗期-三叶期和乳熟期-成熟收获期除外。

由图5-41（d）可知，PAM处理，除三叶期—拔节期和抽雄授粉期—乳熟期，水分和盐分呈正相关。CK和PAM处理，含水率在抽雄授粉期最高，分别为26.21%、24.71%，不同的是CK处理，含水率在发芽出苗期最低，为23.10%，PAM处理则在成熟收获期最低，为22.82%；BC和BO处理，含水率在拔节期最高，分别为25.76%、27.08%，在三叶期最低，分别为18.80%、20.24%。CK和BO处理，水溶性盐含量在拔节期最高，分别为4.12g/kg、4.54g/kg；不同的是，CK处理水溶性盐含量在成熟收获期最低，为1.71g/kg，PAM处理与此一致，为2.08g/kg；BO处理水溶性盐含量在发芽出苗期最低，为3.15g/kg；BC处理水溶性盐含量在发芽出苗期最高（2.72g/kg），在抽雄授粉期最低（1.43g/kg）；PAM处理水溶性盐含量在三叶期最高，为2.90g/kg。

5.4.3 改良剂对土壤盐分时空运移及分布特性的影响

1. 改良剂作用下的土壤盐分时间动态

（1）土壤Na^+时间动态。图5-42（a）为CK处理土壤Na^+含量的时间动态。由图5-42（a）可见，成熟期前的0～20cm土层Na^+含量较低，最大值（0.45g/kg）出现在三叶期。除成熟收获期外，30～60cm土层在各个时期的Na^+含量较高，且有随土层深度加深而增大的趋势。从整个生长周期看土壤Na^+含量动态，整个剖面各土层的Na^+含量基本表现为抽雄授粉期和乳熟期较低，拔节期较高。随时间推移，Na^+向深层迁移，同一时期的土壤剖面，30cm以下土层Na^+含量明显增大。不同生长发育阶段土壤Na^+含量比较（表5-22），抽雄授粉期和乳熟期的Na^+含量与其他生长发育阶段差异显著，而二者差异不显著。不同土层比较，各处理土壤剖面的Na^+含量差异性在各阶段表现不一［图5-42（a）］。比较Na^+含量相对减少量，20～30cm土层的Na^+含量相对减少量最高，且与其他土层差异显著，40～60cm土层的相对减少量最低，且与其他土层相差较大。不同时

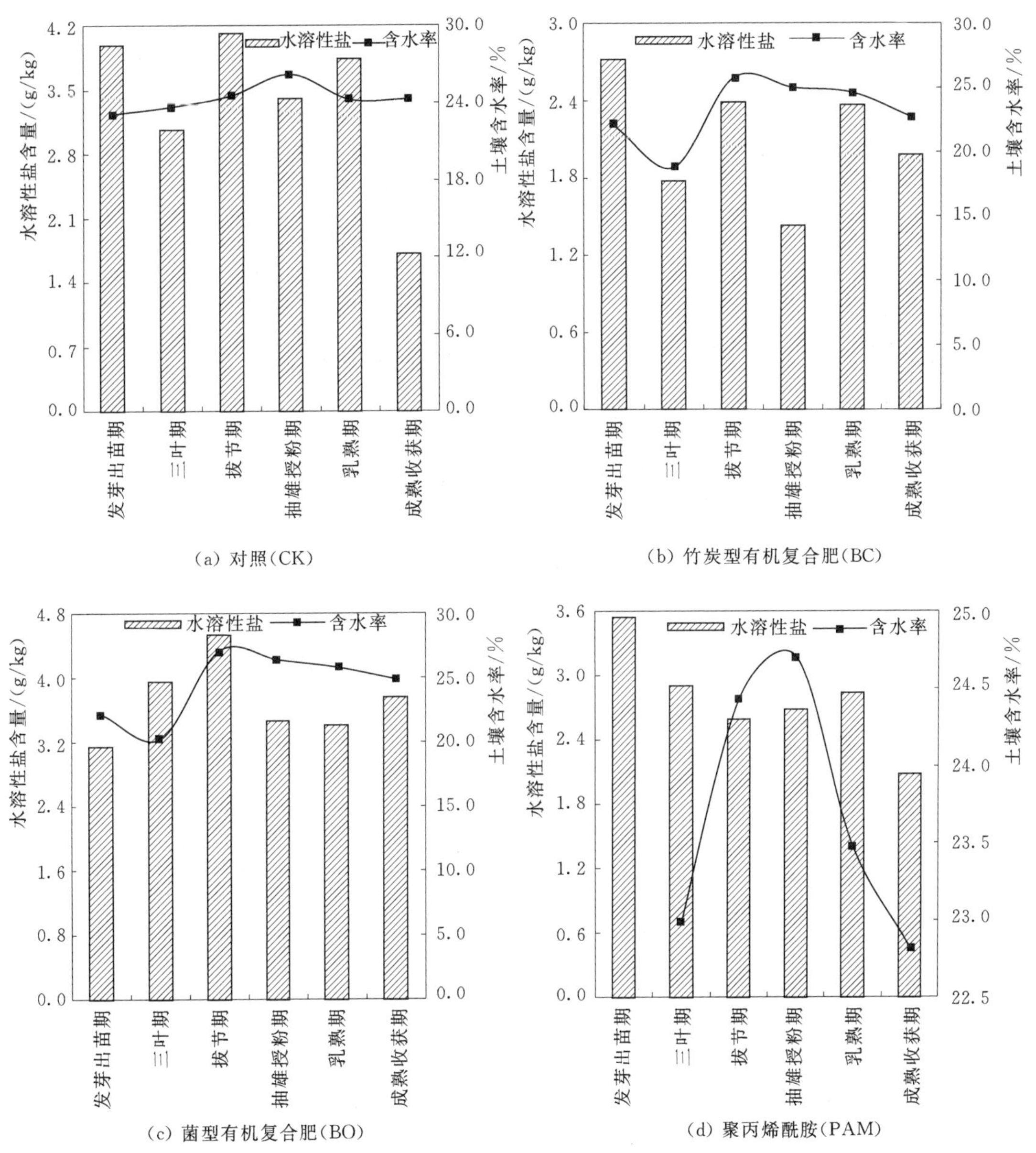

(a) 对照(CK)
(b) 竹炭型有机复合肥(BC)
(c) 菌型有机复合肥(BO)
(d) 聚丙烯酰胺(PAM)

图 5-41　50～60cm 土层水分与盐分

段比较，三叶期和拔节期的 Na^+ 含量相对减少量均为负值，土壤有明显积盐现象，抽雄授粉期后数值较大，土壤脱盐明显。

图 5-42 (b) 为 BC 处理的土壤 Na^+ 含量动态。由图 5-42 (b) 可见，Na^+ 含量在乳熟期前呈"N"型，乳熟期后 0～30cm 土层 Na^+ 含量略增加，而 30～60cm 土层 Na^+ 含量略减少。从各土层的 Na^+ 含量动态变化情况看，0～20cm 土层 Na^+ 含量在整个生长发育期内较低，含量值在 0.01～0.29g/kg；40～60cm 土层 Na^+ 含量较高，最大值为 0.44g/kg，出现在三叶期的 40～50cm 土层。剖面各土层的 Na^+ 含量在抽雄授粉期最低，

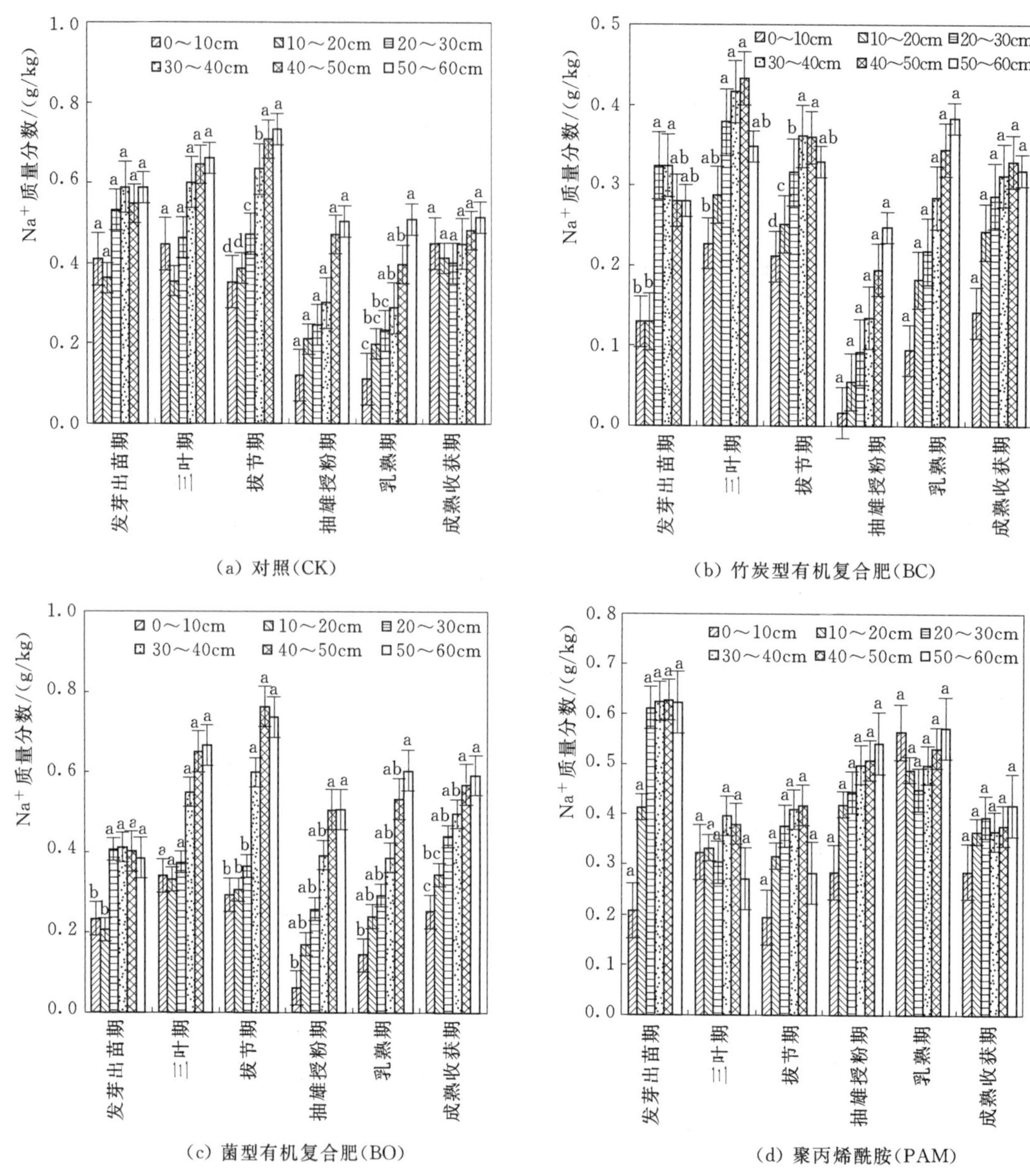

(a) 对照(CK)

(b) 竹炭型有机复合肥(BC)

(c) 菌型有机复合肥(BO)

(d) 聚丙烯酰胺(PAM)

图 5-42 土壤 Na^+ 含量的时间动态

为 0.01~0.25g/kg，三叶期最高，为 0.22~0.44g/kg。比较不同时期土壤剖面 Na^+ 含量（表 5-22），植物生长中期 Na^+ 含量差异较显著，初期及后期差异不显著。不同土层比较，各土层 Na^+ 含量差异性在各阶段表现差别较大［图 5-42（b）］。比较土壤 Na^+ 含量相对减少量，剖面 20~40cm 土层脱盐显著，其他土层有明显的积盐现象，其中，10~20cm 土层积盐最明显，其他土层的 Na^+ 含量相对减少量差异不显著或无差异。不同时段比较，拔节期和成熟收获期土壤 Na^+ 含量相对减少量差异不显著，且均有积盐现象，而其他时期的 Na^+ 含量相对减少量差异显著，并以抽雄授粉期脱盐最明显，其他时期均有不同程度的积盐现象。

图 5 - 42（c）为 BO 处理土壤 Na^+ 含量的时间动态。由图 5 - 42（c）可见，剖面土壤的 Na^+ 含量在拔节期前随时间变化的规律性较差，拔节期后呈“V”形。从各土层的 Na^+ 含量动态变化情况看，0～20cm 土层 Na^+ 含量在整个生长发育期内较低，含量值变化在 0.06～0.35g/kg，50～60cm 土层 Na^+ 含量最高，含量值为 0.38～0.74g/kg。剖面各土层的 Na^+ 含量在抽雄授粉期最低，含量值在 0.06～0.51g/kg，拔节期最高，为 0.29～0.77g/kg。比较各生长发育阶段土壤剖面上的 Na^+ 含量（表 5 - 22），发芽出苗期、抽雄授粉期及乳熟期的 Na^+ 含量接近，三叶期、拔节期与成熟收获期数值接近，差异不显著，但与其他时期的 Na^+ 含量差异显著。不同土层土壤剖面的 Na^+ 含量差异性见图 5 - 42（c）中方差分析结果。从表 5 - 23 所列 Na^+ 含量相对减少量情况可以看出，0～10cm 及 20～30cm 土层有脱盐现象，层间无差异；其他土层的 Na^+ 含量相对减少量均为负值，土层越深，数值越小，积盐越多。在玉米生长发育的各个阶段，三叶期与拔节期积盐严重，抽雄授粉期脱盐，其后，土壤又出现明显积盐。

表 5 - 22　各处理不同时期 Na^+ 含量的差异显著性　单位：g/kg

玉米生育期	处理方式			
	CK	BC	BO	PAM
发芽出苗期	0.51a	0.24b	0.34bc	0.52a
三叶期	0.53a	0.35a	0.49a	0.33b
拔节期	0.55a	0.31ab	0.51a	0.33b
抽雄授粉期	0.31b	0.12c	0.32c	0.45ab
乳熟期	0.29b	0.25b	0.37bc	0.52a
成熟收获期	0.45a	0.27b	0.45ab	0.37b

注　不同字母表示处理间的差异显著性，字母相同表示无差异，不同表示差异显著，$\alpha=0.05$。

表 5 - 23　不同剖面深度和时期 Na^+ 含量相对减少量的差异显著性　单位：g/kg

土层深度/cm	剖面 Na^+ 含量				生长发育阶段	玉米生长季内 Na^+ 含量			
	CK	BC	BO	PAM		CK	BC	BO	PAM
0～10	27.59ab	−6.62a	6.53a	−59.66b					
10～20	13.65ab	−56.96b	−34.49bc	6.93a	三叶期	−4.46b	−53.51c	−44.49c	24.26a
20～30	31.78a	20.34a	14.88a	35.65a	拔节期	−7.38b	−35.21bc	−48.28c	31.74a
30～40	22.67ab	6.83a	−17.77ab	30.54a	抽雄授粉期	40.52a	52.94a	12.53a	6.75ab
40～50	1.15b	−18.39ab	−50.34bc	29.36a	乳熟期	44.31a	−4.59b	−5.43ab	−20.09b
50～60	0.42b	−15.93ab	−61.28c	32.94a	成熟收获期	8.06b	−18.57bc	−33.06bc	20.48ab

注　不同字母表示处理间的差异显著性，字母相同表示无差异，不同表示差异显著，$\alpha=0.05$。

图 5 - 42（d）为 PAM 处理的土壤 Na^+ 含量动态。由图 5 - 42（d）可见，除三叶期和乳熟期外，0～10cm 土层 Na^+ 含量较低，最大值（0.29g/kg）出现在成熟收获期，其他土层 Na^+ 含量较高。从整个玉米生育期看，各土层的 Na^+ 含量基本表现为发芽出苗期差异大，三叶期-拔节期较低，抽雄授粉期-成熟收获期较高。随时间推移，Na^+ 向深层迁

移。从表5-22中可以看出，抽雄授粉期的Na^+含量与其他生长发育阶段差异显著，其他时期差异不显著。各处理土壤剖面不同土层的Na^+含量进行比较，差异性在各阶段均不显著［图5-42（d）］。比较Na^+含量相对减少量，0～10cm土层的Na^+含量相对减少量最低，且与其他土层差异显著，10～60cm土层的相对减少量高，土层间差异不显著。不同时段比较，除了乳熟期的Na^+含量相对减少量均为正值，土壤脱盐明显；乳熟期与其他时期差异显著。

不同处理玉米生长季内Na^+含量比较（表5-23），PAM处理除在乳熟期有积盐外，其他各时期均处于脱盐状态；CK处理在三叶期和拔节期处于积盐状态，其他时期则处于脱盐状态；BO与BC处理的变化规律相似，二者均在抽雄授粉期处于脱盐状态，其他时期有积盐现象，乳熟期积盐较轻，其他时期较明显。单从对土壤Na^+含量的作用效果看，PAM处理最好，BC和BO处理的效果较差。

（2）土壤Cl^-时间动态。图5-43（a）为CK处理土壤Cl^-含量的时间动态。由图5-43（a）可见，除了成熟收获期，0～20cm土层Cl^-含量最低，最大值小于0.08g/kg，出现在发芽出苗期。30～60cm土层在各个时期的Cl^-含量较高，整体随土层深度加深而增大。剖面各土层的Cl^-含量在乳熟期最低，为0.01～0.09g/kg，发芽出苗期最高，为0.06～0.11g/kg。比较各生长发育阶段土壤剖面上的Cl^-含量（表5-24），各个时期Cl^-含量相差不大，但与其他时期的Cl^-含量差异显著。不同土层土壤剖面的Cl^-含量差异性见图5-43（a）。比较Cl^-含量相对减少量，0～10cm和20～40cm土层的Cl^-含量相对减少量高，除10～20cm和30～40cm土层差异不显著，其他土层差异显著。不同时段比较，各个时期土壤脱盐明显尤其是拔节期后，且差异显著。

图5-43（b）为BC处理土壤Cl^-含量的时间动态。由图5-43（b）可见，Cl^-含量在拔节期前变化趋势多变，拔节期后呈“V”形。从整个生长周期看土壤Cl^-含量动态，整个剖面各土层的Cl^-含量基本表现为抽雄授粉期和乳熟期较低，其他时期较高。同一时期的土壤剖面，20～60cm土层含盐量明显高于0～20cm土层。从表5-24和图5-43（b）可以看出，不同时期和土层Cl^-含量差异分为两个阶段，拔节期前差异不显著，拔节期后差异显著。从表5-25所列Cl^-含量相对减少量情况可以看出，20～30cm土层脱盐最明显，与其他土层差异显著。在玉米生长发育的各个阶段，各个时期脱盐明显。

图5-43（c）为BO处理土壤Cl^-含量的时间动态。由图5-43（c）可见，Cl^-含量在玉米生长周期变化趋势与BC处理相似，不同的是，乳熟期后Cl^-含量增加。从整个玉米生育期看，0～20cm土层Cl^-含量最低，整体小于0.07g/kg，40～60cm土层Cl^-含量最高，为0.07～0.14g/kg。从整个玉米生育期看，各土层的Cl^-含量基本表现为发芽出苗期较高（0.05～0.10g/kg），乳熟期较低（0.01～0.10g/kg）。随时间推移，Cl^-向深层迁移。不同生长发育阶段土壤Cl^-含量比较见表5-24，乳熟期的Cl^-含量与其他生长发育阶段差异显著。不同土层比较，各处理土壤剖面的Cl^-含量差异性在各阶段表现不一［图5-43（c）］。比较土壤Cl^-含量相对减少量，由表5-25可得，剖面40～60cm土层积盐显著，其他土层有明显的脱盐现象，层间差异不显著或无差异。不同时段比较，抽雄授粉期和乳熟期土壤Cl^-含量相对减少量差异不显著，且脱盐明显，而其他时期的Cl^-含量相对减少量差异显著，并以三叶期脱盐最明显。

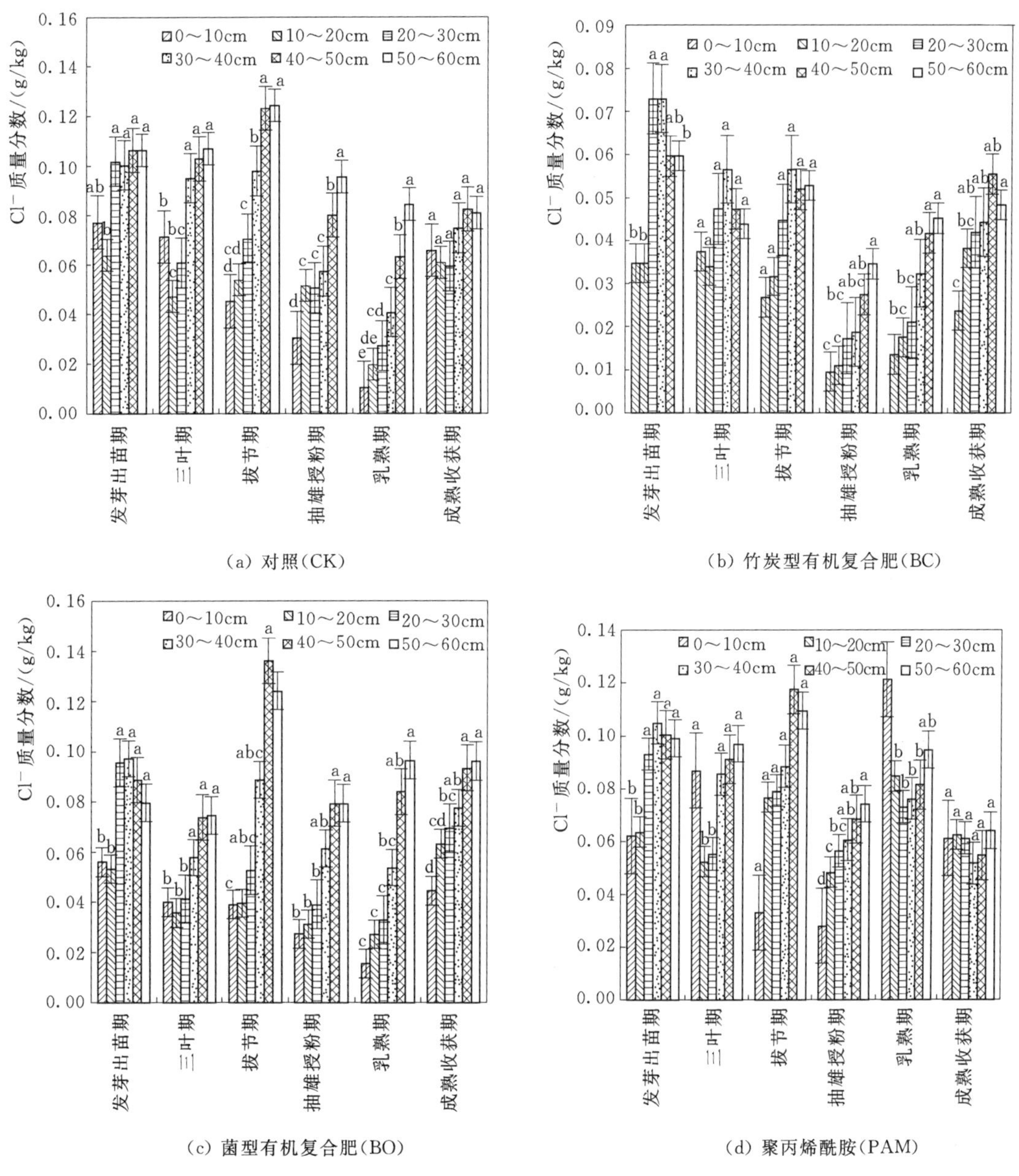

(a) 对照(CK)

(b) 竹炭型有机复合肥(BC)

(c) 菌型有机复合肥(BO)

(d) 聚丙烯酰胺(PAM)

图 5-43 土壤 Cl^- 含量的时间动态

图 5-43 (d) 为 PAM 处理土壤 Cl^- 含量的时间动态。由图 5-43 (d) 可见，0～60cm 土层内 Cl^- 含量不稳定，变化趋势多变，除 0～10cm 土层外，整体分五个阶段，在发芽出苗期-三叶期、拔节期-抽雄授粉期和乳熟期-成熟收获期 Cl^- 含量减少，且降低幅度大，三叶期-拔节期和抽雄授粉期-乳熟期呈现上升趋势，增长较快。总体看，0～10cm 土层 Cl^- 含量最低，为 0.06～0.11g/kg，但变化幅度大，40～60cm 土层 Cl^- 含量最高，为 0.05～0.12g/kg，随时间推移 Cl^- 向深层迁移。比较不同时期土壤剖面 Cl^- 含量（表 5-24），植物生长中期 Cl^- 含量差异不显著。不同土层比较，各土层 Cl^- 含量差异性在抽雄

授粉期—乳熟期差别较大，其他时期差别不大［图 5-43（d）］。比较 Cl^- 含量相对减少量，20～40cm 土层的 Cl^- 含量相对减少量最高，40～60cm 土层的相对减少量为负值，积盐明显，层间差异不显著。不同时段比较，乳熟期的 Cl^- 含量相对减少量均为负值，土壤有明显积盐现象，其他时期土壤脱盐。

表 5-24　各处理不同时期 Cl^- 含量的差异显著性　单位：g/kg

玉米生育期	处理方式			
	CK	BC	BO	PAM
发芽出苗期	0.09a	0.05a	0.08a	0.09a
三叶期	0.08abc	0.05a	0.05ab	0.08a
拔节期	0.09ab	0.04a	0.08a	0.09a
抽雄授粉期	0.06c	0.02c	0.05ab	0.06a
乳熟期	0.04d	0.03bc	0.05b	0.09a
成熟收获期	0.07bc	0.04ab	0.07ab	0.06a

注　不同字母表示处理间的差异显著性，字母相同表示无差异，不同表示差异显著，$\alpha=0.05$。

不同处理在玉米生长季 Cl^- 含量比较（表 5-25），CK、BC 和 BO 处理的变化规律相似，三者在各个时期均处于脱盐状态，抽雄授粉期—成熟收获期脱盐较明显，其他时期较轻；PAM 处理除在乳熟期有积盐外，其他各个时期均处于脱盐状态。单从对土壤 Cl^- 含量的作用效果看，BC 和 BO 处理的效果较好，PAM 处理较差。

表 5-25　不同剖面深度和时期 Cl^- 含量相对减少量的差异显著性　单位：g/kg

剖面 Cl^- 含量					生长发育阶段	玉米生长季内 Cl^- 含量			
土层深度/cm	CK	BC	BO	PAM		CK	BC	BO	PAM
0～10	42.19ab	36.13ab	40.75a	−6.62a					
10～20	26.93abc	23.85b	26.10a	−2.06a	三叶期	13.65bc	16.50b	30.44ab	8.05a
20～30	47.16a	52.79a	50.86a	30.25a	拔节期	9.53c	19.54b	0.08c	4.86a
30～40	27.03abc	42.88ab	30.27a	30.95a	抽雄授粉期	34.62ab	64.57a	33.33a	36.29a
40～50	14.96bc	24.89b	−5.20b	17.76a	乳熟期	58.16a	48.62a	35.95a	−9.52a
50～60	7.41c	24.58b	−18.34b	11.25a	成熟收获期	22.11bc	21.71b	3.90bc	28.24a

注　不同字母表示处理间的差异显著性，字母相同表示无差异，不同表示差异显著，$\alpha=0.05$。

（3）土壤水溶性盐时间动态。图 5-44（a）为 CK 处理土壤水溶性盐含量的时间动态。由图 5-44（a）可见，在玉米生长的整个生育期内，除三叶期外，0～20cm 土层水溶性盐含量较低，为 0.63～2.62g/kg，30～60cm 土层在各个时期的水溶性盐含量较高，且除成熟收获期外，有随土层深度加深而增大的趋势。剖面各土层的水溶性盐含量在发芽出苗期最低，含量值在 2.23～3.99g/kg，0～40cm 土层在乳熟期最低，为 0.63～1.64g/kg，40～60cm 土层则在成熟收获期最低。比较不同时期土壤剖面水溶性盐含量［图 5-44（c）］为 BO 处理土壤水溶性盐含量的时间动态。由图 5-44（c）可见，剖面土壤的水溶性盐含量在玉米生长发育阶段随时间变化的规律性较差，除 20～30cm 土层外，水溶性盐含量均为成熟收获期（1.96～3.77g/kg）大于发芽出苗期（1.46～3.34g/kg），土壤积盐现象明显；30～50cm土层在乳熟期有明显的突变现象。从图5-44可以看出，玉米生育期内水溶性盐含量数值接近，差异不显著。比较土壤水溶性盐含量相对减少量，由表5-27可见，剖面20～30cm土层脱盐显著，与其他土层差异显著，其他土层的水溶性盐含量相对减少量差异不显著或无差异，其中，10～20cm及40～60cm土层积盐明显。在玉米生长发育的各个阶段，抽雄授粉期与乳熟期脱盐明显，其他时期有明显的积盐现象。

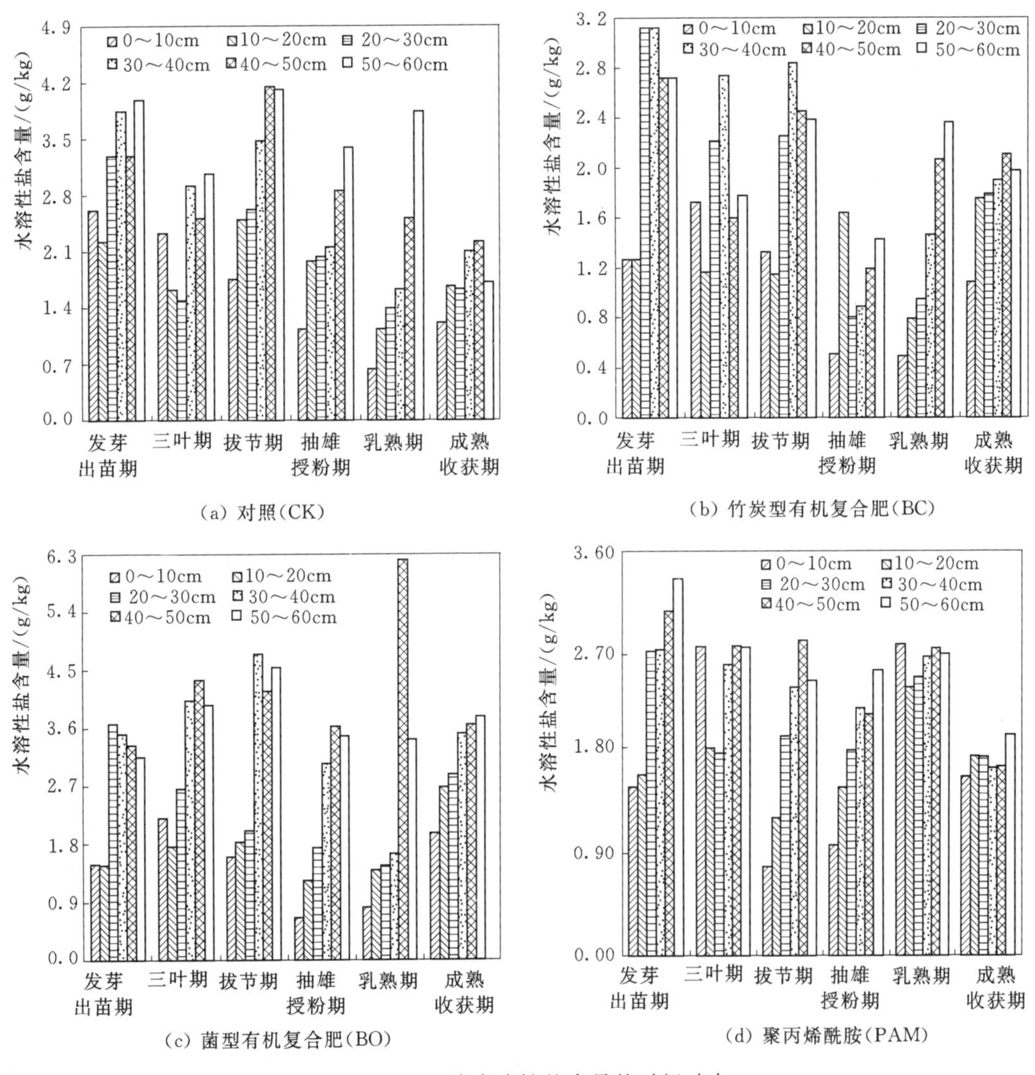

图5-44 土壤水溶性盐含量的时间动态

图5-44（d）为PAM处理的土壤水溶性盐含量动态。由图5-44（d）可见，剖面土壤的水溶性盐含量在抽雄授粉期前随时间变化的规律性较差，抽雄授粉期后呈倒“V”形。从各土层的水溶性盐含量动态变化情况看，40～60cm土层水溶性盐含量较高，含量值为1.78～3.56g/kg。比较各生长发育阶段土壤剖面上的水溶性盐含量（图5-44），发芽出苗期、三叶期及乳熟期的水溶性盐含量接近，拔节期、抽雄授粉期与成熟收获期数值

接近，除三叶期和拔节期外，均差异显著。比较水溶性盐含量相对减少量，0～20cm 土层的水溶性盐含量相对减少量为负值，积盐明显，其他土层则处于脱盐状态，土层间差异不显著。不同时段比较，除了三叶期和乳熟期的水溶性盐含量相对减少量均为正值，土壤脱盐明显，玉米生长各个时期差异不显著。

由表 5-26 可以看出，植物生长前期水溶性盐含量差异较显著，中期及后期差异不显著。比较水溶性盐含量相对减少量，40～50cm 土层的水溶性盐含量相对减少量与其他土层差异显著，其他土层差异不显著或无差异。不同时段比较，三叶期和拔节期的水溶性盐含量相对减少量差异显著，其他时期水溶性盐含量相对减少量无差异。

图 5-44（b）为 BC 处理的土壤水溶性盐含量动态。由图 5-44（b）可见，从整个玉米生育期看，各土层的水溶性盐含量变化趋势多变，除了 10～20cm 土层外，水溶性盐含量均为成熟收获期（1.08～2.11g/kg）小于发芽出苗期（1.27～3.13g/kg），土壤脱盐明显。图 5-44（c）为 BO 处理土壤水溶性盐含量的时间动态。由图 5-44（c）可见，剖面土壤的水溶性盐含量在玉米生长发育阶段随时间变化的规律性较差，除了 20～30cm 土层外，水溶性盐含量均为成熟收获期（1.96～3.77g/kg）大于发芽出苗期（1.46～3.34g/kg），土壤积盐现象明显；30～50cm 土层在乳熟期有明显的突变现象。从图 5-44 中可以看出，玉米生育期内水溶性盐含量数值接近，差异不显著。比较土壤水溶性盐含量相对减少量，由表 5-27 可见，剖面 20～30cm 土层脱盐显著，与其他土层差异显著，其他土层的水溶性盐含量相对减少量差异不显著或无差异，其中，10～20cm 及 40～60cm 土层积盐明显。在玉米生长发育的各个阶段，抽雄授粉期与乳熟期脱盐明显，其他时期有明显的积盐现象。

图 5-44（d）为 PAM 处理的土壤水溶性盐含量动态。由图 5-44（d）可见，剖面土壤的水溶性盐含量在抽雄授粉期前随时间变化的规律性较差，抽雄授粉期后呈倒“V”形。从各土层的水溶性盐含量动态变化情况看，40～60cm 土层水溶性盐含量较高，含量值为 1.78～3.56g/kg。比较各生长发育阶段土壤剖面上的水溶性盐含量（图 5-44），发芽出苗期、三叶期及乳熟期的水溶性盐含量接近，拔节期、抽雄授粉期与成熟收获期数值接近，除三叶期和拔节期外，均差异显著。比较水溶性盐含量相对减少量，0～20cm 土层的水溶性盐含量相对减少量为负值，积盐明显，其他土层则处于脱盐状态，土层间差异不显著。不同时段比较，除了三叶期和乳熟期的水溶性盐含量相对减少量均为正值，土壤脱盐明显，玉米生长各个时期差异不显著。

由表 5-26 可以看出，发芽出苗期和成熟收获期的水溶性盐含量与其他生长发育阶段差异不显著，且二者差异不显著。从表 5-27 所列水溶性盐含量相对减少量情况可以看出，10～20cm 土层有积盐现象，20～30cm 土层与其他土层差异显著。不同时段比较，各个时期土壤水溶性盐含量相对减少量差异不显著，且均有脱盐现象，并以抽雄授粉期和乳熟期脱盐最明显。

图 5-44（c）为 BO 处理土壤水溶性盐含量的时间动态。由图 5-44（c）可见，剖面土壤的水溶性盐含量在玉米生长发育阶段随时间变化的规律性较差，除了 20～30cm 土层外，水溶性盐含量均为成熟收获期（1.96～3.77g/kg）大于发芽出苗期（1.46～3.34g/kg），土壤积盐现象明显；30～50cm 土层在乳熟期有明显的突变现象。从图 5-44 中可以

看出，玉米生育期内水溶性盐含量数值接近，差异不显著。比较土壤水溶性盐含量相对减少量，由表5－27可见，剖面20～30cm土层脱盐显著，与其他土层差异显著，其他土层的水溶性盐含量相对减少量差异不显著或无差异，其中，10～20cm及40～60cm土层积盐明显。在玉米生长发育的各个阶段，抽雄授粉期与乳熟期脱盐明显，其他时期有明显的积盐现象。

图5－44（d）为PAM处理的土壤水溶性盐含量动态。由图5－44（d）可见，剖面土壤的水溶性盐含量在抽雄授粉期前随时间变化的规律性较差，抽雄授粉期后呈倒"V"形。从各土层的水溶性盐含量动态变化情况看，40～60cm土层水溶性盐含量较高，含量值为1.78～3.56g/kg。比较各生长发育阶段土壤剖面上的水溶性盐含量（表5－26），发芽出苗期、三叶期及乳熟期的水溶性盐含量接近，拔节期、抽雄授粉期与成熟收获期数值接近，除三叶期和拔节期外，均差异显著。比较水溶性盐含量相对减少量，0～20cm土层的水溶性盐含量相对减少量为负值，积盐明显，其他土层则处于脱盐状态，土层间差异不显著。不同时段比较，除了三叶期和乳熟期的水溶性盐含量相对减少量均为正值，土壤脱盐明显，玉米生长各个时期差异不显著。

表5－26　各处理不同时期水溶性盐含量的差异显著性　单位：g/kg

玉米生育期	处理方式			
	CK	BC	BO	PAM
发芽出苗期	3.21a	2.37a	2.77a	2.64ab
三叶期	2.33bc	1.87abc	3.16a	2.56abc
拔节期	3.11ab	2.07ab	3.15a	2.05abc
抽雄授粉期	2.26bc	1.08c	2.29a	1.98bc
乳熟期	1.86c	1.36bc	2.49a	2.78a
成熟收获期	1.76c	1.77abc	3.07a	1.84c

表5－27　不同剖面深度和时期水溶性盐含量相对减少量的差异显著性　单位：g/kg

土层深度/cm	剖面水溶性盐含量				生长发育阶段	玉米生长季内水溶性盐含量			
	CK	BC	BO	PAM		CK	BC	BO	PAM
0～10	45.89a	19.15ab	1.94ab	－18.03a					
10～20	20.17ab	－2.45b	－21.07b	－8.24a	三叶期	27.22ab	14.92a	－18.64a	－5.09a
20～30	44.25a	48.64a	41.35a	27.33a	拔节期	3.52b	10.71a	－15.36a	24.49a
30～40	36.16ab	37.06ab	3.31ab	15.44a	抽雄授粉期	29.63a	46.59a	19.71a	24.58a
40～50	13.23b	30.68ab	－31.92b	20.98a	乳熟期	44.57a	43.13a	11.34a	－15.05a
50～60	19.10ab	26.92ab	－21.52b	26.20a	成熟收获期	44.06a	17.99a	－20.32a	24.14a

注　不同字母表示处理间的差异显著性，字母相同表示无差异，不同表示差异显著，$\alpha=0.05$。

不同处理在玉米生长季内水溶性盐含量比较（表5－27），CK与BC处理的变化规律相似，二者均在玉米各长阶段处于脱盐状态；BO处理在抽雄授粉期和乳熟期，脱盐明显，其他时期有积盐现象；PAM处理除在三叶期和乳熟期有积盐外，其他各个时期均处于脱盐状态。单从对土壤水溶性盐含量的作用效果看，BC好，BO和PAM处理的效果较差。

综合以上研究结果，CK、BC和BO与PAM处理的土壤水盐时间动态差别较大，但其中也有共同点可寻。表现在玉米苗期、拔节期前，降水量少，土壤含水量小，盐分含量相对增加，6—8月份（拔节期及其后）进入雨季，降水量增加，土壤受淋溶作用影响，可溶盐离子被冲刷淋溶进入土壤深层，因此剖面上各土层Na^+、Cl^-和水溶性盐含量均呈现下降趋势。抽雄授粉期和乳熟期后，由于玉米根系大量吸水，造成土壤中水分含量降低，形成盐分积聚效应，相应土层含盐量增大。此外，后期降雨减少，土壤水分蒸发强烈也是土壤积盐的重要影响因素。这一方面与当地气候条件有关，也与土温、土壤理化性质等因素密切相关。

对比3种改良剂不同玉米生育期的Na^+、Cl^-和水溶性盐含量，发芽出苗期（初始值）为PAM处理＞BO处理＞BC处理，而土壤含水量为BC处理＞BO处理，盐分积聚现象在拔节期前更加明显，这与改良剂本身的性质相关，也与土壤含水量小有关，从表5-16可知，BC与BO的含盐量较高，施加过程中将一部分盐分带入土壤，这也是改良剂实际应用中需要解决的重要问题。

3种改良剂对水盐的作用机理存在差异，施用生物质炭可增加土壤交换性盐基数量和盐基饱和度，降低土壤碱化度和含盐量（黄鹏等，2011）；此外，竹炭本身疏松多孔，可使土壤总孔度增加，使土壤持水能力增强，经淋洗作用后会带走更多的离子，使土壤碱化度降低（Hale等，2011）。但也有研究提到，生物质炭对碱性土壤的改良作用不明显（Zwieten等，2010），本研究结果与此类似。

菌型有机复合肥（BO）能有效中和土壤碱性，利用材料中离子间酸碱中和反应、离子交换、盐类转化原理，有效改善盐碱地水分入渗性能，增加土壤团粒结构，改善通气透水性，进而可从土壤中吸附较多的水分并固定，保持土壤湿度，使盐碱土的理化性状得到改善，降低土壤溶液盐分浓度。

由表5-16看到，BC、BO电导率值较高，含盐量较大，但是，同对照相比，剖面各土层的绝对含盐量比对照低，说明改良剂的使用对盐分能起到一定的控制作用。另外，由于本身盐分的存在，土壤含水量的不同，不同时期、不同剖面深度Na^+、Cl^-和水溶性盐含量存在显著差异，也使其盐分相对减少量均不占优势。

阴离子型PAM可以增加土壤大团聚体数目，改善土壤结构。本书则主要利用其负电荷性能，意图达到吸附土壤中Na^+，减轻其对作物的毒害作用。但是，PAM遇水溶解后，分子链逐渐展开，吸附其周围土壤中的Na^+，尤其在雨季到来后，土壤中水分增加，PAM分子持续吸水膨胀，邻近土层的Na^+也被吸附到表层，因此，出现0～10cm土层Na^+含量在玉米生长中后期增大，且相对减少量不显著的现象。另外，由于PAM使土壤表层对Na^+的吸附量增大且其吸附能力较强，并且PAM溶于水后使水的黏度增加并滞留，水分在土壤孔隙中流动时的摩擦力增大，水分渗流速率降，势必影响Na^+在土壤剖面上的运移，造成Na^+无法穿过土壤空隙，运移速度减慢，即使在水流移动的帮助下，也无法克服PAM分子的影响（孙荣国等，2011），使土壤盐分表聚明显。

PAM具有负电荷性能，故对Cl^-影响不大，Cl^-变化与当地气候条件、土壤含水量密切相关；土壤中 Na^+ 被吸附，而 Na^+ 与 Ca^{2+}、Mg^{2+} 可以在土壤中相互转化，因此 SAR 变化略有不同，在后期增加。土壤盐分 Na^+ 占优势，故水溶性盐含量变化与 Na^+ 含量一致。

2. 改良剂作用下土壤盐分的剖面分布特征

土壤盐分含量是衡量土壤盐碱程度的重要指标之一，以土壤剖面为研究对象，有助于了解土壤盐分在垂直方向上的变化规律，为土壤科学管理及合理利用的提供条件。土壤盐分在剖面中的分布状况（即土壤盐分剖面）综合反映了结构性因素（如土壤母质、气候、地形、土壤类型等）和随机性因素（如耕作措施、施肥、种植制度、灌溉制度等各种人为活动）对土壤盐分运移的影响结果。

(1) 土壤 Na^+ 空间分布。玉米生长期内 Na^+ 含量的空间分布见图 5-45。由图 5-45 (a) 可知，BC 和 BO 处理剖面的 Na^+ 含量变化趋势相似，但含量略有不同，BC 处理 Na^+ 含量为 0.12～0.33g/kg，BO 处理为 0.20～0.42g/kg；BC 和 BO 处理的最大含量出现在 30～40cm 土层，BC 处理 Na^+ 含量小于 0.33g/kg，BO 处理 Na^+ 含量小于 0.42g/kg；CK 处理下剖面 Na^+ 含量变化趋势多变，0～20cm 和 40～50cm 土层 Na^+ 含量快速减少，20～40cm 和 50～60cm 土层则相反，最大值出现在 50～60cm 土层，接近 0.59g/kg；PAM 处理下剖面 Na^+ 含量基本随深度增加而增加，只在 50～60cm 土层略微减少，最大值出现在 40～50cm 土层，接近 0.63g/kg。总观土壤剖面，除表层外，各土层 Na^+ 含量均表现为 PAM 处理>CK 处理>BO 处理>BC 处理。总体而言，BC 处理 Na^+ 含量最低，BO 处理次之，除 CK 处理表层最高外，其余均为 PAM 处理最高。

图 5-45 (b) 为三叶期土壤剖面 Na^+ 含量的空间分布情况。由图 5-45 (b) 可知，BC 处理下，剖面 Na^+ 含量基本随深度增加而增加，只在 50～60cm 土层略微减少，最大值出现在 40～50cm 土层，接近 0.44g/kg；BO 和 CK 处理下，Na^+ 含量的空间变化趋势接近，0～20cm 土层 Na^+ 含量减少，此后随深度增加，最大值出现在 50～60cm 土层，其值均小于 0.67g/kg；PAM 处理的剖面 Na^+ 含量变化呈"S"型，最大值出现在 30～40cm 土层，接近 0.40g/kg。各处理 Na^+ 含量比较，表层含量 CK 处理>BO、PAM 处理>BC 处理，其他土层均为 CK 处理>BO 处理>BC、PAM 处理。总体而言，PAM 和 BC 处理 Na^+ 含量接近，但数值较小，40～50cm 土层盐分积聚明显，BO 和 CK 处理 Na^+ 含量接近，都比较高，深层盐分积聚更明显。

图 5-45 (c) 拔节期土壤剖面 Na^+ 含量的空间分布情况。由图 5-45 (c) 可知，BC、BO 和 PAM 处理下，剖面 Na^+ 含量变化趋势均先快速增长后迅速减少，不同处理的最大值出现土层略有不同，BC 处理的 30～40cm 土层 Na^+ 含量最大，小于 0.37g/kg，BO 和 PAM 处理的 Na^+ 含量最大值出现在 40～50cm 土层，分别小于 0.77g/kg、0.42g/kg；CK 处理随深度增加含量增加，最大值出现在 50～60cm 土层，接近 0.74g/kg。比较各处理的剖面 Na^+ 含量，BC 处理的 Na^+ 含量最低，PAM 处理次之，BO 与 CK 处理接近，但 CK 处理略高，各处理的盐分均表现出底聚型。

图 5-45 (d) 为抽雄授粉期土壤剖面 Na^+ 含量的空间分布情况。由图 5-45 (d) 可知，各处理剖面 Na^+ 含量均随深度增加而增大。各处理 Na^+ 含量比较，BC 处理的 Na^+ 含量为 0.02～0.25g/kg，BO 处理为 0.06～0.51g/kg，CK 处理为 0.12～0.51g/kg，PAM

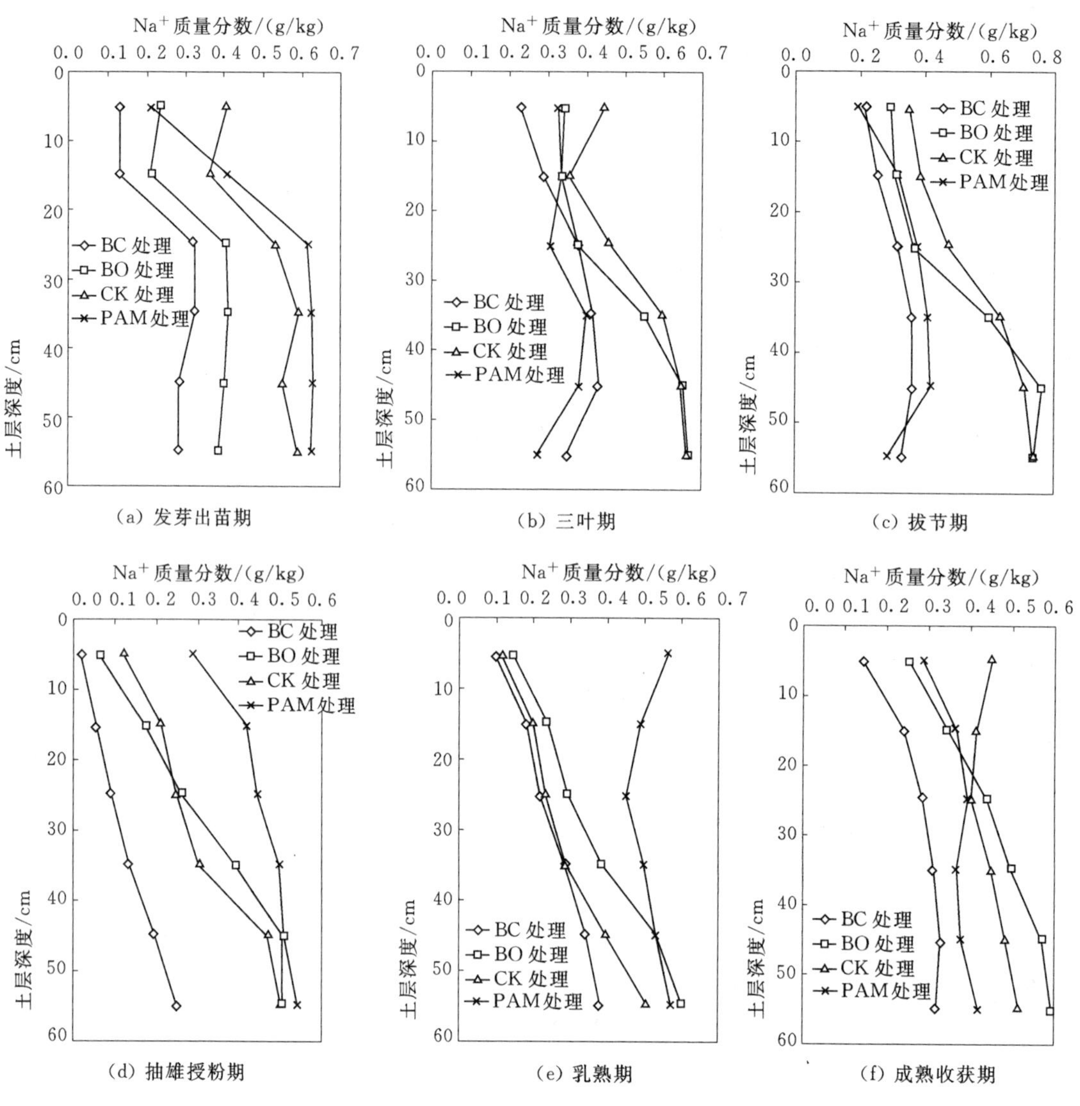

图 5-45 土壤 Na^+ 含量的空间分布

处理为 0.28～0.55g/kg。PAM 剖面表层 Na^+ 含量较其他处理高，其值大于 0.28g/kg。Na^+ 含量除在 0～20cm 土层表现为 PAM 处理>CK 处理>BO 处理>BC 处理外，其他土层均为 PAM 处理>BO 处理>CK 处理>BC 处理；总体而言，BC 处理下 Na^+ 含量最低，BO 与 CK 处理接近，但 BO 处理略高，PAM 处理最高，且下层土壤盐分积聚更明显。

图 5-45（e）为乳熟期土壤剖面 Na^+ 含量的空间分布情况。由图 5-45（e）可知，除 PAM 处理，其他处理剖面的 Na^+ 含量变化规律一致，均随深度增加而含量增长。Na^+ 含量整体为 BC 处理小于 0.39g/kg，BO 处理小于 0.61g/kg，CK 处理小于 0.51g/kg；PAM 处理下，Na^+ 含量在 20～30cm 土层较低，表层及深层土壤 Na^+ 含量较高。整个剖面 0～50cm 土层的 Na^+ 含量比较，PAM 处理>BO 处理>CK、BC 处理，50～60cm 土层 BO 处理>PAM 处理>CK 处理>BC 处理；总体而言，BC 处理的 Na^+ 含量最低，CK 处

理次之，BO 处理略高于 CK 处理，PAM 处理最高。各处理深层盐分积聚明显，而 PAM 处理表层积聚也较明显。

图 5-45（f）为成熟收获期土壤剖面 Na^+ 含量空间分布。由图 5-45（f）可知，BC 与 BO 处理剖面 Na^+ 含量均表现出明显的底聚型，只是 BC 处理的 Na^+ 含量为 0.14～0.33g/kg，而 BO 处理的 Na^+ 含量为 0.14～0.61g/kg；CK 处理下 0～30cm 土层 Na^+ 含量随深度增加而快速降低，此后大幅增加，呈明显的底聚型，Na^+ 含量变化在 0.40～0.52g/kg；PAM 处理剖面 Na^+ 含量呈反“S”型，Na^+ 含量在 0.28～0.42g/kg。总体而言，BC 处理整个剖面的 Na^+ 含量最低，0～20cm 土层内，CK 处理的 Na^+ 含量最高，PAM 处理次之，BO 处理较低；20～30cm 土层内，BO、CK 和 PAM 处理 Na^+ 含量接近；30～60cm 土层内，BO 处理的 Na^+ 含量最高，其次是 CK 处理，PAM 处理较低。

（2）土壤 Cl^- 空间分布。整个玉米生育阶段内 Cl^- 的空间动态如图 5-46 所示。由图 5-46（a）可知，BC、BO 和 CK 处理剖面的 Cl^- 含量变化趋势相似，但含量略有不同，BC 处理 Cl^- 含量为 0.03～0.08g/kg，BO 处理为 0.05～0.10g/kg，CK 处理为 0.06～0.11g/kg；0～30cm 土层 Cl^- 含量随深度快速增加，此后缓慢减少，而 CK 处理略有不同，20～30cm 土层之后略微增长，BC 和 BO 处理最大值出现在 30～40cm 土层中，BC 处理小于 0.08g/kg，BO 处理小于 0.10g/kg，CK 处理最大值出现在深层，小于 0.11g/kg；PAM 处理剖面 Cl^- 含量在 0～40cm 土层快速增长，此后缓慢减少，最大值出现在 30～40cm 土层中，接近 0.11g/kg。总观土壤剖面，Cl^- 含量除了 30～40cm 土层外，其他土层均为 CK 处理＞PAM 处理＞BO 处理＞BC 处理。总体而言，BC 处理 Cl^- 含量最低，BO 处理次之，PAM 与 CK 处理接近，但 CK 处理略高。

图 5-46（b）为三叶期土壤剖面 Cl^- 含量的空间分布情况。由图 5-46（b）可知，BO、CK 和 PAM 处理剖面的 Cl^- 含量变化趋势一样，但含量略有不同，总体为 BO 处理小于 0.08g/kg，CK 处理小于 0.11g/kg，PAM 处理小于 0.10g/kg，0～10cm 土层 Cl^- 含量减少，此后随深度增加，最大含量出现在深层；BC 处理，土壤 Cl^- 含量变化呈“S”型，最大值出现在 30～40cm 土层中，接近 0.06g/kg。不同处理的 Cl^- 含量表现为，表层含量 PAM 处理＞CK 处理＞BC、BO 处理，其他土层均为 CK 处理＞PAM 处理＞BC、BO 处理。总体而言，BC 处理 Cl^- 含量最低，30～40cm 土层盐分积聚明显，BO 处理次之，PAM 与 CK 处理 Cl^- 含量处理接近，均为深层盐分积聚更明显。

图 5-46（c）为拔节期土壤剖面 Cl^- 含量的空间分布情况。由图 5-46（c）可知，除了 BO 处理，剖面 Cl^- 含量变化趋势均先快速增长后迅速减少。但最大含量值出现的土层略有不同，BC 处理的 30～40cm 土层 Cl^- 含量最大，其值大于 0.05g/kg，CK 和 PAM 处理则为 40～50cm 土层中，其值均大于 0.10g/kg；BO 处理，剖面 Cl^- 含量 0～10cm 土层缓慢降低，此后迅速增长，40～60cm 土层快速下降，最大值出现在 40～50cm 土层，大于 0.10g/kg。总体而言，比较 4 种处理的剖面 Cl^- 含量，BC 处理 Cl^- 含量最低，整体大于 0.05g/kg，30～40cm 土层盐分积聚明显，其他 3 种处理的盐分均表现出明显的底聚型。

图 5-46（d）为抽雄授粉期土壤剖面 Cl^- 含量的空间分布情况。由图 5-46（d）可知，除了 CK 处理外，剖面 Cl^- 含量变化趋势均随深度增加而增加。3 种处理的 Cl^- 含量

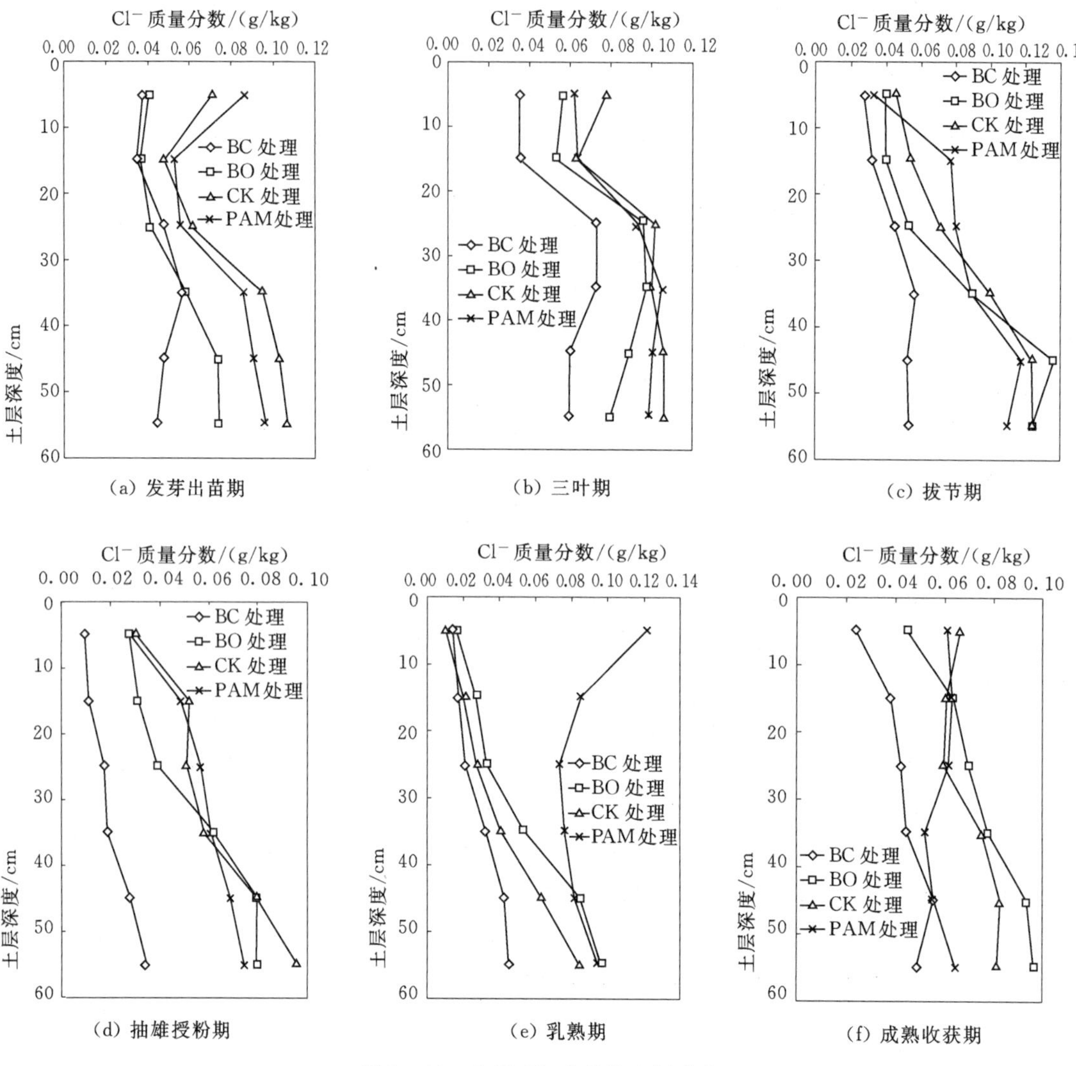

图 5-46 土壤 Cl^- 含量的空间分布

比较，BC 处理 Cl^- 含量为 0～0.03g/kg，BO、PAM 处理为 0.02～0.08g/kg；CK 处理，除了 10～30cm 土层略减外，其余均增长，基本随深度增加，Cl^- 含量增加。总观土壤剖面，BC 处理 Cl^- 含量最低，整体小于 0.04g/kg，4 种处理的盐分均表现出明显的底聚型。

图 5-46（e）为乳熟期土壤剖面 Cl^- 含量的空间分布情况。由图 5-46（e）可知，除了 PAM 处理外，剖面 Cl^- 含量变化趋势均随深度增加而增加，不同的是 Cl^- 含量存在差异，BC 处理为 0.01～0.05g/kg，BO 处理为 0.01～0.10g/kg，CK 处理为 0.01～0.09g/kg；PAM 处理，Cl^- 含量在 0～20cm 土层减少，此后呈增长趋势，表层土壤 Cl^- 含量高，大于 0.10g/kg。整个剖面 0～40cm 土层 Cl^- 含量比较，PAM 处理＞BO 处理＞CK、BC 处理，50～60cm 土层为 BO 处理＞PAM 处理＞CK 处理＞BC 处理。总体而言，BC 处理 Cl^- 含量最低，CK 处理次之，BO 处理略高于 CK 处理，PAM 处理最高，4 种处理下均为深层盐分积聚更明显，而 PAM 处理表层积聚也较明显。

图 5-46（f）为成熟收获期土壤剖面 Cl^- 含量的空间分布情况。由图 5-46（f）可知，BC 和 PAM 处理，Cl^- 含量变化趋势相反，BC 处理下 Cl^- 含量在 0～40cm 土层随深度增加含量增加，此后随深度增加含量减少，PAM 则相反，Cl^- 含量整体略有差异，BC 处理小于 0.06g/kg，PAM 处理小于 0.07g/kg；BO 处理，剖面 Cl^- 含量随深度增加而增加；CK 处理，剖面 Cl^- 含量变化呈“S”型。总体而言，BC 处理 Cl^- 含量最低，PAM 处理次之，BO 处理与 CK 处理接近，表层 CK 处理略高，其他均为 BO 处理高，4 种处理的盐分均表现出明显的底聚型。

（3）土壤水溶性盐空间分布。玉米生育期内土壤水溶性盐空间动态见图 5-47。图 5-47（a）为发芽出苗期水溶性盐含量的空间分布情况。由图 5-47 可见，BC 和 BO 处理剖面的水溶性盐含量变化趋势相似，但含量略有不同，BC 处理水溶性盐含量为 1.27～3.13g/kg，BO 处理为 1.46～3.66g/kg；最大含量出现在 20～30cm 土层，接近于 3.12g/

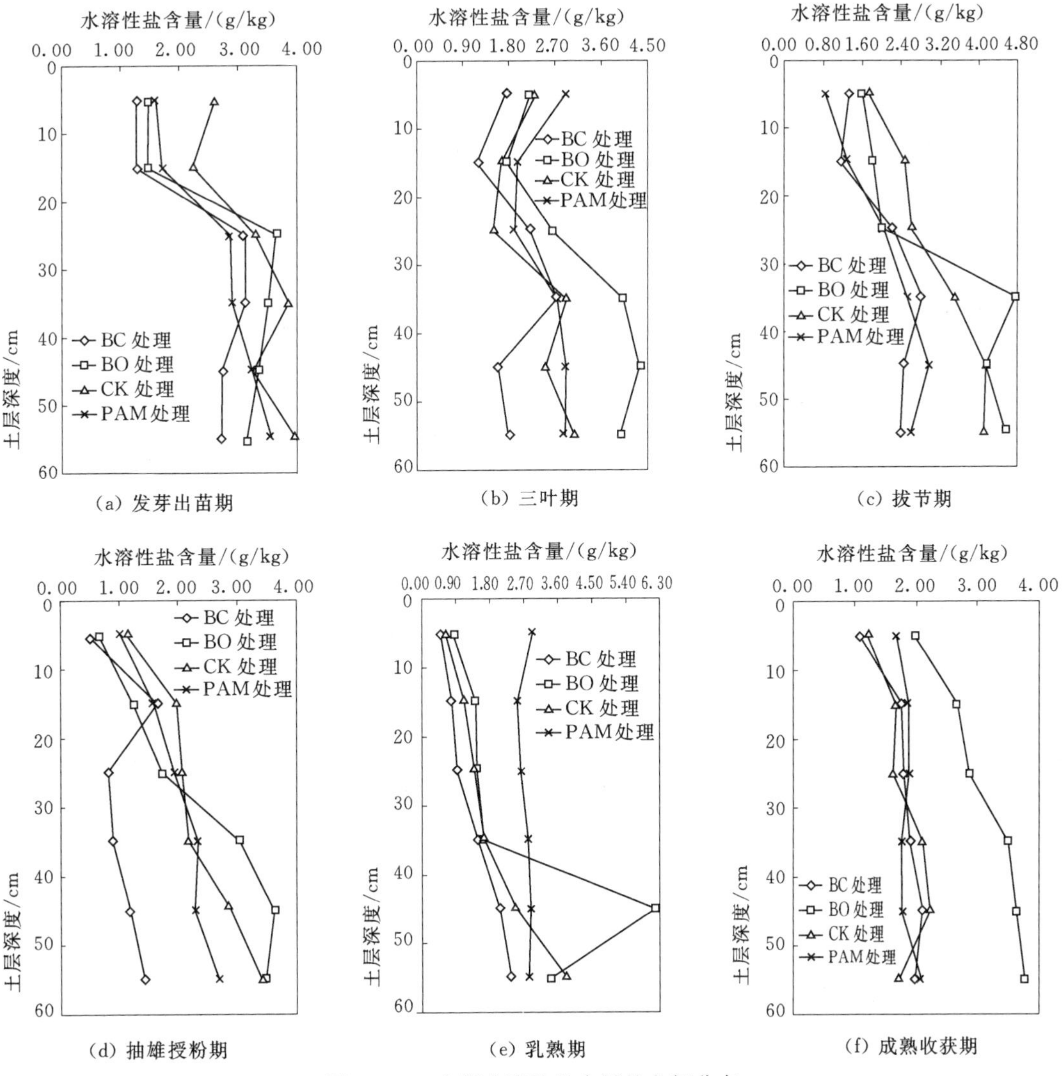

(a) 发芽出苗期　(b) 三叶期　(c) 拔节期

(d) 抽雄授粉期　(e) 乳熟期　(f) 成熟收获期

图 5-47　土壤水溶性盐含量的空间分布

kg、3.66g/kg；CK处理水溶性盐含量变化趋势与BC和BO处理类似，不同的是在0～20cm和40～50cm土层，水溶性盐含量减少；最大含量出现在深层，接近3.99g/kg；PAM处理剖面水溶性盐含量随深度增加而增加，含量接近1.59～3.56g/kg。总体而言，BC和PAM处理水溶性盐含量较低，BO和CK处理水溶性盐含量较高；BC和BO处理中间土层（20～30cm）盐分积聚明显，而CK和PAM处理深层有明显的盐分积聚现象。

图5-47（b）为三叶期土壤剖面水溶性盐含量的空间分布情况。由图5-47可见，BC和CK处理剖面的水溶性盐含量变化趋势一样，表层和深层呈减少趋势，其他土层增加，但含量略有不同，总体为BC处理小于2.74g/kg，CK处理小于3.07g/kg，最大含量出现土层也不同，BC处理出现在30～40cm土层中，CK处理出现在深层；BO和PAM处理剖面的水溶性盐含量变化趋势一样，最大值均出现在40～50cm，BO处理为1.75～4.34g/kg，CK处理为1.90～2.92g/kg。总体而言，BC和CK处理水溶性盐含量较低，BO和PAM处理水溶性盐含量较高；BC和BO处理30～40cm土层盐分积聚明显，而CK和PAM处理则为底聚型。

图5-47（c）为拔节期土壤剖面水溶性盐含量的空间分布情况。由图5-47可见，BC处理剖面水溶性盐含量变化呈“S”形，含量为1.14～2.84g/kg，BO处理的水溶性盐含量变化趋势与BC处理相反，含量为1.59～4.75g/kg，两者最大值均出现在30～40cm；CK和PAM处理剖面水溶性盐含量均表现为先减少后增加，CK处理盐分含量为1.76～4.16g/kg，PAM处理为0.83～2.97g/kg，最大值均出现在40～50cm。总体而言，各处理剖面水溶性盐含量，PAM处理水溶性盐含量最低，BC处理次之，BO和CK处理含量高，各处理盐分均表现出明显的中间型。

图5-47（d）为抽雄授粉期土壤剖面水溶性盐含量的空间分布情况。由图5-47可见，BC和PAM处理剖面的水溶性盐含量变化趋势一样，呈反“S”形，但含量略有不同，总体为BC处理小于1.43g/kg，PAM处理小于2.69g/kg，最大含量出现土层相同，均出现在50～60cm土层中；BO处理剖面水溶性盐含量呈先增加后减少的变化趋势，含量为0.65～3.63g/kg，最大含量出现在40～50cm土层中；CK处理剖面水溶性盐含量随深度增加而增加，最大含量接近3.41g/kg。总观剖面，BC处理水溶性盐含量最低，整体小于1.43g/kg，除BO处理外，其他3种处理的盐分均表现出明显的底聚型。

图5-47（e）为乳熟期土壤剖面水溶性盐含量的空间分布情况。由图5-47可见，BC和CK处理剖面水溶性盐含量变化趋势一致，随深度增加含量增加，最大含量分别接近2.37g/kg、3.84g/kg；BO处理剖面水溶性盐含量呈先增长后下降的趋势，含量为0.81～6.20g/kg，最大含量出现在40～50cm土层中；PAM处理剖面水溶性盐含量变化趋势呈“S”形，含量为2.52～2.90g/kg，最大含量出现在40～50cm土层中。整个剖面0～40cm土层水溶性盐含量比较，PAM处理＞BO、CK处理＞BC处理，40～60cm土层为BO处理＞CK、PAM处理＞BC处理；总体而言，BC处理水溶性盐含量最低，CK处理次之，BO处理略高于CK处理，PAM处理最高，4种处理下均为深层盐分积聚更明显，而PAM处理表层积聚也较明显。

图5-47（f）为成熟收获期土壤剖面水溶性盐含量的空间分布情况。由图5-47可见，BC处理剖面水溶性盐含量在40cm以上呈增长趋势，以下呈负增长趋势，含量为

1.08～2.11g/kg，最大含量出现在40～50cm土层中；BO处理剖面水溶性盐含量呈线性上升趋势，最大含量接近3.76g/kg；CK处理剖面水溶性盐含量在0～10cm和40～50cm土层增加，其他土层减少，含量为1.20～2.23g/kg，最大含量出现40～50cm土层中；PAM处理剖面水溶性盐含量变化趋势呈反“S”形，含量为1.68～2.09g/kg，最大含量出现深层。总体而言，BO处理水溶性盐含量较高，其他均较低，BC和CK处理的盐分均表现出明显的中间型，BO和PAM处理的盐分则表现出明显的底聚型，BO处理土壤盐分表聚现象也明显。

上述研究结果显示，各处理土壤剖面Na^+、Cl^-和水溶性盐含量大体随深度增加而增大，深层土壤Na^+、Cl^-和水溶性盐含量高，表层含量在不同生长发育阶段差别较大。从发芽出苗期到拔节期，各处理剖面土壤Na^+、Cl^-和水溶性盐含量波动幅度较大，这可能与苗期和三叶期土壤蒸发量大，拔节期玉米耗水增加，根系吸水带动土壤盐分向上移动，而不定期的小量降雨又使土壤盐分向下移动有关，中后期各层次土壤Na^+、Cl^-和水溶性盐含量逐渐趋于稳定。

玉米生长期内，发芽出苗期BC、BO处理下中间土层的盐分积聚明显，其他时期明显为底聚型，可能是发芽出苗期改良剂刚刚施入土壤，其中含有的有效物质尚未完全向下层运移并发挥作用，另外，土层的空间异质性和土壤含水率也可能是原因之一。BO处理的Na^+、Cl^-和水溶性盐含量较高尤其在玉米生长后期，猜测可能与改良剂本身所携带的盐分以及土壤盐分组成不同有关；CK处理与BC、BO处理相似，不同的是，成熟收获期盐分表聚现象较明显，造成此种现象的原因可能是，此段时间处于夏季，光照强烈且日照时间长，地表蒸发作用强，盐分积聚；PAM处理下，发芽出苗期-三叶期剖面盐分含量呈“S”型，拔节期开始呈底聚型，抽雄授粉期后表层盐分积聚也较明显。可能是前期剖面盐分含量与土壤盐分含量的差异有关；拔节期后进入雨季，降水增加使土壤淋溶强烈，可溶盐离子被冲刷淋溶进入土壤深层；抽雄授粉期后玉米根系吸收大量水分满足植物所需，使得土壤水分减少，盐分含量增加。

对比3种改良剂不同土层的Na^+、Cl^-和水溶性盐含量，BC处理下剖面不同土层Na^+、Cl^-和水溶性盐含量较低且保持稳定，在玉米生长季内整体较低，与土壤本身所含的盐分低有关，也与改良剂有一定作用，说明BC改良有效果，但Na^+、Cl^-和水溶性盐含量降低量相对较低；而BO改良效果较差，其中BO处理在玉米生长季明显与CK土壤Na^+、Cl^-和水溶性盐含量接近，甚至后期剖面深层Na^+、Cl^-和水溶性盐含量大于CK土壤，说明改良作用较弱；PAM处理的改良效果较好，这可能与PAM的溶水性及其对水分和盐分的吸附性能有关（荆国林等，2013），PAM处理剖面Na^+和水溶性盐含量高、前期变化幅度大、表聚性明显等现象（王春霞等，2014），可能与PAM在土壤表层施用有关，虽然Cl^-含量也表现出这类现象，但更多的与土壤中本身盐分组成、土壤含水率和气候条件等的影响，相对而言，PAM对土壤表层Na^+、Cl^-和水溶性盐改良不明显。

3. 径流中的盐分状况

图5-48为2017年玉米生长季内田面径流及小区淋溶液中盐分含量状况，以雨水数据作为背景值。从图5-48（a）中可以看出，在玉米生长季各阶段的径流液中，施加改良剂处理的盐分含量均大于对照，7月9日对照径流液中全盐量为0.399g/kg，BC处理是

2.078g/kg，PAM处理为2.357g/kg，BO处理全盐量最大，为3.522g/kg，由此时期数据可见施加改良剂处理增加了土壤中盐分含量，这与改良剂自身含盐状况有很大关系。7月22日及其后的数据显示，各改良剂处理小区径流液全盐量均处于较低水平，与对照相差较小。从各处理全盐量的下降幅度（7月13日与7月22日比较）看，其盐分淋洗的速度较快。图5-48（b）是小区淋溶液中盐分含量情况，由图5-48可见，BO处理的淋溶液中盐分含量最高，对照淋溶液盐分含量在8月6日较高，PAM与BC处理的淋溶液中含盐量相当。

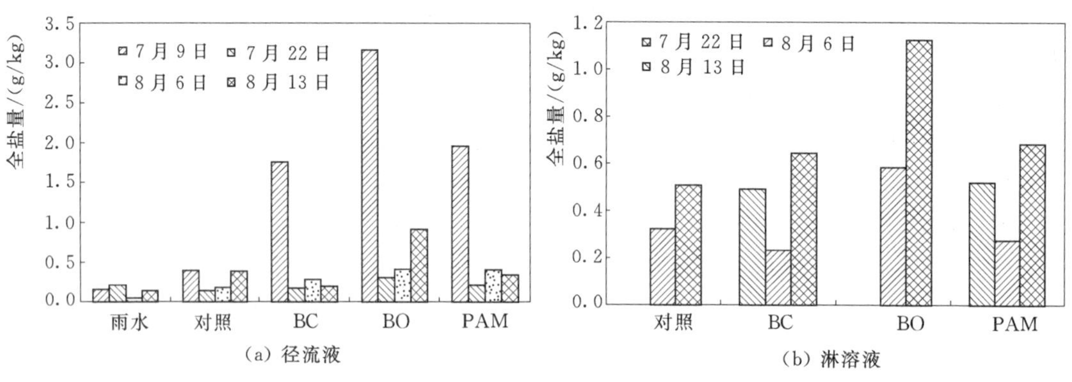

图5-48 径流及淋溶液中含盐量

5.4.4 改良剂施用下土壤氮磷流失状况

1. 径流液中氮磷含量

小区径流液中氮磷含量情况见图5-49。图5-49（a）中，与对照相比，各处理径流液中硝态氮含量较高，其中BO处理的径流中硝态氮含量在各个时期均明显高于其他处理；可能与BO本身含氮肥量有关。图5-49（b）中，与对照相比，BC和BO处理径流液中铵氮含量在玉米生长中期（8月7日和8月14日）较低，PAM处理的径流液铵态氮含量在后期偏高。图5-49（c）中，7月8日的全氮量比较，BC处理明显高于其他处理，BO和PAM处理径流全氮量较低。8月7日时BC的全氮量值下降明显，但各处理的全氮量差异不大，以PAM处理的全氮量较高。图5-49（d）中，全磷量比较，7月8日，BC处理的全磷量与对照相差无几，都居于高位，BO和PAM处理径流液中全磷量较低。8月7日数据比较，BC处理径流中全磷量最低，而PAM处理的全磷量最高。

从径流液中氮磷含量情况看，BC可有效控制土壤硝态氮流失，但是对铵氮、全氮及全磷损失的控制作用较弱；BO对氮磷的流失控制效果较好，而PAM似乎更适合用于对硝态氮流失的控制，PAM处理的高全氮全磷量可能与其地表施用情况下，土壤颗粒被固持，侵蚀程度较小，及大分子溶水后，堵塞土壤孔隙，雨水渗透受到影响等情况相关。

2. 淋溶液中氮磷含量

图5-50为不同改良剂处理小区的淋溶液氮磷含量状况。由图5-50可见，不同处理比较，BO径流液中硝态氮含量最高，BC次之，PAM再次，CK淋溶液中的硝态氮含量最低；BC和BO处理径流中的全氮量较高，PAM次之，CK最低，此次雨水全氮量也较高；不同处理的铵氮含量接近；全磷量以BC中最高，BO最低。各处理淋液中各项指标

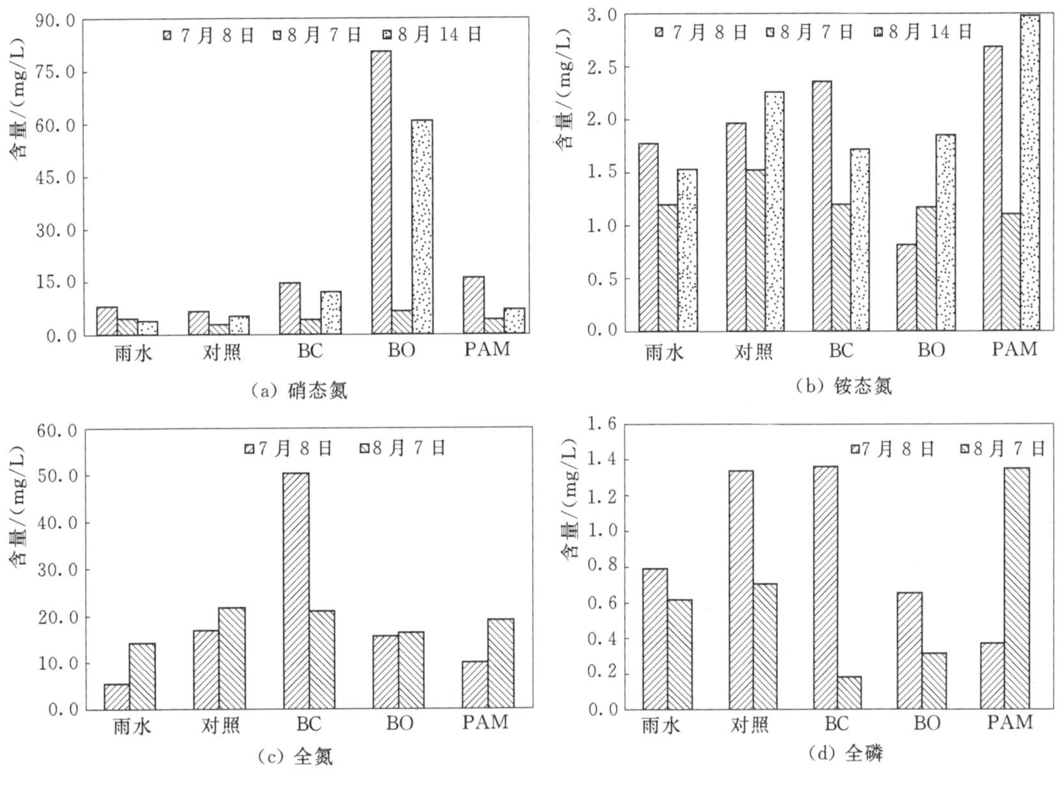

(a) 硝态氮 (b) 铵态氮
(c) 全氮 (d) 全磷

图 5-49 径流液氮磷含量

差异情况基本一致。由此可见，三种改良剂的使用有使土壤径流和淋溶液中氮素含量增大的趋势。

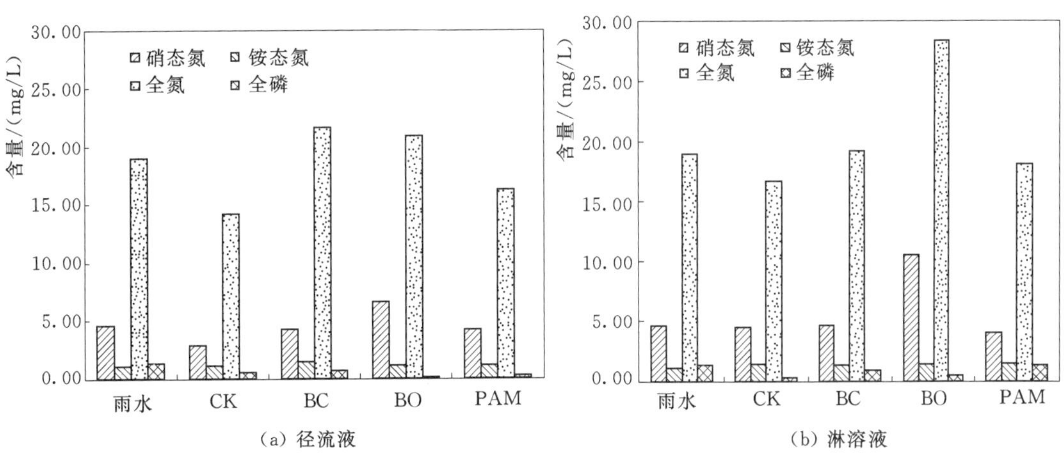

(a) 径流液 (b) 淋溶液

图 5-50 不同改良剂处理小区淋溶液中氮磷含量比较

5.4.5 改良剂施用情况下的作物生长发育及其产量状况

盐分对植物生长发育影响较大，既可以降低光合作用速率，减小同化物和能量供给，限制植物的生长发育；又对植物某些特定的酶或代谢过程产生不良影响。玉米是重要的农作物，耐盐性相对较差。我国土壤盐渍化面积不断增大，粮食安全对玉米产量的要求提高，探讨土壤改良剂对玉米生长发育的影响，对今后耐盐碱玉米品种选育、盐碱地科学种植玉米具有现实的意义。

1. 叶绿素含量

图5-51为不同改良剂下玉米叶片叶绿素含量分布图。由图5-51可知，除BC处理，其他3种处理，叶片叶绿素含量变化趋势呈“M”形，不同的是CK处理在抽雄授粉期前期，叶片叶绿素含量下降，而BO和PAM处理则在抽雄授粉期后期。叶片叶绿素含量不同，CK处理为40.2～58.1mg/L FW，BO处理为40.8～54.3mg/L FW，PAM处理为37.5～54.8mg/L FW；CK处理在抽雄授粉期前期，叶片叶绿素最高，而BO和PAM处理则在抽雄授粉期后期；CK处理在拔节期后期，叶片叶绿素最低，而BO和PAM处理则在三叶期。BC处理叶片中叶绿素含量变化趋势呈“W”形，在抽雄授粉期中期，叶片叶绿素最高，为57.0mg/L FW，最低则在拔节期后，为38.1mg/L FW。总体而言，叶片中叶绿素含量为，三叶期和抽雄授粉期前期CK处理最高，拔节期前后BO、PAM处理最高，抽雄授粉期后期及乳熟期，则表现为除CK处理外，其他3种处理叶片中叶绿素含量均较高。表明适量的改良剂能有效地提高玉米叶片中叶绿素的含量，有利于提高植株的光合作用，增强作物的抗逆性。

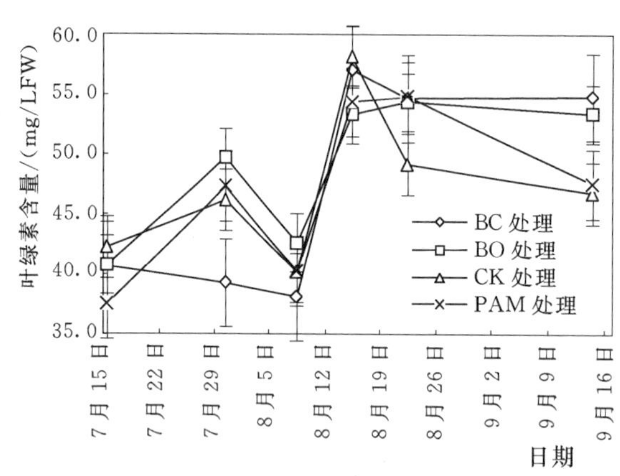

图5-51 不同改良剂处理的玉米叶片叶绿素含量

2. 株高

图5-52为不同改良剂下玉米株高分布图。由图5-52可知，三叶期和抽雄授粉期BO处理玉米株高最矮，分别为30.31cm和150.62cm，PAM处理玉米株高最高，分别为34.95cm和170.25cm，CK和BC处理介于二者之间；拔节期玉米株高为CK处理<PAM处理<BC处理<BO处理，高度为95.31～101.33cm；玉米生长后期CK处理玉米株高最矮，分别为211.36cm、234.36cm，BC处理最高，分别为224.00cm、244.53cm。玉米株高在玉米生育前期表现为CK处理与其他3种处理差异显著；中期则表现为CK和PAM处理玉米株高差异显著，且二者差异也显著；后期BC处理的玉米株高与其他3种处理差异最显著。玉米生长前期改良剂对玉米株高作用效果较差，生长中后期作用效果则较好，尤其以BC处理对株高作用效果最佳。

3. 叶面积

图5-53为不同改良剂下玉米叶面积分布图。由图5-53可知，玉米拔节期CK处理玉米叶面积较小，为200.43cm^2，BO处理玉米叶面积较大，为325.71cm^2，4种处理玉米叶面积在此时期差异显著。抽雄授粉期期间，BC、BO处理玉米叶面积较小，CK、PAM处理玉米叶面积较大；抽雄授粉期前期，BC和BO处理与CK和PAM处

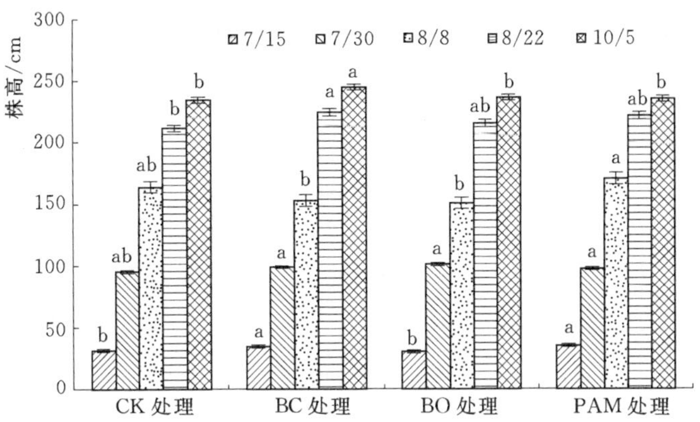

图 5-52 不同改良剂处理的玉米株高

注：相同字母表示无差异，不同字母表示差异显著（$\alpha=0.05$）。

理，玉米叶面积差异显著，BC 和 BO 处理二者差异也显著，CK 和 PAM 处理二者差异不显著；抽雄授粉期后期，BC 和 BO 处理与 CK 和 PAM 处理，玉米叶面积差异显著，而二者之间差异不显著。改良剂对玉米叶面积前期影响较大，后期除了 PAM 处理，没有影响。

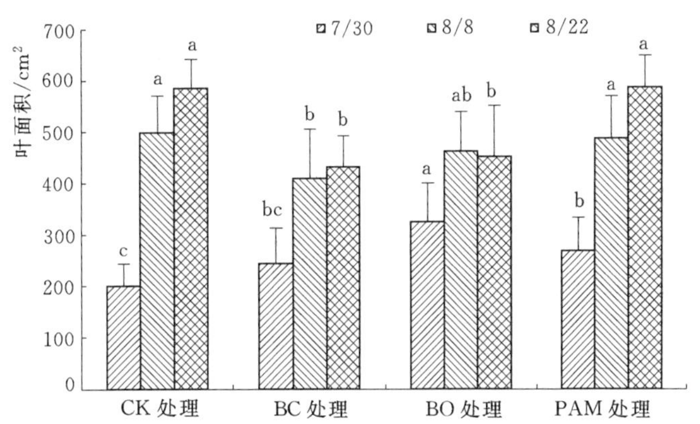

图 5-53 不同改良剂处理的玉米叶面积

注：相同字母表示无差异，不同字母表示差异显著（$\alpha=0.05$）。

4. 茎粗

图 5-54 为不同改良剂下玉米茎粗分布图。由图 5-54 可知，玉米生育期前期茎较粗，中后期茎较细。BO 处理玉米茎最粗，为 23.48～27.76mm；生长前期 PAM 处理玉米茎最细，为 21.28mm；中期 BC 处理较细，为 26.05mm、23.69mm；后期则 CK 处理茎最细，为 22.52mm。玉米生育期前期茎较粗，中后期茎较细。玉米生长前期，PAM 处理与其他 3 种处理，玉米茎粗差异显著；中期 BC 和 PAM 处理与 CK 和 BO 处理，玉米茎粗差异显著，BC 和 PAM 处理二者的玉米茎粗差异不显著；后期 4 种处理玉米茎粗差异均不显著。BC 和 PAM 处理对玉米茎粗影响较大，BO 处理没有影响。

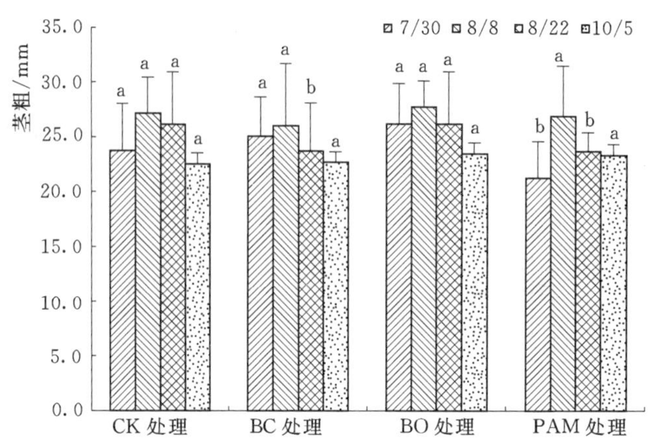

图 5-54 不同改良剂处理的玉米茎粗

注：相同字母表示无差异，不同字母表示差异显著（$\alpha=0.05$）。

5. 玉米经济产量

表 5-28 为不同改良剂下玉米生物量数据。由表 5-28 可知，单株玉米鲜重 CK 处理最轻，为 691.65g，BC 处理最重，为 776.01g，BO 和 PAM 处理相差较小；4 种处理单株玉米鲜重差异不显著。CK 和 BO 处理单株玉米干重较小，BC 和 PAM 处理较大，4 种处理差异均不显著。BC 处理的百粒重最小，为 26.32g，PAM 处理最大，为 27.65g；4 种处理百粒重差异均显著。CK 和 BO 处理穗粒数较小，与其他两种处理差异显著，且二者差异也显著；BC 和 PAM 处理穗粒数较大，与其他两种处理差异显著，但二者差异不显著。四种处理经济产量差异显著，BO 处理经济产量相对较低，为 16083.95kg/hm^2。总体而言，改良剂对百粒重、穗粒数和经济产量影响大，其中，以 PAM 处理的经济产量最高。

表 5-28　　不同改良剂处理的玉米生物量

试验小区	测定指标				
	单株鲜重/g	单株干重/g	百粒重/g	穗粒数/粒	经济产量（kg/hm^2）
对照（CK）	691.65a	292.42a	26.89bc	557.18ab	15857.11bc
竹炭型有机复合肥（BC）	776.01a	371.39a	26.32c	586.95a	17378.67c
菌型有机复合肥（BO）	730.72a	291.50a	27.23ab	525.02b	16083.95ab
聚丙烯酰胺（PAM）	741.66a	306.52a	27.65a	577.77a	17969.24a

注　不同字母表示处理间的差异显著性，字母相同表示无差异，不同表示差异显著，$\alpha=0.05$。

由上述分析可见：

（1）玉米叶片中叶绿素含量表现为，三叶期和抽雄授粉期前期 CK 处理最高，拔节期前后 BO、PAM 处理最高，抽雄授粉期后期及乳熟期，则表现为除 CK 处理外，其他 3 种处理叶片中叶绿素含量均较高。

（2）玉米株高在玉米生育前期表现为 CK 处理与其他 3 种处理差异显著；中期则表现为 CK 和 PAM 处理玉米株高差异显著，且二者差异也显著；后期 BC 处理的玉米株高与其他 3 种处理差异最显著。玉米生长前期改良剂对玉米株高作用效果较差，生长中后期作用效果则较好，尤其以 BC 处理对株高作用效果最佳。

(3) 各处理的玉米叶面积在拔节期差异显著；抽雄授粉期表现为 BC 和 BO 处理与 CK 和 PAM 处理，玉米叶面积差异显著。改良剂对玉米叶面积前期影响较大，后期除了 PAM 处理，其他处理对玉米叶面积没有影响。

(4) 玉米生育期前期茎较粗，中后期茎较细。玉米生长前期，PAM 处理与其他 3 种处理，玉米茎粗差异显著；中期 BC 和 PAM 处理与 CK 和 BO 处理，玉米茎粗差异显著，BC 和 PAM 处理二者的玉米茎粗差异不显著；后期 4 种处理玉米茎粗差异均不显著。BC 和 PAM 处理对玉米茎粗影响较大，BO 处理对玉米茎粗没有影响。

(5) 施加改良剂对单株玉米鲜重和干重影响不大，而对百粒重、穗粒数和经济产量有较大影响，各处理差异显著。其中，以 PAM 处理的经济产量最高。

与改良剂相关的实践研究还有待于更深入地进行。

第6章

海河南系典型农田清洁生产技术集成与示范

6.1 海河南系麦玉轮作区农田清洁生产关键技术集成

以基于氮磷盈余基准的肥料运筹技术、以碳调氮为核心的土壤库容扩增技术以及水肥盐协同高效的农田增效减负技术为核心，综合考虑了作物产量、土壤肥力、环境影响等多个目标指标，同时围绕作物产前、产中、产后整个生产过程，力争产前投入品高品控化，产中管理高效化以及产后废弃物资源化，最大程度实现生产要素整合与优化，集成了海河南系麦玉轮作区农田清洁生产技术体系，构建了“全链条”农田增效减负与清洁生产技术模式。

“全链条”农田增效减负与清洁生产技术模式综合考虑作物整个生产过程，确定了示范区典型作物小麦和玉米清洁种植的关键技术参数，具体如下：①小麦和玉米在现有生产条件下，氮肥用量可以较当地习惯用量减少20%～30%，冬小麦底肥和追肥（拔节期）按照1∶1施用（当地常规为3∶2），夏玉米追肥时间适当后移到大喇叭口期，比例由常规的3∶2（底肥∶小喇叭口到大喇叭口）调整为2∶3（底肥∶大喇叭口）。②适合小麦的施肥结构是$N-P_2O_5-K_2O=270-135-90$，适合玉米的施肥结构是$N-P_2O_5-K_2O=195-75-60$。③小麦、玉米种子用微生物种衣剂处理，防病促生，传统尿素可用新型缓控施肥替代，同时底肥配施微生物菌肥和有机肥，活化土壤养分库，提高养分有效率，有机物料所含氮磷钾要计入到氮磷钾投入总量，对氮磷钾投入进行总量控制。④小麦生育期保障土壤0～60cm土层含水量在田间持水量65%～90%范围。小麦拔节期、灌浆期若土壤含水量低于田间持水量65%，应进行定额灌溉。玉米生育期保障土壤0～60cm土层含水量在田间持水量65%～90%范围。玉米拔节期若土壤含水量低于田间持水量65%，应进行定额灌溉。⑤平原河网区咸水资源丰富，为保障水资源高效利用，可以进行咸淡水组合灌溉，对于示范区重度盐碱土，可以咸淡水组合灌溉，灌溉时把灌水定额按照先咸后淡且咸∶淡=1∶1或咸∶淡=1∶2的组合次序分成两次灌溉，一次为微咸水，一次为淡水，单次灌溉结束后，立即进行下一轮的灌溉。对于中度盐碱土，咸淡水间歇组合灌溉为宜，按照先淡后咸且淡∶咸=1∶1或者淡∶咸=1∶2的组合次序分两次灌溉，一次为淡水，一次为微咸水，单次灌溉结束后，间歇 30～60min 进行下一轮灌溉。⑥收获后秸秆直接还田（配施秸秆腐熟剂）或是进一步资源化处理（生物炭或炭基肥）后还田。

“全链条”农田增效减负与清洁生产技术模式通过精减施肥量，优化氮磷钾比例，丰富肥料类型，改进灌溉方式，添加有机物料，实现了示范区小麦玉米种植中水、肥、盐的综合调控，同时通过优化管理，保证了整个生产过程高效化，而秸秆的进一步处理实现了废弃物的资源化循环利用。依据该模式，编制了《平原河网区冬小麦减肥增效技术规程》《平原河网区玉米清洁生产技术规程》以及《平原河网区小麦-玉米咸淡水组合灌溉技术规程》等三部地方技术规程，推动了区域种植业清洁发展。

6.2 “全链条”农田增效减负与清洁生产技术模式示范

6.2.1 示范区简介

以滨州中裕高效生态农牧循环经济产业园为典型示范区。中裕高效生态农牧循环经济产业园位于山东省滨州市滨城区（37°9′N，118°3′E），整体位于海河南系秦台河流域。滨城区地处黄河下游鲁北平原，面积 1040km^2，地势西南部偏高，黄河从市区南端穿境而过，气候属温带季风气候，大陆性较强。四季分明，日照充足，年平均气温 12.5℃，年平均降水量 583.2mm。滨城区多年水资源总量为 9608.8 万 m^3，其中地表水径流量为 6671.4 万 m^3，主要有黄河、潮河、新立河、张肖堂河、秦台干沟等，除黄河外均为人工河流，黄河过境流量 1500m^3/s。地势平坦，海拔 10m 左右，地多以潮土为主，土地碱性较高。滨州市滨城区地处黄河三角洲高效生态农业经济区中心地带、山东半岛蓝色经济区、环渤海经济圈和省会城市群经济圈“两区两圈”的叠加地带，富含农业开发的土地资源与环境优势。全区总面积 697.49km^2，辖 10 个乡（镇、街道），其中项目实施区的秦皇台乡土地资源丰富，农业自然环境优良。先后获评“国家现代农业示范区”“国家农业科技园区”“全国粮食生产先进县（区）”“省级出口农产品质量安全示范区”等荣誉称号。滨城区中裕高效生态农牧循环经济产业园，主要种植冬小麦和夏玉米，种植模式为冬小麦-夏玉米轮作。当地常规种植条件下，氮肥为尿素，施用量分别为小麦季 315N kg/hm^2，玉米季 255N kg/hm^2；磷肥为过磷酸钙，施用量分别为小麦季 270P_2O_5kg/hm^2，玉米季 45 P_2O_5kg/hm^2；钾肥为氧化钾，仅在玉米季施用，施用量为 120 K_2O kg/hm^2。园区建设围绕生态循环农业，以改造农田基础设施、普及生态农业技术为重点，有农田 4000 余亩，高标准灌溉沟渠 5000 多 m，基地主道路 1500m，田间机耕路 3000 多 m，是滨城区生态农业示范县重点项目之一。园区交通便利，农业管理水平相对当地农户较高，但在农田养分管理、土壤改良培育以及土地盐碱化应对措施等方面急需新技术的介入，依托国家水体污染控制与治理科技重大专项“海河下游多水源灌排交互条件下农业排水污染控制技术集成与流域示范”课题，课题组与滨州市中裕食品有限公司合作在中裕高效生态农牧循环经济产业园围绕小麦、玉米清洁种植进行了“全链条”农田增效减负与清洁生产技术模式示范。

6.2.2 示范技术及规模

示范的技术模式为“全链条”农田增效减负与清洁生产技术模式，核心示范面积

$2km^2$，辐射推广面积约 20 余 km^2。核心示范区位于中裕农牧循环产业园，针对园区种植业存在的问题，设置了核心试验区、关键技术示范区以及“全链条”农田增效减负与清洁生产技术模式综合示范区（图 6-1）。2015—2017 年主要围绕各项关键技术的技术参数进行试验研究和单项验证。为明确各技术对氮磷流失减排效果，在核心试验区修建径流池，改造灌排系统，对各项技术的关键参数进行量化研究（图 6-2），然后进行技术集成，参数整合与优化，2018 年进一步扩大示范面积，在白毛岭和黄河岸绿色生态农业产业园推广面积 8000，同时中裕食品有限公司在其 6.8 万亩的土地上也进行了技术的应用。

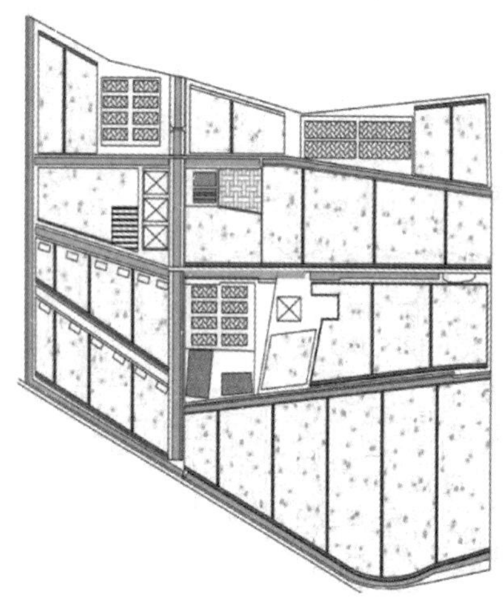

图 6-1　中裕农牧循环产业园示范基地

6.2.3　示范效果

“全链条”农田增效减负与清洁生产技术模式围绕作物产前、产中和产后进行全过程管理，取得了很好的经济、生态和社会效益，主要表现在以下几个方面：

（1）在维持作物目标产量，保障土壤养分库可持续生产以及降低环境风险的前提下，可以实现化肥减量 20%～30%，氮肥利用率提高 25%左右，同时总氮流失量比常规施肥低 50%左右。调整小麦玉米氮磷钾施用比例，施用常规肥料小麦季氮肥投入降低 14%，磷肥投入降低 50%，产量增加 16.9%，氮素流失减少 63%；而玉米季氮肥投入降低 23%，产量不变。

（2）充分利用示范区咸水资源，实现咸淡水组合灌溉，其中咸淡水先咸后淡组合灌溉结合优化施肥耦合能够取得高产、节水、节肥、抑盐和降低污染的综合效益，节水 7%～10%，节肥 15%，总氮排放量减少 5.2%～23.7%。

（3）投入以农业废弃物为主的有机物料，一方面解决了农业废弃物导致的环境污染问题，实现废弃物循环利用，另一方面施用有机物料可以改善示范区土壤性状，扩增土壤库容，降低氮磷流失，实现用养地结合的基础上降低农业面源污染。其中，添加秸秆生物炭可以削减氮磷淋溶损失，其中氮淋溶损失平均减少 18.59%，磷淋溶损失平均减少 41.03%。施用有机肥和生物炭减少尿素投入 47%～54%，淋溶液体 NH_4^+ —N 减少损失 37.2%～55.9%，NO_3^- —N 减少 6.3%～34.9%，径流中减少 NH_4^+ —N 12.1%～29.4%，

图 6-2 核心试验区试验设施

N_2O 排放减少 26.1%～56.3%。玉米产量和常规相比增加 100kg，每亩增加效益 60 元。

(4) 通过节省用水量、肥料、人工，增加产量等综合计算，“全链条”农田增效减负与清洁生产技术模式可以增收 160 元/亩。同时，通过滨州中裕食品有限公司示范，推动了流域内小麦和玉米生产的清洁化，提升了流域内农业生产者环境保护意识，对促进农业绿色可持续发展具有重要意义。

6.3 农田增效减负与清洁生产技术推广模式

农业技术推广根据组织方式的不同，有政府主导、学术机构主导以及企业主导等多种模式。其中政府在农业技术推广中居主导和核心地位，主要适用于公益性农业技术推广。学术机构主导推广模式主要特点是农业教育、科研、推广三位一体，负责组织和实施基层农业技术推广工作。而企业主导的推广模式更为灵活，以市场为导向，以促进企业发展为目的，遵循技术推广的相关法律法规，并接受相关部门的监督。常见的三种模式各有利弊，而三者结合，可以最大程度的推动新技术的研发和应用，最短时间内见到实际效益。在本课题的技术推广中，中国农业科学院农业环境与可持续发展研究所和滨州中裕食品有限公司合作，结合企业发展的实际痛点，针对性地进行关键技术的研发，核心参数的修正，然后开展示范，在企业实际受益之后，企业进一步扩大了应用范围，而山东省滨州市相关政府管理部门，积极推进新技术的推广，发布地方技术标准，以标准保推广，以标准促推广，进一步促进了新技术的推广应用，形成了一种“同心圆”式的推广模式（图6-3）。首先在滨州中裕农牧循环产业园建立了2km²左右的核心示范区，就研发的全链条农田增效减负与清洁生产技术进行示范，在此基础上，以此为圆心，进一步向周边地区推广，2018年，在滨州中裕食品有限公司的6.8万亩土地上进行进一步的推广，通过带动，2019年，进一步扩大了推广范围，向整个海河南系下游辐射。另外，在推广队伍上，建立了地方政府、科研人员、农业推广部门、农技人员、企业及农民全面结合的“梯级”推广队伍，由上而下全方位保障技术的推广实施。

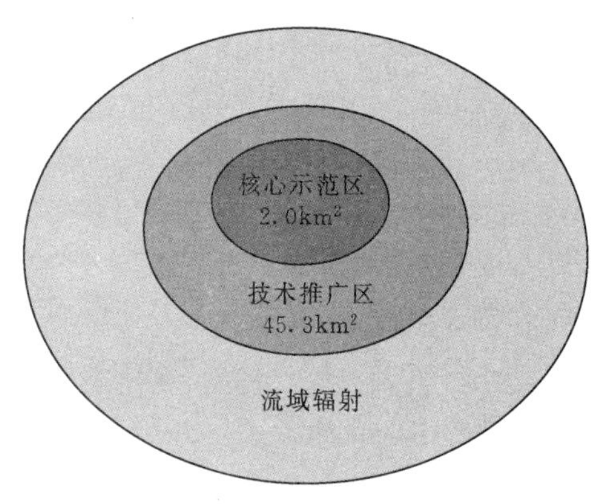

图6-3 农田增效减负与清洁生产技术流域推广模式图

6.4 建议

受粮食增产稳产压力，农田化肥施用不可避免，如何科学减量，合理管理，在保障作物优质高产的基础上实现土壤可持续生产，提高肥料有效率，确保环境污染最小化是必须面对的问题。“全链条”农田增效减负与清洁生产技术模式综合考虑经济、环境等多项指标，围绕作物产前、产中及产后整个生产过程进行技术调控和要素优化，对促进种植业清洁发展，防治农业面源污染具有积极的作用，本模式在进一步的推广使用中需要从以下几方面努力：

（1）明确本技术模式的适用范围，因地制宜修正技术参数。“全链条”农田增效减负与清洁生产技术模式，综合了作物、环境及各生产因子，是经过要素优化和系统整合后形成的“全链条”式的农田面源污染防治技术体系，对其他地区农田清洁生产和农业面源污染防治有着积极的参考意义。在其他地区应用时，技术原理和思路不变，但因各地自然气候、土壤条件以及生产力水平不同，研发的技术体系在其他地区推广时相关技术参数应因地制宜，合理修正。

（2）将本技术模式进行统筹规划，积极推进成果转化。典型农田清洁种植是农业绿色发展和污染减排的重点任务之一。通过“全链条”农田增效减负与清洁生产技术模式示范，积极带动了海河南下农田清洁化生产水平，在保证该区域粮食不减产或增产的前提下，全面提升流域农业增产、农民增收与河流水质改善的能力，同时，为该区域和相似流域农田污染控制、农田结构优化、生产方式转变等提供参考依据。课题成果应纳入当地农业部门进行统筹规划，积极推进成果进一步转化。

（3）完善技术推广保障措施，加强管理机制与体系研究。新技术的推广需要政策保障，政府部门应建立相应的保障措施，待新技术的科学性、有效性和实用性得到合理的验证之后，应有配套的政策，应用新技术的奖励措施，官方宣传等，提高用户对新技术的认识和接受度，为新技术的推广提供积极有效的途径，形成行之有效的地方政府、地方科技力量、农协、农民、企业等多方参与的农田面源污染控制与水环境目标管理体系。

参 考 文 献

Abiven S, Hund A, Martinsen V, et al. Biochar Amendment Increases Maize Root Surface Areas and Branching: A Shovelomics Study in Zambia [J]. Plant Soil, 2015, 395: 45-55.

Ahmad S, Imran M, Hussain S, et al. Bacterial Impregnation of Mineral Fertilizers Improves Yield and Nutrient Use Efficiency of Wheat [J]. Journal of the Science of Food & Agriculture, 2017, 97 (11).

Aiman S, Stubington J F. The Pyrolysis Kinetics of Bagasse at Low Heating Rates [J]. Biomass & Bioenergy, 1993, 5 (2): 113-120.

Allison S D, Hanson C A, Treseder K K. Nitrogen Fertilization Reduces Diversity and Alters Community Structure of Active Fungi in Boreal Ecosystem [J]. Soil Biol. Biochem. 2007, 39: 1878-1887.

Aly A H, Debbab A, Proksch P. Fungal Endophytes: Unique Plant Inhabitants with Great Promises [J]. Applied Microbiology Biotechnology, 2011, 90: 1829-1845.

Amnon Bustan, Shabtai Cohen, Yoel DeMalach, et al. Effects of Timing and Duration of Brackish Irrigation Water on Fruit Yield and Quality of Late Summer Melons [J]. Agricultural Water Management, 2005, 74 (2): 123-134.

Benke M B, Mermut A R, Chatson B. Carbon-13 CP/MAS NMR and DR-FTIR Spectroscopic Studies of Sugarcane Distillery Waste. [J]. Canadian Journal of Soil Science, 1998, 78 (1): 227-236.

BlackwellL P. Can Biochar Help Drive Biological Tarming? [J]. Western Mineral Fertilisers, 2008, 8: 11.

Bruun S, Luxhøi J. Is Biochar Production Really carbon-negative [J]. Environmental Science & Technology, 2008, 42 (5): 1388.

Busscher W J, Novak J M, Evans D E, et al. Influence of Pecan Biochar on Physical Properties of a Norfolk Loamy Sand. [J]. Soil Science, 2010, 175 (1): 10-14.

Cai F, Pang G, Li R X, et al. Bioorganic Fertilizer Maintains a More Stable Soil Microbiome than Chemical Fertilizer for Monocropping [J]. Biology & Fertility of Soils, 2017, 53 (8): 1-12.

Cass A, Sumner M E. Soil Pore Structural Stability and Irrigation Water Quality. Ⅰ. Empirical Sodium Stability Model. Ⅱ. Sodium Stability Data [J]. Soil Sci. Soc. Am. J. 1982, 46: 503-512.

Chen X P, Cui Z L, Zhang F S, et al. Producing More Grain with Lower Environmental Costs [J]. Nature, 2014, 514: 486-489.

Comet, P. Biochar for CO_2 Reduction [J]. Chemical & Engineering News, Mar 15, 2010, 88 (11), 4.

Coque M, Martin A, Veyrieras J B, et al. Genetic Variation for N Remobilization and Post-silking N-uptake in a Set of Maize Recombinant Inbred Lines. 3. QTL Detection and Coincidences [J]. Theoretical and Applied Genetics, 2008, 117 (5): 729-747.

Cui Z L, Wang G L, Yue S C, et al. Closing the N-use Efficiency Gap to Achieve Food and Environmental Security [J]. Environ. Sci. Technol. 2014, 48: 5780-5787.

Enders A, Hanley K, Whitman T, et al. Characterization of Biochars to Evaluate Recalcitrance and Agronomic Performance. [J]. Bioresource Technology, 2012, 114 (3): 644.

Foley J A, Ramankutty N, Brauman K A. , et al. Solutions for a Cultivated Planet [J]. Nature, 2011, 478: 337-342.

Gungor N, Karaoglan S. Interactions of Polyacrylamide Polymer with Bentonite in Aqueous Systems [J]. Materials Letters, 2001, 48 (3/4): 168-175.

Hale S E, Hanley K, Lehmann J, et al. Effects of Chemical, Biological and Physical Aging as well as Soil Addition on Thesorption of Pyrene to Activated Carbon and Biochar [J]. Environmental Science and Technology, 2011, 45 (24): 10445 - 10453.

Klaubauf S, Inselsbacher E, Zechmeister - Boltenstern S, et al. Molecular Diversity of Fungal Communities in Agricultural Soils from Lower Austria [J]. Fungal Divers, 2010, 44: 65 - 75.

Li X Y, Gong J D, Gao Q Z, et al. Rainfall Interception Loss by Pebble Mulch in the Semiarid Region of China. [J]. Journal of Hydrology, 2000, 228 (3 - 4): 165 - 173.

Lin X, Feng Y, Zhang H, et al. Long - term Balanced Fertilization Decreased Arbuscular Mycorrhizal Fungal Diversity in an Arable Soil in North China Revealed by 454 Pyrosequencing. Environ [J] . Sci. Technol, 2012, 46: 5764 - 5771.

Liu Y, Yang M, Wu Y, et al. Reducing CH_4, and CO_2, Emissions from Waterlogged Paddy Soil with Biochar [J]. Journal of Soils and Sediments, 2011, 11 (6): 930 - 939.

Louise K, Johan R, John G. A, et al. Low - cost Drip Irrigation—A Suitable Technology for Southern Africa: An Example With Tomatoes Using Saline Irrigation Water [J]. Agricultural Water Management, 2007, 89 (1 - 2): 59 - 70.

Lynch J P. Steep, Cheap and Deep: an Ideotype to Optimize Water and N Acquisition by Maize Root Systems [J]. Ann. Bot. 2013, 112: 347 - 357.

Lyons P C, Evans J J, Bacon C W. Effects of the Fungal Endophyte Acremonium Coenopialum on Nitrogen Accumulation and Metabolism in Tall Fescue [J]. Plant Physiology, 1 990, 92 (3): 726 - 732.

Mâcek I, Dumbrell A J, Nelson M. Local Adaptation to Soil Hypoxia Determines the Structure of an Arbuscular Mycorrhizal Fungal Community in Roots from Natural CO2 Spring [J]. Appl. Environ. Microbiol. 2011, 77: 4770 - 4777.

Mackay A D, Barber S A. Effect of Nitrogen on Root Growth of Two Corn Genotypes in the Field [J]. Agronomy Journal, 1986, 78 (4): 699 - 708.

Mahanta D, Rai R K, Mishra S D, et al. Influence of Phosphorus and Biofertilizers on Soybean and Wheat Root Growth and Properties [J]. Field Crops Research, 2014, 166 (9): 1 - 9.

Mu X, Chen F, Wu Q, et al. Genetic Improvement of Root Growth Increases Maize Yield Via Enhanced Post - silking Nitrogen Uptake [J]. European Journal of Agronomy, 2015, 63: 55 - 61.

Munda S, Shivakumar B G, Rana D S, et al. Inorganic Phosphorus along with Biofertilizers Improves profitability and Sustainability in Soybean (Glycine max) - Potato (Solanum tuberosum) Cropping System [J]. Journal of the Saudi Society of Agricultural Sciences, 2016.

Orfão J J M, Antunes F J A, Figueiredo J L. Pyrolysis Kinetics of Lignocellulosic Materials—Three Independent Reactions Model [J]. Fuel, 1999, 78 (3): 349 - 358.

Paungfoolonhienne C. , Yeoh Y K. , Kasinadhuni N R. , et al. Nitrogen Fertilizer dose Alters Fungal Communities in Sugarcane Soil and Rhizospherer [J]. Sci. Rep. 2015, 5: 1 - 6.

Peck A J, Hatton T. Salinity and the Discharge of Salts from Catchments in Australia [J]. Journal of Hydrology, 2002, 272 (1): 191 - 202.

Peng S B, Buresh R J, Huang J L. et al. Strategies for Overcoming Low Agronomic Nitrogen use Efficiency in Irrigated Rrice Systems in China [J]. Field Crops Res. , 2006, 96: 37 - 47.

Reid A, Greene S E. How Microbes can Help Feed the World Microbiology Colloquium [M]. Washington, DC, 2012.

Richter J, Roelcke M. The N - cycle as Determined by Intensive Agriculture - Examples from Central Europe and China [J]. Nutr Cycl Agroecosyst, 2000, 57: 33 - 46.

Rillig M C, Wagner M, Salem M, et al. Material Derived from Hydrothermal Carbonization: Effects on

Plant Growth and Arbuscular Mycorrhiza [J]. Applied Soil Ecology, 2010, 45 (3): 238-242.

Rose M T, Phuong T L, Nhan D K, et al. Up to 52 % N Fertilizer Replaced by Biofertilizer in Lowland Rice via Farmer Participatory Research [J]. Agronomy for Sustainable Development, 2014, 34 (4).

Ruan W B, Ren T, Chen Q. Effects of Conventional and Reduced N Inputs on Nematode Communities and Plant Yield under Intensive Vegetable Production [J]. Applied Soil Ecology, 2013, 66: 48-55.

Saengwilai P, Tian X, Lynch J P. Low Crown Root Number Enhances Nitrogen Acquisition from Low-nitrogen Soils in Maize [J]. Plant Physiology, 2014, 166 (2): 581-589.

Solaiman Z M, Blackwell P, Abbott L K, et al. Direct and Residual Effect of Biochar Application on Mycorrhizal Root Colonisation, Growth and Nutrition of Wheat [J]. Australian Journal of Soil Research, 2010, 48 (7): 546-554.

Sun D Q, Meng J, Lan Y, et al. Implication of Temperal Dynamics of Microbial Abundance and Nutrients to Soil Fertility under Biochar Application-field Experiments Conducted in a Brown Soil Cultivated with Soybean, North China [J]. Advance Materials Research, 2012, 518-523, 384-394.

Thonar C, Lekfeldt J D S, Cozzolino V, et al. Potential of Three Microbial Bio-effectors to Promote Maize Growth and Nutrient Acquisition from Alternative Phosphorous Fertilizers in Contrasting Soils [J]. Chemical & Biological Technologiesin Agriculture, 2017, 4 (1): 7.

Tilman D, Balzer C, Hill J, et al. Global Food Demand and the Sustainable Intensification of Agriculture [J]. Proc. Natl Acad. Sci. USA, 2011, 108: 20260-20264.

Wang L, Li J, Yang F, et al. Application of Bioorganic Fertilizer Significantly Increased Apple Yields and Shaped Bacterial Community Structure in Orchard Soil [J]. Soil Microbiology, 2017, 73: 404-416.

Wang X, Hu M, Xia Y, et al. Pyrosequencing Analysis of Bacterial Diversity in 14 Wasterwater Treatment Systems in China. Appl. Environ. Microbiol. 2012b, 78: 7042-7047.

Warnock D D, Lehmann J, Kuyper T W, et al. Mycorrhizal Responses to Biochar in Soil-concepts and Mechanisms [J]. Plant Soil, 2007, 300: 9-20.

Wright S H A, Berch S M, Berbee M L. The Effect of Fertilizer on the Below-ground Diversity and Community Composition of Ectomycorrhizal Fungi Associated with Western Hemlock (Tsuga Heterophylla) [J]. Mycorrhiza, 2009, 19: 267-276.

Wu S C, Cao Z H, Li Z G, et al. Effects of Biofertilizer Containing N-fixer, P and K Solubilizers and AM Fungi on Maize Growth: a Greenhouse Trial [J]. Geoderma, 2005, 125 (1): 155-166.

Xue J H, Mo J M, Li J, et al. Effects of Nitrogen Deposition on Ectomycorrhizal Fungi [J]. Acta Ecologica Sinica, 2004, 24 (8): 1785-1795.

Yamanaka T, Inoue M, Kaihotsu I. Effects of Gravel Mulch on Water Vapor Transfer Above and Below the Soil Surface [J]. Agricultural Water Management, 2004, 67 (2): 145-155.

Yao F X, Arbestain M C, Virgel S, et al. Simulated Geochemical Weathering of a Mineral Ash-rich Biochar in a Modified Soxhlet Reactor [J]. Chemosphere, 2010, 80 (7): 724.

Zhao J, Wang Y G, Liang H, et al. The Rhizosphere Microbial Community Response to a Bio-organic Fertilizer: Finding the Mechanisms Behind the Suppression of Watermelon Fusarium Wilt Disease [J]. Acta Physiologiae Plantarum, 2018, 40: 17.

Zwieten L Van, Kimber S, Morris S, et al. Effects of Biochar from Slow Pyrolysis of Papermill Waste on Agronomic Performance and Soil Fertility [J]. Plant and Soil, 2010, 327 (1/2): 235-246.

鲍士旦. 土壤农化分析. 第3版 [M]. 北京：中国农业出版社，2010.

陈浩，李博，熊正琴，等. 减氮及硝化抑制剂对菜地氧化亚氮排放的影响 [J]. 土壤通报，2017 (4): 938-947.

陈心想，何绪生，张雯，等. 生物炭用量对模拟土柱氮素淋失和田间土壤水分参数的影响 [J]. 干旱地区农业研究，2014，32（1）：110－139.
陈永金，陈亚宁，李卫红，等．塔里木河下游地下水化学特征对输水响应的阶段性研究［J］．环境科学，2006，27（7）：1299－1304.
程东娟，张亚丽．土壤物理实验指导（普通高等教育“十二五”规划教材）［M］．北京：中国水利水电出版社，2012.
程效义，孟军，黄玉威，等．生物炭对玉米根系生长和氮素吸收及产量的影响［J］．沈阳农业大学学报，2016，47（2）：218－223.
迟春明，王志春．沙粒对碱土饱和导水率和盐分淋洗的影响［J］．水土保持学报，2009，23（1）：99－102.
丁宜强，张振华，武君，等．浒苔基生物炭特性研究［J］．鲁东大学学报（自然科学版），2016，32（3）：253－258.
董红云，朱振林，李新华，等．山东省盐碱地分布、改良利用现状与治理成效潜力分析［J］．山东农业科学，2017，49（05）：134－139.
杜佳姚．纳帕海高原湿地生物炭的制备及理化性质研究［D］．昆明：昆明理工大学，2014.
段文学，于振文，张永丽，等．施氮量对旱地小麦氮素吸收转运和土壤硝态氮含量的影响［J］．中国农业科学，2012，45（15）：3040－3048.
鄂玉江，戴俊英，顾慰连．玉米根系的生长规律及其与产量关系的研究［J］．作物学报，1988，14（2）：149－154.
傅旭峰，仲兆平，肖刚，等．几种生物质热解特性及动力学的对比［J］．农业工程学报，2009，25（1）：199－202.
高洪军，朱平，彭畅，等．等氮条件下长期有机无机配施对春玉米的氮素吸收利用和土壤无机氮的影响［J］．植物营养与肥料学报，2015，21（2）：318－325.
管建慧，郭新宇，王纪华，等．玉米不同部位根系生长发育规律的研究［J］．玉米科学，2007，15（6）：82－85，88.
《海河志》编纂委员会．海河志（第一卷）［M］．北京：中国水利水电出版社，1997.
韩凤朋，郑纪勇，李占斌，等．PAM 对土壤物理性状以及水分分布的影响［J］．农业工程学报，2010，26（4）：70－74.
韩光明．生物炭对不同类型土壤理化性质和微生物多样性的影响［D］．沈阳：沈阳农业大学，2013.
韩雪，范靖尉，白晋华，等．减氮和施生物炭对华北夏玉米-冬小麦田土壤 CO_2 和 N_2O 排放的影响（英文）［J］．Agricultural Science & Technology，2016，12：2800－2808.
黄昌勇，徐建明．土壤学．第 3 版［M］．北京：中国农业出版社，2010.
黄超，刘丽君，章明奎．生物质炭对红壤性质和黑麦草生长的影响［J］．浙江大学学报（农业与生命科学版），2011，37（4）：439－445.
黄鹏，何甜，杜娟，等．配施生物菌肥及化肥减量对玉米水肥及光能利用效率的影响［J］．中国农学通报，2011，27（3）：76－79.
姜秀艳．污泥基生物炭制备表征及土壤改良应用研究［D］．哈尔滨：哈尔滨工业大学，2014.
蒋健，王宏伟，刘国玲，等．生物炭对玉米根系特性及产量的影响［J］．玉米科学，2015，23（4）：62－66.
荆国林，张敏，张秀婷，等．部分水解聚丙烯酰胺在土壤上静态吸附的研究［J］．化学工业与工程技术，2013，34（3）：32－36.
巨晓棠，谷保静．我国农田氮肥施用现状、问题及趋势［J］．植物营养与肥料学报，2014，20（4）：783－795.
李发虎，李明，刘金泉，等．生物炭对温室黄瓜根际土壤真菌丰度和根系生长的影响［J］．农业机械学报，2017，48（4）：265－270.
李靖．不同源生物炭的理化性质及其对双酚 A 和磺胺甲嘧唑的吸附［D］．昆明：昆明理工大学，2013.

李明，李忠佩，刘明，等. 2015. 不同秸秆生物炭对红壤性水稻土养分及微生物群落结构的影响 [J]. 中国农业科学，48 (7)：1361－1369.

李新华，朱振林，董红云，等. 氮肥减施对黄淮海地区麦田温室气体排放的影响 [J]. 土壤与作物，2016，04：215－222.

李玉春，刘瑞伟，皇传华，等. 微生物菌剂对小麦秸秆还田效果试验 [J]. 山东农业科学，2006 (6)：52－53.

李中阳，齐学斌，樊向阳，等. 生物质炭对冬小麦产量、水分利用效率及根系形态的影响 [J]. 农业工程学报，2015，31 (12)：119－124.

李卓，吴普特，冯浩，等. 不同粘粒含量土壤水分入渗能力模拟试验研究 [J]. 干旱地区农业研究，2009，27 (3)：71－77.

刘春生. 土壤肥料学 [M]. 北京：中国农业大学出版社，2006.

刘静，高占义. 中国利用微咸水灌溉研究与实践进展 [J]. 水利水电技术，2012，43 (1)：101－104.

刘静妍. 不同灌溉模式的微咸水入渗特性和土壤水盐分布特征 [D]. 太原：太原理工大学，2015.

刘胜群，宋凤斌，周璇，等. 灌浆期玉米不同节根的某些生理性状分析 [J]. 华北农学报，2010，25 (6)：182－186.

刘学军，巨晓棠，张福锁. 减量施氮对冬小麦-夏玉米种植体系中氮利用和平衡的影响 [J]. 应用生态学报，2004，15 (3)：458－462.

卢路，于赢东，刘家宏，等. 海河流域的水文特性分析 [J]. 海河水利，2011 (06)：1－4.

马东豪. 土壤水盐运移特征研究 [D]. 西安：西安理工大学，2005.

马文军，程琴娟，李良涛，等. 微咸水灌溉下土壤水盐动态及对作物产量的影响 [J]. 农业工程学报，2010，26 (1)：73－80.

逄焕成，杨劲松，严惠峻. 微咸水灌溉对土壤盐分和作物产量影响研究 [J]. 植物营养与肥料学报，2004，10 (6)：599－603.

蒲红艳，陈亚宁，李卫红. 干旱荒漠区新垦绿洲土壤改良措施对盐分变化的影响研究——以克拉玛依农业开发区为例 [J]. 干旱区资源与环境，2007，21 (7)：160－164.

邱建军，王立刚，李虎，等. 农田土壤有机碳含量对作物产量影响的模拟研究 [J]. 中国农业科学，2009，42 (1)：154－161.

任宪韶. 海河流域水资源评价 [M]. 北京：中国水利水电出版社，2007.

任宪韶，户作亮，曹寅白，等. 海河流域水利手册. 北京：中国水利水电出版社，2008.

任宪韶. 海河流域水资源评价. 北京：中国水利水电出版社，2007.

任长江，白丹，周文，等. 土壤初始含盐量对水分入渗特性的影响 [J]. 干旱区研究，2014，31 (2)：222－225.

荣良燕，柴强，姚拓，等. 复合微生物接种剂替代部分化肥对豌豆间作玉米的促生效应 [J]. 草业学报，2015，24 (2)：22－30.

山东省土壤肥料工作站. 山东土壤. 第 1 版 [M]. 北京：中国农业出版社，1994：198－205.

史文娟，汪志荣，沈冰，等. 夹砂层土体构型毛管水上升的实验研究 [J]. 水土保持学报，2004，18 (6)：167－170.

史文娟. 蒸发条件下夹砂层土壤水盐运移实验研究 [D]. 西安：西安理工大学，2005.

宋日权，褚贵新，冶军，等. 掺砂对土壤水分入渗和蒸发影响的室内试验 [J]. 农业工程学报，2010，26 (s1)：109－114.

宋日权. 绿洲农田表层掺砂、覆砂对土壤水盐运移的影响 [D]. 石河子：石河子大学，2010.

苏小四，吴晓芳，林学钰，等. 黄河水主要化学组分与 δ～ (13) C 的沿程变化特征 [J]. 人民黄河，2006 (5)：29－31，80.

苏莹，王全九，叶海燕，等. 咸淡轮灌土壤水盐运移特征研究 [J]. 灌溉排水学报，2005，24 (1)：50－53.

孙婧，田永强，高丽红，等. 秸秆生物反应堆与菌肥对温室番茄土壤微环境的影响［J］. 农业工程学报，2014，30（6），153－164.

孙荣国，韦武思，王定勇，等. 秸秆-膨润土-PAM改良材料对砂质土壤饱和导水率的影响［J］. 农业工程学报，2011，27（1）：89－93.

孙震，刘满强，桂娟，等. 减施氮肥和控制灌溉对稻田土壤线虫群落的影响［J］. 生态学杂志，2014（3）：659－665.

田魁祥，李惠英，但野利秋，等. 海河平原盐碱土最近二十年的变化与生物生产［J］. 农业系统科学与综合研究，2001（4）：285－287.

同小娟，李俊，李维炯. 长期施用有效微生物肥对冬小麦-夏玉米生长和产量的影响［J］. 华北农学报，2007（6）：165－170.

汪峰，李国安，王丽丽等. 减量施氮对大棚黄瓜产量和品质的影响［J］. 应用生态学报，2017，11：3627－3633.

王斌，万运帆，郭晨，等. 控释尿素、稳定性尿素和配施菌剂尿素提高双季稻产量和氮素利用率的效应比较［J］. 植物营养与肥料学报，2015，21（5）：1104－1112.

王超，单保庆，秦晶，等. 海河流域社会经济发展对河流水质的影响［J］. 环境科学学报，2015，35（8）：2354－2361.

王春霞，王全九，吕廷波，等. 添加化学改良剂的砂质盐碱土入渗特征试验研究［J］. 水土保持学报，2014，28（1）：31－35.

王春霞，王全九，王建军，等. 微咸水滴灌条件下土壤水盐分布特征试验研究［J］. 干旱地区农业研究，2010，28（6）：30－35，57.

王道中，张成军，郭熙盛. 减量施肥对水稻生长及氮素利用率的影响［J］. 土壤通报，2012，1：161－165.

王国基，柴强，张玉霞，等. 干旱区玉米专用菌肥对玉米生长特性的影响［J］. 草地学报，2015，23（1）：173－179.

王红兰，唐翔宇，张维，等. 施用生物炭对紫色土坡耕地耕层土壤水力学性质的影响［J］. 农业工程学报，2015，31（4）：107－112.

王金主，王元秀，李峰，等. 玉米秸秆中纤维素、半纤维素和木质素的测定［J］. 山东食品发酵，2010（3）：44－47.

王利娜，朱厚华，鲁帆，等. 海河流域近50年降水量时空变化特征分析［J］. 干旱地区农业研究，2012，30（2）：242－246.

王全九，邵明安，郑纪勇. 土壤水分运动与溶质迁移［M］. 北京：中国水利水电出版社，2007：20－21.

王全九，张继红，谭帅. 微咸水入渗下施加PAM土壤水盐运移特性研究［J］. 土壤学报，2016，53（4）：1056－1064.

王瑞峰，赵立欣，沈玉君，等. 生物炭制备及其对土壤理化性质影响的研究进展［J］. 中国农业科技导报，2015，17（2）：126－133.

王瑞峰. 生物炭对蔬菜中镉含量影响的研究［D］. 大庆：黑龙江八一农垦大学，2016.

王艳，吴勇，廉晓娟，等. 不同矿化度水淋洗重度盐碱土的水盐运移特征［J］. 灌溉排水学报，2011，30（4）：39－43.

吴忠东，王全九. 不同微咸水组合灌溉对土壤水盐分布和冬小麦产量影响的田间试验研究［J］. 农业工程学报，2007（11）：71－76.

吴忠东，王全九. 入渗水矿化度对土壤入渗特征和离子迁移特性的影响［J］. 农业机械学报，2010，41（7）：64－69，75.

吴忠东，王卫华，张照录，等. 咸淡组合淋洗对土壤水盐分布特征的影响［J］. 排灌机械工程学报，2014，32（12）：1085－1090.

武荣，李援农. 水氮耦合对冬小麦根系分布和根冠比及产量的影响［J］. 南方农业学报，2013，44（6）：

963－967.
夏阳. 生物炭对滨海盐碱植物生长及根际土壤环境的影响［D］. 青岛：中国海洋大学，2015.
谢军，赵亚南，陈轩敬，等. 有机肥氮替代化肥氮提高玉米产量和氮素吸收利用效率［J］. 中国农业科学，2016，49（20）：3934－3943.
徐力刚，何跃，祁琳琳. 生物炭材料的制备及其应用效果研究［J］. 江西科学，2015（6）：873－879.
徐志峰，王旭辉，丁亚欣，等. 生物菌肥在农业生产中的应用［J］. 现代农业科技，2010（5）：269－270.
许健. 生物炭对土壤水盐运移的影响［D］. 杨凌：西北农林科技大学，2016.
许永胜，胡跃高，曾昭海，等. 施用生物菌肥对裸燕麦氮素积累和光合生理的影响［J］. 西南农业学报，2015，28（6）：2586－2591.
薛璟花，莫江明，李炯，等. 氮沉降对外生菌根真菌的影响［J］. 生态学报，2004，24（8）：1785－1795.
严六零，彭永欣，郭文善，等. 小麦栽培与生理：小麦根系在土壤中的分布规律［M］. 南京：东南大学出版社，1992：96－104.
杨静，杨明欣，董宝娣，等. 咸水灌溉下土壤水盐动态和作物生长研究进展［J］. 中国农业生态学报，2011，19（4）：976－981.
杨军，邵玉翠，高伟，等. 微咸水灌溉对土壤盐分和作物产量的影响研究［J］. 水土保持通报，2013，33（2）：17－20，25.
杨明金，张勃，王海军，等. 聚丙烯酰胺和磷石膏对土壤导水性能的影响研究［J］. 2009. 40（4）：747－750.
杨娴，饶品华，何明. 土壤环境中粘粒的分散——凝聚行为及其影响因素［J］. 上海交通大学学报（农业科学版），2006，24（5）：407－413.
银敏华，李援农，李昊，等. 氮肥运筹对夏玉米根系生长与氮素利用的影响［J］. 农业机械学，2016，47（6）：129－138.
原翠萍，张心平，雷廷武，等. 砂石覆盖粒径对土壤蒸发的影响［J］. 农业工程学报，2008（7）：25－28.
原翠萍. 砂石覆盖对蒸发和入渗产流过程影响的试验研究［D］. 北京：中国农业大学，2007.
岳燕，林启美，郭维娜，等. 不同土层加入生物质炭对盐分淋洗的影响［J］. 干旱地区农业研究，2015，33（3）：62－67.
云鹏，高翔，陈磊，等. 冬小麦-夏玉米轮作体系中不同施氮水平对玉米生长及其根际土壤氮的影响［J］. 植物营养与肥料学报，2010（3）：567－574.
张大勇，姜新华，赵松岭，等. 半干旱区作物根系生长冗余的生态分析［J］. 西北植物学报，1995，15（5）：110－114.
张福锁，王激清，张卫峰. 中国主要粮食作物肥料利用率现状与提高途径［J］. 土壤学报，2008，45（4）：915－924.
张晗芝，黄云，刘钢，等. 生物炭对玉米苗期生长、养分吸收及土壤化学性状的影响［J］. 生态环境学报，2010，19（11）：2713－2717.
张建国，金斌斌. 土壤与农作［M］. 郑州：黄河水利出版社，2010：84.
张明炷，黎庆淮，石秀兰. 土壤学与农作学［M］. 北京：中国水利水电出版社，1994：82.
张鹏. 生物炭对西唯因与阿特拉津环境行为的影响［D］. 天津：南开大学，2013.
张仁铎. 空间变异理论及应用. 第1版［M］. 北京：科学出版社，2005：13－101.
张伟明，孟军，王嘉宇，等. 生物炭对水稻根系形态与生理特性及产量的影响［J］. 作物学报，2013，39（8）：1445－1451.
张振华，谢恒星，刘继龙，等. PAM对一维垂直入渗特征向量影响的试验研究［J］. 中国农村水利水电，2006，3：75－77.
张峥嵘. 生物炭改良土壤物理性质的初步研究［D］. 杭州：浙江大学，2014.
赵冬，颜廷梅，乔俊，等. 稻季田面水不同形态氮素变化及氮肥减量研究［J］. 生态环境学报，2011，

20 (4)：743－749.
赵凤艳，魏自民，陈翠玲．氮肥用量对蔬菜产量和品质的影响［J］．土壤与作物，2001，17 (1)：43－44.
赵杰．笋壳炭的制备和表征及其在土壤改良中的应用研究［D］．厦门：厦门大学，2014.
赵明，吴文权，卢玫，等．稻草热裂解动力学研究［J］．农业工程学报，2002，18 (1)：107－110.
赵士诚，裴雪霞，何萍，等．氮肥减量后移对土壤氮素供应和夏玉米氮素吸收利用的影响［J］．植物营养与肥料学报，2010，1 6 (2)：492－497.
中华人民共和国农业部，新中国农业 60 年统计资料［M］．北京：中国农业出版社，2009.
朱兆良，金继运．保障我国粮食安全的肥料问题［J］．植物营养与肥料学报，2013，19 (2)：259－273.
邹晓锦，张鑫，安景文．氮肥减量后移对玉米产量和氮素吸收利用及农田氮素平衡的影响［J］．中国土壤与肥料，2011，6：25－29.